文化城之魂

历代文化名人与桂林

黄继树 主编

GUANGXI NORMAL UNIVERSITY PRESS
广西师范大学出版社
·桂林·

文化城之魂
WENHUACHENG ZHI HUN

出版统筹：潘虹呈
责任编辑：罗文波
助理编辑：梁嗣辰
封面设计：邓　霆　秦海英
版式设计：徐俊霞　汪　娟
责任技编：伍先林

主编助理：邓　霆
编　务：彭海燕
文稿录入：桂林莱茵艾登文化艺术传媒有限公司

图书在版编目（CIP）数据

文化城之魂：历代文化名人与桂林 / 黄继树主编. —桂林：
广西师范大学出版社，2018.12
　ISBN 978-7-5495-9088-9

　Ⅰ. ①文… Ⅱ. ①黄… Ⅲ. ①名人－生平事迹－中国
②文化史－桂林 Ⅳ. ①K820②K296.73

中国版本图书馆 CIP 数据核字（2018）第 297382 号

广西师范大学出版社出版发行
（广西桂林市五里店路 9 号　邮政编码：541004）
（网址：http://www.bbtpress.com）
出版人：张艺兵
全国新华书店经销
广西广大印务有限责任公司印刷
（桂林市临桂区秧塘工业园西城大道北侧广西师范大学出版社集团
有限公司创意产业园内　邮政编码：541199）
开本：720 mm × 1 010 mm　1/16
印张：28　　字数：400 千字
2018 年 12 月第 1 版　　2018 年 12 月第 1 次印刷
定价：68.00 元

内容简介

桂林历史文化是中国历史文化的一个重要组成部分。

唐代大诗人宋之问、张九龄、王昌龄、刘长卿、杜甫、韩愈、柳宗元、白居易、张籍、王建、卢纶、许浑、杜牧、李商隐以及曹邺、曹唐，把桂林文化带进了唐诗的灿烂辉煌之中；"北有西安碑林，南有桂海碑林"，桂林石刻文化在中国金石文化中占有重要地位；桂林人陈宏谋、梁漱溟是中国儒家文化的两个重要人物；桂林"三元及第"的状元陈继昌，是中国科举文化的一个标志性人物；以桂林人吕璜、龙启瑞、朱琦为首的"岭西五大家"和以桂林人王鹏运、况周颐、刘福姚为首的"临桂词派"，是清代文学史上的两个重要文学流派；中国抗日战争中的桂林抗战文化城，为中国文学史、中国戏剧史、中国美术史、中国音乐史、中国舞蹈史、中国教育史、中国出版史书写了光辉的篇章。

《文化城之魂——历代文化名人与桂林》是一部桂林文化的史诗。本书由桂林市社会科学界联合会委托著名作家黄继树先生主编。

主编简介

黄继树，享受国务院特殊津贴，中共广西壮族自治区委员会、广西壮族自治区人民政府授予广西优秀专家称号。著有《桂系演义》《败兵成匪》《北伐往事》《灵渠》《黄继树作品自选集》等。

序

袁凤兰

回忆自己几十年来的经历，我感到十分荣幸，我虽然不生于桂林，却有幸在桂林生活工作了二十一年，其中十一年是在副市长、市长的职位上度过的，桂林是我的第二故乡，因此，我对桂林有着一份特殊的感情。后来，我奉调到广西壮族自治区人民政府担任副主席，离开了桂林。现在，我也退休了，大部分时间也居住在南宁，但是，对于桂林，这份特殊的感情，始终没有改变。

我到自治区人民政府工作后，分管全区的旅游工作，而桂林又是广西乃至全国甚至国际上著名的旅游胜地，我关注桂林的时间，也就自然地多了起来。桂林的历史文化和旅游事业如何结合起来，推动桂林旅游业的发展，使桂林历史文化名城和山水旅游名城这两顶桂冠不负众望，这是我考虑得最多的一个问题。

桂林历史文化形成的过程，甚至桂林得名的过程，是与历史上众多的文化名人对桂林的赞美诗文分不开的，桂林，有着一种特殊的"名人效应"。我考虑给桂林编一部书，把桂林的人文景观与自然景观结合起来，充分发挥桂林的中外名人效应，通过他们对桂林山水风光、历史人文景观的赞美，进一步提高桂林的知名度和影响力，使桂林的旅游事业更上层楼。我把这个想法同桂林市文化界、旅游界的同志们商量后，得到他们的热心支持和积极参与，他们一致推举我担任这部书的主编。

　　我们从 2000 年 6 月开始，组织工作班子编委会，决定从"当代名人与桂林"这个题目着手，把还处于比较鲜活的人文事迹记录下来，不使这些宝贵的资料消失。我们发动和组织了近百人撰写回忆文章，提供照片和各种资料，历时 3 年，撰写了 200 余万字的文稿，搜集了大量的图片资料。这真是一个浩大的文化工程，但是，这才是这部书的第一阶段。

　　《当代名人与桂林》的编撰工作，从 2006 年开始，至 2008 年结束。这个阶段，主要对已撰写的原始文稿进行精选，加工文字，核实资料，在此基础上进行具体的编辑工作。书稿定稿时，共收文章 88 篇，97 万余字，分上、中、下三册正式公开出版发行。这是一部记录当代名人与桂林的史实性文献巨著，它凝结了众多参与者的心血和对桂林无限的爱心。虽然时间已过去了十多年，当时的参与者，有的已经离世，有的已白发苍苍，但至今回忆起来，仍使人感动不已。历史必将铭记他们为桂林做出的贡献。因为，人民用双手塑造今天，同时意味着创造历史；而我们用笔记录今天，同样意味着叙述历史。

　　通过编撰《当代名人与桂林》这部大书，我体会到，历代名人与桂林的这种不解之缘足以证明，"名人与桂林"这个命题，远非今日才应有的。诚然，我们一时还无余力，把一部《历代名人与桂林》的鸿篇巨制变成现实，奉献给读者，但这些祖先辈的名人为桂林历史增添的光彩，是桂林人永远都不应该忘记的。历史的长河奔涌不息，《名人与桂林》将是一部永远也写不尽编不完的大书。

　　2016 年 12 月，桂林市文联原主席、作家黄继树同志到南宁来治病，我去看他，交谈中得知他受桂林市社会科学界联合会委托正在编撰一本《历代文化名人与桂林》的书。我听了很高兴，鼓励他在养好身体的同时，把这部书编好，让"名人与桂林"这个千百年来绵延不尽的历史传承下去，继往开来。继树同志回到桂林后，一边继续养病，一边笔耕不辍，他组织桂林的作家们广泛查阅史料，认真研究历史文化名人与桂林的关系，精心写作，反复修改文稿。他自己不但亲自动笔撰写了十几篇文章，而且还为作者们看稿、改稿，同时不断修改调整全书的编撰计划，使书稿质量精益求精，力争使编出来的书成为桂林历史的一部分。继树同志从南宁回到桂林才半年多，一部名为《文化城之魂——历代文化名人与桂林》的书稿，已经编撰完毕，即将进入出版社编辑出版的程序。也许是知道我对桂林的那份特殊感情，又主编过《当代名人与桂林》的缘故，他把书稿送我阅看，并嘱我写篇序文，我不好推托，便欣然答应了。

《文化城之魂——历代文化名人与桂林》，这个选题很有意义，属于"名人与桂林"这个大题目中的一部分，也可以说是我们当年筹划编撰《当代名人与桂林》这个文化工程的一个上延——由当代名人延伸到古代及近现代文化名人。《文化城之魂——历代文化名人与桂林》，所涉及的古代及近现代与桂林有关系的文化名人有四五十位之多，其中有张衡、郦道元、颜延之、杜甫、韩愈、白居易、柳宗元、李渤、李商隐、黄庭坚、米芾、范成大、王正功、徐霞客、石涛、陈宏谋、王鹏运、况周颐、吕璜、龙启瑞及近现代的康有为、唐景崧、马君武、胡适、梁漱溟和桂林抗战文化城时期的徐悲鸿、张大千、郭沫若、茅盾、巴金、田汉、艾芜、欧阳予倩等，并梳理了桂林历史文化名城的形成和发展的过程。这部书的历史文化信息量很大，几乎把历史上与桂林有着深厚文化关系的文化名人，他们为桂林创作的诗文，他们对桂林山水风光与人文景观的热情赞美，都做了较为详细的介绍。全书史料翔实，文笔生动，图文并茂，是一部对桂林人文历史景观再塑造的文化散文集，既有历史价值，又有文化价值，更有较强的可读性。我认为这本书特别适合政府工作人员、旅游业从业者、广大桂林市民和来桂旅游的人们阅读，是一部难得的了解桂林的好书。

希望桂林市社会科学界联合会，继续发扬重视和支持桂林市文化建设的优良传统，组织文化工作者，将"名人与桂林"这一主题，继续书写下去，让我们一同为桂林这座历史文化和山水旅游名城添砖加瓦。

是为序。

（作者为桂林市原市长、广西壮族自治区人民政府原副主席）

目录

下篇

后记

开篇　　　　文化名人呼唤出来的桂林

黄继树

　　桂林之所以名为桂林，因为它是由文化名人呼唤出来的。

　　南宋孝宗淳熙二年（1175），广南西路经略安抚使兼静江知府（治所在今桂林）范成大，即将结束他的任期。临离任前，他作了一篇《桂颂》："桂林以桂名，顾弗植桂。成大始收之宾，植之正夏堂，植已而去郡，为之词：'戒后之人勿翦伐。'"（《钦定四库全书》之《静江府碑记》）范成大说，桂林以桂为名，他没有看到种植桂树。他从宾州（今来宾市）获得桂树苗，把桂树种在正夏堂（范成大所建），种下桂树他（范成大）就要离开桂林了，为它（种下的桂树）写句话："叮嘱后人不要砍伐它。"这说明，当时的静江府尽管人们习惯上称为桂林，但却没有看到有种植桂树的现象。范成大有感于此，才在他离开桂林之前，在他所建的正夏堂种植桂树。但是他又担心后人砍他种的桂树，于是专门为种下的桂树写下不准后人砍伐的话，并立碑警示。

　　桂林既然没有什么桂树，那么桂林这名称又是怎么得来的？

　　公元前214年，秦始皇统一了岭南地区（今两广一带），在岭南设立郡县制。秦始皇一共在岭南设置了南海郡、桂林郡、象郡。桂林郡的设立，是"桂林"作为行政区划名称的最早出现。桂林郡管辖的地方，据明末清初人顾祖禹所著的《读史方舆纪要》称："今桂林、平乐、浔州、柳州、南宁等府，及郁林州、象州、宾州、横州地和今广东四会皆属秦桂林郡。”这大体上相当于今广西的绝大部分。桂林郡的郡治，位于今广西贵港市的布山。文献及考古发掘资料都证明，当时的布山县是秦朝桂林郡的政治、经济中心。桂林郡是怎样得名的呢？据《旧唐书·地理志》说："江源多桂，不生杂木，故秦时立为桂林郡。"这江是被称作牂牁江的江，一条从夜郎国流过来的江，泛指今出自贵州的西江上游一带的南北盘江流。这些江源头两岸生长很多的肉桂树（不是桂花树），桂树成林，不生杂木。秦时立为桂林郡。桂林郡就是这么得名的。

桂林郡的出现，是一种历史的进步。岭南实现郡县制，标志着岭南从半原始的部落社会跨入了封建社会，这是一种社会文明的跨越式发展。中原地区的文明和先进的生产技术开始传入岭南，对岭南地区社会经济文化的发展，有着极其重大的历史意义，同时对国家的统一和巩固也有着很大的作用。我们可以说，桂林郡不仅是一个行政区域的名称，而且是一个历史文化现象，是广西在历史的长河中进步发展的文化源头。

那么，秦朝时的桂林郡和今天的桂林市又有什么关系呢？可以说有关系，又没有直接的关系。我们说它有关系，是因为今天的桂林市的一部分地区在秦朝时属于桂林郡。说它没有直接的关系，今桂林不是直接继承古桂林郡的名称而来的。这期间有一个漫长的历史发展过程，但得益于文化的促进作用。

公元前214年，秦朝统一岭南，随即开始了对岭南地区的全面开发经营，直到公元前207年，秦朝灭亡，虽仅短短七八年时间，但秦朝对岭南的开发经营，对岭南地区社会经济的发展，有着划时代的意义和影响，因为岭南百越落后的半原始部落社会基本结束了，进入了以郡县制为标志的封建社会。

秦朝灭亡之后，当年参加统一岭南的秦朝将领赵佗，据岭自守，建立了南越国。在保有南海、桂林、象郡三郡的基础上，疆域又有所发展。南越国存在了九十三年，加上秦朝在岭南统治的八年，桂林郡共存在了百年左右。

汉武帝元鼎六年（前111）派大军灭掉了南越国，将原来秦朝和南越国所设置的南海、桂林、象郡三郡中的桂林郡、象郡撤销，将这些地区分置为七郡：南海郡还在，它的郡治仍设在番禺（今广州市）；合浦郡，郡治在广西合浦县；苍梧郡，郡治在今广西梧州市；郁林郡，郡治在原桂林郡治布山；交趾、九真、日南三郡大部分在今越南。后来又增设儋耳、珠崖二郡，均在海南岛内。这样，在岭南这一大片土地上，一共设置了九郡，岭南地区重新成为汉朝郡县，只不过此时桂林郡消失了。

汉武帝把今天桂林这一带地方，置为始安县，属于零陵郡管辖。始安县的县治最早设在今兴安县秦城的遗址。就是说，当桂林郡消失的时候，今天的桂林还没有出现，今天桂林市这个地方，连一个小小的县城都还不是。直到三百多年后公元264年，三国时期吴国分零陵郡置始安郡，才在始安城（有人说在今桂林中学处）设始安郡治。也就是说，今桂林这个地方的名称，是从一个叫"始安"之名开始的。那么，始安又是怎么变成桂林的呢？

我们又要说到消失了的桂林郡。桂林郡虽然消失了，但是它存在了百年左右，而且是在荒蛮地区首次建立的郡县制，它所辖的地区又是一个相当于省级的区域范围（周朝的郡比县小，秦汉的郡比县大）。因此，它在中原人的心目中，打上了深深的烙印，他们把那个消失了的桂林郡的广大地区仍称为"桂林"。东汉时的科学家、文学家张衡，他用美丽的文笔创作了一首流传至今的《四愁诗》，全诗共分四章，在第二章诗人写道：

> 我所思兮在桂林，
> 欲往从之湘水深，
> 侧身南望涕沾襟。
> 美人赠我金琅玕，
> 何以报之双玉盘，
> 路远莫致倚惆怅，
> 何为怀忧心烦快。

诗人思念"桂林",想去又怕湘水深,只好侧身南望,眼泪沾湿了衣襟……张衡所处的时代,距桂林郡消失已有两百多年了,但桂林郡这个地方,仍然活在诗人张衡的心中,说明"桂林"这个名称有着顽强的、非一般的生命力。在诗人张衡的想象中,"桂林"那个地方,也像后来的唐代大诗人杜甫、白居易、韩愈一样,尽管他们终其一生都未曾到过桂林,但在他们的心目中,桂林是最美的地方,是最值得用最美的想象和最美的语言来赞美的地方,更是值得去的地方。因而桂林,作为一个地域名称,第一次出现在文学作品诗歌中,是在张衡创作的《四愁诗》中。张衡对桂林名称的传承,起到了巨大的作用,张衡也是古代歌颂桂林成千上万首诗词作品的开山鼻祖。因此,张衡是我们应该记住的第一个诗人。

桂林郡消失以后,也许是因为人们对它念念不忘,到了三国时,吴在凤凰三年(274),分郁林郡再次设立桂林郡,桂林郡的郡治在武安。武安在什么地方呢?就在今广西象州县西北境内(晋朝时候改为武熙)。这个桂林郡辖境约相当于今广西洛清江、融江、柳江、黔江流域,大概相当于今柳州市的范围,也就是今广西的中部地区。晋朝的时候,桂林郡的郡治迁移到潭中(今柳州市东面)。南北朝时的南朝宋再迁到中溜(今广西武宣县南),南朝齐又迁回武熙,迁来迁去还是搞不上去,到了隋朝初年,这个桂林郡就被废掉了。第二个桂林郡存在了大约三百年,比第一个桂林郡存在的时间还多两百年。我们不妨分析一下,为什么历朝的统治者(包括秦朝),要在广西的中部地区反复设立桂林郡?这和古人对"中"的重视是分不开的。"中也者,天下之大本也"(《中庸》);《孙子兵法·九地篇》"击其中则首尾俱至",说明"中"是要害之地;《旧五代史·选举制》"务在酌中,以为定制",说明"定制"要慎重考虑适中,不偏不倚。所以秦朝设立的桂林郡郡治选在广西中部的布山县(今贵港市一带),后来的桂林郡郡治在今柳州一带,今贵港市与柳州市都居于广西的中部地区,现今仍称桂中地区。但是两地为什么都不能演变为后来的桂林呢?这主要是当时的广西中部地区对桂林文化水土不服，还不能发育出先进的卓有影响力的桂林文化。统治者尽管用心良苦，但还是事与愿违。虽然秦朝（包括南越国）时的桂林郡是为武力所置又为武力所废，但是，汉代设立的郁林郡郡治还在布山县，仍不能继承秦时桂林郡的政治、经济中心地位。这个广西的政治、经济、军事、特别是文化的中心，经过漫长的历史和文化的选择，最后才选定了今天的桂林。

第二个桂林郡被废掉的时候，今桂林这个地方却由始安县变成了桂州。有趣的是，桂州也有两个。第一个桂州是南朝梁天监六年（507）设立桂州于苍梧、郁林之境（统治者还是想在广西的中东部选定一个中心），这个桂州因桂江而得名。同样有趣的是，桂江也有两条，据《寰宇记》引《南越志》说："铜鼓滩在浔州府城东一里，黔、郁二水合流处，其地与大黄江一带相近，实为产桂之区，天下仰给焉。其为桂江无疑。"这一条桂江，也就是今广西境内的浔江。这是个在历史上盛产肉桂（桂皮，可以入药做香料）的地区，天下的桂皮材料都有赖于它的供给。这个桂州也像第一个桂林郡一样得名于桂，以出产肉桂的桂江（浔江）而得名。另一条桂江则是今漓江以下汇合西江段称桂江，这条桂江以桂州而得名。南朝梁大同六年（540），桂州的州治从盛产肉桂的桂江一带迁到了始安城，也就是今天的桂林城（《太平御览》卷一二七）。桂州的辖境约相当于今广西龙胜、永福以东和荔浦以北地区。直到秦时的桂林郡消失六百多年后，今天桂林这个地方，才成为桂州城，变成了一个州治所在地，但不管怎么样，总算有一个"桂"字了。不过这个桂州，既不产桂皮树，也不植桂花树。始安城在六百多年后变成了桂州城，这是历史的选择，更是文化的选择。丰富多彩的桂林文化的发育才真正开始。

唐睿宗景云二年（711），一个关键性的人物在桂州出现。诗人宋之问被流放钦州（今广西钦州），他来到了桂州城。这位宋之问在当时的名声可大得很，他当过考功员外郎，这个不重要，重要的是他创作的诗歌对唐代律诗的形成和发展有很大的影响，他的诗集有 10 卷，《全唐诗》编存其诗 3 卷，明朝人辑有《宋之问集》。宋之问放逐途中经过桂州，桂州的气候环境优美、山川秀丽引发了他的思乡之情，他创作了一首诗《始安秋日》："桂林风景异，秋似洛阳春。晚霁江天好，分明愁杀人。……"宋之问是第一个把"始安"和"桂林"这两个不同的名称联系在一起的诗人。他说"桂林"这个地方的秋天风物和景观很特殊，像洛阳的春天一样美。唐代诗人李商隐在今桂林平乐（昭州）做过官，他的一首写桂林的诗《即日》题下注解云："宋考功有（小长安）之句也。"李商隐说宋之问曾把桂林称为"小长安"，大长安是唐朝的国都。宋之问还有两首诗《桂州黄潭舜祠》和《桂州陪王都督晦日宴逍遥楼》，这两首诗写的都是"桂州"。宋之问首次把"始安""桂林""桂州"三个不同的名称重叠在一起。"始安"和"桂州"是实指，唐朝时候今桂林这个地方就称桂州，始安县是桂州辖下的一个县，是桂州州治的所在地。"桂林"是过去时，是那个消失了八百多年的桂林郡的名称。

宋之问把已经消失了八百多年的秦朝时的桂林郡中的"桂林"，安在了始安和桂州的身上，实在是个奇迹，这也许是发自诗人内心的一种想象。不料，这个诗意想象，后来竟变成了事实。四十六年之后，唐肃宗至德二年（757），始安县因为临近桂州州治，改名为临桂县。始安县改名为临桂县后，这个存了八百多年的古老县份，从此消失，它再也没有出现过。可是，"桂林"这个名称却越来越火，人们硬是不让它消失。宋之问之后，唐朝的许多大诗人如张九龄、王昌龄、杜甫、韩愈、柳宗元、白居易、张籍、王建、李渤、张祜、卢纶、许浑、杜牧、李商隐等，都为桂州（今桂林）创作过大量优秀的诗文，他们通过这些诗文，不但把"桂林"这个美好的名称留给了今天的桂林，同时也把桂林文化带进了唐诗的灿烂辉煌之中。

唐朝的诗人写诗很有趣。唐朝的时候，今桂林这个地方，行政区划朝廷规定名称为桂州，主官称桂州刺史、桂管观察使。桂州刺史为州官，主管一州之政务，比如重修灵渠贡献很大的鱼孟威，他是唐朝桂州刺史。而开发訾家洲的裴行立，带御史中丞衔任桂管观察使，柳宗元在所撰的《桂州訾家洲亭记》文中，称裴行立"都督二十七州诸军州事。盗遁奸革，德惠敷施，期年政成，而富且庶"。唐朝时将岭南分设东西道，今广西属岭南西道，有桂州、容州、邕州三管。桂管驻桂州，辖桂、梧、贺、柳、富、昭、蒙、严、融、思唐等州，桂管观察使是桂管的军政长官。桂州是桂管属下的一个州，也是桂管治所。当时还不存在"桂林"这一行政区划的称谓。但是，唐朝这些大诗人，也许是他们太钟爱"桂林"这个名称了，也不管你朝廷是否规定了"桂林"的行政区划名称，他们硬是把"桂林"这个名称送给了桂州。这是个很有趣的现象。

大诗人杜甫当时远在四川成都避"安史之乱"，他的好朋友杨谭（行五）正领军驻桂州，恰好此时一位段参军也要到桂州赴任，杜甫就托这位段参军把他作的一首《寄杨五桂州谭》的诗带给杨谭。诗中"五岭皆炎热，宜人独桂林"成为流传千古的名句。杜甫明明知道自己的好友杨谭此时所在之地叫桂州，他的诗题目也是《寄杨五桂州谭》，但在诗中并不称"宜人独桂州"而是"宜人独桂林"。白居易更有意思，当时朝廷调秘书监严谟到桂州任桂管观察使，白居易负责起草文件（任命书），白居易起草《授严谟桂管观察使制》的文件，还给严谟赠了一首诗《送严大夫赴桂州》。白居易起草的文件和所赠诗的题目都是表明严谟是要到桂州去任职的，但在诗中却出现了"桂林无瘴气，柏署有清风"这样同样流传千古的名句。本应是"桂州无瘴气"，白居易硬是不把朝廷区划名称放在眼里，擅改桂州为桂林。更有甚者，白居易还在《授严谟桂管观察使制》的文件中，把桂州这个朝廷明确规定的区划名称，与"桂林"混用："可使持节都督桂林诸军事守桂林州刺史兼御史中丞桂州本管都防御观察处置等使"（《白氏长庆集》）。这位到桂州任职的严谟可能当时有很多诗人朋友，他到桂州赴任，韩愈有《送桂州严大夫》、白居易有《送严大夫赴桂州》、张籍有《送严大夫之桂州》、王建有《送严大夫赴桂州》。其中韩愈所作《送桂州严大夫》中的"江作青罗带，山如碧玉簪"最为有名，审美意境也最高，大诗人韩愈因为这两句诗永远成了桂林形象的代言人。诗人开头两句："苍苍森八桂，兹地在湘南。"韩愈把"八桂"这个寓意美好的名称送给了桂林，后来"八桂""桂"就演变为桂林和广西的代称和简称。

唐代著名的边塞诗人王昌龄，干脆把当时的桂州直称桂林，他为他的朋友任五、高三、谭八（唐人重排行）去桂州做官分别赠诗《送任五之桂林》《送高三之桂林》《送谭八之桂林》。

大诗人李商隐曾任桂管观察使郑亚的文秘，代理过昭州（今广西平乐县）府事。他写桂州的诗："城窄山将压，江宽地共浮。东南通绝域，西北有高楼。神护青枫岸，龙移白石湫。殊乡竟何祷？箫鼓不曾休。"却题名为《桂林》。李商隐抵桂州途中作的诗题目为《桂林路中作》。唐代诗人把桂州称为桂林几乎成为一种惯例，他们无视朝廷行政区划名称的有无。

唐朝光化二年（899），融州（今广西融安县）刺史莫休符，退休之后迁居桂州城，不回故里（他故里在封州，今广东封开县）。他觉得前人写文章著书，有事情发生必然要记下来，可是关于桂州的事迹，却没有留下多少。于是，他把在桂州的所见所闻，逐条整理记录下来，内容包括桂州的历史沿革、名胜古迹、地理山川、人物掌故、风土人情，编成三卷书。这是一本桂州的风物志，书名本应为"桂州风土记"，但他却把书名定为"桂林风土记"。他写下的这本描述唐代和唐代以前桂州历史地理风土人情的书，成了桂州自古以来首部风物志而传承至今，只可惜原书三卷，宋时已亡佚两卷，今仅存一卷（《桂林风土记》，商务印书馆，1936）。

到了宋朝，桂州的地位有了明显的变化。北宋徽宗大观元年（1107）宋朝在桂州成立静江帅府，为当时广南西路（今广西）的最高军事机构。北宋钦宗靖康元年（1126）康王赵构（就是后来的宋高宗）到桂州来当静江军节度使（桂州并没有一条江叫静江，静江军节度使是一种封号，就像明朝的靖江藩王封号一样）。赵构在他成为宋高宗之后，也许是念及桂州是他的发祥之地，于绍兴三年（1133）将桂州升格为静江府（从静江军节度使名号演变而来），为广南西路的路治。广南西路全权管辖 25 州，兼管理 72 个羁縻州及邻近诸小藩和交趾（今越南）、大理（今云南大理一带）等属国有关事务。静江府的主管官称静江知府兼广南西路经略安抚使，由朝廷挑选有威望的文官任职。从这时开始，桂州已成为广西政治、经济、文化、军事中心，是宋朝以后历代的西南重镇。

宋代的著名文化人，只有王安石（唐宋八大家之一）和黄庭坚（宋四家之一）恪守朝廷行政区划的规定，称桂州这个朝廷规定的地区名称，王安石专门为桂州新修筑的州城作《桂州新城记》一文。黄庭坚流放途中到过桂州，创作诗歌《到桂州》。诗人范成大在桂州任静江知府兼广南西路经略安抚使，但他把桂州称为桂林，有诗"旧说桂林无瘴气（白居易诗），今知漓水辟刀兵"，《怀桂林所思亭》："桂水只今湘水外，他年空有四愁诗（张衡诗）。"南宋状元、著名词人张孝祥任静江知府兼广南西路经略安抚使，他也把桂州称为桂林。他在来桂州途中的驿站作诗《入桂林歇滑石驿题碧玉泉》。他更是把历代诗人写桂林的诗句集成一首词《水调歌头·桂林集句》："五岭皆炎热，宜人独桂林（杜甫诗）。江南驿使未到，梅蕊破春心（南朝陆凯诗）。繁会九衢三市，缥缈层楼杰观（柳永词）。雪片一冬深（杜甫诗）。自是清凉国，莫遣瘴烟侵（张孝祥句）。　江山好，青罗带，碧玉簪（韩愈诗）。平沙细浪欲尽，陡起忽千寻（张孝祥句）。家种黄柑丹荔（陆游诗），户拾明珠翠羽（韩愈诗），箫鼓夜沉沉（李商隐诗）。莫问骖鸾事（韩愈诗），有酒且频斟（张孝祥句）。"

历代诗人心目中的这个虚拟的"桂林"，获得的赞美诗是空前绝后的，虽然它还没有落到实地，但已有"千呼万唤始出来"之势。唐代文豪韩愈的"江作青罗带，山如碧玉簪"已把桂林之美写到了极限。宋代大诗人黄庭坚写桂林之美更是写到了绝美的极限："桂岭环城如雁荡，平地苍玉忽嶒峨。李成不在郭熙死，奈此百嶂千峰何？"黄庭坚的绝美极限便是，当时画山水画最著名的两个画家李成、郭熙都已经死了，还有谁能来描绘这百嶂千峰的桂林美景呢？到了诗人王正功，便再也没有更好的诗句来写桂林了，他干脆一句"桂林山水甲天下"，把话讲到空前绝后。王正功很有意思，尽管他的诗名不是很大，可是他这句写桂林的诗，风头几乎要盖过杜甫、白居易写桂林的名句。更有意思的是，王正功写出"桂林山水甲天下"的时候，他正在桂州做官，而且官职还不小：广南西路提点刑狱权府事，是当时广西管司法的最高官员兼代理静江知府。他的衙门就设在桂州，他却不写"桂州山水甲天下"而写"桂林山水甲天下"，让人百思不得其解的是，像他这样的桂州现职官员竟也无视朝廷行政区划名称的规定。

尽管历代的大诗人们呼唤了上千年，可是，直到明朝的时候，桂林才作为一个地名落地。那已是明朝洪武年间的事了。也许历朝历代的文化人呼唤得太多了太久了，朱元璋在洪武五年（1372），将行政区静江府改为桂林府，辖全州、永宁二州和临桂、兴安、灵川、阳朔、灌阳、永福、义宁七县（《大明一统志》卷八十三）。直到这个时候，今天的桂林才正式得到命名，而此时距秦朝桂林郡的消失，已经过去了差不多 1500 年，桂林才又回来了，真是弹指一挥间。这说明桂林这个名称具有非常顽强的生命力和高度的文化魅力。今桂林得名的过程，就是桂林文化形成和发展的过程。桂林名称回归今桂林之后，作为广西一省的政治、文化、经济、军事中心，一直延续到 1949 年底（1950 年 2 月 8 日，新的广西省人民政府在南宁正式成立）。如果从宋朝至道三年（997）成立广南西路（广西从此得名，路治在桂州）算起，到 1949 年底，桂林（桂州）作为广西的政治、军事、经济、文化中心有将近 1000 年的历史。桂林文化也就成了广西文化的代表，一个"桂"字包括了广西文化的精华。虽然 1958 年后，广西省变成了广西僮族自治区，后来又变成了广西壮族自治区，但是现在广西壮族自治区人民政府发的文件叫"桂政发"多少号，广西人开的车，车牌号都冠以"桂"字开头，广西的简称还是称"桂"。

上

篇

漓江的文化源头

读郦道元《水经注·漓水》

黄继树

漓江是一条充满诗情画意的美丽江河，她的每一滴江水，每一朵浪花，都是有文化的，而且是带有悠悠岁月的历史文化。千百年来，文化人给予她的赞美诗文及书画作品，更以成千上万计。由于受到丰厚的文化滋养，漓江成为美甲天下的文化江河。

有树必有根，有江必有源，漓江文化的根源在哪里？读一读北魏时期地理学家、文学家郦道元的名著《水经注·漓水》，有助于我们寻找到漓江文化的源头。

郦道元（约470—527）字善长，范阳涿县（今河北涿州）人。好学博览，留心考索水道变迁和城邑兴废等地理现象，撰《水经注》，为有文学价值之地理巨著。《水经注》全书四十卷（原书宋代已佚五卷，今本仍作四十卷，乃经后人割裂改编而成）。此书名为注释《水经》，实则以水经为纲，做了二十倍于原书的补充和发展，自成巨著。《水经》是中国第一部记述河道水系的专著。一般认为约成书于东汉至两晋时期，相传为东汉桑钦或晋代郭璞所撰，原书早已失传，遂专附于郦道元撰的《水经注》而流传。

《水经注》记载大小水道一千二百五十二条，一一穷原竟委，详细记述了所经地区山陵、原隰、城邑、关津等地理情况、建置沿革和有关历史事件、人物、甚至神话传说，无不繁征博引，是公元6世纪前中国最全面而系统的综合地理著作。引用书籍多达四百三十七种，还记录了不少汉魏间的碑刻，所引书和碑刻今多不传。《水经注》全书文笔绚丽，具有较高的文学价值。

我们来看看，生活在将近1500年前的地理文学家郦道元，是怎么记述漓江的，他向我们传达了什么样的历史文化信息：

> 漓水亦出阳海山。
>
> 漓水与湘水出一山而分源也。湘漓之间，陆地广百余步，谓之始安峤，峤，即越城峤也。峤水自峤之阳南流注漓，名曰始安水。故庾仲初之赋《扬都》云"判五岭而分流"者也。漓水又南与洮水合。水出西北邵陵县界，而东南流至零陵县西南，迳越城西。建安十六年，交州刺史赖恭自广信合兵小零陵越城迎步骘，即是地也。洮水又东南流，注于漓水。《汉书》所谓"出零陵，下漓水"者也。
>
> ——《水经注》卷三八《漓水》

这篇《漓水》文虽短，但历史文化信息含量极为丰富。它首次向我们指明了，漓江的文化源头是始安水。

为什么漓江文化的源头是始安水？因为在多条注入漓江的河流中，始安水是首条接受灵渠从分水塘（渼潭）中引湘江之水入漓江的河流，她带给了漓江流域两岸先进的华夏文明，水润蛮荒，惠泽八桂。始安水与始安峤得名于何时，因何而得名，现在已无法考证，我们只能凭现有的资料做一番推测：秦始皇派史禄凿灵渠，认为灵渠一通，岭南始安。于是费了很大劲才把"湘漓之间，陆地广百余步"的一段分水岭凿通，引湘入漓。然后与发源于分水岭南之桠子冲，南流约2千米至铁炉村头的一条河流相接，借用这条河流的河道，作为灵渠的半天然渠道，汇集漓江的多条支流，下流至溶江口，全程约30千米。有了这条自然河道，灵渠的工程量就减轻了许多。此水道实为灵渠关键水道。因为灵渠南渠渠道，全部由人工开凿的，从南陡口起至此而上

阳海山（清·罗辰　绘）

仅一小段，以下则沿此水及下游的潨水扩展而成。

　　灵渠完全由人工开凿的部分只有 3.9 千米，这 3.9 千米工程相当艰巨，作用至关重要。"这段的开凿，打开了湘江入漓的大门，是全渠十分关键的一段。"[1] 所以，凿渠的秦朝军民把湘、漓之间的分水岭命名为始安峤就不奇怪了。凿通了始安峤，灵渠把湘水引入了始安峤南桠子冲的一条河流，靠着这条天然河道的导引，再经人工扩宽整治河床，引湘入漓就基本成功了。这条河道的发现和利用，对于灵渠工程也像打开分水岭一样关键。因此，凿渠的秦朝军民，如果把分水岭南桠子冲引入的漓江上源的这条河流命名为始安水，同样也就不奇怪了。这就意味着凿开始安峤，接通始安水，灵渠始通，岭南始安，于是，就有了始安县。

　　始安县是今桂林市辖许多县的母亲县，临桂、永福、灵川、兴安等都是由始安县析分出来的。一般认为，始安县于汉武帝元鼎六年（前111）平定南越国后所置。但是《汉书·地理志》记载："零陵郡，汉武元鼎六年置。县十：零陵、营道、始安、夫夷、营浦、都梁、泠道、泉陵、洮阳、钟武。"据《汉书·地理志》所言，汉武帝在元鼎六年（前111）所置的是零陵郡，并言明零陵郡所辖的十个县的县名，但并未明确包括始安县在内的十个县是否为同一时间（即元鼎六年）所置。因为在零陵郡所属的十个县中，至少有一个零陵县为秦朝时就设置了的："始皇帝二十六年（前221），在县境内始置零陵县，属长沙郡。县治设于今县城西南39千米处。"[1]始安县到底置于何时？其设置的上限时间，至今无法查到。如果把始安县设置的时间暂定为汉武帝元鼎六年（前111），始安水与始安峤均在始安县境内，始安水与始安峤得名于秦时灵渠所开凿，那么汉武帝派大军南下沿灵渠进军岭南，平定了南越国，在岭南重建郡县制，他在灵渠所经范围内设置始安县，有岭南始安之意，始安县得名于始安水和始安峤也就名正言顺了。那么，始安水作为漓江的文化源头，也就顺理成章了。否则，漓江上游的那么多条支流，为何只有这一条最先连接灵渠引入湘水的江流被命名为始安水呢？

　　始安水见证了岭南地区（今两广一带）历史上多次重大事件：与她名称同时伴生的灵渠，秦朝对岭南的统一；汉武帝派五路大军平南越国，其中"三路、四路以归义侯郑严为戈船将军，归义侯甲为下濑将军……利用灵渠入漓江至苍梧，沿西江而下，直逼番禺"[2]。郦道元在《漓水》注文中引《汉书》所谓"出零陵，下漓水"，指的就是这次历史事件。始安水见证的另一次重大的历史事件，是郦道元在《漓水》中指出的"建安十六年（211）交州刺史赖

---

[1]《全州县志》，1998年版。

[2] 张荣芳、黄淼章：《南越国史》，广东人民出版社，1995年。

恭自广信合兵小零陵越城迎步骘，即是地也"。这个历史事件，人们比较陌生，但是也属岭南的重大历史事件，而且就发生在始安水一带地域，所以郦道元在《漓水》这篇极精短的文章里，不惜笔墨专门记述了这次事件。

这次事件发生的时间：建安十六年，即公元 211 年，"建安"是汉献帝的年号，此时魏、蜀、吴已三分天下，汉献帝已成傀儡。

事件发生的地点：小零陵。古零陵县为秦朝所置，治所在今广西全州县西南，这里西汉时为零陵郡治所。东汉因郡治移于泉陵（今湖南永州市北），已对郡而言，又称小零陵。

事件相关人物：赖恭，刘表治理荆州时，派为交州（今广州）刺史；步骘，东吴孙权的重臣。

事件发生的原因和经过：自汉以来，交州（今广州）因地处偏远而难以管制，前交州刺史朱符、张津都因为难以有效控制局势而被迫逃亡或被杀。刘表治理荆州时，岭南属荆州管辖，刘表派赖恭担任交州刺史，吴巨担任苍梧太守，后二人发生矛盾冲突，赖恭在交州无法立足，遂向东吴孙权求援。孙权一看，这正是占据岭南的好时机，当即派他的重要谋臣步骘为交州刺史、立武中郎将，统领武射吏（善射的武官）千余人南行去接管交州。赖恭得知孙权已派步骘来岭南，便从交州至广信（今梧州）带兵在始安水附近的小零陵迎接步骘，将交州政权交予步骘接掌。步骘到任后，苍梧太守吴巨阴怀异志，不听从调遣，步骘于是设计将其斩杀，从此威声大振，交趾太守士燮及其兄弟率众前来归附，孙权从此统治了整个岭南。"自孙吴以后，湖广之间事变或生，未有不争始安者。"[1] 我们因此而知郦道元为何在这篇《漓水》短文中不惜笔墨记述这一历史事件。

郦道元在《水经注·漓水》这篇文章中，送给始安水的首份文化大礼，是东晋著名文学家庾阐创作的名篇《扬都赋》："峤水自峤之阳南流注漓，名

---

[1] 顾祖禹：《读史方舆纪要》，卷一百七·广西卷二。

曰始安水。故庾仲初之赋《扬都》云'判五岭而分流'者也。"

庾仲初即庾阐，生卒年月不详，字仲初，颍川鄢陵（今河南鄢陵北）人。东晋文学家，著有文集 10 卷，已佚。《晋诗》辑存其诗 21 首，《全晋文》对其作品亦有辑录。他一生著述颇丰，众体皆擅。庾阐的《扬都赋》因宰相庾亮赏誉而盛传，被世人看重，相互传抄，曾一度导致都城建康（东晋国都，今南京市）纸贵的场面，集一时之盛。说到"纸贵"，晋朝曾出现过两次"纸贵"的现象。第一次"纸贵"是由西晋的大文学家左思引发，其构思十年写成的《三都赋》一出，"豪贵之家，竞相传写，洛阳为之纸贵"（《晋书·左思传》）。后人常用"洛阳纸贵"这个典故以称誉风行一时、流传甚广、影响极大的著作。晋朝（西晋）上一次"纸贵"，发生在都城洛阳，第二次"纸贵"发生在东晋都城建康。第一次由左思的《三都赋》引起，第二次由庾阐的《扬都赋》引起，历史上这两次"纸贵"都成为文坛美誉。始安水很幸运，获得了第二次"纸贵"这篇名赋的赞美之词："判五岭而分流，鼓沱潜而碎沛。"试问：天下有哪几条江河能享受到"纸贵"的盛誉？庾阐在他的《扬都赋》中还有"林蔚八桂之丛""果则黄柑朱橙"之句，比韩愈"苍苍森八桂""家自种黄柑"（韩愈《送桂州严大夫》）早了四百多年。庾阐还在晋咸康五年（339）为桂林虞山作碑刻《舜庙序》（《晋书·文苑·庾阐传》）。

始安水，漓江当之无愧的文化源头！

"未若独秀者，峨峨郛邑间"

颜延之与桂林

黄伟林

南朝宋元嘉初（424），颜延之到桂林做太守，在桂林留下了三处文化遗迹。

一是为桂林城区主峰独秀峰命名。他写过关于独秀峰的诗，"未若独秀者，峨峨郛邑间"，这两句诗成为独秀峰的命名来源。二是为独秀峰南麓的岩洞留下了名字：颜公读书岩。三是后人在颜公读书岩附近建起了一座"五咏堂"，其中有黄庭坚书录的颜延之的《五君咏》，这是桂林石刻中的名刻，称"三绝碑"，现在桂海碑林里可以看到复制品。

从上面三个文化遗迹就可以看出颜延之对桂林文化的推动作用。

第一，颜延之是桂林山水最早的开发者。山水本来是自然，山水成为审美对象，需要具有审美智慧的人点化，颜延之为独秀峰命名的事实，说明颜延之发现了桂林山水独特的审美价值，是文献记载的桂林山水最早的点化人。

第二，颜延之最早给桂林带来读书风气。桂林有许多读书岩，如阳朔的曹邺读书岩、永福的王世则读书岩、恭城的周渭读书岩、全州的蒋冕读书岩，等等。由此可见桂林人喜爱读书。但桂林最早的读书岩，仍然是颜公读书岩。现在人们大都知道独秀峰南麓那个岩洞叫读书岩，有时候省略了"颜公"两字，我以为绝不能省。因为桂林读书岩很多，省略"颜公"，不仅说不清是哪个读书岩，而且，也将颜延之对桂林重要的文化意义省略了。

第三，颜延之给桂林带来清正廉洁的人格基因。《五君咏》，咏的是竹林

独秀峰下颜公读书岩石刻（邓霆　摄）

七贤中的五贤。为什么只咏五贤？是因为颜延之认为另外两贤人格品质存在问题，不值得他去歌咏。毫无疑问，颜延之的道德选择会影响当时的桂林人。我编过一本《漓水青莲——桂林古代养正文化巡览》，我们发现，桂林历史上有清正廉洁的文化传统，而追溯上去，这个传统自颜延之始。

　　平时我们说中原文化对岭南文化的影响。这个中原文化并不是抽象的。仅就上述而言，它指的是山水文化意识，读经、读史、读诗的读书风气，以及清正廉洁的士大夫文化基因。

独秀峰颜延之诗句石刻（邓霆 摄）

"五岭皆炎热，宜人独桂林"

杜甫与桂林

曾锡贤

　　有两千多年历史、文化底蕴深厚的桂林，如诗如画，气象万千。因桂林特有的气质，从古至今，诗家们便不吝手中如椽之笔，吟出了一篇篇、一首首动人的诗章。在众多的诗词大家中，诗圣杜甫也没有缺席。

　　杜甫因种种原因，没能到桂林，但因桂林盛名已久，又恰逢朋友杨五（名谭，排行五）到桂州任职，于是便写下了《寄杨五桂州谭》一诗相赠：

> 五岭皆炎热，宜人独桂林。
>
> 梅花万里外，雪片一冬深。
>
> 闻此宽相忆，为邦复好音。
>
> 江边送孙楚，远附白头吟。

诗人杜甫这首《寄杨五桂州谭》，诗题下有小引："因州参军段子之任"，说明他这首诗是托去桂州（今桂林市）赴任的段参军代交的。"段子"，"子"是古时对男子的尊称。"之任"，到任，赴任。"杨五"，即杨谭排行第五。古人常以排行、居官、地望称呼对方，以表亲切和尊敬，故杜甫诗题有"杨五桂州谭"之谓。

　　杜诗开头两句"五岭皆炎热，宜人独桂林"，是说地处五岭（大庾岭、骑田岭、都庞岭、萌渚岭、越城岭）的一带地方，环境和气候恶劣，到了夏季酷热难耐，令人忍受不了。可是地处其中的桂林，却是另一番景象：山清水秀，绿树成荫，凉风习习，有如仙境般舒适，非常宜人。

"梅花万里外，雪片一冬深。"意指即便到了冬天，桂林这时的情景，仍好比置身于馥郁馨香的梅花丛中，又如隆冬季节里雪花飘舞的时候一样，令人赏心悦目，既适意又沉醉。这进一步说明桂林的气候冬夏宜人。前面这四句诗，意思紧相衔接，主要是写景，为后面的抒情作铺垫。

"闻此宽相忆，为邦复好音。"是说在朋友处听到好友杨五（也可能杜甫已接到杨五告知其到桂任职的书信）能到桂林这样好的地方任职的消息，他久悬着的一颗心终于放得下了，请好友在这风雨飘摇、动荡不安（安史之乱）的时候，要努力报效国家，治理好地方，给朋友们及家乡带来好的消息。

结尾句："江边送孙楚，远附白头吟。"是说，我现在正在江边送段子（段参军，子系尊称）去桂州（今桂林市）赴任，所以就托他将我写的这首诗转交给你。江边，应是岷江边。当时杜甫正在成都草庵堂居住。诗中的孙楚，是喻指段参军。孙楚（约218—293），西晋文学家，字子荆，太原中都（今山西平遥）人，官至冯翊（郡名，在今山西境内）太守，明人辑有《孙冯翊集》，后散佚。因孙楚曾出任过骠骑将军石苞和镇西大将军司马骏的参军，所以杜甫就用诗把孙楚借指段参军。杜甫在四川铜梁居住时，也曾托人带诗给正在合浦（今广西合浦）驻军的杨五（《广州段功曹到得杨五长史谭书功曹却归聊寄此诗》）[1]，这位段功曹与段参军是否为同一人，不得而知，但我们却因此而知诗人杜甫与杨五的交情颇深，这就难怪杜甫为什么要把自己的诗比作乐府《楚调曲》"白头吟"了。而杜甫诗中的"白头吟"也可理解为：杜甫作此诗时，年事已近五十（是在成都草堂写就的），其当时为生活所困，已是"华发生"了，所以将自己的诗谦称"白头吟"。据学者樊平先生考证，《乐府·白

---

[1] 见《全唐诗》卷二百二十七。

头吟·本辞》中末两句："男儿重意气，何用钱刀为！"意为男儿相交，就应该重情义，不必在钱财上较真。钱刀即古时钱币。诗人把自己的赠诗比作"白头吟"，从遥远的地方托寄过去，既表示对老朋友杨五情义的珍视，也表达了对其（杨五）深切的思念，体现了诗人情操的高尚。

"五岭皆炎热，宜人独桂林"，杜甫这句名诗与韩愈、白居易两位大诗人咏桂林的名句"江作青罗带，山如碧玉簪"（韩愈《送桂州严大夫》）和"桂林无瘴气，柏署有清风"（白居易《送严大夫赴桂林》），有异曲同工之妙，同为历史上称颂桂林的诗词名句而久远流传，桂林能得到三位大诗人的推崇和赞许，是可引为无比自豪的。

"五岭皆炎热，宜人独桂林"，一个"独"字，就道尽了桂林山水天下为尊的妙境，杜甫诗中的这个"独"字，堪与"桂林山水甲天下"的"甲"字媲美。"独"，就是唯一的，独有的，独一无二的，为什么这么说呢？大家可从大诗人白居易的"桂林无瘴气"这句诗中体味到。瘴气，是产生于岭南山林间湿热蒸郁致人疾病的有毒气体。在各种野史及旧时民间传说中，瘴气是极为可怕的。它所致人的病，又叫瘴疠，即内病为瘴，外病为疠，可致人伤残（痖疯）甚至使人"凝血立死"，几乎无药可医。这种病对于人，特别是初到岭南的北方人，心里的恐怖和压力可想而知，那是具有极大的杀伤力的。唐代诗人沈佺期因罪被流放广西时，有诗"崇山瘴疠不堪闻"（《遥同杜员外审言过岭》），就道出了旧时官员怕因获罪而流放岭南的恐惧心理。而历代统治者对那些触犯其利益的文人，或是在派系争斗中失败的官员，往往是被贬谪岭南，以那里恶劣的自然环境来惩治他们。"绍圣初，逐元祐党人……及广南州郡，以水土美恶系罪之轻重而贬窜焉。"（张邦基《墨庄漫录》）宋朝的统治者对元祐党人的惩处，除了刻立石碑昭告天下外（桂林龙隐岩有《元祐党籍碑》），便是以两广环境的优劣标准来流放他们。如宋代的大文豪黄庭坚，就是这样被贬谪到广西宜州，并被折磨死于该地。唐代大文豪柳宗元被放逐柳州，当时的柳州是"炎烟六月咽口鼻，胸鸣肩举不可逃"（《寄韦珩》）。恶劣的生存环境和极端苦闷的心情，竟使正值英年的柳宗元得病早逝。柳宗元、黄庭坚两位在中国文学史上占有大师级地位的文豪，均死在广西的恶劣生存环境里。当时岭南遍地瘴气，人们谈瘴色变，而唯独桂林这块风水宝地无瘴气。在古代，许多文人也曾到桂林，但没有一个客死桂林的。桂林除了无瘴气外，一年四季皆气候宜人。唐代诗人宋之问写桂林的秋天："桂林风景异，秋似洛阳春。"（《始安秋日》）诗中说桂林虽然是秋天了，但风光景物气候仍与洛阳的春天一样美好。这个"异"字，与杜甫诗中的"独"字互相映美，异曲同工。唐代诗人李商隐写桂林春夏之交的气候"春去夏犹清"（《晚晴》）；写桂林的腊月"花飘度腊香"（《即日》），意思是桂林虽正值腊月（夏历十二月），但仍有鲜花飘香。唐代诗人王昌龄写桂林的冬天和秋天："岭上梅花侵雪暗，归时还拂桂花香。"（《送高三之桂林》）

众多的诗词大家们，每个人都从不同的角度，不同的构想，用美妙的文字去勾勒、去雕琢、去描绘桂林的山水，使桂林的山水更加流光溢彩，恍如仙境。因此我时常突发奇想，如果柳宗元、黄庭坚不被贬放柳州、宜州，而是生活在桂林，他们还会死于忧郁和贫病交加之中吗？如果生活在桂林，恐怕他们的笔下会生出许许多多的脍炙人口、美妙绝伦的诗篇来！如果让大诗人杜甫安居在桂林，而不是四川成都的草堂里，他肯定会用手中生花妙笔，写下一首首生动美妙歌颂桂林山水的大作来，他也一定会有一所别墅，而不是被秋风吹的破茅草屋了。因为就连宋之问这样不及杜甫有名的诗人，其在流放之中，还能在桂林有一处舒适的住宅。宋之问的住所居于桂林城南二里处，紧靠元山。据唐人柳璧说，宋的住宅很"清致"，内有"轩榭"等建筑。唐玄宗赐宋之问死之后，宋的夫人孙氏，将其居所改为道观。（柳璧《元山观记》）

桂林，自古以来就以山水的美丽、环境之宜人而闻名于世。这种宜人而舒适的环境，特别适合于文化人的生活。杜甫诗中的这个"独"字，还体现在桂林的喀斯特岩溶地貌是独一无二的。桂林的石灰岩属白云岩类，石质有韧性，最适宜于文字或图像石刻。因此，桂林的石壁上和岩洞中，留下了甚多历代文化人的题刻，成了文化人发表作品的最佳处。这一独特的人文景观，使桂林获得了"唐宋题名之渊薮，以桂林为甲"的美名，这是清代著名金石学家叶昌炽对桂林石刻文化的评论。从这一点看，桂林的石刻文化也是独一无二的。

桂林以她独特的自然生态环境和人文环境，使得历代文人游历后心旷神怡而流连忘返，而历代文人们则也给桂林这座美丽而古老的城市留下了数以千计的美诗美文，成为丰厚的文化遗产，从而造就了桂林这座世人钦仰的山水文化名城，成了当今享誉世界的旅游胜地。

柳宗元与桂林訾家洲

黄继树

　　在桂林一提到訾洲，就使人想到唐代大文豪柳宗元的《桂州訾家洲亭记》。桂州始置于南朝梁天监六年（507），梁大同六年（540）移治于始安（即今桂林市）。訾家洲，今称訾洲，曾称浮洲。桂林市区漓江东侧的一个沙洲，与象鼻山隔江相望。洲上原住訾姓人家，故称。

　　唐元和十二年（817），御史中丞、桂管观察使裴行立，在一次和僚属登洲游玩时，发现訾家洲实在是个好地方，叹息从前被遗忘而未加利用。裴行立决定对訾家洲进行开发。他在洲上建筑了一组富丽堂皇的亭阁。建成后，他看了很是满意，却总感到还缺少了一样什么重要的事情没做。他终于想起来了，亭阁景观虽美，如果没有一篇美文来描述赞美它，再美的景观也是美不起来的，更不能传承下去。他自己是一位武将，自幼好兵法，因军功升至安南经略使（唐边州军事长官），直到元和年间（806—820）才领御史中丞衔（唐代观察使及大州刺史的加衔，有督察所辖地方行政事务权），任桂管观察使。唐朝的时候，将岭南分设东西两道，今广西属岭南西道，岭南西道又分桂（州）、容（州）、邕（州）三管，其中桂管最大，辖桂、梧、贺、柳、富、昭、蒙、严、思唐、融等州。桂管都防御观察使是桂管的军事长官，简称桂管观察使。桂管观察使裴行立是位货真价实的武官，讲打仗戍边是他的所长，写文章却不在行。但是这事难不倒他，他属下的柳州刺史（约相当于今天的柳州市长）柳宗元是位大文豪。于是，裴行立把柳宗元从柳州请到了桂林。

　　唐朝的时候，柳州还是个三等小州，柳宗元因参与革新集团的政治活动失败，被贬为永州（今湖南省永州）司马（唐代州府属官），被召回京后，再贬柳州。那时候可不像今天，桂林到柳州有高速公路，火车有动车，行程一个多两个小时。那时候桂林到柳州，桂柳运河虽已开通，但是行程还是十分艰难。柳宗元有诗描述他从桂林到柳州一路上的艰难行程：

> 桂州西南又千里，
> 漓水斗石麻兰高。
> 阴森野葛交蔽日，
> 悬蛇结虺如蒲萄。

就是说柳州还在桂州（桂林）西南千里之外。漓水（漓江）乘舟，江流与乱石搏击，险滩很多。"麻兰高"是什么意思？这有两说：一说"麻兰"当作"兰麻"，山名，在旧时桂州理定县（今永福县与鹿寨县之间），洛清江岸边。唐时从桂林乘船进桂柳运河下柳州必经之地，兰麻山很高。又据《永福县志》记载：在永福县广福乡的兰麻山有唐初修筑的古道遗址，兰麻古道为永福县至理定县和柳州的官道，现尚存 30 米长的卵石铺成的梯级古道遗址，每级长 5 米，宽 3 米。另一说认为，广西少数民族的木楼、竹楼，方言曰"麻兰"。倚山而建，自山麓至山巅，随处可见，故曰"麻兰高"。阴森的野葛藤蔓，交织盘缠，遮天蔽日，毒蛇扭成结儿，像一串串蒲萄（葡萄），吊挂在路途的树枝上，这叫人怎么走！但不管怎么难走，柳宗元还是应上司裴行立之请，不避路程艰险，提心吊胆地从柳州到了桂林。我推测，他从柳州来，很可能走过一段陆路，因为"漓水斗石"，乘舟逆行有些河道是不能开船的。他在另一首诗中描写从桂林到柳州船行之险，简直惊心动魄："崩云下漓水，劈箭上浔江。"顺水行舟尚且如此惊险，逆水行舟就更难想象了。

柳宗元到了桂林，当然是先到訾家洲上参观游览一番。"窃观物象，涉旬模拟"，他仔细观察了裴行立建造的亭阁等景物的形象，描写了半个多月，还是"不得万一，窃伏详忖，进退若坠"。他思考了很久，陷于进退维谷的困境。只好回到柳州，把裴行立交代的任务完成，然后着人将文章送到桂林交给裴行立交差。因此在他所写的《桂州訾家洲亭记》前边附了一篇《上裴行立中丞撰〈訾家洲亭记〉启》。这篇小启说明了他撰写该文的经过和感受，虽然只有130多个字，但是却道出了"是亭之胜，甲于天下"的惊人评语。赞评桂林的这类词语，柳宗元是第一个，虽然说的只是訾家洲上的亭子。

柳宗元不愧是大文豪，他在这篇《桂州訾家洲亭记》的文章中，文采飞扬，字字珠玑。他形容桂林的山："桂州多灵山，发地峭竖，林立四野。""发地峭竖"四个字，把桂林的山写活了，活得多么有灵气！

当然柳宗元的任务不是写桂林的山，而是奉裴行立之命写訾家洲上的亭，且看他是怎么写的："南为燕亭，延宇垂阿，步檐更衣，周若一舍。北有崇轩，以临千里。左浮飞阁，右列闲馆。比舟为梁，与波升降。"用现在的话来说就是，南边的燕亭伸展的屋宇，向下四垂的曲檐，檐下走廊，是休息更换衣服的地方，环绕一周若有一舍之大（这恐怕是夸张的说法，古时一舍为三十里，整个訾家洲也没有一舍之大，可以理解为距离较远的意思）。北边高大的长廊气势高敞，登高临眺，极目千里。左边的飞阁高耸呈现眼前，右边是一列宽广的馆舍。登洲的桥梁由一些船只并列联结而成，随江上的波浪起伏。

通过以上这些文字，我们大致可以看出，裴行立在訾家洲精心构筑的并非只是孤立的一座亭子，而是一组很有气派的包括亭台楼阁馆榭在内的园林建筑群。这些建筑群经过大文豪柳宗元的文笔描述渲染而变得气势非凡、美丽无比。"日出扶桑，云飞苍梧，海霞岛雾，来助游物。"把个訾家洲楼阁亭台描写成带有神话色彩的缥缈世界。又以安期生与秦始皇的传奇故事相接，更是引人入胜。段末一句"则凡名观游于天下者，有不屈伏退让以推高是亭者乎？"意思是，那些以观赏游览闻名于天下的地方，会有不甘于屈服退让而推崇这个訾

桂林訾洲公园新刻柳宗元像及《桂州訾家洲亭记》
（邓霆　摄）

家洲亭的吗？柳宗元已经高喊出"訾家洲亭甲天下"了！

　　柳宗元在这篇《桂州訾家洲亭记》中，不仅状物写景优美，而且夹叙夹议更是恰到好处。作者并不是孤立地写訾家洲亭新建景观之美，而是以桂林山水为背景，将小美的訾家洲亭置入大美的桂林景观之中："盖非桂山之灵，不足以瑰观；非是洲之旷，不足以极视；非公之鉴，不能以独得。"柳宗元在赞叹一番桂山之灵、訾家洲之旷美后，还专门赞誉了訾家洲亭的建造者裴公行立。如果不是他（裴行立）具有独到的审美力，訾家洲这颗漓江上的明珠，是不可能得到如此完美的开发和利用的。柳宗元在这篇《桂州訾家洲亭记》中，不但为我们展现了訾家洲亭不同凡响的美丽，而且还为我们塑造了一个人性化的开明官员裴行立的生动形象。裴行立在无意中发现訾家洲这个被人遗忘在漓江上的荒芜沙洲后，便决定在洲上进行景观开发建设。当时訾家洲上还住着一些居民，也可能就是訾姓人家，他们已在这块沙洲上不知居住了多少代了。现在裴大人要在洲上搞景观开发建设，这是有利于桂林旅游业发展的一件大事，洲上的居民必须服从大局赶快迁走，不管你在洲上居住了多少年多少代。凭着裴行立带御史中丞衔，官拜桂管观察使，"都督二十七州诸军州事"的权力，现今广西境内大部分地方在他的控制之下，他可以毫不费力地强令洲上的草野之民立刻迁走，甚至动用军队（他是桂州的最高军事长官）把洲上居民的房屋强拆，然后把他们赶走。可是裴行立没有这么干。他"厚货居氓，移于闲壤"。"厚货"，给予丰厚的补偿；"居氓"，洲上的居民。"氓"，平民百姓，草野之民。意思是，他给洲上的原住民很多的钱，作为他们搬迁的补偿费，让他们搬到另外闲置的土地上，生活无忧。这是桂林历史上人性化拆迁的最早记载。

裴行立身为高级武官，却有着很高的审美能力和很强的动手能力。他在訾家洲上亲自指挥，"伐恶木，刜奥草，前指后画，心舒目行……乃经工庀材，考极相方"，不但清除了洲上无用的草木，做好了建设的规划，连这些建筑物使用什么材料，建筑物的方位朝向，都十分考究。可见裴行立在訾家洲上搞的是一个精品景观工程，是费了一番心血的。他可能也考虑到，在桂林这个地方搞景观建设，不做到极致是对不起桂林的山水的。也许从那之后，桂林

柳宗元书法石刻残碑（邓霆　摄）

的老八景里头，便有了"訾洲烟雨"这一美景。

　　一个景观工程一旦完成，建设者把它建成了一个与桂林山水相映成辉的美丽景观，但是如果不把它的文化价值挖掘出来，则很难让它为世人所接受和传之后世。其实任何景观工程说到底都是一个文化工程。裴行立尽管是位武官，但是他却比一些饱食终日无所事事的所谓文官眼光要高得多，他明白文化的重要性。虽然他不会写文章，但他却把当代的大文豪柳宗元请过来为訾家洲上新建的楼台亭阁这组建筑作一篇文章，美山、美水、美亭、美文是裴行立追求的最高境界。裴行立赠送了柳宗元多少润笔费？不得而知。但据柳宗元事后在写给裴行立的《上裴行立中丞撰〈訾家洲亭记〉启》这封短信中，有"累奉游宴"一句，则可看出，身为桂州最高军政长官的裴行立，不但善待他治下的百姓，而且非常尊重属下的文人。

　　柳宗元作《桂州訾家洲亭记》过后两年，元和十四年（819）十月五日，贫病交加的唐代大文豪、柳州刺史柳宗元病逝于柳州任上，终年47岁（据韩愈《柳子厚墓志铭》及《旧唐书》所载）。柳宗元27岁时夫人杨氏病逝，他一直没有续娶。贬到柳州后，只有一位堂弟柳宗一跟随身边，但是早在元和十一年（816）春，柳宗一便从柳州赴江陵去了。因此，柳宗元逝世时，他身边没有一个亲人。一生为官清廉的柳宗元，死后竟无钱安葬自己。裴行立闻知，痛悼不已，他出资将柳宗元灵柩归葬长安（今西安市）万年县先人墓侧。长期被贬蛮荒之地的大文豪柳宗元，终于可以回家了。

　　裴行立所修建的訾家洲上富丽堂皇的楼台亭阁，因有柳宗元的美文高度褒扬，在唐时已成为桂林的重要景观，吸引众多文人墨客登洲"游宴"，留下许多唱和诗。但是，再美的建筑，也抗不住时间风雨的侵蚀，唐代风光的訾家洲亭阁景观，到宋代便已完全荒芜衰败。南宋大诗人刘克庄有一首《訾家洲》的诗就写了诗人登洲的感怀：

> 裴柳英灵渺莽中，鹤归应不记辽东。
> 遗基只有蛩鸣雨，往事全如鸟印空。
> 溪水无情流汩汩，海山依旧碧丛丛。
> 断碑莫怪千回读，今代何人笔力同。

诗人对眼前的景物感慨万端：裴行立和柳宗元的英灵早已消逝在渺莽的时空之中，即使他们有心化作了仙鹤飞回来，恐怕已记不得从前的事了。訾家洲上昔日的那些堂皇的亭台楼阁，只遗留下一些残破的基础，蟋蟀（蛩）在雨中不知疲倦地鸣唱着。昔日那些亭台楼阁和文人的游宴盛况，已像鸟儿一样飞走，不留任何痕迹。诗人在衰败的野草丛中，一遍又一遍的读着刻有柳宗元写的《桂州訾家洲亭记》的残断碑文，感叹着柳文的笔力深厚，今代无人可及。

　　一篇美文，记载了一个美景，美景可以消失，美文却可长存，美景永远活在美文之中，包括创造美景的人。

桂林山水的绝美境界

韩愈"江作青罗带，山如碧玉簪"赏析

黄继树

> 苍苍森八桂，兹地在湘南。
>
> 江作青罗带，山如碧玉簪。
>
> 户多输翠羽，家自种黄柑。
>
> 远胜登仙去，飞鸾不假骖。

　　这是唐长庆二年（822）四月，一位名叫严谟的官员，以御史中丞出任桂管观察使（其治所桂州即今桂林市），大诗人韩愈赋诗《送桂州严大夫》为之送行的一首诗。同时赋诗为严谟送行的还有白居易作的《送严大夫赴桂州》、张籍作的《送严大夫之桂州》、王建作的《送严大夫赴桂州》。看来这位严大夫——严谟，不同寻常，他到岭南的桂州（今桂林）赴任，竟惊动了那么多唐代的大诗人为他赋诗送行。严谟在桂州的政绩如何？这已经不重要了，重要的是这四位唐代大诗人为他送行所作的诗歌，不但使严谟这位普通的地方官员青史留名，更重要的是桂林因获得这四位大诗人的赞誉，特别是韩愈"江作青罗带，山如碧玉簪"这两句诗的赞美，从此而名扬天下。

　　关于韩愈《送桂州严大夫》这首诗，桂林学者樊平先生在他选注的《历代桂林山水风情诗词400首》一书中，已做了较为详细的注释，因此在这篇文章中，我不再解读该诗，只对韩诗中"江作青罗带，山如碧玉簪"的佳句，

如"青罗带"的桂林漓江美景（邓霆 摄）

做一些关于桂林山水美学意义上的探讨和赏析。

首先，"江作青罗带，山如碧玉簪"中的"青罗带"和"碧玉簪"是什么物件？

"青罗带"："罗"，是一种古丝织品，质地较薄，手感柔软，花纹美观雅致，"带"，即腰带，古人除作束腰外，还有装饰的作用。古代服饰没有纽扣，一般用丝缘系结，然后在腰间束带。束了以后，仍有一节垂下来。"青罗带"，即用花纹美观柔软雅致的丝织品做成的腰带。"碧玉簪"：唐代产自陕西蓝田蓝溪水中的上等玉石雕琢成的簪子。唐人李贺诗"采玉采玉须水碧，琢作步摇徒好色"（《老夫采玉歌》）。"步摇"，美人发髻上的装饰品，用银丝穿珠玉做成花枝的形状，用碧玉琢成的簪子插在头上，行走时随脚步而摇动，显出一种动态美，故称作"步摇"。

韩愈把桂林的江（漓江）比喻为"青罗带"，把桂林的山比喻为"碧玉簪"，这两个比喻使得桂林山水首次获得了形象之美。

古人认为形象美，首先是服饰之美。西汉文学家刘向在他所著的《说苑·修文》中说："衣服容貌者，所以悦目也；……故君子衣服中，容貌得，则民之目悦矣。"刘向在这里把衣服的漂亮适体与治国治民联系起来了。《礼记·表记》也说："君子服其服，则文以君子之容；有其容，则文以君子之辞；遂其辞，则实以君子之德。是故君子耻服其服而无其容，耻有其容而无其辞，耻有其辞而无其德，耻有其德而无其行。"这里强调"君子"须是衣服、容貌、言行都和谐一致，认为一个高尚的人应是外表与心灵和行为美的和谐统一。我们现在说的心灵与山水同美，也是这个意思。

"江作青罗带，山如碧玉簪"就给我们提供了一个美好的想象空间：桂林山水像一个个穿戴美丽服饰的美人，展现在我们眼前。这一个个美人，既是美女，也是美男。古代把道德高尚的君子，也称作"美人"。张衡《四愁诗》"美人赠我金琅玕"中的"美人"，柳宗元诗"美人城北来"中的"美人"徐容州（《桂州北望秦驿手开竹径至钓矶留待徐容州》），都是诗人认为道德高尚的君子。古代君子服饰必佩玉。《礼记·玉藻》："古者君子必佩玉"，"君子无故，玉不去身，君子以玉比德焉"。君子束带，古已有之。带有两种形制，一种以丝织物制成，即"罗带"，用来束衣，名叫"大带"或"绅带"。仕臣为绅士，就是由此引申而来，意思是具备了系绅插笏的资格。另一种腰带，以皮革制成，名叫"革带"，习武之人多用。总之，具备佩玉束带服饰的人，才算得美人。韩愈在这里第一次把桂林山水之美，提高到形象美与心灵美高度统一的层次。你想想，在漓江边对着镜子照镜的美人（江与山成景的"美女照镜"），望夫石上站着远眺盼夫归来的美妇（江与山成景的"望夫石"），正由天上下凡的七位仙女（江与山成景的"七仙女下凡"），还有正在聚精会神看榜的秀才（江与山成景的"秀才看榜"），正在对望的东郎和西郎（江与山成景的"东郎山""西郎山"）……这一个个插簪佩玉腰束"青罗带"的美人，是多么神奇而美好的形象，因有这外在美服饰的映衬，她（他）们的形象美

如"碧玉簪"的桂林山峰（邓霆 摄）

才更使人目悦心喜。

"江作青罗带，山如碧玉簪"体现了视觉美与秩序美的高度统一性。

古希腊哲学家亚里士多德曾经说过："美的主要形式是秩序、匀称和明确。还取决于体积，其实这里的体积主要是指事物形式的大小，美的东西不能太大，也不能太小，对于常人眼睛看事物，太大的东西就看不到全貌了，太小的东西结构就看不清了，只有不大不小的东西可以被人看出它的结构上的统一和完整，才可以是美的。"[1] 亚里士多德生于公元前 384 年，韩愈生于公元768 年，西方的传统美学，直至 19 世纪才传入中国，因此韩愈与亚里士多德

---

[1] 亚里士多德：《诗学》，人民文学出版社，1962 年。

他们之间不可能有什么交流。但是，关于美的概念与认识，他们之间却有着惊人的相似之处：亚里士多德对美的表达是逻辑上的，韩愈对美的表达是形象上的。

桂林的山，体积不大不小，可以目览无余，即使桂林最大的山——尧山，也可以一眼收尽。其余众山与阳朔诸山，都小巧玲珑，拔地而起，无一不可以作为一个独立的审美整体看出她的全貌——宛如插在美人头上用碧玉琢成的簪子。而漓江环绕这些奇峰而流，像美人腰上系着的"青罗带"。这条"青罗带"的作用太重要了，这就是亚里士多德所说的"美的主要形式是秩序"，如果没有"青罗带"的约束，再美的服饰穿戴在身上也是散乱的；就像桂林的山，如果没有漓江有序地把他们组合排列起来，就不成其为桂林山水了。桂林山水，水绕于山，山伴于水，山水共生。在这里，漓江像一条青罗带，成了山水美的结构线，有序地把各种美的景观要素都贯穿起来，成为整体，从而使杂乱走向统一，使山水浑然一体，有神有韵，奇美无比。简直像宋玉在《登徒子好色赋》中说的美人"增之一分则太长，减之一分则太短；著粉则太白，施朱则太赤；眉如翠羽，肌如白雪；腰如束素，齿如含贝；嫣然一笑，惑阳城，迷下蔡"。

韩愈"江作青罗带，山如碧玉簪"是桂林山水美的最高境界。那么，诗人为了达到这个美的最高境界，又调动了哪些文学的表现手法，使之获得最大的效果呢？

小中见大的表现手法。这是文学创作中典型化的普遍规律和艺术概括的一般方法，以小（有限、个别、特殊）反映大（无限、一般、普遍），寓大于小之中。唐人诗常以鸟鸣春，以虫鸣秋，借鸟虫之端，小也，托春秋之寓，大也。这种通过一人、一事、一景、一物（鸟、虫）的描写，表现同类的无限广大和一般，托寓深远的普遍意义，正是韩愈借"青罗带""碧玉簪"之小，写活了写美了桂林山水，这种以小见大的文学手法的运用，起到了特殊的美的效果。

　　静中有动，动中有静。这是诗歌创作描写中动与静的互相对立、互相联结、互相渗透、互相烘托的描写手法，它可以增强形象美的具体可感性和艺术美感染力的效果。以"江作青罗带"写漓江，青罗带是静态的；江如飘曳的青罗带，又有一种柔顺动态之美；"山如碧玉簪"，碧玉簪是静态的，桂林的山也是静态的，但碧玉簪插在美人的"步摇"发饰上，随着美人脚步的移动而动，它又是动态的。桂林山水，漓江水是流动的，两岸的山是静止的，但是山倒映在流动的江水中，山又是有动感的。清代诗人袁枚诗"江到兴安水最清，青山簇簇水中生，分明看见青山顶，船在青山顶上行"（《兴安》），明代诗人俞安期诗"高眠翻爱漓江路，枕底涛声枕上山"（《初出漓江》），这就是桂林山水的一种动中有静、静中有动的艺术美和自然美的高度和谐统一。

　　"以少总多"。这是南朝齐梁之际文学理论家刘勰《文心雕龙·物心》中的话："并以少总多，情貌无遗矣。"说明文学创作反映生活、描摹自然，必须抓住事物的本质特征，进行具体的、概括的描写，个性中包含有共性，偶然性中包含有必然性，感性中包含有理性，既能启发联想，又能限制联想，既是艺术联想的出发点，又是艺术联想的落脚点。我们常说的桂林山水，是从桂林市区沿漓江而下阳朔的83千米水路，这一段是桂林山水的典型代表，是桂林山水的灵魂。这一段山水，有多少秀山奇绝，多少江流迷人，简直是一幅"百里画廊"长卷，用一千句、一万句诗也写不尽、道不完。但是，韩愈仅用"江作青罗带，山如碧玉簪"两句诗十个字，便把桂林山水精华"以少总多，情貌无遗矣"。这也就是宋代著名的画家郭熙（黄庭坚《到桂州》诗"李成不在郭熙死"中的这位画家）说过的"一山而兼数十百山之意态"（《林泉高致集》）。

　　虚实相生。这是指艺术画面中实的部分和虚的部分，即有象有形的部分与无象无形的部分（或欣赏者由有象有形部分而联想、补充的部分），互相生发构成的一个更完整而神妙的形象体系和艺术境界。"江作青罗带，山如碧玉簪"，这两句诗，实的有形的部分：江—流动的江水—青罗带；山—江岸的座座奇峰—碧玉簪。如果仅是到此而止，则诗意散漫全无。诗人最高明之处是把戴着美丽头饰"步摇"上插着碧玉簪，腰上系着青罗带的美人放在了虚幻之处，让读者去联想。"江作青罗带"中的"作"字，是"当作"的意思，美人把漓江当作了她的青罗带，"山如碧玉簪"，她的头上插着的碧玉簪，像桂林小巧玲珑的山。至此，这位美人已呼之欲出。这两句诗的艺术形象，实的有形的部分和想象的虚的部分，相辅相成，浑然一体，构成了一系列动人的艺术形象美，使宋人王正功得以吟出"桂林山水甲天下，玉碧罗青意可参"。

"江作青罗带，山如碧玉簪"写景生动，语短情长，具有耐人寻味的含蓄之美，体现了完美的艺术内容和精致的艺术形式的高度统一，使它在由古至今流传下来的数以千计赞美桂林山水的诗歌中，具有更高的审美价值。

李渤留给桂林的景与诗

黄德辉

　　唐宝历元年（825）正月，52岁的李渤离开长安，经过一个多月的长途跋涉，来到桂林，第一次走进桂林山水烟雨之中。在山长水远的南下途中，他感到前路茫茫，不知等待他的将会是怎样的命运。但见天空中一群群大雁悠然向南飞去，想起自己的坎坷人生和仕途浮沉，顿时触景生情，一首《桂林叹雁》脱口而出："三朝四黜倦遐征，往复皆愁万里程。尔解分飞却回去，我方从此向南行。"他一生经历唐宪宗、穆宗、敬宗、文宗四朝皇帝，在后三朝为官，屡遭打击，降职贬黜，此前曾先后被贬出任虔州、江州、怀州刺史，现在出任桂州（桂林）刺史、桂管都防御观察使已是他第四次被贬黜出任地方官了。尽管李渤是一个旷达洒脱之人，但这样的贬黜终究并非幸事，因此这首诗也透露出他对人生无常的慨叹。

　　实际上，李渤的人生之路是从一个"隐"字开始的。

　　李渤（773—831），字濬之，洛阳人。他出身于官宦之家，其祖父玄珪，曾任卫尉寺主簿，父亲李钧亦为殿中侍御史。按理说凭着这样的家境和个人的才智，李渤通过苦读诗书走科举之路博取功名，并非难事。但他父亲的一次过失却完全改变了李渤的人生走向，据《旧唐书·李渤传》记载：李渤父李钧，"以母丧不时举，流于施州"。即李钧由于母亲亡故不按时行守丧之礼，而遭朝廷贬谪流放。李渤对自己父辈的这一污点深感羞耻，立志于读书

李渤雕像（灵渠四贤祠内拍摄）

做学问，不再参加科举考试追求功名。他同二哥李涉一起先后隐居嵩山和庐山，潜心苦读诗书，打算当一辈子的隐逸贤人。其间不乏朝中和地方官员向朝廷举荐他，他一概坚辞不就。他这种对于认定的理儿就会不撞南墙不回头的性格，从一开始就为他的曲折人生埋下了伏笔。如果不是因为韩愈的出现，也许他将会一直深"隐"终老。随着李渤的才华文章影响益广，时任洛阳令的大文豪韩愈当起了说客，亲自写信请他出山入朝为官，称朝野之士都把他比作"景星、凤鸟，争先睹之为快"，"今可为之时，自藏深山，牢关而固拒，伤于廉而害于义"，言辞极为恳切，再不出山为国效力则将被看成是不仁不义之人了。

具备超人才华并不代表就能在仕途上一帆风顺，甚至更容易在官场规则面前不堪一击。李渤生性耿直，不擅长见风使舵，在朝中做官经常得罪各种官僚势力，因此屡遭贬黜。但多次的政坛挫折竟然始终未能将李渤的锋芒棱角磨光，使他哪怕变得稍微圆滑世故一些。据《旧唐书·李渤传》记载："渤不顾忠难，章疏论列，曾无虚日。"即不管皇帝或其他人高不高兴，不管将会给自己带来什么后果，反正他天天都要呈书论列是非。宝历元年春的一天，鄠县县令崔发将一名在大街上行凶打人的歹徒抓回县衙，审讯时才发现那歹徒是个宦官，他顿时吓出一身冷汗，立即把人放了。宦官们不分青红皂白，冲进县衙将县令崔发绑至御史台关押起来，一顿拳打脚踢，直打得那崔县令"破面折齿"。适逢皇帝大赦在押囚犯，唯独崔发不被赦免。李渤十分气愤，立即上书据理力争，痛斥宦官的丑恶行径。谁知昏庸的敬宗皇帝竟听信了宦官谗言，把李渤视为崔发同党，罗织一个"擅越本职，沽名钓誉"的罪名，将他调出长安任桂州（桂林）刺史、兼桂管都防御观察使。这一职位虽为贬黜，但却是地方军政主官，这就为日后李渤在桂林能够有所作为提供了便利条件。

对于李渤而言，也许这完全就是一次幸运的贬黜。面对一座座秀丽迷人的山峰，面对一缕缕空灵飘逸的烟霞，他在桂林感受到的却是更多意外的惊喜，这难道真的是传说中的"瘴疠之乡，蛮荒之地"吗？

据史载，桂林筑城始于汉代，三国时吴国在桂林设置始安郡、始安县后，城市才得以逐步发展。唐代武德年间设桂州总管府，卫国公李靖出任桂州总管，于621年在独秀峰南面着手建筑桂州"子城"，即府衙城。

李渤的官衙就在独秀峰的南面。这早春二月的桂林，风和日丽，群山如黛，漓江诗一般的春水倒映着丛丛秀竹，散落在江岸各处的农家村舍，在鸡鸣犬吠声中缓缓飘荡着袅袅炊烟。充满诗人气质的李渤很快就开始享受这如诗如画的桂林烟雨，他的心境宛如桂林的清新空气，渐渐变得格外澄澈明净起来。

在宦海中沉浮这么多年，李渤在朝为官时深信心底无私天地宽，忠心耿耿报君恩。然而封建时代的官场规则这只沉重而冷酷的巨轮，曾经无情地将无数才华横溢的忠臣良将碾得粉身碎骨！李渤自然也难逃厄运。当我们翻阅那布满岁月沧桑印痕的史书，有时也感到十分困惑：为什么那么多才智超凡的朝廷大臣明明知道讲真话或者向皇帝进谏会冒很大风险，甚至招来杀身之祸，却还要屡屡直言进谏？难道这便是一代代封建士大夫的宿命？无数忠臣往往在失意中破灭他们建功立业的幻想，而几乎所有奸佞之徒却都在他们得势之后遗臭万年！好在历经"三朝四黜"的李渤每次都能从貌似沉重的打击中解脱出来，在外放任上能够有所作为，为地方百姓做了不少可圈可点的好事。在他治下的几年，桂林社会稳定，百姓生活安宁，城市规模得以扩大。

到桂林上任之后，他就着手对桂林灵渠进行修复建设。灵渠开凿于秦朝，这条运河连接湘江和漓江，沟通了长江、珠江流域，先进的中原经济、文化正是通过它源源不断地流入岭南地区，因此这是一条繁忙的水运通道。到了唐朝时期，因年久失修，河堤崩溃，陡门遭到严重损坏。《新唐书·李渤传》有这样的记载："（灵渠）后为江水溃毁，……每转饷，役数十户济一艘。"由于灵渠水运不畅，运输粮食时必须征集民夫拉船，动用了桂林附近大批青壮劳力，导致田地荒芜，民不聊生。李渤深知这条运河在桂林的重要地位，因此多次带领幕僚进行实地考察勘测，最终设计并建造了铧堤，将水流劈作两半，分别流入南渠、北渠，从而减少了当洪峰来袭时对拦河堤坝的冲击。为解决旱年行船与农田用水的矛盾，李渤又制定出具体可行的条文规章，确保运输行船和农田灌溉两不误。为纪念李渤，当地百姓将他的塑像供奉在灵渠的四贤祠内。千百年来，古运河灵渠的流水伴随那无尽的岁月悠悠南去，永不回头，然而李渤以及他修复维护灵渠的善举却已经深深根植于当地老百姓心中。

也许，当年的李渤并没有预料到，他的这次桂林之行是他人生中的最后驿站，也是最重要的一站。在盛唐文坛那群星璀璨的时代，他在南方偏僻的"蛮荒之地"，在桂林缥缈迷茫的烟雨中彷徨寻觅，孤独行走，竟然创作出两部能够共天地永存的不朽作品，这两部作品一部叫"隐山"，另一部叫"南溪山"。

早在李渤来桂林的三年前，即长庆二年（822），朝议大夫严谟出任桂州刺史，大诗人韩愈、张籍、白居易等都曾作诗为他送行。韩愈写道："苍苍森八桂，兹地在湘南。江作青罗带，山如碧玉簪。"张籍诗写的是："旌旆过湘潭，幽奇得遍探。莎城百越北，行路九疑南。"白居易的诗为："地压坤方重，官兼宪府雄。桂林无瘴气，柏署有清风。"这几位大文豪从未到过桂林，对桂林的印象无非是依靠想象或者听人传言，要说完全是有感而发的呕心沥血之作那也未必，更多的可能则是都想尽力把桂林写得更美一些，以便安慰和鼓励这位前往"蛮荒之地"任职的友人而已。但韩愈的神来之笔竟然写出了描摹桂林山水标志性的千古名句，实是匪夷所思！当时在朝中任职的李渤应该读过上述诗篇，不过当他来到桂林的时候，这里可供人们赏玩游览的景点仅有独秀峰、虞山、七星山等不多的几处。但在李渤的眼中，桂林仿佛就是天生丽质的美人，处处皆景，每当处理完繁忙的军政事务，他就会徜徉于桂林山水之间，静静品味烟雨云霞的韵致，自是比上述几位大文豪有着更为真切的感受。

宝历元年（825）六月十六日，李渤兴致勃勃地同他的僚属们骑马西出城门，一路寻幽探奇，第一次来到当时尚未被世人认识的隐山。当天，时任桂州防御判官的吴武陵随同出游，他事后写了一篇《新开隐山记》，记录了这次出行以及此后李渤开发建设命名隐山的全过程，并镌刻在隐山北牖洞内。那吴武陵并非等闲之辈，据《新唐书·吴武陵传》记载，吴武陵为江西信州（今上饶）人，元和二年（807）进士，曾于808年被流放到永州，同柳宗元交往甚密，柳宗元在永州期间写的诗文中就曾多次提到过他。后来他回长安当过太学博士，大名鼎鼎的杜牧就是在得到他引荐之后考中了进士。

唐朝时期的桂林西湖水域宽广，云雾苍茫，满山荒荆野棘，人迹罕至。当时尚不名于世的隐山就在湖水环绕之中静静耸立，春沐无边烟雨，秋看西湖印月，仿佛是在耐心等待着李渤的到来。面对眼前的山光水色，吴武陵写道："出门有潭，袤三十步，潭有芰荷。潭北十步，得溪，溪横五里，径二百步，可以走方舟，可以泛画鹢，渺然有江海趣。鱼龙瀺灂，鸥鹭如养。"李渤对这个"渺然有江海趣"的去处表现出极大兴趣，他不断地同僚属和朋友们来这里游湖登山。他对吴武陵等人说："兹山之始，与天地并，而无能知者。揭于人寰，沦夫翳荟，又将与天地终。岂不以其内妍而外朴耶？君子所以进夫心达也，吾又舍去，是竟不得知于人矣。"意思是说，这座山隐于杂树乱草之中，与天地相始终，不为世人所知，原因就在于它的内在虽然很美，而外表却实在太不起眼了。我们今天如果再不让它独特的美显露出来，那么它将可能永远被埋没了，岂不十分可惜！于是，李渤调集人力物力，着手"伐棘导泉"，开凿通道，并把这座小山命名为"隐山"，把泉称为"蒙泉"，把溪称为"蒙溪"，把潭称为"金龟"，又命名了"隐山六洞"和"云户""白蝙蝠"等两处石室。当年七月，李渤又从个人俸酬和官家拨款中节省出一笔经费，在隐山顶上修建了观景亭，于北牖洞北面溪潭之间的空地上修建几处楼台舞榭，周边遍植各种花草竹木。于是"邦人士女，咸取宴适"，成为时人闲游遣兴的去处。经过一番发掘开拓，桂林从此就多了一个叫作隐山的游览名胜。

　　李渤终于使默默无闻的隐山显名于世，但非常奇怪的是，他竟从来没有用他的生花妙笔描写过隐山的一草一木。他为什么要把这座令他十分喜爱的山取名为"隐山"？这个"隐"字不禁令人联想起他出仕之前那段幽居隐逸的岁月，也许在他的潜意识里，他终于在隐山找到了自己的心灵栖息之所，这里是不再需要任何华章丽句去装点的。显然，李渤已经完全把自己当成隐山，也把隐山当成他自己了！

　　独具慧眼的李渤很快又发现桂林南郊有一座与桂林诸山风格迥异的山，它是那么与众不同，在桂林的晨曦晚照中散发出无穷魅力，这座山就是后来的南溪山。李渤于公元826年着手对南溪山进行了开发建设。与此前开发隐山不同的是，这次他则亲自撰写了《南溪诗序》，在描写南溪山美景的同时，还记录了开发南溪山的经过以及自己由衷的喜悦心情。欣喜之余，他将这座山命

李渤《南溪诗并序》与李涉《南溪玄岩铭并序》石刻拓片（桂林博物馆提供）

李渤《留别南溪》诗石刻拓片（桂林博物馆提供）

名为南溪山。他在诗序中写道："桂水过漓山，右汇阳江，又里余，得南溪口。溪左屏列岸巘，斗丽争高，其孕翠曳烟，逦迤如画；右连幽墅，园田鸡犬，疑非人间……以溪在郡南，因目为南溪。"文中的"漓山"和"阳江"分别为今天的象鼻山和桃花江。这篇文笔洗练的序文短小而精美，事后不久就被镌刻在南溪山上，成为一件宝贵的桂林历史文化珍品。李渤从南溪山独特旖旎的景色中，看到了陶渊明笔下的令人悠然神往的桃花源胜境。经过他的一番精心打造，南溪山尤显韵味十足了，特别是在新雨过后，几处山峦隐映于淡烟微岚之中，青翠欲滴的绿树秀竹，在南溪的潺潺流水声中婆娑起舞，南溪山的玄岩则酷似一面饱灌风力的巨型船帆，仿佛正从天外缓缓驶来，让人顿生置身奇幻梦境之感。李渤细细品味着他的这部新作品，禁不住诗兴大发：

玄岩丽南溪，新泉发幽色。岩泉孕灵秀，云烟纷崖壁。

斜峰信天插，奇洞固神辟。窈窕去未穷，还回势难极。

玉池似无水，玄井昏不测。仙户掩复开，乳膏凝更滴。

丹炉有遗址，石径无留迹。南眺苍梧云，北望洞庭客。

萧条风烟外，爽朗形神寂。若值浮丘翁，从此谢尘役。

这是李渤留下的唯一直接描绘桂林山水的诗。李渤的二哥李涉在这一年遭贬谪前往南海，途经桂林时，他邀请哥哥一起游览刚刚开发出来的南溪山。兄弟二人在南溪山中流连忘返，仿佛又回到那青春勃发的快乐时光，他们终日抚琴举觞，纵情放歌。当天，李涉挥毫写下一篇《南溪玄岩铭并序》，他在铭文中盛赞了南溪山的美景，还对弟弟发现南溪山玄岩的美质大为感叹："居是邦者，匪哲则豪。何四三里之内而岩不载于前籍？为岩将屈于古而合伸于今哉？为人未知其岩，岩俟人以时哉？青溪子昧而未详也！"他认为南溪山此前不为人所知，是因为能读懂它的人一直还没有出现，而这个人应该就是李渤。李涉，号"青溪子"，是晚唐时期著名诗人，有许多脍炙人口的名篇流传于世，他的这篇铭文就镌刻在李渤的《南溪诗并序》石刻旁，同为桂林不可多得的历史文化精品。

此后，被李渤发现并开发的隐山和南溪山因其日益深厚的文化积淀和独特魅力，成为桂林山水中的两颗璀璨明珠。

不知不觉中，四年光阴一晃而过。公元828年冬天，李渤因患重病，经奏请朝廷，他将去职返回家乡洛阳养病，就要离开桂林了。

他当年作为一名被罗织罪名而遭贬谪的官员来到桂林，虽然已是历经"三朝四黜"，他不会感觉到这一打击有多么沉重，但他胸中还是弥漫着淡淡的失意与迷惘。在旁人看来，他开发隐山、南溪山，陶醉于山水烟雨之中，只不过是为排遣心中的苦闷闲愁罢了。其实，那是当他在得到桂林山水烟雨的滋养，发现桂林的山水烟雨竟与自己心性相通之后，才渐渐寄情于这片山水的。

也许在他的潜意识里，这片美丽而又无人能够完全读懂的山水风景里有他心灵的故乡吧？所幸的是，他终于在岁月厚重的尘封中找到了隐山和南溪山。现在他就要离别而去，也许从此将永不再来，禁不住心生惆怅，他满怀眷恋，提笔写下两首小诗与隐山、南溪山深情道别：

留别隐山
如云不厌苍梧远，似雁逢春又北归。
惟有隐山溪上月，年年相望两依依。

留别南溪
常叹春泉去不回，我今此去更难来。
欲知别后留情处，手种岩花次第开。

一千多年之后，当我们品读着这两首小诗，我们仿佛觉得李渤当年其实并没有回去他的故乡洛阳，而是一直徘徊徜徉于桂林山水烟雨之中。他时而翩然登临隐山，把酒临风，仰望那枚亘古长新的明月；时而他又来到南溪山上，看着他当年种下的一丛丛山花竞相怒放……

"桂林无瘴气，柏署有清风"

白居易与桂林

林庚运

说到与桂林有关的历史文化名人，少不了唐代大诗人白居易，这位唐代诗人，唐代诗人中排在前几位的著名诗人。

因为他给桂林写过诗，写过让桂林骄傲不已的诗——《送严大夫赴桂州》：

> 地压坤方重，官兼宪府雄。
> 桂林无瘴气，柏署有清风。
> 山水衙门外，旌旗楼艓中。
> 大夫应绝席，诗酒与谁同。

题目是送姓严的御史大夫去桂林赴任。诗的意思是：桂林地处大唐王朝的西南方，非常重要，你去担任桂管观察使还兼带御史台官衔，十分显赫。桂林没有致人生病的毒气，御史官署的人又本有廉洁高雅的清明作风。桂林山水在官府衙门之外，高高的旗帜也插在游船之中。作为尊贵的大夫欣赏这美景应该与别人不同席而坐，赋诗饮酒能和谁在一起呢？

严大夫即严谟，白居易好友，文武兼修，仕途阅历丰富，政声卓著，白居易十分赏识，曾作《严谟可桂管观察使制》："……桂林，秦郡也，东控海岭，右扼蛮荒，自隋迄今，不改戎府。地远则权重，俗殊则理难，驯而化之，非才不可。朝议大夫、前守秘书监、骁骑尉、赐紫金鱼袋严谟，尝守商洛，刺黔巫，州部县道，谧然安理，是能用宽猛相济之政，抚夷夏杂居之人故也。迹其往效，式是南邦。况尔操行端和，文学精茂，宾寺书府，善于其官。勉副前言，伫申后命。可使持节都督桂州诸军事，守桂林州刺史兼御史中丞、桂州本管都防御观察处置等使。"（《白氏长庆集》）唐穆宗长庆二年（822）四月，严谟如白居易所愿，赴桂任职，白居易写诗为之送行。

这首五言律诗质朴平易，通俗易懂，却又意蕴深远，鞭辟入里，充满了现实主义与乐观精神。

首联用一个"重"字、一个"雄"字，表明桂林的位置重要，朋友的官职显赫。

桂林地处历史上岭南与中原联系的主要通道——湘桂走廊的南端，是中原与南方各少数民族地区联系的桥头堡，水路与陆路交汇，枕山带水，地势险要，便于进攻退守，是一座军事重镇。秦始皇统一岭南后，于公元前214年开凿灵渠通航，桂林的政治、经济、文化和军事地位突显，"自孙吴以后，湖广之间事变或生，未有不争始安（即桂林）者。隋、唐之初，皆置军府于此……"[1]唐贞观年间，桂州贡瑞石，唐太宗赞咏说："碧桂之林，苍梧之野，大舜隐真之地，达人遁迹之乡。"[2]武则天长寿元年（692）修筑相思埭桂柳运河，桂林更是成为桂东北以至广西的政治、军事、经济中心，也是中原文化与岭南文化、少数民族文化与域外文化，以及各种宗教文化的集散地，各种文化在这里相互激荡、相互融合。桂林物产丰富，商业发达，"所处延海，多犀象、玳瑁、珠玑、奇珍异玮"（《隋书·地理志》），魏文帝曾"遣使求雀头香、大贝、明珠、象牙、犀角、玳瑁、孔雀、翡翠、斗鸭、长鸣鸡……"（《三国志·吴书》）。

---

[1] 顾祖禹：《读史方舆纪要》，卷一百七·广西二。

[2] 《钦定四库全书·舆地碑记·静江府碑记·桂林石瑞》、桂林石刻等。

因此，在诗人看来，朋友能到桂林这么重要的地方做官，担任桂管观察使兼御史中丞（外台）这么重要的职位，是很了不起、很有意义的，肩负朝廷重托和百姓期望，必将大有作为，受到称赞。

颔联"桂林无瘴气，柏署有清风"是全诗的灵魂所在。

自然中的瘴气，是一种南方山林中湿热蒸郁而产生的致人疾病的毒气，"岭表或见物自空而下，始如弹丸，渐如车轮，遂四散。人中之即病。谓之瘴母"（唐·郑熊《番禺杂记》），"瘴起时，……上冲如柱，少顷散漫，下似黄雾，空中如弹丸，渐大如车轮，四下掷人。中之者为痞闷，为疯沥，为汗死"（明·邝露《赤雅》）。在北方人有关南方风土的诸多观念中，瘴气始终是一个鲜明的印记，从而谈"瘴"色变，它是有关南方风土记载中影响最持久、最为恐怖的项目之一。唐人谚云："青草黄茅瘴，不死成和尚。"诚然，当时南方地方病是比北方多，这跟潮湿闷热的自然环境有关，跟毒蛇猛兽的腐尸多有关，跟南方医疗不发达有关，跟北方人来了水土不服有关。还有一个因素是，被贬谪到南方的官员因官场失意而心情悲惋，对南方持有偏见。也正因为如此，瘴气的问题被无限放大，成为生死攸关的重大问题。

北宋时，朝中有位大臣叫梅挚，他就被下放到了瘴气最重的昭州（今广西平乐）任知府。在任上，梅挚另辟蹊径，以一个政治家的手笔，创作了著名的《五瘴说》（即《龙图梅公瘴说》），总结了官场上的五种"瘴气"：租赋之瘴、刑狱之瘴、饮食之瘴、货财之瘴、帏薄之瘴。

梅挚看来，自然界的瘴气固然厉害，但对于做官的人来说，官场上的五种"瘴气"更为可怕。做官的人凡是染上"五瘴"之一的，便会遭到人民的反对、历史的惩罚，要想侥幸逃脱是不可能的。一百五十多年之后，广西经略安抚使朱晞颜说，谁要是有了梅公说的这五瘴，必然会导致死于非命，如果没有这五瘴，即使身处瘴乡，也如同在中原一样，根本不存在什么瘴气瘴人之事。朱晞颜还以自己到广西后深入瘴乡的亲身体会，提出了到底是岭土能瘴人还是人自己造成瘴气瘴人的重要问题（桂林龙隐岩《五瘴说》石刻跋文）。

桂林龙隐岩的《龙图梅公瘴说》（邓霆 摄）

实际上，桂林地处低纬，属亚热带季风气候。境内气候温和，雨量充沛，三冬少雪，四季常花。"瘴，二广惟桂林无之，自是而南，皆瘴乡矣。"（范成大《桂海虞衡志》）元朝马端临也说："自荔浦以北为楚，以南为越。今静江（即桂林）有中州清淑之气，荔浦相距才百余里，遂入瘴城，是天所以限楚越也。"（《文献通考》卷 323《舆地考九》）遍查史料，还尚未发现被贬到桂林做官的人里面，有谁病死在桂林，更没有谁因瘴气而死。这就是一个很好的例证。

汉代御史府中多植柏树，因而后称御史台为柏台或柏府，表示监察执法的人要有松柏的高洁品格。"柏署有清风"这句，既点赞严谟的高尚人品，也褒扬了桂林的官场风气。

严谟是个京官，被调到偏远的桂林来，心里或许是不舒服的，对桂林的负面传闻，他或许是半信半疑，心怀忐忑。这里，诗人用"无"和"有"，否定加肯定，对比鲜明，暖暖地安慰朋友：桂林空气清新，惠风和畅，环境优美，政治清明，没有自然界的瘴气，也没有官场上的瘴气，桂林的自然环境、人文景观、政治生态三者俱佳。

颈联写桂林的特点。桂林，人与自然和谐。她是世界岩溶峰林景观发育最完善的典型，有着举世无双的喀斯特地貌。桂林的山，平地而起，千姿百态，"皆旁无延缘，悉自平地崛然特立，玉笋瑶簪，森列无际，其怪且多如此，诚为天下第一"（范成大《桂海虞衡志》）。山多有洞，洞幽景奇；洞中怪石，鬼斧神工。漓江的水，明洁如镜，碧澄蜿蜒，温柔多情，软玉温香。山得水而活，水得山而秀，山和水之间构成了桂林全天然的园林大手笔，形成了千峰环立、一水抱城、山清水秀洞奇石美的"四绝"奇观，无数人为之向往。东汉的文学家张衡十分遗憾："我所思兮在桂林，欲往从之湘水深。"（《四愁诗》）钟情桂林山水，为桂林山水高唱赞歌的，还有一个与李白、杜甫同时代的叫任华的人，他在任桂州刺史参佐的时候，有一次给老朋友宗衮送行，就发自肺腑地说："忘我尚可，岂得忘此山水哉！"（《送宗判官归滑台序》）

诗人告诉朋友，桂林真的如仙境一般，你到那里做官多好啊，城在水中，水在城内，城依山而建，山环城而立，山水相生相长、相映相宜，在府衙里就能够尽览桂林山水之风韵；漓江游船如梭，船上彩旗飘飘。桂林不但风景独好，而且人民安居乐业，处处欣欣向荣，一片祥和。

尾联中的"绝席"，指同一般人分别开来，独坐一席，以示自己地位的尊贵。"七年，使使者持玺书即拜常为横野大将军，位次与诸将绝席"（《后汉书》卷 15《王常传》）、"每朝会，与三公绝席"（《后汉书》卷 34《梁统传》）。诗人从严谟的高风亮节着手，结合桂林山水的瑰丽，一路写来，到了最后，则借用王常、梁统的典故，生发感慨，说你这么一个高贵的人，在这如画的风景里，有谁和你一起饮酒赋诗呢？同情，惋惜，以及诗人对桂林的向往之情溢于言表。

在这首诗里，白居易写"桂林无瘴气，柏署有清风"，掷地有声，振聋发聩，把人们对岭南、对桂林的偏见和恐惧一扫而光。桂林，以她如诗如画的山水风光、多姿多彩的民俗风情、纯净优良的生态环境，闻名四海，冠甲天下。全诗的意境也同桂林一样清新、洁净，引人入胜。长期以来，"桂林无瘴气，柏署有清风"都是桂林最好的宣传用语之一，也是桂林为政者用来自我鞭策的箴言和为之努力的目标，时至今日仍然有着极其重要的意义。

同样是在唐穆宗长庆时期（821—824），白居易还写了一首桂林的诗：

桂布白似雪，吴绵软于云。

布重绵且厚，为裘有余温。

朝拥坐至暮，夜覆眠达晨。

谁知严冬月，支体暖如春。

——《长庆集·新制布裘》

把桂布跟吴绵相提并论，说明那时桂林产的布质量好，已经流行，桂管地区农业、手工业等方面的技术比较发达，经济也比较繁荣。白居易这首诗有广泛的影响。到了开成年间（836—840），夏侯孜当左拾遗，他曾经有一次穿着桂郡产的绿色的粗布衣服去见文宗皇帝。文宗皇帝没有什么规矩和忌讳，只是爱好文学。他问夏侯孜所穿的衣服为什么那么低劣粗俗，夏侯孜告诉皇帝，这是桂郡产的粗布，并且说这种布厚，可以御寒。过了几天以后，皇帝对宰相说："我观察左拾遗夏侯孜一定是个正直可靠的人。"宰相秘密调查夏侯孜的言行，称赞夏侯孜是今天的"颜、冉"。皇帝赞叹很久，也学着穿起了桂郡产的粗布做的衣服，满朝官员全都仿效起来，这种粗布因此而抬高了价钱。（《太平广记》卷165）

白居易没有来过桂林，离桂林也有数千里之遥，缘何能写出歌咏桂林的诗作，并且写得那么精准，那么传神，那么富有感召力和生命力呢？

"地有胜境，得人而后发"（白居易《白蘋洲五亭记》），这是说地方再好，也要有人为之设计、为之宣传。文人有艺术审美的眼光，善于发现自然的美。

褚遂良、宋之问、张九龄、令狐楚、柳宗元、李商隐等唐代一大批文化名人到过桂林做官或途经桂林。这些人都是经过科举考试取得的功名，文字功夫深厚，诗词歌赋了得。他们被秀美的桂林山水、奇异的桂林风情所深深吸引，因而写出了许多赞美桂林的诗文。有的还品题纪胜，或营建风景，为桂林山水增光添色。

中唐以后，桂林的文化日见兴旺，桂林的教育得到了较好发展，产生了被称之为"桂林二曹"的著名诗人曹邺、曹唐，广西的第一个状元赵观文等。他们为桂林山水文化的发展与传播身体力行，发挥了重要作用。

唐朝是当时世界上的大帝国，也是中国古代社会盛世最多的朝代，乾坤朗朗，"道路列肆，具酒食以待行人，店有驿驴，行千里不持尺兵"（《新唐书·食货志一》）。

古代的人口流动是各种信息传递的最主要手段，而居桂官员与中原名流常保持书信、诗文的交流，是古代桂林山水和桂林风土民情宣传最有效、最主要的途径，它具有真实性、新颖性、针对性、及时性，使中原名流对桂林的认识不断加深。

　　这种安定祥和的社会氛围，通畅便利的交通环境，多元包容的文化空间，以及居桂官员的"名人效应"，为桂林山水和桂林山水文化得到中原文化的渲染和肯定，为桂林之美被全国公认提供了大的环境。

　　于是，白居易了解了桂林。

　　白居易凭着对桂林的喜爱，用他的才情妙笔，用他的锦绣诗作，用他的文坛影响，扩大了桂林的文化张力，消除了人们对桂林的偏见和误解，使桂林山水、桂林物产、桂林风情，以及桂林的宜居、宜业、宜游环境，尽善尽美地展现出来，使桂林的名字誉满天下。

　　"知者乐水，仁者乐山"（《论语·雍也》）。名人因山水而传扬，山水因名人而彰显。白居易的诗作，使得本不相干的白居易、桂林与古今中外无数的人，邂逅在滚滚的历史长河中，徜徉在桂林的美丽山水间，持续不断地进行着穿越时空的完美对话。

　　这，就是文化的力量。

"天意怜幽草，人间重晚晴"

李商隐的桂林情缘

林庚运

"相见时难别亦难，东风无力百花残""春蚕到死丝方尽，蜡炬成灰泪始干""身无彩凤双飞翼，心有灵犀一点通""夕阳无限好，只是近黄昏""天意怜幽草，人间重晚晴""何当共剪西窗烛，却话巴山夜雨时"……这一串串耳熟能详、传诵千古的诗句，都出自唐代诗人李商隐之手。

其中"天意怜幽草，人间重晚晴"就是李商隐在桂林任职的时候写的。

于是，这样一位大名鼎鼎的诗人，就与桂林有了情的交流、缘的投合，分也分不开。

李商隐（813—858），字义山，号玉溪生、樊南生，晚唐著名诗人，原籍怀州河内（今河南沁阳），自祖父起，迁居荥阳（今河南郑州）。自称与皇室同宗，但是没有官方的属籍文件证明，高祖、曾祖以下几代都只做到县令县尉、州郡僚佐一类下级官员。"宗绪衰微，簪缨殆歇"（《祭处士房叔父文》）、"四海无可归之地，九族无可倚之亲"（《祭裴氏姊文》），这些自述真实地反映了他比较寒微的处境。

李商隐是个苦命人。他自小勤奋攻读，十六岁便已闻名四乡，得到朝廷元老、天平节度使令狐楚的赏识，被召入幕府。令狐楚是文学名家，在其指点下，李商隐的学业大有长进。令狐楚还出钱资助李商隐参加科考，但李商隐都屡试不第，后来得到令狐楚儿子令狐绹推荐，才于开成二年（837）考中了进士，第二年应试博学宏词科，却遭谗落选。第三年得任秘书省校书郎，旋又补任弘农（今河南灵宝）县尉，却由清职降为了俗吏。令狐楚病故，李商隐失去了依靠，被泾原节度使王茂元招入幕下。王茂元因赏识李商隐的才华，将女儿嫁给他为妻。安稳日子没过几天，因母亲去世，李商隐不得不离职闲居。服丧期满回到原任，武宗去世，宣宗继位，牛党完全把持朝政。当时，朝中"牛（牛僧孺）李（李德裕）党争"非常激烈，两派结怨极深，已明争暗斗数十年。令狐楚父子是牛党的领袖，王茂元则是李党的中坚。李商隐转投王茂元，由牛党的学生变成了李党的女婿，令狐绹非常不满，骂他"背恩""负义""无品行"，"李党"的人也排斥他。自此，李商隐卷入了牛李党争的漩涡之中，一生困顿失意，屈沉下僚，郁郁不得志。

李商隐幼年丧父，青年时相继失去教他读书的叔父以及恩师、母亲和岳父，中年丧妻。从李商隐入令狐楚幕府、考中进士到去世的三十年，只当过十来年小官、闲官，其余二十年都辗转于各处幕府，给别人做幕僚。

这样的生活遭际，养成了李商隐忧郁感伤、多愁善感的性格，对他的诗文创作产生了很大影响。

唐大中元年（847），与李党关系较深的郑亚被贬为桂州刺史、桂管观察使。他十分赏识李商隐的才华，与李商隐又是同乡，就请李商隐入幕担任观察支使兼掌书记。这年三月初，李商隐随郑亚离京，五月初抵达桂林，本年冬奉郑亚之命往使荆南节度使郑肃，第二年正月自江陵归桂林，随后摄守昭州（治所在今桂林市平乐县），二月，郑亚被贬循州（今广东惠州），李商隐也于三四月间离开了桂林。

李商隐怀着郁闷与兴奋、留恋与向往的复杂心情来到了桂林。陌生而又新奇的环境，迷人的桂林山水和桂林风情，深深地吸引了他，使得他笔耕不辍，佳作迭出，许多诗文都讴歌了桂林的美，倾注了他对桂林的情。

首先是他对桂林的印象。

城窄山将压，江宽地共浮。东南通绝域，西北有高楼。

神护青枫岸，龙移白石湫。殊乡竟何祷，萧鼓不曾休。

——《桂林》

这首诗是诗人初到时所作，写出了诗人的感受：山城奇，江水清，地域偏，风俗异，形象地展现桂林"山水在城中，城在山水旁"的独特自然环境，以及当时桂林的民俗风情。

桂林闻旧说，曾不异炎方。山响匡床语，花飘度腊香。

几时逢雁足，著处断猿肠。独抚青青桂，临城忆雪霜。

——《即日》

全诗用白描的手法，写传说与现实中的桂林，原来听说桂林这个地方很热，跟岭南别的地方一样，来了以后才发现，传说错了，桂林实际上很美。

桂林山水和四季景物在诗人眼里美不胜收。

酒薄吹还醒，楼危望已穷。江皋当落日，帆席见归风。

烟带龙潭白，霞分鸟道红。殷勤报秋意，只是有丹枫。

——《访秋》

纵目望去，落日的余晖正照在江岸上，江中归船的帆席鼓满西风，正在轻快地驶回，渐起的暮霭，有如轻纱般地笼罩在龙潭上，潭水一片银白；余霞照在只有鸟儿才能飞过的高峻的山上，山山岭岭被映成一片红色。登楼望远，日落帆归，烟白霞红，清明高爽，江风徐徐，丹枫挑逗秋意。桂林的秋天很爽。

地暖无秋色，江晴有暮晖。空馀蝉嘒嘒，犹向客依依。

村小犬相护，沙平僧独归。欲成西北望，又见鹧鸪飞。

——《桂林道中作》

已经到了秋天，桂林却看不见树木凋零，没有秋天的样子，依然是满眼葱茏。写出了桂林秋景之明丽、乡村生活的宁静和桂林山水那令人神驰的动态美。

"固有楼堪倚，能无酒可倾。岭云春沮洳，江月夜晴明。鱼乱书何托，猿哀梦易惊。旧居连上苑，时节正迁莺。"（《思归》）诗中"岭云春沮洳，江月夜晴明"真切地描述了桂林春景的特征，令人回味。

"……泷通伏波柱，帘对有虞琴。宅与严城接，门藏别岫深。阁凉松冉冉，堂静桂森森。社内容周续，乡中保展禽。白衣居士访，乌帽逸人寻。佹佛将成传，耽书或类淫。长怀五羖赎，终著九州箴……"（《自桂林奉使江陵途中感怀寄献尚书》）讲了自己在桂林的生活情况：住所在漓江边的伏波山下，与独秀峰及虞山相邻相望，这里亭阁幽深，松桂成荫，环境十分清幽。平日里常有友人来访，闲暇时读读佛经，写写诗文，生活安宁休闲。

另外，诗人"春去夏犹清""微注小窗明"（《晚晴》），"江树著阴轻"（《城上》），"临城忆雪霜"（《即日》）等诗句，说桂林夏天很清爽，能见度也很高，桂林的冬天也难得下雪，桂林气候很好，四季宜人。

诗人对桂林的民风民俗十分惊奇，写成诗作也是饶有情趣。如《昭州》："桂水春犹早，昭州日正西。虎当官道斗，猿上驿楼啼。绳烂金沙井，松干乳洞梯。乡音殊可骇，仍有醉如泥。"春日的傍晚，前所未见的景象令诗人新奇难忘：虎在官路上争斗，猿在驿楼上哀啼。金沙井因常年使用绳子都烂了，乳洞梯因经常攀爬而成了"松干"。乡音的殊异让人惊骇不已，不料路旁更有烂醉如泥的酒徒。诗中选用几个中原地区极少见到的场景来表现古昭州的现实生活状况。

《异俗二首》是写民俗风情的代表作。其一："鬼疟朝朝避，春寒夜夜添。

未惊雷破柱，不报水齐檐。虎箭侵肤毒，鱼钩刺骨铦。鸟言成谍诉，多是恨彤幨。"当地人以毒药浸箭头射杀猛虎，以锋利刺骨的鱼钩捕鱼。中原地带由于人口密集、人类活动频繁，猛兽稀少，原始的捕猎方法已不多见，诗人初到岭南，见到这些粗犷豪放的人物和家伙，不免少见多怪。李商隐从中原过来才几个月，当地的土语方言虽然好听，但是听不懂，所以是"鸟言"。人们还不会说"官话"，到官府告状都说土语方言。其二："户尽悬秦网，家多事越巫。未曾容獭祭，只是纵猪都。点对连鳌饵，搜求缚虎符。贾生兼事鬼，不信有洪炉。"写了一连串桂林与中原不同的风俗，真实反映了晚唐时期桂林一带的自然环境和社会风貌。

难能可贵的是，诗人写出了桂林居住环境优良、长寿老人多、人们尊老爱老的特点，这在古代其他诗人的作品里是很少见到的。

《江村题壁》："沙岸竹森森，维艄听越禽。数家同老寿，一径自阴深。喜客尝留橘，应官说采金。倾壶真得地，爱日静霜砧。"有层次、有韵味：江上有水，水边有竹有树，竹和树中有路，路的那一头就是人家了。水很清，竹子和树木很多，空气很好，所以长寿人很多。这里民风淳朴、景色恬静，大家和老人一起喝酒、尝橘。写出了桂林乡村的美和桂林的长寿和尊老现象，表达了对田园生活的喜爱和向往。

诗人借桂林的景抒发自己的情，匠心独运，非常精彩。

如《访隐者不遇偶成二绝》："秋水悠悠浸墅扉，梦中来数觉来稀。玄蝉去尽叶黄落，一树冬青人未归。""城郭休过识者稀，哀猿啼处有柴扉。沧江白日樵渔路，日暮归来雨满衣。"秋天是成熟的季节。作品以对意象的精心营造，以尘世中人的视角，写出了对隐居者闲云野鹤、超然物外生活的向往，又以秋天访隐者不遇隐含自己"叩仕途之门"而无果的悲凉心境。

再如《深树见一颗樱桃尚在》："高桃留晚实，寻得小庭南。矮堕绿云鬓，欹危红玉簪。惜堪充凤食，痛已被莺含。越鸟夸香荔，齐名亦未甘。"李商隐在桂林心里充满了美，所以在逆境中也能处处发现美。在自己住的庭院南侧，他发现了一株樱桃树，一树的绿叶只留下一颗红红的果子，好像绿色头发上别了一枚红红的玉簪。樱桃果大、味甜，可惜被黄莺鸟吃了。一树的果子居然还留有一颗，令人惊奇。樱桃对别人把自己和荔枝并称不服气，觉得自己比荔枝美多了。其实，诗人用桂林的一颗樱桃来说话，自己才华出众，满怀报国热情，但是被"雪藏"了，落在了偏僻的地方，希望得到朝廷的重视。

《晚晴》更是千古名篇："深居俯夹城，春去夏犹清。天意怜幽草，人间重晚晴。并添高阁迥，微注小窗明。越鸟巢干后，归飞体更轻。"全诗景美，情深，说理透彻。"天意怜幽草，人间重晚晴"，表面上说，上天把所有的爱付给了天下苍生，连一株小草都能感受到上天的宠爱，所以绿得非常醉人。实际上是感谢郑亚的关照，感谢皇恩的沐浴。诗人在长安写有"夕阳无限好，只是近黄昏"，说夕阳很美，只是很短暂，那是沉重的叹息，而"人间重晚晴"则少了几分惆怅，多了几分温暖和感激。仕途坎坷，党争无情，然而，有了郑亚的关怀，有了桂林人民的真诚，有了美丽的桂林山水，诗人得到了许多安慰，进而变得豁达和开朗。在诗人眼里，上天是有情的，人是有情的，世界是美好的，而这一切，皆是因诗人对生活充满了激情和热爱。诗人是以欣赏的眼光来看世界，因此才有了这篇旷世之作。"天意怜幽草，人间重晚晴"后来被赋予人生意味，历来被视为巧于寄托的名句而千古传诵。

在昭州任上，李商隐忧国忧民，对一方百姓关爱有加，他曾写有《为荥阳公桂州谢上表》："襄帷廉部，犹恐坠于斯文；横槊令军，实致忧于不武。虽期竭力，终惧败官。况俗杂华夷，地兼县道，文身椎髻，渐尉佗南越之余；叩鼓鸣钟，传士燮交州之态。……伏愿陛下务修俭德，广扇廉风……冀少息于群黎，庶免拘于司败……"文中写辖区的百姓受骄横之徒祸害很深，提出今后治理桂管的大政方针，希望朝廷文武兼治，不要轻易向少数民族横征暴敛、勒索财物，要去掉他们反抗的根源。不要随便奢侈浪费，应该与民休息。表明了诗人体恤民情、重视民生的思想。

当时，祭祀活动盛行，这种祭祀神灵酬报神恩的活动称为"赛"。为此，李商隐写了不少祭祀文，如《为中丞荥阳公桂州赛城隍神文》《为中丞荥阳公祭桂州城隍神祝文》《赛尧山庙文》《赛灵川县城隍神文》《赛海阳神文》《赛荔浦县城隍神文》《赛永福县城隍神文》《赛古榄神文》《祭兰麻神文》《为中丞荥阳公赛理定县城隍神文》《赛阳朔县名山文》等。这些祭祀、赛神的文章，旨在祈求神灵庇佑，希望当地风调雨顺，人民安居乐业。其拳拳爱民之心跃然纸上。

在桂林，李商隐用风神摇曳、气韵浑成的写景抒情诗，全方位、多角度展现了桂林绮丽的山水风光，以五律和五排的形式写了桂林具有鲜明地方色彩的民俗风物，拿典丽工整、才情富赡的赛神文为百姓祈福。所有的这一切，都倾注了他对桂林的款款深情。

在这当中，诗人通过描写新奇的形象，或抒发寂寥的情感，或将浓艳的形象与强烈的情感结合起来，流露出了郁闷、孤独、失落、思乡、渴望建功立业等诸多情感。这里暂且不做评述。

李商隐离开桂林，是无可奈何的。但是，他把对桂林的情做了无限延伸。他在自己集子的序言中写道："大中元年，被奏入岭当表记，所为亦多。"（《樊南甲集序》）在离开桂林多年之后，他依然多次写到了桂林，如大中七年十一月，在《樊南乙集序》中也曾写有："余为桂林从事日，尝使南郡，舟中序所为《四六》，作二十编。""自桂林至是，所为已五六百篇，其间可取者，四百而已。""会前《四六》置京师不可取者，乃强联桂林至是所可取者，以时以类，亦为二十编，名之曰《四六乙》。"

李商隐生于晚唐，目睹乱世，很关心国事民情，有做一番事业的抱负，有"欲回天地"的雄心，可惜"运与愿违"，始终被牛李党争所累，"虚负凌云万丈才，一生襟抱未尝开"（崔珏《哭李商隐》），在艺术上却卓然大成，以他惊艳绝伦的才华、别具一格的诗风、唯美缠绵的语言、低回婉转的情感，成为晚唐时站在巅峰的诗人之一，对后人影响很大，"清词丽句，何敢比肩"（鲁迅语）。他流传下来的诗 600 余首、文近千篇。他的政治诗约 100 首，有的直接表达自己的政治见解，更多的则以借古讽今的咏史诗出现；他的感怀诗，主要是抒发自己壮志难酬的忧闷；他的爱情诗，缠绵深挚，尤以《无题》为著，最为后人传诵。

李商隐在桂林的时间虽然不到一年，但这是诗人幕府生涯中行程远、所经历地方多、幕府生活较为顺意的时期，也是诗人文学创作的丰收期之一。桂林，优美的自然环境、奇异的风土人情，以及相对安稳平静的生活，成为他丰富的创作源泉。根据研究者的编年统计，幕桂期间，李商隐创作的诗歌76 首，文章 103 篇。这些作品数量多，质量高，题材多样，内容丰富，风格独特，在李商隐一生的创作活动中具有非常显著的地位和影响。

桂林，以美丽的山水和奇异的风情，滋养了李商隐的诗心，让他给后人留下了宝贵的精神财富，也使得他的名字更加丰满；李商隐，通过自己的惊世才情和生花妙笔，向世人呈现了桂林奇幻多姿的色彩，也使得桂林的名字誉满天下。李商隐离开桂林以后再也没有回来过，但他在桂林写的诗文永远流传了下来。从这个角度上说，李商隐和桂林就从来没有分开过。

李商隐才华横溢、命运多舛，他的一生是不幸的。但是，李商隐到过桂林，他是有幸的。桂林，因为李商隐客居过，更是有幸的。

读书岩下读曹邺

邹龙

　　早春二月，江山日丽，微风拂面。我随着春的脚步来到阳朔县城的天鹅山，来到"曹邺读书岩"下。说来惭愧，少年时熟读曹邺的《官仓鼠》一诗，知道这是后来被收入《新选唐诗三百首》的千古名篇，却未注意曹邺竟是我们的桂林老乡，而且还是桂林历史上的第一位进士！当我在史籍文献中查看了诗人曹邺的不少相关资料后，突然发现曹邺的一生其实都没有离开这个读书岩。我想，当年远居蛮荒之地的曹邺，是依靠了什么力量的支撑离开家乡登上长安进士榜的？又是什么力量使他抛却荣华富贵的仕途返回了家乡？

　　原以为这里是一个游人如织的热闹去处，然而读书岩却仿佛是一段早已被人们遗忘的往事，显得格外孤寂冷清。我站在读书岩前，想象着1000多年前的曹邺在这里的苦读生涯。从这里往外望去，但见远山轻烟淡岚弥漫，诗一般的漓江水面不时有渔舟悠然往还，我不由得突发奇想：难道是因为曹邺当年在这里读书，胸中装进了许多如画的山水风景，此后他才能够写出那么多锦绣诗篇？

　　曹邺，字邺之，阳朔人，生于唐元和十一年（816）。他出身于天鹅山下的一个贫寒之家，却天资聪颖，自小勤奋好学。他与小伙伴经常在天鹅山下玩耍，发现了高6米、宽4米、深10米的这个岩洞，他渐渐喜欢上这个环境静幽而又冬暖夏凉的岩洞，并最终与这个岩洞结下了一生一世的奇缘。随着年龄稍长，他一有空就跑到岩洞里读书，这个岩洞成为他苦读的"寒窗"，好像只有到了那里，他才能静心读书，才能文思泉涌。

　　曹邺的成长经历是坎坷的。在他未成年时父母双双去世，留下他与哥嫂及年幼的侄儿。虽然哥嫂做点裁缝生意，身材瘦小的曹邺也边读书边种地、捕鱼来补贴家用，但也只能维持全家人的基本生活。特别是哥哥死后，全家人的生活更加拮据。曹邺23岁那年，经过乡试州考，顺利获得了进京考试的资格。从阳朔至长安1500多千米，要是现在乘飞机两个小时就可以到达。但是，在那个只能步行、骑马或乘船的年代，雄心勃勃的曹邺怀揣梦想，挑着行囊，风餐露宿，历尽千辛万苦到达长安。他打算在那里凭着自己的才学金榜题名，从而彻底改变自己以及自己家庭的命运。

　　然而，命运似乎有意在捉弄曹邺。第一年考完之后，到了放榜之日，踌躇满志的他没能在榜单上找到他的名字，一盆冷水将他的希望之火迅速浇灭。第二年榜上无名，第三年名落孙山。人们常说事不过三，但曹邺却是个例外，他连续九年参加考试年年落榜，可以说天下举子无数，没有几个比曹邺更能深刻体会"名落孙山"的苦涩滋味。一次次致命的打击，让他几乎到了精神崩溃的边缘。而经济上除了得到在京城认识的一些好友资助外，基本上再无其他生活来源。可想而知，曹邺在长安的生活是何等的艰难。他在埋怨命运的不公，甚至也开始怀疑自己的学识与才干。

　　在那些落魄困顿的日子里，他脑海里时时浮现漓江上那熟悉的渔火和帆影，耳边时时掠过读书岩前的风声雨声，他格外思念远方的亲人。曹邺常常到城外人家看老人照看孙子，借此寻找一丝一缕的心灵慰藉，他写下一首《北郭闲思》："山前山后是青草，尽日出门还掩门。每思骨肉在天畔，来看野翁怜子孙。"

　　每当夜深人静之时，孤灯相伴，曹邺把自己的遭遇与不幸落于笔端，借此排遣心中的失望与悲愁，组诗《四怨三愁五情诗》就这样问世了。"郁于内者怨也，阻于外者愁也，犯于性者情也。三者有一贼于前，必为颠、为沴、为早死人。邺专仁谊久矣，有举不得用心，恐中斯物殒天命，幸未死。间作《四怨三愁五情》，以望诗人救。"（《四怨三愁五情诗十二首并序》）从《序》中看到，在屡试不第的残酷现实面前，几近绝望的曹邺怨自己命运不济，愁自己前途渺茫。"美人如新花，许嫁还独守。岂无青铜镜，终日自疑丑。"（《一怨》）以"美人"自喻，怨怀才不遇。"庭花已结子，岩花犹弄色。谁令生处远，用尽春风力。"（《二怨》）用"岩花"来打比喻，怨无人引荐，无人赏识。"手推呕哑车，朝朝暮暮耕。未曾分得谷，空得老农名。"（《四怨》）用老农辛勤耕耘而颗粒无收，怨劳而无功。悲愤出诗人，尽管才华横溢的曹邺当时还没及第高中，不时遭到旁人的冷遇和嘲笑，但他创作的大量诗作，却不经意间在长安的文人雅士中渐渐流传开来。

有时候，让人不禁相信冥冥之中真的会有一只主宰命运的大手。令曹邺意想不到的是，他生命中的那只大手竟然就是自己写的组诗《四怨三愁五情诗》。这组诗一共十二首，它完全是当时曹邺发自心灵深处的声音，这是一个落魄文人发出的无助和几近绝望的呐喊。

这一阵呐喊恰恰就打动了时任中书舍人的韦悫。韦悫，字端士，京兆（现西安附近）人，唐太和初（827）登第，官拜中书舍人、礼部侍郎等，五年选士，颇得名人。他是个非常爱才、惜才的人，虽然与曹邺并不熟悉，但他唯才是举，把曹邺推荐给了当年的主考官——礼部侍郎裴休。在唐代的官制中，中书舍人是皇帝身边专门负责起草诏令、宣旨、接纳上奏文表兼管中书省事务的官员，而且韦悫的儿子韦保衡当了唐懿宗皇帝的驸马，韦悫可谓是皇亲国戚、达官贵人。

由于有韦悫、裴休的赏识与举荐，曹邺终于在唐大中四年（850）的第十次应试中进士及第，成为桂林历史上的第一个进士，结束了他在长安的十年漂泊生活。在旁人眼中，"金榜题名时"为人生一大幸事，却浸透着曹邺的无尽悲愁与辛酸！

来自"蛮荒之地"的举子曹邺金榜题名，在京城引起不小的轰动。曹邺在惊喜之余，第一时间写下了《寄阳朔友人》寄回家乡：

> 桂林须产千株桂，未解当天影日开。
>
> 我到月中收得种，为君移向故园栽。

曹邺金榜题名是他个人的一件大事，对于桂林文化而言却是一个历史性时刻，是一个里程碑事件。在时人印象中，桂林为蛮荒之地，是被贬谪官宦的流放之所，别说能有人科举及第，就连读书人都是屈指可数。他在诗中流露出进士及第后的豪情，并表达了他祈盼桂林这片土地今后能涌现出更多人才的愿望。果然，曹邺之后，临桂人赵观文（855），永福人王世则（983）、李琪（1107）等诸多桂林人先后考中状元，进士及第则更是不计其数。

我在读书岩前，仰望岩壁上的苍藤古树，岩壁上几乎看不到泥土，它们倔强地将根须深深扎进了石岩的缝隙之中，却也能坚强地生存成长起来。它们会不会看到过那位少年曹邺从脚下这条坎坷山路朝读书岩走来，又从这条山路出发艰难地走向繁华京都长安呢？那么究竟是读书岩成就了曹邺，还是曹邺成就了读书岩？我想，要是曹邺未能在长安坚持到进士及第，或许今天的读书岩就不会成为"曹邺读书岩"，而将永远不为人所知了吧。

在苍藤古树下面的岩壁上，我看到了一块石刻，镌刻着明朝大学士、《永乐大典》的主编解缙（1369—1415）的题诗：

> 阳朔县中城北寺，人传曹邺旧时居。
>
> 年深寺废无人住，惟有石岩名读书。

原来，明永乐五年（1407），时任翰林学士兼右春坊大学士的内阁首辅解缙因事获罪，被贬谪为广西布政司右参议。悲愤无奈的解缙告别家人，离开京城，南下广西赴任。他刚到桂林时，又接朝廷传谕，命他改往交趾督运粮饷，这

阳朔曹邺读书岩（邓霆　摄）

使解缙更愤懑不已，索性盘桓于行途，纵情于山水。

　　船沿漓江顺流而下，解缙看沿江两岸，奇峰夹岸，高低错落，姿态万千，充满奇趣，突然想起这是到前辈曹祠部曹邺的家乡阳朔了，便要泊船上岸寻访曹邺旧迹。历经几百年的沧海桑田，解缙哪里还能找到什么曹邺旧迹！经人指点，他才寻到了天鹅山下的一口曹邺当年常来读书的岩洞。然而洞内仅有一张石桌一张石凳，这就是大诗人曹邺曾经读书的地方吗？解缙徘徊良久，感慨万千，"同是天涯沦落人"，他同曹邺的境遇是那么相似，于是提笔写下了这首诗。

　　后人为了纪念曹邺，曾在"读书岩"修建曹公祠、曹公书院，并将解缙的诗镌刻在岩壁上。可惜由于年久失修，曹公祠和书院早已荡然无存，唯有"读书岩"和解缙的诗尚存。

　　一阵清风袭来，岩壁上的苍藤古树滴落一些春雾凝成的水珠，几只小鸟在苍藤上一边跳跃着一边清脆地鸣叫，也许是在朗诵着曹邺的诗句，或者是在讲述着关于曹邺的往事。

　　据史书记载，曹邺入仕后，曾在多地为官，历任齐州推事、天平节度使幕府掌书记、太常博士、祠部郎中、洋州（今陕西洋县）刺史和吏部郎中。

　　按理说，曹邺有恩师韦悫的引导，有裴休的赏识，再加上其超人才思，他在仕途上完全可以有所作为，实现自己的理想与抱负了。然而，他的结局却是"辞官归隐"，终老桂林。除了他所处的时代是诗人号呼悲歌的时代，更重要的是他"为官有直声"。我在《唐诗纪事》中就看到了两则关于曹邺"为官有直声"的故事。

　　唐懿宗咸通二年（861），曾经担任宰相的白敏中去世了，皇帝于是把群臣召集起来商议，该给他一个什么谥号。时任太常博士的曹邺口无遮拦地说："病不坚退，且逐谏臣，举怙威肆行，宜谥曰'丑'。"意思是在咸通元年（860）白敏中担任宰相期间，他因生病身体不适，连续有四个月没有上班，而且对进谏大臣们不理不睬，算是仗势欺人。曹邺因此提出上述建议。尽管当时恩师韦悫曾提醒过曹邺，善意地告诉他要识时务些，但曹邺依然我行我素。

曾任左司郎中、谏议大夫、中书舍人的高元裕，他的儿子高璩在唐懿宗时官拜中书侍郎、同中书门下平章事，就是当了宰相，只两个月左右就死了。曹邺建议说："高璩，生前和不良人士来往频繁，请谥为'刺'。"

曹邺当时作为太常寺掌管祭祀之事的正七品官，一个普通的官员，能直言不讳地批评他们的丑行，提出自己的意见，得罪了不少的权贵，这在官场里是很难混下去的。由于秉性所致，52 岁那年，曹邺被迫辞官隐退。

曹邺虽然在仕途上没有什么突出作为，但他却创作出一大批优秀诗篇，著有《曹祠部集》，《全唐诗》也收录有曹邺的诗两卷，共 108 首。在唐朝那个诗星璀璨的时代，为广西更为桂林在唐朝文坛上争得了一席之地。清代诗人王维新在《阳朔道中怀曹邺》一诗中说："唐代文章原后起，岭西风气实先开。"说的就是曹邺不仅在晚唐全国的诗坛占有重要地位，而且还是广西地区诗风的开创人物。曹邺以前，广西土生土长的文人未见史载。曹邺可以说是桂林乃至广西第一个著名诗人，他与同时代的临桂人曹唐，史称"双曹"，对广西的文学发展产生了重大影响。

或许曹邺完全没有想到，他毕生呕心沥血写下的了那么多诗篇，其中那首《官仓鼠》会成为他一生中最重要也是影响最大的作品，这首诗后来被收入《新选唐诗三百首》，成为流传千古的名篇。

辞官隐退回到老家后，曹邺在祖宅上"拆旧建新"，建了一个新居，取名"老圃堂"。"老圃堂"靠近阳朔县衙门，他对衙门内幕时有所闻。负责管粮的是县令的大舅子，名叫关昌黍，獐头鼠目，诡计多端，县太爷以他为抓钱手。此人采取大斗进小斗出的办法，又勾结奸商，以公粮熬私酒，从中大发其财，搞得当地民不聊生，怨声载道。关昌黍五十大寿那年，他事先从苏州买回一幅裱好的绢本空白中堂，请曹邺题词，曹邺就把它束之高阁。到了关昌黍生日那天，只见关府贵客盈门，偌大的厅堂四壁挂满贺帐，只空留下中堂，等着挂曹邺的题词。

那天，曹邺在家自酌自饮，若无其事。关昌黍左盼右盼也不见曹邺到来，心急如焚。就在关昌黍接二连三派人催要未果，正要发火的时候，下人禀道："曹老先生酒后挥毫，中堂写好了。但他老人家已酒醉，不能前来，请大人原谅。"关转怒为喜，满以为中堂写的肯定是颂扬祝寿之词，忙叫家人挂起来。满堂贵客举目一看，只见中堂写的是：

> 官仓老鼠大如斗，见人开仓亦不走。
>
> 健儿无粮百姓饥，谁遣朝朝入君口？

官仓鼠即是关昌黍的谐音，谁不领会？但碍于面子，众客只好说："先生酒醉糊涂了。"关昌黍落得个哑巴吃黄连——有苦难言。当然，这个故事并非来自正史记载，仅见于野史，但我更相信这是一个真实的故事。

"天子好征战，百姓不种桑。天子好年少，无人荐冯唐。天子好美女，夫妇不成双。"（《捕鱼谣》）对最高统治者予以大胆的谴责和讽刺。《筑城》则写出了沉重徭役使农民家破人亡的惨状："呜呜啄人鸦，轧轧上城车。力尽土不尽，得归亦无家。"

曹邺描绘故乡山水的小诗，写得清浅而有情致。

西郎山

西郎何事面西方，欲会东郎隔大江。

自古良朋时一遇，东郎未会恨斜阳。

东郎山

东郎屹立向东方，翘首朝朝候太阳。

一片丹心存万古，谁云坐处是遐荒。

東洲

江城隔水是东洲，浑似金鳌水上浮。

万顷颓波分泻去，一洲千古砥中流。

这是曹邺借景抒怀，抒发了被迫隐退、明君良臣不能常得的感慨，表现了诗人虽身处遐荒之地，仍丹心系念国事的高尚情操。

"邵平瓜地接吾庐，谷雨干时手自锄。昨日春风欺不在，就床吹落读残书。"（《老圃堂》）回到家乡后，曹邺时常到"读书岩"读书，过着"扫叶煎茶摘叶书"的休闲生活。

我想，曹邺的一生其实都未离开过"读书岩"。年少时在这里苦读诗书，立下人生宏愿，像岩壁上的苍藤古树一样顽强地成长起来，及第后满腔豪情地步入仕途，却不能适应封建时代的官场土壤，根本施展不了自己的才华抱负。辞官归隐后，他回到了美丽的桂林山水之中，回到满载着自己人生理想的读书岩。是他觉得还需要在这里继续他新的读书生涯吗？

在我就要离开曹邺读书岩的时候，只见脚下这条当年曹邺走过的山道上铺满了春天的落叶，一群年轻人正说笑着朝读书岩方向走来，读书岩顿时显得格外热闹。

"而今好句忆曹唐"

曹唐和他的大小游仙诗

曾锡贤

　　修道成仙之说，亘古有之。如女娲炼石补天的故事，嫦娥奔月的故事，牛郎织女的故事，沉香劈山救母的故事……每个传说故事都是那么凄婉美丽、动人心弦。而且传说故事浩繁精深，难以胜数。到了后来，人们说话用词，写诗作文，许多便带了一个"仙"字。如说女子生得美丽，便说"貌若天仙""美若天仙"，称赞夫妇和谐、生活美满，就说"神仙眷侣"，不一而足。

　　说到以神仙为题作诗作文的个中高手，应首推晚唐诗人曹唐。他一生写诗数百首，光是"游仙诗"就达130首之多。

　　曹唐，唐代诗人，字尧宾，桂州（今桂林市）临桂县人。他的生卒年不详。"初为道士，屡举进士不第。咸通（860—874）中，为使府从事。""曹唐以游仙诗著称，其七律《刘晨阮肇游天台》等17首，世称'大游仙诗'，其七绝98首称为'小游仙诗'，尤为著名……"

　　从这些零散的资料介绍中，我们知道了曹唐的一生除了写诗有名外，其生活、工作并不适意。"初为道士"者，是说他生活无着或是家庭其他原因影响，只好出家当道士；"屡举进士不第。……为使府从事"，是说他在仕途上充满坎坷，事业不顺，进入仕途后，只能当些文职类基层小官，而且一做就是二十七八年。

　　曹唐尽管坎坷一生，却是个有理想、有抱负、热爱国家、追求美好生活的人。从他的诗作特别是大、小"游仙诗"中，我们得窥他的为人。

处于晚唐时期的曹唐，由于社会动荡，生活清贫，空怀报国之心却无法实现平生抱负，只能以五寸毫管来抒发窘迫无奈的心情。他在《洛东兰若夜归》一诗中写道：

> 一衲老禅床，吾生半异乡。
>
> 管弦愁里老，书剑梦中忙。
>
> 鸟急山初冥，蝉稀树正凉。
>
> 又归何处去，尘路月苍苍。

曹唐画像（沈丰明　绘）

从他这首诗中，影射出生活、际遇的不幸，也暴露出了他孤寂、苦闷、心灰意冷的情境。

曹唐年轻时，尽管在仕途上遭受挫折，但他的雄心和抱负一直萦绕胸中。因功名不就，他便只身遨游祖国名山大川，一来可以欣赏祖国无数的美丽景色，开拓眼界；二来可以了解各地的风俗民情，为今后的诗作准备素材；三来在饱览祖国大好河山的同时，寻找志同道合的朋友，为自己今后的仕途作些铺垫；四来通过游历，还能增长自己人生阅历和丰富自己的知识。

通过交往，他结识了杜牧、李远等朋友。

曹唐的诗，目前留存的有 170 多首，涉及面广，有政治、军事、社会、民俗风情、名胜古迹等，但最有名、最有成就的还是他的大、小"游仙诗"。他不满现实，持节清正，志向高远，热爱祖国，借游仙之作抒人间真情，瑰奇美丽自成一体。

因已步入晚唐，近体诗的写作早已成熟并妙作不断，因而曹唐的诗已得其真谛，用词用韵、对仗贴切工稳，且遣词造句瑰丽奇妙，含义深远，不愧"游仙"诗作高手。

曹唐曾"屡举不第"，入仕后又只能做一些基层文职（如幕僚）小官，胸怀磊落的他再难一展平生抱负，只能在江陵佛寺前徘徊。因此，在寓居中，他写下了许多闻名于世的"游仙"佳作。他的诗具有世俗化、人性化的特点，并用虚幻的情境，寄托对现实的不满，利用浪漫主义的表现手法，把叙事与抒情完美地结合起来，这是曹唐"游仙诗"的一大艺术特色。他正是因失意到幻想并且深受隋唐佛教影响而后成为"游仙"诗人，成为后来文人文学创作的借鉴。

曹唐的"游仙诗"充满了灵异、缥缈，有"不食人间烟火"的气象，公认是与郭璞并列的"游仙诗"的代表性人物。

如《汉武帝将候西王母下降》一诗，他写道：

昆仑凝想最高峰，王母来乘五色龙。
歌听紫鸾犹缥缈，语来青鸟许从容。
风回水落三清月，漏苦霜传五夜钟。
树影匆匆花悄悄，若闻箫管是行踪。

诗中说汉武帝等候居于昆仑最高峰的西王母降临，西王母来时一定会乘坐五色的彩龙下临；似乎已听到紫鸾在远远的地方隐隐啼叫，时断时续，而青鸟的叫声也一声声传入耳内；风声流水声伴着明月，长长的夜晚霜露侵体，耳中传来深夜的钟声；只有不停摇动的树影和悄无声息绽放的花在陪伴，这时，他仿佛听到了洞箫、竹笛悠扬的乐声，西王母等一行马上就要到了……

又如《刘晨阮肇游天台》诗：

树入天台石路新，云和草静迥无尘。
烟霞不省生前事，水木空疑梦后身。
往往鸡鸣岩下月，时时犬吠洞中春。
不知此地归何处，须就桃源问主人。

从以上两首诗中就得以窥见，曹唐不愧是与郭璞并驾齐驱的"游仙诗"高手，被后来的诗人评说为"曹唐的大、小'游仙诗'极具虚无、缥缈、灵异、芳菲之致"（程千帆语）。

大、小"游仙诗"虽是曹唐的扛鼎之作，但他在写其他方面也是一把好手，如他的《哭陷边许兵马使》一诗，就反映了他热爱祖国、心忧国家安危的心情。诗曰：

北风裂地黯边霜，战败桑干日色黄。
故国暗回残士卒，新坟空葬旧衣裳。

　　　　　　散牵细马嘶青草，任去佳人吊白杨。

　　　　　　除却阴符与兵法，更无一物在仪床。

　　整首诗再现了当时战争的残酷、惨烈。诗人以沉重的心情，叙述了许兵马使率兵与敌对阵后兵败的凄惨情景，剖析了战争的无情，担心国家的安危、人民的安康。

　　《唐才子传》《唐诗纪要》和《全唐诗》都分别对曹唐的诗及生平做了介绍，分歧在于"举进士"或"不举"上，而共同之处是都对其大、小游仙诗作了收录和介绍，如《唐才子传》一书，对曹唐的介绍很详细，说他"与罗隐同时，才情不异。唐始起清流，志趣淡然，有凌云之骨。近慕古仙子高情，往往奇遇，而己才思不减，遂作大游仙诗五十篇，又小游仙诗等，纪其悲欢离合之要，大播于时"。《全唐诗》收曹唐诗二卷，大、小游仙诗均入卷中，只是大游仙诗只得 17 首，遗失了 33 首。

　　曹唐的诗，"对后世的创作产生了深远而巨大的影响"。宋代、元代、明代、清代均有众多著名诗人对其推许，向其借鉴。

　　南宋洪迈所编《万首唐人绝句》和明代赵宧光、黄习远所编的《万首唐人绝句》，都将曹唐 98 首《小游仙诗》全部选入；王安石的《唐百家名诗选》也选了曹唐的诗二首；金元之交的元好问、方回也选了曹唐的诗；明代高棅《唐诗品汇》，陆时雍《古诗镜·唐诗镜》，清代杜紫纶、杜诒毂《中晚唐诗叩弹集》，清康熙帝《御选唐诗》等，均有曹唐游仙诗载入其中。

　　借鉴曹唐的诗的人也很多，其中有戏剧家洪升、小说家曹雪芹。如《红楼梦》第五十回《芦雪庭争联即景诗　暖香坞雅制春灯谜》一文中，曹雪芹就借贾宝玉之口吟出："天上人间两渺茫……"的诗句，即套用了曹唐诗《玉女杜兰香下嫁于张硕》中的"天上人间两渺茫，不知谁识杜兰香"的诗句；如戏剧《长生殿》第三十七出中，洪升就借剧中人对口唱出"天上人间两渺茫"曹唐之唱句。

在浩浩的历史长河中，浩如烟海般的诗人里，曹唐的诗尽管没有王昌龄"秦时明月汉时关，万里长征人未还。但使龙城飞将在，不教胡马度阴山"的豪气干云，没有李白"飞流直下三千尺，疑是银河落九天"的大气磅礴，但在历代众多诗人中崭露头角，其诗也能占有一席之地，是与他的才情、社会、生活际遇、所处时代分不开的。

至于他的老家桂州（今桂林市）一带的风光，在其流传下来的诗篇中虽不曾见，但在他的游仙诗中，还能常常见到"桂林""桂树""桂影"等字眼，所写的虽是想象中的仙境而非人间实景，也多少体现了作者的一份乡土之情。山水灵秀之气钟于诗人者原不在一岩一壑之描绘，我们从这位诗人全部的清词丽句中，也可领略到一些桂山漓水的秀色。

清人厉鹗在其《前后游仙诗百首咏自序》中称，他的诗"效颦郭璞，学步曹唐"。冯继聪则对曹唐更是赞赏有加，我们就将冯诗作为本篇结尾：

洞中仙子别刘郎，尘梦当知鹤梦长。
流水桃花香满涧，而今好句忆曹唐。

天上人间两渺茫，不知谁是杜兰香。
前番人嫁今番忆，赖有尧宾诗二章。

萼绿华别许真人，王远麻姑开宴新。
总是仙家相会处，凭将好句忆尧宾。

岁月深处的桂岭烟云

莫休符和他的《桂林风土记》

王松

一

唐朝光化二年（899），一个名叫莫休符的退休官员，终于整理完了自己多年来在桂林的见闻笔录，把它冠以"桂林风土记"之名。

唐朝是一个诗歌的时代，几乎可以说，在唐朝的每一块土地上，都流淌着诗歌的韵律。生活在唐代的文人们，如果不能留下几首诗歌，要想名标唐朝的史册，恐怕是十分困难的。但莫休符是一个例外，他没有给后世留下什么诗作，却仅仅凭着一本《桂林风土记》，让历史牢牢记下了他的名字。这本记载着唐朝和唐朝以前桂林历史地理和风俗民情的著作，后来被宋祁、欧阳修等人记入《新唐书·艺文志》，再过数百年后，《桂林风土记》仅存的一卷残本，又被悉数录入清朝官方编修的《四库全书》之中。民国二十五年（1936）商务印书馆据《学海类编》的《桂林风土记》本排印出版。

莫休符是广东封开县人，曾经担任过融州（今广西融安县）刺史，晚年辞官，退居在桂林生活。那么，这位宦途的游子，为什么会选择这样一个异地他乡，作为自己安度晚年的长久住所？如果说仅仅因为桂林出类拔萃的自然风光，理由是不够充分的，因为莫休符的家乡封开，同样是一个山水秀丽的宜居之地。桂林这块土地，一定还有让莫休符更加流连忘返的地方。

其实，早在赴任融州刺史之前，莫休符就与桂林结下了一段深厚的情缘。他早年受到桂管观察使郑愚的赏识，并长期在桂林追随郑愚，为其属僚。那时的桂林，早已成为"藩百粤，抵绝域"的岭南门户。自始安建郡以来，不断有如颜延之、李靖等名臣大儒度岭南来，在此任职为官，建筑城防，开发景观，传播文教。在他们的细心经营之下，一座城市在漓江西岸悄然兴起，街市繁华，商贾行旅络绎不绝，被宋之问称为"小长安"。加上桂林千峰耸峙、清流映带的绮丽风光，更让历代文人不吝文墨，纷纷品题纪胜，留下了丰富的人文故事和文化履迹。这让素来喜欢采录风情的莫休符，一开始就对桂林有着强烈的融入感，他像一个主人一样徜徉在桂林的青山绿水和乡土田园之间，细心地搜集着这些散落在漓江两岸榕荫竹影下的山水传奇、民间故事。《桂林风土记》的成书，就像是对唐代以前桂林历史风情的一次小结，书中那些窖藏于岁月深处的故事，仿佛漓江烟雨中零星的记忆，让我们依稀看到千余年前的桂林逐渐远去的背影。

二

唐武德年间，卫国公李靖挥师度岭，平抚岭南，"怀辑九十六州，六十万户"，诏任岭南道安抚大使，检校桂州大总管。岭外既定，李靖便在桂林兴土木、筑城防，拉开了唐代桂林大规模造城的序幕。自李靖之后唐代的数百年间，桂林先后建有子城、外城和夹城，子城和夹城南北排列，又都在外城的包围之中。

莫休符最为熟悉的，应该是桂林的子城，大概在现在的解放桥西一带。因为这座由初唐名将李靖修建，"周三里十八步，高一丈二尺"的城墙，实质上就是唐代桂林的官署外墙，包括莫休符在内的桂州官吏们，全部都在子城里面办公。不可否认，李靖确是一位很有情调的儒将，他将官府衙门构筑在漓江岸边，让一帮形役案牍的劳心者在美丽的漓江边上工作，使他们能在伏案之余，登临城楼，领略漓江的美景，远眺江东的千峰翠色，以利于消散工作的疲倦。每当夕阳西下，伏案之余，桂州府衙的官吏文人，常常信步登上子城东北隅的一座楼阁，凭栏纵目，看着漓江渔火在晚霞散尽之后依次燃起，浓浓的乡愁，便在最后一缕夕烟中徐徐消散……

这座楼阁临江而筑，有一个十分令人神往的名字——逍遥楼，楼内有唐代著名书法家颜真卿榜书"逍遥楼"碑刻，是唐代桂林最为著名的观景建筑。登楼凭眺，可以一览漓江烟霞如梦、桂岭群峰奔腾，若仔细分辨，近有独秀耸翠，伏波扦澜，远则訾洲烟雨、尧山冬雪。唐人登高怀远、宴饮留别，最喜登临此楼，吟诗遣怀。如宋之问有《桂州陪王都督晦日宴逍遥楼》诗：

> 晦节高楼望，山川一半春。
> 意随蓂叶尽，愁共柳条新。
> 投刺登龙日，开怀纳鸟晨。
> 兀然心似醉，不觉有吾身。

一时，桂林逍遥楼的盛名，竟与黄鹤楼、岳阳楼、滕王阁等三大名楼比肩。

大中年间（847—859），桂管经略使蔡袭在桂林访得汉城遗址，并在汉代城池的框架上，重建了桂州外城。外城北踞叠彩山，南抵杉湖，东临漓江，西沿今天的中山中路一带。大约四十年后，桂州都督陈可环又在子城之西北，依独秀峰、伏波山及沿江一带修建了夹城，"周回六七里"。

在莫休符来到桂林的晚唐，桂林已成为一坐东据漓江，城中有城，功能划分合理有序的华丽都市。子城、夹城和外城，在唐代桂林的城市布局中，各有其不同的功能，外城是御敌城防，子城是行政区域，而夹城之中，则是桂林最为繁华热门的商业地带。城中店铺相连，酒旗临风，往来客商，熙熙攘攘，一派歌舞升平的繁华景象。而在漓江西岸，与逍遥楼相并而立的，南

"逍遥楼" 碑（邓霆 摄）

有东出亭，北有碧浔亭、拜表亭，这些楼亭全都临江而筑，其碧瓦飞檐，与沿江诸峰辉映交融，成为天人合一的一带景致。渡江回望，城楼、亭宇临江照影，颇具典雅高古的气韵。难怪李商隐会在诗中这样赞美桂林："东南通绝域，西北有高楼。"

唐代的君主，常有招纳四方、包容宇内之志，因此唐朝的建筑，也总是追求大气磅礴、雍容富丽的气度，即使对桂林这种岭南边城的营建，也绝不局促简慢，毫不吝啬耗费大量的人力、物力和财力。莫休符在其《桂林风土记》的《夹城》篇中，就记载了当时夹城修建的过程："三分之二是诸营展力，日役万人，不日而就。"但在面对这座富丽奢华的城市时，却依然感慨良多，抑制不住笔底的激情："增崇气色，殿若长城。南北行旅，皆集于此。"

三

长期以来，桂林由于地理上的偏僻，常常被蒙上一件蛮荒的外衣，自汉唐以来的近千年间，这块美丽的土地基本上还是朝廷罪臣的流放之地，传说中的瘴气，总会使那些本就容颜惨淡的失意官员视为畏途。我常常以为，宋之问诗中那种"代业京华里，远投魑魅乡"的惨淡情怀，一定都是那些流贬岭南的文人们普遍的心态。然而，当我捧读莫休符的《桂林风土记》时，却惊奇地发现，很多遭贬到桂林的谪臣游子，却并不都是想象的那么凄凉沮丧。千峰叠翠的嵯峨桂岭，倒影横流的漓水碧澜，不断激发出他们的审美灵感，使他们暂时忘却了流寓他乡的孤寂，而纵情畅游于桂林桃园梦幻般的秀丽山水之中，并开始以文化的斧凿，执着地开发着这里的一山一石，一树一亭。

唐会昌二年（842）来到桂林的元晦，他对城北叠彩山的风景情有独钟，"叠彩"这个雅致的称谓，就是他给命名的。他在叠彩山上修建的亭台楼榭，全部经过精心的布置，若隐若现，引人入胜，成为桂林各处景点楼台建设的经典之作。元晦常常喜欢邀请当地一些文人墨客，在叠彩山上雅集观光，为

正阳路出土、现存于桂林七星公园的曲水流觞（邓霆 摄）

了增加游玩的乐趣，他还模拟王羲之曲水流觞的典故，专门请高手匠人制作了九曲流觞石刻，置于叠彩山景区，并建造了流杯亭。这种曲水流觞的游戏，还一度成为桂林风雅文士一项颇为流行的文化活动。《桂林风土记·越亭》记载：元晦在叠彩山"建大八角亭写其真，院砌台、钓榭、石室莲池、流杯亭、花药院，时为绝景"。叠彩山也因此成为时人最为喜爱的游乐休闲场所，"公私宴聚，较胜争先。美节良辰，寻芳选胜，管弦车马，阗溢路隅"。

张固，这位唐宣宗年间（847—859）来到桂林的桂管观察使，喜欢热闹，豪爽善饮。他在桂林还组织了一次特别隆重的重阳盛会，带着一帮僚属颇为张扬地来到七星山上的东观宴饮登高，观景赋诗。那些文人们喝到酒阑日斜，诗文中便有了干云的豪气。时有同行的卢顺之，还写诗生动地记述了这次宴集的排场：

渡江旌旆动鱼龙，令节开筵上碧峰。

翡翠巢低岩桂小，茱萸房湿露香浓。

白云郊外无尘事，黄菊筵中尽醉容。

好是谢公高兴处，夕阳归骑出疏松。

　　唐敬宗宝历元年（825），李渤因为仗义执言，被贬为桂州刺史。他偏爱隐山的山光水色，在那里开置亭台，种植花木，开发岩洞，使隐山一带“山河秀异，皆入画图”。景区建设初具规模，李渤还特意写信邀请友人韦宗卿前来考察游览。算起来，韦宗卿可能是最早一批以纯旅游为目的来到桂林游览的官员，他在李渤的陪同下，兴致勃勃地游完了隐山六洞，那些充满传奇魅力的奇岩异石，从未见过的岩中怪鱼，使他感到极大的震撼，为此，他一口气写下了《隐山六洞记》，记述这次神奇考察的见闻和李渤开发隐山景观的事迹。

四

　　“桂林山水甲天下”，这句写于八百年前的桂林山水诗歌名句，似乎把桂林的旅游视点，早就界定在自然山水之中了。我相信，绝大多数来桂旅游的客人，是冲着桂林山青、水秀、洞奇、石美的自然风景而来的。然而，生活在唐代的莫休符，在其垂暮之年择居桂林，足迹踏遍了桂林的山水村巷，他对桂林的审视角度，却落在了桂林的悠悠岁月，和深藏于灵岩奇峰中的人文故事。他还在《桂林风土记》的序言中，对桂林那些人文景观的默默无闻，表达了心中的惋惜和不平：“前贤撰述，有事必书。……惟桂林事迹，阙然无闻。休符因退居，粗录见闻，曰《桂林风土记》。”通观全书，莫休符所介绍的“桂林事迹”，其实是历史人文多于对自然风光的描摹。

　　桂林的人文景观开发最早的，当数虞山。传说舜帝南巡苍梧，途经桂林时，被桂林美丽的山水景色深深吸引，便在虞山驻留下来，观赏桂林美景。他偶尔行至一个山洞，听到洞内有淙淙的流水之声，似成音韵，便一时兴起，取来乐器，在洞中弹奏韶乐，那悠扬的旋律与洞中的流水之声悠悠合鸣，在桂林的蓝天下绵延回荡，长久不绝，甚至连山上的松竹也情不自禁地翩翩起舞。后人因感念舜帝之德，便将此山命名为虞山，还在山下修建了舜祠，长年祭祀。直到今天，虞山仍有舜庙、皇潭、韶音洞等历史人文景观。舜帝崩于苍梧之野，他的两个妃子娥皇和女英，见舜帝久游不归，便千里寻帝直至湘江，惊闻噩耗之后，二人悲痛欲绝，竟双双投江，殉情而死。《桂林风土记》的《舜祠》和《双女冢》两篇，便记录了这个古老而浪漫的传奇故事。由此算来，桂林为中原王化所及，已经有四千多年的历史了。

我细细翻阅莫休符的《桂林风土记》，发现在唐代以前，桂林祭祀中原先贤的祠庙，除了舜祠以外，还有尧山庙、伏波庙，而据其他史料，唐代以前的独秀峰下，又还建有宣尼庙（即孔庙）。这些祠庙始建于何时，大多很难找到确切的记载了，但桂林民间对中原文化先贤祭祀的历史已十分悠久，却是可以肯定的。历朝历代以来，凡是来到桂林为官的官员，都必须先到虞山的舜祠拜谒，祈愿国泰民安，然后才到城内报到办公；南来北往的商贾行旅，也大多会到上述各处祠庙进香祭奠，祈求先圣保佑他们财路旺盛、旅途平安。《桂林风土记》描述：桂林民间"每遇岁旱"，都会到舜庙祈雨，并且必须"张旗震鼓"；而在尧山庙，则是"四时公私飨奠不绝"。

南朝刘宋时期，颜延之因得罪权要而被贬为始安郡（桂林）守。颜延之是当时文坛巨子，与谢灵运齐名，还是陶渊明的至交好友。他来到桂林，在独秀峰旁居住，公务之余，常常在山下石岩中读书，为后世留下了"宋颜公读书岩"遗迹。他还写诗盛赞独秀峰："未若独秀者，峨峨郭邑间。"诗中那种超然自信的心态，哪里像是一个被贬谪边邑的落魄者？

仿佛冥冥之中自有天意，要让桂林文脉从此开通，唐朝大历年间（766—779），刺史李昌巙在独秀峰下创建了桂林第一所府学——桂林州学，让桂林青年才俊有了一方属于自己的治学天地，就连附近州县的很多才人学子，也纷纷来此求学读书。仅仅百余年间，桂林的山水灵气，就孕育出了自己的优秀文化名人，先有曹邺率先考中进士，乾宁二年（895），桂林才子赵观文又在殿试中夺魁，成为广西历史上第一位状元。

桂林在极短的时间就出了进士和状元，这可是从未有过的大事，桂林学子第一次感到了站立文化巅峰上的荣耀，于是街头巷尾立时传为美谈，仿佛文曲星就住在桂林城中一般。官员们也倍感脸上有光，便趁此在桂林大倡崇文兴教之风。为树立楷模，鼓励学子们读书进取，据《桂林风土记》记载，"令狐大夫"将进士曹邺曾经居住的市西门阜财坊改名为迁莺坊，以显扬曹邺之文名；接着，桂州都督陈可环又将状元赵观文居住的街坊改名为进贤坊长街，有表彰此街坊向朝廷进献贤能之意。至此，桂林文名大振，读书治学之风日盛。

五

展读《桂林风土记》，我总会被书中那些趣味横生的民间故事所吸引，有如品尝一杯回味无穷的陈年老酒。莫休符是一个很会讲故事的人，有时幽默风趣，使人忍俊不禁；有时又想象神奇，大胆夸张，让人拍案叫绝。

譬如他描写七星岩的一则故事：桂林有个迷醉于奇石的人，想到七星岩中去搜寻奇石，因为不知岩洞的深浅，便备足了干粮果品，举烛而入。他在洞中不知走了多少时候，感到有些疲乏，就坐下来稍稍休息，忽然听到隐隐约约似有舟楫的声音传来。他举目四望，都不知道这声音是从何而来，便默想自己所行的路程方位，发现自己已经来到东河之下，刚才听到的舟楫声，竟是从头上的东河传下来的。

所有的民间故事，其实都是社会生活的写照。莫休符所讲的故事也不例外，虽然初读之下有点像古代的志怪小说，而细细品来，却又蕴藏着唐代桂林社会的丰富信息，能够让人嗅出那时间深处飘来的盛唐气息。

"天下名山僧占多"，山水秀丽的桂林，为宗教的传播提供了理想的土壤。隋朝初年，桂林出现了第一座佛教寺庙缘化寺（唐改名为开元寺），随后，隋文帝诏于该寺修建舍利塔，佛教寺庙开始在桂林兴起。到了唐代，桂林的寺庙更如雨后春笋一般蓬勃发展起来，像开元寺、西庆林寺、栖霞寺这些著名的大寺院就有十几座。唐代的著名高僧鉴真、觉救、怀信等，都曾经云游桂林传经布道。曾经远赴长安讲法的白鹿禅师，也回到尧山修造了白鹿禅院，并担任住持。唐代的桂林，业已成为岭南最为重要的佛教传播中心。因此，桂林的民间，也流传了大量的佛教故事和传说。譬如佛像显灵的故事：京城洛阳武则天诏造的一件袈裟，竟一夜之间穿在了桂林延龄寺卢舍那的佛身。此外，《桂林风土记》还记有道林和尚赠金、开元寺震井悬肉等有趣的佛教故事，都十分耐人寻味。

堪舆之术始于巫卜文化，是一种十分古老的选取住宅和墓葬之法，这种习俗什么时候传于岭南，当然难以考证了，但从《桂林风土记》中的几则故事，我们知道这种活动早在唐代的桂林就已十分流行，是研究古代桂林丧葬习俗的重要佐证。民间对于人生财运仕途的好坏，往往会在地貌风水中寻找原因，这种故事虽近虚妄，由于颇具离奇神秘的情节，也有很强的趣味性。

六

按《地理志》，桂州，《禹贡》荆州之域。春秋时，越七国，时服于楚。秦始皇三十三年，发逋亡、赘婿、贾人掠取陆梁之地为桂林。吴时，文士薛宗言："昔帝舜南巡苍梧，秦置桂林、南海、象郡。"《南越志》："汉武改为郁林郡，以桂林为县。"……

《桂林风土记》一开篇就介绍了桂林的建制历史。汉武帝在桂林设始安县，是桂林建制之始，之后，三国吴改为始安郡，梁武帝时，将秦桂林郡（郡治在今桂平市西南）辖地和三国吴的始安郡辖地合并为桂州，治所在现在的桂林，所辖地域较为宽广。因此，隋唐文人在其诗文之中，常常借用古称，把"桂州"称为"桂林"，也许在他们心中，"桂林"这个名称，相比"桂州"更有诗意，更能体现地名与当地山水和谐交融的浪漫情怀吧。莫休符《桂林风土记》所涉地域，其实也不仅仅限于桂林城区，他目光所及，是桂州所辖的所有地区，书中海阳山、会仙里、灵渠、甘岩、牂牁水、如锦潭、仙人山等诸多篇目，均属桂林城区以外的州县所辖，有的还远至岩州（今贵港）、宜州一带。这也增加了该书收集材料的难度。可以想象，在当时的交通条件下，这是一件多么辛苦费力的工作。因此我常自揣想，除了对桂林一份厚重的情感，还有一种什么样的力量驱使着，让他要去完成一项如此巨大的文化工程呢？

总感觉古代很多文人身上，都有着一种共同的特质，那就是文化的自觉。而历史上那些通过科举而仕的官员，他们中的不少人，事实上终其一生也都贴着文化人的标签，不管官当多大，内心总会怀着一份文化的本真，文化好像成了他们生命中的一个部分。因此他们每到一处地方，或传播文教，或挖掘历史，或著书立说，就像生活中的一日三餐，根本不需要什么别的理由。莫休符无疑也是这种文化人中的一员，他以《桂林风土记》记录"桂林事迹"，当然也不是有人授命，再说，莫老先生已辞官退休，更谈不上有什么功利可言。他以垂暮之年，仍孜孜不倦地奔波于桂林的群山和乡土之间，踏勘地理，采访风情，像茫茫海滩一个辛勤又孤独的拾贝者，小心翼翼地拾取那些散落在桂林郊野的文化珍宝，可能仅仅因为对文化的一份执着。我觉得，古人这种文化自觉的精神，倒是十分值得今世所效仿的。

七

《桂林风土记》成书之时，共作三卷，但在两宋之际，就已散失了大半，清朝乾隆年间编撰《四库全书》，也仅仅收录到一卷抄本，共四十四个篇目。

尽管如此，这本残缺的《桂林风土记》，却依然蕴藏着十分丰富的桂林历史文化信息，为后世考证桂林古代社会风情提供了大量的依据，也是来桂旅游者难得的一本导游珍品。

明万历年间，桂林学者张鸣凤编撰《桂胜·桂故》，介绍桂林山水景观和历史故实。在《桂胜》各篇中，对桂林景观名胜的史料佐证，是文中的重要内容，其中很多篇目，都引用了《桂林风土记》的历史材料。

清代学者朱彝尊对莫休符和他的《桂林风土记》也做过深入的研究，他对莫休符的生平，以及洪武年间的传世抄本，都做过详细的考证。他还发现在《桂林风土记》中所记载的张固、卢顺之、张丛、元晦等人的一些诗歌，是唐代轶篇，"向未著录"，清朝"《全唐诗》采录诸篇，即据此本"。

《四库全书》所收录的《桂林风土记》残本，是明朝洪武年间的一个手抄本，但这个残缺的抄本，数百年来却有幸得到了历代文人的细心呵护，先后为谢在杭、徐惟起、纪晓岚等明清著名文学家和藏书家所珍藏，后来在编撰《四库全书》时，才由大学士纪晓岚奉献出来。这说明该书的价值，已得到明清的学者普遍重视，珍爱有加。

可惜的是，这本书的内容散失得太多，否则，我们所能看到唐代以前桂林的身影，会更加清晰。

桂州破天荒的状元赵观文

黄继树　梁熙成

一

唐朝，昭宗乾宁二年（895），桂州举子赵观文在长安大比中，夺得了乙卯科状元，这是中国封建社会科举时代桂林出现的第一个状元，也是广西历史上的第一个状元。据《粤西文载》记载：赵观文，唐末临桂人，乾宁二年状元及第。是年试"观人文化成天下"赋、《内出白鹿宣示百官》诗，放进士张贻宪等二十五人，观文第八。被黜者诉不当，乃重试，观文遂魁多士。

赵观文家居临桂县芦笛岩边的桥头村。他的先祖曾在岭南为官，后来在桂州城西北买宅置田，唐德宗时定居在芙蓉峰下飞鸢村，到赵观文的祖父时，移居桥头村。

赵观文大约出生在唐宣宗大中十一年（857）前后，他出生时，虽然其父已不做官了，却是书香门第，世宦之家，家庭的生活是优裕的，因而赵观文从小就受到了良好的教育。他十岁时已能为诗文，十三岁时便已初通经义，唐懿宗咸通十四年（873）癸巳，赵观文参加桂州乡试选秀才，被选为明经，然而由于时局动荡，朝政不稳，未能入京参加科举考试。

赵观文的青年时代，从十八岁至二十九岁，正是黄巢大起义的动荡时期，皇帝和朝廷大臣都在逃亡和忙于调兵镇压起义军，根本已顾不上什么科举考试了。

赵观文二十三岁那年，正是黄巢率十余万义军攻占桂州之时。桂州官吏闻得黄巢大军由广州一路杀来，便早早收拾搜刮来的金银财宝逃跑了，只剩下无处逃生的平民百姓。待到黄巢大军到来时，桥头村和附近的村民百姓便纷纷躲进芦笛岩中避难。赵家原是大户，搬进岩中的财物、粮食皆不少，赵观文却叫书童挑了两箱书籍进岩。

岩中躲难的百姓有数百人之多。赵家在岩中选了一块较高的台地，用芦席围了起来，作为一家人的栖身之所，芦笛岩深邃广大，能容万人，岩中又有泉水，洞中七弯八拐，钟乳石琳琅满目，千奇百怪，有的地方高有数十丈，最宽处广有数亩。洞口又被乱石杂草树林掩盖着，外人绝难发现。

看看在岩中躲避了半个多月，听说黄巢大军已往北边开去了，众人一时还不敢出岩，又待了一日，叫了几个青年人趁夜色出岩外查探，见桂州确已无兵，众人这才纷纷出岩回家。

赵观文一家躲兵还家未及一个月，桂州官吏便带着兵丁、衙役四乡巡视，又出榜着各州、县、里、保加征钱粮，其理由是因为黄巢"贼军"将府库钱粮劫掠一空，所以又把这个重负强加到百姓头上。无论大户、平民、商人、匠人每口加征钱一千三百文、布十丈，连同本年租赋，限于冬十一月以前交清，违者送官治罪。这桂州的百姓兵灾尚未受难，兵灾过后反倒遭殃，又不知道有多少人家卖儿卖地，家破人亡。赵观文一家虽是大户，也平白被敲诈去半仓谷米、若干钱财。赵父气得大病一场，撒手去了。

黄巢军离开桂州后依湘水北上，纵横大江南北，后直取洛阳、潼关，公元881年攻占唐朝都城长安，建国大齐。公元883年，起义军战败，退出长安。次年，黄巢在泰山狼虎谷兵败自杀。唐僖宗重新回到京城长安，这时，除了江南、岭南的少量租税上送给朝廷维持皇室和朝官的费用外，全国大大小小的割据者仍在混战不休，在境内自收税赋，自行其是。朝中的宦官势力控制北司，权臣势力控制南司，互相排斥，互相争权夺利。又各自勾结外藩势力参加中央的斗争，已根本不把皇帝放在眼里，唐朝完全变成了一个名义

赵观文画像（沈丰明　绘）

上存在的小朝廷。

　　唐僖宗为了保住自己的皇位，急欲通过科举选拔一些忠于自己的人才，以便培植自己的势力，便下诏改元为光启，意思是要光前启后，同时下诏次年春重开科举考试。

　　这时赵观文已是满腹经纶，又亲身经历了十几年社会大动乱，眼看着朝廷虚弱，国势衰颓，社会混乱，时常痛心疾首。在他看来，国家之所以会变成这个样子，完全是因为没有了尧舜之风。他天真地认为，只要恢复尧舜之风，社会秩序就会稳定，便能拯救国家，巩固唐朝的统治，恢复大唐盛朝。于是，他抱着重振邦国的雄心壮志，参加桂州的民间选拔。怎知桂州明经选拔的两个名额，早已被他人花钱买去了。赵观文却还蒙在鼓里，只道今科不能进京参加科考，就待来科。又谁知一连两科，赵观文都未被选上。赵观文觉得十分奇怪，这些被选送进京参加科考的明经，才学都在自己之下，怎么偏偏就选不上他？一打听，人家都和官吏沾亲带故，又是花了钱的！赵观文这才恍然大悟，不觉仰天长叹："世风不古！"

二

公元888年，可怜的唐僖宗李儇病死。宦官首领杨复恭立李晔为皇帝，即唐昭宗。杨复恭养了许多勇士为义子，分掌兵权，又养宦官六百人为义子，派到各州、府作监军。这样朝廷的大权便全部操纵在杨复恭的手里，唐昭宗一言一行，均要遵从杨复恭的意志，还动不动就遭到杨复恭等宦官的责骂。唐昭宗恨极了杨复恭的专权，便借用朝官的力量与宦官抗争。公元891年，唐昭宗与宰相刘崇望发兵攻打杨复恭的私宅，杨在其义子的护卫下仓皇逃往汉中，起兵反唐。这时凤翔节度使李茂贞、靖南节度使王行瑜等人，以讨伐杨复恭为名，向唐昭宗公然要官要地盘。攻下汉中之后，唐昭宗想削弱李茂贞等人的势力，李茂贞反率兵进逼京城，逼迫唐昭宗杀掉出谋划策的大臣。从此李茂贞、王行瑜又成了把持朝政的主人，朝官又依附他们来谋自己的利益。唐昭宗在藩镇、宦官、权臣三大恶势力的夹击下进行抗争，又设计杀了三个宦官首领，然而对拥有重兵的藩镇，对操纵朝政的权臣却动不了分毫。

公元894年，唐昭宗起用李溪为宰相，终于得到一个自己的亲信大臣。然而李溪一人极难有所施为，又受到权臣崔昭纬、崔胤为首的朋党阻挠排斥。李溪便向唐昭宗建议两策：一是借用宗室诸王的力量，为皇帝的助力。二是赶紧选拔一批忠于皇帝的人才到朝中为唐王朝效力。于是唐昭宗改元乾宁，降诏来年举行科考。

唐昭宗乾宁二年乙卯（895）春二月，赵观文作为桂州选送的明经，抱着忠于唐朝皇帝、重整山河、经邦治世的雄心大愿，来到京城参加春闱考试，这时他已过三十八岁。

这时的唐朝，全国大大小小的割据者达数百人，他们中一部分是唐朝初期内附定居的匈奴人、鞑靼人的后裔，一部分是黄巢起义军中投降朝廷的大小将领，以坐镇中原的朱全忠（原名朱温）为代表；还有一部分是世族豪强势力，以坐镇江南的杨行密为代表。这些人尽都是些勇夫，文化层次很低，只知攻城略地，拥兵称霸，占地为王，根本不把文人秀才放在眼里，所以对朝廷举行科考并不去阻拦。科考实际上是极欲网罗人才做垂死挣扎的唐昭宗，与把持朝政的以崔氏家族为首的朝臣以及挟持皇族的宦官势力之间的明争暗斗，这样的科考与当时的社会一样黑暗。

乙卯科主考官为刑部尚书崔凝，是崔氏家族中的一员重臣。在参加考试的明经秀才中，也有不少崔氏家族的子弟。赵观文的才能虽在这些人之上，然而放出榜文时，赵观文只取在第八名，第一名却被才能平庸的张贻宪占了。这张贻宪是崔氏朋党天平节度使张祎的儿子。还有尚书苏循的儿子苏楷，与几个不学无术的官宦子弟也被录取。唐昭宗在二月八日的诏敕中说："高宗梦傅说，周文遇子牙，列位则三公，弼谐则四辅。朕纂承鸿绪，克绍宝图，思致理平，未臻至化。今大朝方兴文物，须择贤良，冀于金选之间，以观廊庙之器。今年新及第进士张贻宪等二十五人，并指挥取今月九日于武德殿祗候。委中书门下准此处分，仍付所司。"这就是说：经过考试，录取了张贻宪等二十五名进士，着他们于二月九日到武德殿进行殿试。

到了九日殿试时，出了两赋两诗四道题目：一、《曲直不相入赋》，取"曲直"二字为韵。二、《良弓献问赋》，以"太宗问工人：木心不正，脉理皆邪，若何道理？"取五声字轮次，各双用为韵，限三百二十字成赋。三、《询于刍荛》回文诗，正以"刍"字、倒以"荛"字为韵。四、《品物咸熙》诗七言八韵成。所有两赋两诗试题，限于九日午后一刻交卷。主考官崔凝，利用职权操纵科场考试，营私舞弊，嫉贤纳宠，殿试前便早已安排定了名次，录张贻宪为头名状元。

这时，意想不到的事情发生了。那些落第的秀才，纷纷告发崔凝做事不公、营私舞弊、操纵科考、妒贤纳宠的行为。其中有一个秀才名叫李衮，文才倒还不错，若是正常的科考，录取是不在话下的。但因当时的情况，若不巴结权贵，恐难进身。于是李衮在考试前便备了一份礼物，到崔凝府中走动，表示入仕后愿为驱从，这李衮既非朋党的亲族之人，礼品又轻，虽然有才，却也算不上出类拔萃之人。那崔凝表面应允，暗里却把李衮当作代枪使用。考试时，将李衮的答卷与尚书之子苏楷的答卷调换了姓名，结果苏楷得中，李衮却名落孙山。这李衮既有才学，又花了银子，反而落第，心中极为愤怒不服，便将崔凝种种作弊情节告知那些落第秀才。这些落第秀才本就气愤，此时哪顾利害，便到处传扬，各找门路告发崔凝。李衮又将考试答卷默书一份，竟投到大宦官刘季述门下告发。那些宦官原本就与权臣朋党势不两立，得了证据，即到唐昭宗面前添枝加叶告状，唐昭宗正急着选拔人才为自己所用，对崔氏把持朝政妒贤纳宠的做法正无计可施，便命李溪、韦昭度等亲信大臣立即查实。果然李衮默书的答卷与署名苏楷的答卷，文字、内容一点不差。唐昭宗立即采取断然措施，连夜撤换了主考官崔凝，诏命翰林院承旨、户部侍郎、知制诰陆扆为主考官，秘书监冯渥为同考官，次日于云韶殿，对已录取的二十五名进士进行复试。

这个陆扆是光启二年（886）丙午科的状元，唐德宗时著名才子陆贽的族孙，文思敏捷，满腹才华，无论文章诗赋，能立笔而就，挥翰如飞。唐昭宗对他特别顾待，曾捧读着他的赋文对他说："朕闻贞元时（唐德宗年号）有陆贽、吴通玄兄弟，能作内廷文书，后来绍不相继。今吾得卿，斯文不坠矣！"可知唐昭宗对陆扆是十分信任和器重的。

陆扆临场受命，果然不负唐昭宗的重托和希望，对二十五名录取进士认真进行复试，禁绝各种作奸犯科行为，又把重试结果呈报唐昭宗亲自审核，于二月十二日重新放榜，桂州举子赵观文名列第一名状元，录取赵观文以下十五人，而张贻宪等才能平庸者、不学无术者尽皆落榜。

放榜同日，唐昭宗颁诏《复试进士敕》：

> 朕自君临寰海，八载于兹。梦寐英贤，物色岩野。思名实相符之士，艺文具美之人，用立于朝，庶裨于理。且令每岁乡里贡士，考核求才，必在学贯典坟，词穷教化，然后升于贤良之籍，登诸俊造之科。如闻近年已来，兹道浸坏，鸩多披于隼翼，羊或服于虎皮。未闻一卷之师，已在迁乔之列。永言其弊，得不以惩！昨者崔凝所考定进士张贻宪等二十五人，观其所进文书，虽合程度，必虑或容请托，莫致精研。朕是以召至前轩，观其实艺。爰于经史，自择篇题。今则比南郭之竽音，果分一一；慕西汉之辞彩，无愧彬彬。既鉴妍媸，须有升黜。其赵观文、程晏、崔赏、崔仁宝等四人，才藻优赡，义理昭宣，深穷体物之能，曲尽缘情之妙。所试诗赋，辞艺精通，皆合本意。其卢赡、韦说、封渭、韦希震、张蠙、黄滔、卢鼎、王贞白、沈崧、陈晓、李龟桢等十一人，所试诗赋，义理精通，用振儒风，且蹑异级。其赵观文等四人，并卢瞻等十一人，并与及第。其张贻宪、孙溥、李光序，李枢、李途等五人，所试诗赋，不副题目，兼句稍次，且令落下，许后再举。其崔砺、苏楷、杜承昭、郑稼等四人，诗赋最下，不及格式，芜颣颇甚，曾无学业，敢窃科名，浼我至公，难从滥进，宜令所司落下，不令再举。

从唐昭宗的这篇敕文可以看出，乙卯科的科考，原来的主考官崔凝的确是徇私舞弊到了为所欲为毫不遮掩的程度。那才能平庸，“所试诗赋，不副题目”，牛头不对马嘴的张贻宪，竟在殿试时被崔凝录为第一名状元。而崔砺、苏楷、杜承昭、郑稼等，连文章诗赋的格式这种最起码的知识都不懂的人，也被崔凝录为进士，可见当中的黑暗操纵何等胆大妄为，营私舞弊何等猖狂，交易何等肮脏。那崔凝自恃崔氏家族把持朝政的权势，不把别人放在眼里，恣意妄为，哪里料到自己竟授人以柄，营私舞弊的行径暴露无遗。唐昭宗这次却如此强硬，坚决查处科考的弊端，不但立即撤掉他这个主考官，事后又下了一道《贬崔凝合州刺史赦》，严厉指责崔凝"假我公器，成彼私荣"，把他这个二品的刑部尚书，贬到合州（今重庆市合川区）去做一个边远小州的地方官。那些将科考作为交易、与崔凝串同作弊的朝官，见势不妙，纷纷逃出京城，去依附地方权贵豪强。尚书苏循后来投靠叛臣朱全忠，继续作威作福。他那个不学无术的草包儿子，被唐昭宗取消了考试资格终身的苏楷，也跟着这个丑恶的父亲投靠权贵，后来又投靠后唐庄宗，最终被别人以"驳谥之罪"，整治至死，父子皆落得可耻的下场。

赵观文通过公正的复试，展示了他的博学高才和德行，"才藻优赡，义理昭宣，深穷体物之能，曲尽缘情之妙"，诗赋文章华彩，辞艺精通绝伦，从而夺取了状元。他夺取这个状元是极其艰难的，也是万分幸运的。这个结果，既体现了他的出类拔萃的才能所带来的必然性，同时又极富戏剧性，充满了偶然性。正因为唐昭宗求才若渴，亲自主持科考其事，又有陆扆这样既有学问又能秉公办事的人做主考，才能通过复试选拔出赵观文这个当之无愧的状元。

三

却说赵观文高中状元之后，便留在京中做官。然而，朝政被崔氏家族把持着。那赵观文又是通过复试得中的状元，这在唐昭宗来说是选拔了有真才实学的人才，可是在崔氏权臣及其朋党的眼中，赵观文无疑是从他们手中抢去了状元，简直是与他们作对，哪里还会让赵观文做有实权的官？于是，便委了赵观文一个翰林院侍讲的闲官，是一个虚位，无半点实权。这翰林院侍讲无非是平日里在翰林院中讲论那些四书五经之类的经义，讲论研究些诗赋文章和古籍，做一点纯粹是学问方面的闲事。若在太平的年头，还可偶尔应召到皇宫或者到亲王府中去给皇帝及皇族们讲授些古文经义之类的学问，可是在这种动乱不休的年代，连皇帝的性命都朝夕不保，哪里还要你去讲什么学问经义？这个翰林院的侍讲，不过是在强盗进进出出的屋子里丢在墙旮旯的一件小摆设，随时都有被强盗一脚踩得粉碎的危险。

更有一件大事，唐僖宗中和四年（884），黄巢起义被镇压之后，唐僖宗虽然从蜀中返回京城继续当皇帝，但是国库已经完全空虚，皇族的势力极度衰弱，朝廷实际上已经终止了发给百官的俸禄。从"安史之乱"以后崛起的北方藩镇势力各自占地为王，哪里还有供奉缴给朝廷？朝廷的巨大开销便完全依靠江南的赋税。又因战乱不休，道路梗阻，江南的赋税亦经常不能上供京师。这大大减少了的供赋，又被权奸朋党和宦官分别控制的南司、北司掌管着，皇帝也支配不动了。也就是说，皇宫及百官的经济命脉、生活来源，都已被权奸和宦官完全控制了。皇帝也要向他们乞讨才能生存下去。朝中的大臣，要想获得生活的来源，就必须依附着两大恶势力。要么依附宦官把持的北司，要么依附权奸朋党把持的南司。那些只知忠于皇帝，不肯屈辱依附这两大恶势力的朝官，便经常被克减甚至断绝俸禄，其生活的悲惨状况可想而知，有时甚至不及平民。这些朝官的生活，与那些挥霍无度的穷奢极侈的权臣形成天壤之别。赵观文便是这类不肯屈服依附恶势力的官。

对于赵观文这个具有真才实学的状元，两大恶势力都想拉拢、收买他为自己的党羽。

首先，是宦官总头目，执掌枢密院的北司首领刘季述，多次派人拉拢、收买赵观文，一月之中就登门或约见两三次。赵观文对宦官专权根本就深恶痛绝，巴不得将这些挟制皇帝的阉人除掉，怎肯依附他们！但又惧于其实力强大，凶恶歹毒，于是开始时还虚与委蛇。后来实在是不胜其烦，便干脆避而不见，置之不理。

刘季述却不死心，便以公事为由，召赵观文到枢密院中相见。赵观文心知今日此去凶险异常，却又不得不去。刘季述首先摆出一副高高在上不可一世的傲慢样子，对赵观文不理不睬。待赵观文将公事办完，刘季述又装出一副礼贤下士的殷勤姿态来，邀请赵观文到后衙中品茶。赵观文心中十分清楚，刘季述故弄玄虚，无非是想拉拢自己，以便把自己当作他的炮灰。心中便早已拿定主意：任刘季述怎样施为，我也不变初衷，不上你的当。

赵观文来至枢密院后衙，见刘季述坐在正中的太师椅上，赵观文忙上前见礼，站在一侧。刘季述故作姿态还了一礼，请赵观文一旁坐下，又唤人奉上香茗，请赵观文品茶闲话，又假作亲热，询问起赵观文的家乡籍贯、治学情况来。赵观文只好虚与应酬，小心答话，不露一丝破绽。二人拉拉扯扯了一大堆的闲话，刘季述这才把话锋一转，言道："赵大人乃堂堂状元，学富五车，才倾天下，想来已是一年有余了，却还屈就翰林院侍讲之职，着实可惜！也怪刘某整日忙于朝中琐事，对赵大人顾眷不及，实在有屈赵大人了！"

赵观文道："刘大人如此谬奖，下官实不敢当，想观文乃蛮荒之人，虽幼读诗书，却少知礼。去岁来到京城参加科比，不过是井蛙出垣，开点眼界罢了，哪敢存半点妄想。谁知阴差阳错，捡了个头名，实实不过是个侥幸，观文其实惭愧得很。今忝为翰林院侍讲，已是足登丈墙，勉力为之，心愿足矣，不敢再存奢望。"

刘季述道："赵大人不必过谦，想这状元岂是捡得来的？若是能捡，刘某一天便也捡他十几个！朝野都道赵大人的高才能为，刘某想来也必不虚。故前番数次命人与赵大人晤谈，想请大人屈就北司，却总不见大人的准信，不知大人肯否？"

此时的赵观文，在京为官已一年多，整日见这些宦官弄奸使诈，反复无常，且凶险歹毒，杀人无忌，砍头像割黄瓜。若是公然抗拒触怒于刘季述，只怕转瞬间便人头落地，哪里还出得这个衙门？若要全身而退，必须格外小心应答。想到此，便索性装傻到底。言道："刘大人如此抬爱，下官岂有不知，想下官在岭南虚耗春秋，幸得入京供职，只觉新鲜有味。况在下官看来，翰林院、枢密院、宣徽院，总是朝廷所设之院。不怕刘大人见笑，下官舍不得那翰林院侍讲，无非贪了点学士虚名，不过图些个清闲而已，绝无半点他虑。"

刘季述见赵观文不识抬举，因此怒道："依赵大人所言，难道这执掌军国重事的枢密院，竟等同那只在故纸堆中卖弄口舌的翰林院？我这上至当朝一品大员，下至九品吏员的北司，竟无一职能屈就赵大人不成？”

赵观文佯作惊诧之色道："刘大人此言，怕不吓煞了下官也！下官乃一介寒儒，肩不能挑，手不能提，平日只是读圣贤之书，崇尧舜之风，遵孔孟之道，尚周公之礼。若要胡诌些诗文，尚能应付。想这枢密重院，掌军机大政，下官一不知习兵法，二不知策划，三不会布阵行兵，四不能举力搏拼，正所谓棒头吹火，一窍不通。真不知可司何职，绝非不感大人抬爱之意也！"言罢，满面皆有惧色。

刘季述不知赵观文在装愚作痴，心中轻慢道：原来是一介无用的腐儒。便摆出一副太师爷的架势来，俨然以赵观文的恩师自居，进行拉拢："赵大人可还记得科考之事么？"

赵观文答道："不是大人提起，下官绝不敢言。当时初试、复试情景，下官犹历历在目。"

刘季述道："想当时，若不是刘某在皇帝面前揭露崔凝之丑行，皇帝安得降诏复试哉，赵大人又安得拔为头名？"

赵观文道："刘大人之秉公正直，谁不称道？便是下官，也时刻不敢忘怀。"

刘季述言道："赵大人乃读书之人，自然听闻过恩师门生之谊。"

赵观文闻得此言，忽然离座，向刘季述拱手一礼道："哎呀，不是刘大人今日提起，下官倒忘却了这件大事！若论及恩师，那主考官陆宸，确也该当得下官的恩师，下官竟然不识至此，真正愧煞下官也！多谢刘大人的教诲，下官即回舍下，改日定遵大人教诲，补行拜师之礼！"

赵观文言罢，便向刘季述告辞，匆匆离去。

刘季述费尽周折想拉拢他为自己的党羽，结果却是竹篮打水一场空。

却说赵观文身历险境，装愚作傻，将那刘季述玩弄于股掌之中，又履险如夷全身而退，自己也惊出一身冷汗，回到舍下仔细把今日之事想了一回：那刘季述今日虽被蒙了过去，料他久后必然省悟，那时自己便有了生命之危了！自己必须早作打算才好。

一日，赵观文与一班翰林院学士谈经论道。赵观文极力崇尚尧舜之风，与众人言道："自黄帝、炎帝、伏羲三族，并立于远古，黎苗布于荆南，传至尧、舜、禹，而臻一统。大道之行，天下为公，选贤而任能，讲信而修睦。遂使男有分而女有归，鳏寡有所依，幼弱有所养，谋闭不兴，窃乱不作。是故外户不闭，路不拾遗，诚谓大同也！尤观今日之世，祸乱滋于朝，血光遍于野，贤能弃于世，奸诈存于心，所言无信，所行皆私，若此，则尧舜之风何存，天下之公何在焉？我辈诚为痛惜哉！"

众人闻得此言，尽皆感同身受，唏嘘叹息不已。

座中一人讥道："今闻赵公之言，若非赵公欲尚尧舜之风，振中兴大道乎？窃闻赵公屡与北司交往，欲阴结于阉党，此亦崇尚尧舜之风、振中兴大道之举么？"

赵观文长叹一声，道："公之言谬矣！北司交往实有之，皆他人强加于下官，非下官之愿耳！阴结之事实无。夫我辈幼读诗书，皆遵孔孟之道，尚周礼而行，岂有不解君臣父子之义耶？况今帝胄孱弱，朝纲颠乱，皆由阉党专权、权奸乱政所致。我辈痛而恶之犹不及，怎与阴结？下官誓不做那无君无道、不伦不类之人！"

不想此话不久便传到刘季述的耳中，那刘季述听了大怒。自此赵观文便结怨于宦官刘季述。

却说那当朝宰相崔胤，得知赵观文结怨于北司，心中甚喜，思量把赵观文拉入自己门下。崔胤拉拢人的手段，自比刘季述奸猾、高明得多，他并不急于与赵观文摊牌，而是吩咐有司按月支给赵观文俸银，不得拖欠，欲让其先知恩，然后图报。

赵观文忽然之间月俸常例不断，甚至原来欠发的数额均给补无遗，同僚之间皆道他几时又结交了南司，有人艳羡，有人侧目。赵观文心中明白，定是崔胤之流欲拉拢于他，便不动声色，乐得月俸足给。但是，他知道既开罪于北司刘季述，又欲拒绝南司崔胤的拉拢，他是无法在朝中立足的，早晚还得人头落地。他冥思苦想，终于思得一脱身之计……

某日朝罢，崔胤便唤住赵观文同到相府。在书房中坐定，崔胤开言道："本相对状元公之才德，心倾久矣，今日始得剖腹相见，但只平日朝政缠身，眷顾不到之处，还请状元公海涵，但有何事，尽管言说无妨。"

赵观文道："相爷适才之言，实是过誉也，想下官原本岭外之人，久居蛮荒，愚智初开，充其量也只平平。今为翰林院侍讲，多沾相爷雨露，感激不尽！职中原也清闲，哪有甚么大事？眼下只有一点小事，乃下官私事，未曾处妥，不能专心效命朝廷耳！"

崔胤见说，便道："状元公但有何事，尽管道来。"

赵观文道："下官入京，已近二载，只下官之田俸，迄今未曾落实，若得相爷恩准落实，下官便无后顾之忧矣！"

原来唐朝时的官吏，除了俸银之外，还有一份田俸，按品级划给土地多少。这田俸分为"永业田""职分田"两种。"永业田"为官员永久私田，可传给子孙后代。"职分田"按职划给，官员被罢免或者去世后，便由朝廷收回。按唐朝规制：亲王和一品朝官，有永业田六千至一万亩，职分田一千二百亩。像赵观文这个翰林院侍讲，为五品朝官，有永业田八百亩，职分田五百亩。田俸的土地，可在其为官地方划给，也可以在其原籍地方划给。

那崔胤只道赵观文有甚等大事，却原来是为田俸未曾落实而忧虑，不觉大笑道："这等小事，有何难哉！但不知状元公属意京畿，还是属意原籍？"

赵观文道："京畿地方，土地早已划尽，且又离乱不稳，只得在原籍划实罢！"

崔胤道："如此说来，状元公可到户部有司开具文书，即着桂州划实便了。"

赵观文道："相爷钧命，下官自当从之。"言罢谢过崔胤出府。即日，赵观文便到户部开具了田俸文书："翰林院侍讲赵观文，职居正五品，着桂州衙司从民丁口分田中，据情收讫者，择地划实田俸。永业田八百亩，职分田五百亩，计一千三百亩，奉札即行不误。"

　　赵观文得了田俸文书，便上表告假回籍，只说待划实田俸后，再入朝复命。

　　却说赵观文马不停蹄，辗转于中原、湖湘。在路并非平静，但闻前方割据者混战，便绕道避行。从商州到邓州，再往襄州、随州出安州，至沔州渡长江，直到岳州地面，方才平静。顾不得在洞庭湖游赏，沿途亦不敢惊动地方州县之官，只快马加鞭，晓行夜宿，总算在十一月冬月，回到故里桂州。那桂州观察使陈环，本是选送赵观文进京赴考之人。赵观文夺了状元，乃是桂州破天荒的大事，陈环亦有识拔之功。今见赵观文回到桂州来，自然很高兴。便即着临桂县在漓水之东大圩市，为赵观文划实永业田八百亩，又在柘木村铜鼓市一带划实职分田五百亩。有了这笔田俸，赵观文家每年便可增加十余万斤谷米，虽不算桂州首富，亦是望族了。桂州与京城远隔千山万水，如何得知赵观文在京中之事？即有风闻，亦只道他触怒了大宦官刘季述，有拂宰相崔胤之意。那陈环乃是河南颖川人氏，在桂州为官已有八载，时常庆幸自身远离中原战乱之祸，与这些朝中的权奸亦并无甚么瓜葛。因此赵观文得在故里平安居住。

　　转眼过了新年，桂州观察使陈环邀请赵观文等到衙中饮宴。席间陈环请赵观文与桂州大小官员同游新建的尧王庙、虞帝庙。赵观文本就崇尚尧舜之风，便慷慨应允。一连数日，赵观文与陈环等到尧王庙、虞帝庙中游玩，见到庙中设置的祭器簇新精当，设置用度、香鼎笙乐、一觚一司，尽合周礼，便称赞不已。陈环便请赵观文为尧舜庙祭礼祭器作文以记之，以增辉色。赵观文极力推让，众人哪里肯依。一来尧舜庙新建不久，二来赵观文乃是桂州有史以来第一位状元，便要他作文以传后世。原来陈环在唐昭宗大顺壬子年初任桂州之时，为彰教化明德，便上疏朝廷请在桂州修建尧舜之庙。建成之后，又再三征询于桂州大儒、长史朱韫，如何购置祭器，如何设放使用，如何操演礼乐，如何举行祭祀之礼等等，一切均按周礼规制施为，因此得到昭宗皇帝降诏褒奖。赵观文在赴京之前，便已知道这段故事，这时又推让不脱，遂欣然命笔为文曰：

　　皇帝御宇，大顺壬子季冬十二月，故府司空颍川陈公自桂州观察使，膺制命，建静江军号，仍降龙节。明年春二月，准敕有事于尧舜二祠。礼毕，顾谓府长史朱韫曰：吾军旅之事则尝闻之，俎豆之事未之学也。子尝知书好古，试详此礼，得合于经乎？韫惕然对曰：韫尘走下僚，安敢辄议祀典？公谕之曰：古有绵蕞定大礼者，皆草莽之士。尔今为上佐，于郡政，何谦而不言？韫辞不获，已而对曰：尝见开元礼，有祠古帝王之制。今请求知礼者，共为删定。矧帝舜南巡，标乎古典，惟兹法物，岂可不周？由是命有司撰三献：官冠衣、剑佩三十有九；赞引礼生衣帻一十有六；笾豆簠簋洗樽爵幡鼓七十有七。仪品斯毕，具表以闻。帝曰：俞哉！褒称纶言，不载于此，今仆射彭同两使，可继巨屏。守简子至言者九，同关西不惑者三。追念前功，若已有之。以观文明廷擢第，故里远归。有陈蕃下榻之知；有智伯国士之遇；有鲁肃指囷之意；有平仲脱骖之义。授书诘旦，猥属斯文。观文谬以二雅得名，实未造轲、雄之旨。克让未果，是敢直书。庶几正教，传乎不朽。作颂曰：

　　　　大哉尧舜，真风不弭。以圣禅圣，不子其子。

　　　　举贤登庸，投凶御魅。化匪逆人，膻宁慕蚁。

　　　　大功渐著，南巡脱屣。九疑雨沉，苍梧云起。

　　　　伟軑元踪，遗於桂水。苍生思之，牢酳千祀。

　　　　俎豆礼缺，元侯克备。发挥古典，骈罗雅器。

　　　　三献得仪，雍容剑履。教人为臣，可达深旨。

　　　　翠巘稽天，红轮出地。得君皋陶，千载意气。

　　　　中兴有常，无令伊耻。

这一篇《桂州新修尧舜祠祭器碑》文，是赵观文在桂林留下的唯一篇章，迄今已一千一百多年。碑文的前半部分，记叙了桂州观察使陈环修建尧王庙、虞帝庙的功德，征询于长史朱韫而置设各种祭祀器物的经过，举行祭祀大礼的场面，获得昭宗皇帝褒奖称赞的殊遇，以及赵观文作此记文赋颂的情况。值得一提的是，赵观文在前半部的末尾连用了四个典故，表述他为何作这篇碑文的心境与情感。用"陈蕃下榻"的典故，表明桂州观察使陈环对他有拔识、知遇之恩，他对陈环是极为感激的。用"智伯之遇"的典故，是说陈环以国士之礼来待他，他亦应该对陈环有相应的报答。所以陈环请他作"尧舜祭祀器文"以记之永久，他便欣然从命。用"鲁肃指囷"的典故，是借周瑜去问候鲁肃，求资助军粮，鲁肃家中有两囷粮米，立即指一囷与周瑜这个故事，说他回到桂州找陈环落实田俸，陈环马上划给他的永业田、职分田，给予他极大的帮助。用"平仲脱骖"的典故，是说晏子在出行途中，驾车的马却病倒了。危难之时，正遇着越石父一家人驾着双辕车经过，便解下左边的一匹健马给晏子驾车，晏子才平安回到家中。赵观文借用这个典故，是说他在京中触杵权宦，揭露和辱骂奸相，随时都有危险和灾祸临头，全赖陈环大义庇护帮助，自己才得平安地居住故里。所以，陈环对他有如此的大恩大德，他要为陈环写好这篇碑文，赞美他，歌颂他，使他建尧王庙、舜帝庙的功德，同桂州山水一样，传名不朽。

碑文的后半部分，是歌颂尧舜的颂词。颂词的结构，是按《诗经》的体裁而作的。当时当世，唐王朝的大厦已经腐朽至极，一触即溃，赵观文正在亲身经历这个崩溃的过程。虽然唐昭宗把他选拔为状元，但是皇室暗弱，权奸当道，朝廷朽木难支，像他这样的贤能之士，即使选拔出来，也起不了什么作用，只能成为腐朽王朝的殉葬品。赵观文从残酷的社会现实中，已经意识到：封建王朝由盛而衰，最终腐朽毁灭的根源，是这种"家天下"制度。封建帝王坐了江山，父传子，子传孙，皇帝宝座一代一代传下去，把天下当作自己一家的天下，把能人志士当作自己使用的工具，把广大人民当作任由自己驱使的奴仆，把天下的财富都当作自己一家的私有财产。这样的王朝，不腐朽毁灭才奇怪呢！

所以，赵观文大力崇尚"尧舜之风"，崇尚"天下为公"的社会。崇尚尧舜之时，帝王把王位禅让给品德最高尚、最有才能、最得民心的人，而不是传给自己的子孙。赵观文的这一思想，应该说是非常进步的，即使在今天，也是具有积极的现实意义的。然而在当时，赵观文的这种思想和意识，是与封建伦理不相容的，也是和封建统治阶级、封建卫道士们的陈规顽习格格不入的，他的理想和抱负既然不可能实现，而他又不愿为即将覆灭的唐王朝做殉葬品，那么他只有采取避世的行为，远离政治斗争的漩涡，回到岭南避居，终老一生罢了。但是他又不甘心将理想埋没，于是便借这篇歌颂尧舜的颂词，歌颂尧王舜帝的伟大，倡导他所崇尚的尧舜之风，抒发他的理想和主张。同时也歌颂了陈环在桂州为官的德政高风。

颂词的第一段八句，追叙了尧王舜帝的丰功伟绩，是全篇的主旨和精义所在。我们把这一段译成现代文：

伟大啊尧王、舜帝！你们以天下为公的大德高风流传于世永不止息。尧王以圣人博大的胸怀德操，把至高无上的帝位禅让给大德大贤的圣人舜帝，而不是自私地传给自己的子孙。你们诚心诚意推举选择有才德的人作为继承人，用大德感化四凶并使之居于四方，同时抵御魑魅魍魉，舜的教化从不违逆人性，他只是默默地保有自己的仁爱之心，并不刻意去感化众人，而众人归附他，就像蚂蚁纷纷奔向肉食。

颂词的第二段八句，叙述了舜帝南巡，关心体察百姓瘼苦，为百姓操劳，最后死在南方的故事。对于舜帝的伟业和功劳，天下苍生都思念他，千秋万代纪念他。

颂词的第三段八句，颂扬了桂州观察使陈环建尧王庙、虞帝庙，并且不遗余力地置设了完备的祭器，遵从周礼，祭祀尧、舜，旌扬古风，教化一方民众的德政和功业。

颂词的第四段四句，是歌颂尧、舜像群山一样高峻伟大，像太阳一样永照大地。又能得到陈环这样的君子以礼乐祭奠纪念，尧、舜之风便能得以弘扬千古。

颂词最后两句归结。发扬光大尧、舜"天下为公"的伟德高风总会有到来的时候。炎黄子孙应该有责任去弘扬他，不要让他留下遗憾，蒙上羞愧。

赵观文在一千一百多年前写下的这篇《桂州新修尧舜祠祭器碑文》，从内容上看，是健康和积极的，他的观念也是进步的，他的思想是深刻的。放到今天，读了也能使人感悟深思。从写作的手法上看，前篇运用古文的体裁和笔法，遣词造句严谨，叙事简洁分明，没有一句废话。这与韩愈、柳宗元提倡的古文运动是一脉相承的。后篇运用诗经的体裁，字字珠玑落盘，句句精警蕴藉，层次分明，起伏跌宕。他虽然用的是"纸"字韵，但是读起来律吕调阳，畅达协和，荡气回肠。上下篇又结合得自然顺当，不显生隔，转翰自如。起句如高屋建瓴，提纲挈领统制全局。收结之句，看似平凡，实则意味深长。从文采上看，用词遣字华美精当，异彩纷呈。文思逸兴遄飞，义理昭然。且比兴恰当，用典精切，充分显示了他的博学高才。读着它便是一种高档的享受，一种情操的陶冶。从某种意义上讲，赵观文的这篇文章，可算是一种不朽之作。

赵观文在桂州故里，衣食富有，清闲自在。有时到田庄上走走看看佃户和庄稼生长的情况；有时在桃花江畔钓鱼，陶冶性情；有时泛舟漓江之上，在象鼻、伏波之间游山玩水；有时又与朋友聚会把酒赋诗作文。他抛却了官场的烦恼，过起了神仙般的生活。

几年后，唐朝的最后一个皇帝和他的皇族子孙都被朱全忠杀了，朱全忠取唐而代之，建立了后梁这个小朝廷。

赵观文成为唐朝的一个遗老，不知终年。

"碧莲峰里住人家"

唐代阳朔县令、诗人沈彬其人

李寿平

　　沈彬是唐末、五代至宋初期间的著名诗人，他生活在一个动乱的年代，经历过几次改朝换代。他一生颠沛流离，浪迹江湖数十年。他广交诗友，遍及王公僧道，是一个传奇人物。他年轻时即以诗名世，以丰富的阅历和过人的文采，创作了大量的诗歌，可惜多由于战乱散失。马氏《南唐书》沈彬传载："惜乎简编散失，不得见其全集。"《全唐诗》及《外编》等书收入仅存十九首诗及部分断句。他在游历岭南期间，曾在阳朔当过县令，当地《县志》把他列入"先贤"名录中。他对阳朔最大的贡献是一首咏阳朔碧莲峰的诗：

阳朔碧莲峰

陶潜彭泽五株柳，潘岳河阳一县花。

两处争如阳朔好，碧莲峰里住人家。

他的这首诗影响了一代又一代的文人雅士对阳朔风光的向往和追寻，特别是最后一句"碧莲峰里住人家"更成了阳朔的品牌和名片，是一笔丰厚的无形资产，让阳朔人民受用无穷！

应试与宦游生涯

沈彬，字子文，唐末洪州（今南昌）高安人。少时家贫，父母早亡。从小聪慧好学，早有诗名。青年时往长安应试，与家乡人相约，以考三次为限，如不中进士，就不再考。

他的生卒年代一直是个谜。据资料记载推断，大约在唐懿宗咸通五年，即864年生于江西洪州高安。或往后六七年，约870年。沈彬的诗友、诗僧齐己是870年生，他们后来成了好友。

唐僖宗乾符元年至六年（874—879），有书载沈彬在此期间游湖湘、岭表（两广一带），曾任阳朔令，是不正确的。因乾符六年（879）沈彬才十五岁（以864年出生计算），当时黄巢正在桂州一带集结军力，以图北进。"巢自桂州编大木筏数千，乘湘江水涨，经永、衡二州，陷潭州（今湖南长沙）。"以沈彬当时的年龄和所处环境，不可能在战争区域游历。唐僖宗在广明元年十二月五日（881年1月8日）奔凤翔后转四川成都，当时黄巢军前锋已攻入长安。直到唐昭宗光化二年（899）前后，沈彬才由洪州（南昌）解往长安应试，共考了三次。书载沈彬"天性狂逸，好神仙之事。少孤，西游，以三举为约（考三次）。常梦着锦衣，贴月而飞。识者言虽有虚名，不如月矣（考不中进士）"。

据史料明确记载，南唐中主李璟在宋建隆二年（961）二月定计迁都洪州（南昌），立吴王从嘉（煜）为太子，留守金陵监国。沈彬于此时，曾往洪州谒见，李璟是在当年六月去世，沈彬返回居地后"未几而卒"。按864年生，时沈彬已有97岁。以97岁之老人要从高安到洪州，在当时交通不便的条件下，是很难做到的。有书载当时沈为90岁左右。以此推断，沈的出生年有误，如生在870年前后，才能与事实吻合。

唐昭宗天复元年（901），沈彬约30岁。在长安第三次应试不中，心灰意冷，不愿再考。当时长安城有一大批屡试不中的人，其中包括负有诗名的刘象。刘象生于唐文宗太和六年（832），宣宗时即应进士试，852 年，刘象 20 岁。考三十次不中。除却中间耽搁一些年份不应考的可能外，已将近 70 岁。按唐时科举考试，分为"常举"和"制举"。"常举"每年均举行考试，有秀才、明经、进士、明法、明书、明算等科目。"制举"由皇帝临时定明目，下令考试，也称"制科"和"特科"。

当时刘象孤独贫寒，已将 70 岁，从青年考到老年，共考了三十次还没中，可谓是"考试专业户"了。沈彬为此愤愤不平，在第三次应试时，在考卷上作诗赠刘象，还特别向主考官推荐，诗曰：

> 曾应大中天子举，四朝风月鬓萧疏。
>
> 不随世祖重携剑，欲为文皇再读书。
>
> 十载战尘销旧业，满城春雨坏贫居。
>
> 一枝何事于君惜，仙桂年年幸有余。

此诗传到唐昭宗那里，昭宗看到沈彬诗后，很受感动，"其年特放刘象及第"。

当年刘象、曹松、王希羽、柯崇、郑希颜五人由礼部侍郎杜德祥录为进士，因五人年龄在七十岁左右，时号"五老榜"。唐昭宗下诏授五人官，刘象为太子校书，当时长安人士都称许沈彬的爱才之举。

唐昭宗光化二年（899），马殷拥兵自重，据有湖湘九州之地，势力延至桂州以南。为巩固自身统治，马殷采取了一些开明政策：广开贸易，多事桑蚕，利用本地多矿产的优势铸造铅钱，外地商旅来楚贸易，不征赋税，当离开楚境，则所赚铅钱在外地无法使用，只能易货而去。不到几年，楚国便繁荣起来，吸引更多的人来楚境。当时马殷的长子马希振雅好艺文，为楚国广纳文士，形成以刘己等人为中心的楚诗人活动圈子，其中有沈彬、廖宁、刘昭禹、李宏皋、徐中雅等人。后梁开平元年（907），朱全忠对马殷的割据无可奈何，遂封马殷为楚王。

沈彬在此时曾在衡湘一带游历，至潭州（长沙）时曾向楚王马殷献颂德诗："金翅动身摩日月，银河转浪洗乾坤。"马对沈彬的文才非常欣赏，留其为官，沈以足疾拒之，后隐于云阳山。《十国春秋》载："沈彬，洪州高安人，唐末应进士不第，《雅言参述》云：彬常梦锦衣贴月飞，识者谓身不入月，不及第也。遂浪迹衡湘，会楚武穆王称霸湖南，彬献颂德诗，武穆王欲辟署幕府，以有足疾而止。由是隐云阳山。"

后唐长兴元年（930），马殷卒，谥曰"武穆"。次子马希声继其位，不再称楚王，为静江军节度使。

937年，南唐先主李昪即位金陵，改元为升元元年。902—937年间，沈彬应在湖、湘、桂州一带游历，在这段时间才有可能任阳朔令。现存的诗中就有描述邕州和广州的内容。937年前，沈彬由岭南回到家乡隐居。不久，在吴国任太尉、中书令的李昪闻其名，上表吴王荐沈彬出仕，沈彬知其有取代吴王之意，便向李昪献《观山水图诗》："须知手笔安排定，不怕河山整顿难。"遂授秘书郎，入东宫辅世子，不久，以老乞归，乃以吏部郎中致仕。沈任职时当为67岁左右，致仕应在70岁后。在金陵期间，沈彬与诗人孙鲂、李建勋等结诗社，一批吴国诗人都聚集在一起，互相唱和，影响很大。

他的好友李中作《寄赠致仕沈彬郎中》：

> 鹤氅换朝服，逍遥云水乡。有时乘一叶，载酒入三湘。
> 尘梦年未息，诗魔老亦狂。莼羹与鲈鲙，秋兴最宜长。

南唐保大元年（943），中主李璟即位。是年沈彬的好友诗僧齐己卒，年79岁。齐己曾有《逢进士沈彬》诗：

欲话趋时首重骚，因君倍惜剃头刀。

千般贵在能过达，一片心闲不那高。

山叠好云藏玉鸟，海翻狂浪隔金鳌。

时应记得长安事，曾向文场属思劳。

据《全唐诗》记载，齐己有关沈彬的诗共有五首，题目多称沈彬为进士。如《荆门寄沈彬》《宿沈彬进士书院》《闻沈彬赴吴都请辟》《寓居岳麓，谢进士沈彬再访》等。可见沈彬曾中过进士，但不知是何时。浙江上虞《沈氏宗谱》也记载沈彬中过进士。沈彬在游历期间也曾自称进士："彬由是往来衡、湘间，自称进士。"（《五代史补》卷四）齐己与沈为同代人，所言应为可信。《江南野史》载："与浮图辈虚中、齐己以诗名互相吹嘘。"沈彬还与当时的名士韩熙载、李中、孙光宪、孙鲂、徐铉等友好往来，多有唱酬之作。

宋建隆二年（961）二月，南唐中主李璟受宋兵挤压，迁都洪州（南昌），太子李煜留守金陵。时沈彬已致仕在家多年，得知此消息后，便从高安往洪州谒见唐中主。据《十国春秋》载："唐中主（元宗）迁都南昌，时彬八十余，来见，曰：'臣久处山林，不预世事，臣妻曰：君主人郎君今为天子，何不一往？臣遂忘衰老而来。'元宗令无拜，厚赐粟帛，以其子元为秘书省正字。"中主召见沈彬时非常优待，除厚赐粟帛外，还授其子沈元为官。沈彬返回家乡后，没多久便去世了。中主李璟亦卒于当年六月。沈彬去世时应在90岁左右，书载其时年已八十多岁，相差不会很大。

沈彬的诗歌

沈彬在青年时期即有诗名。史书称他"好神仙，喜赋诗，句法精美"。他到长安应试时，逗留多年，广泛结交文朋诗友。圈内人士对他多有赞美之辞，使其声名远播。其中最为人们称道的是《都门送别》，诗云：

岸柳萧疏野荻秋，都门行客莫回头。

一条灞水清如剑，不为离人割断愁。

唐代长安城外送别，多在灞桥一带饯行，当时很多诗人皆有诗描绘送别情景。此诗写出秋天离别的悲哀情景，心情、季节、环境有机地交结在一起，眼前灞水清寒如剑，也难断离人的无限愁绪！沈彬在北方旅居多年，边塞诗也写得相当好。他虽未从军征战，但受到前辈的影响，也曾到边塞一些地区游历。从流传下来的少数作品可以看出他的文字功夫和对边事的感受。如《吊边人》：

杀声沉后野风悲，汉月高时望不归。

白骨已枯沙上草，家人犹自寄寒衣。

此诗和陈陶的诗大意相似而表述不同。陈陶的诗是人们比较熟悉的名篇，诗云："誓扫匈奴不顾身，五千貂锦丧胡尘。可怜无定河边骨，犹是深闺梦里人。"一个是描写闺中妇女不知征战的丈夫早已身亡，却时时在梦中相见，盼望有一天能平安回来；一个是不知从军夫君阵亡的消息，年年还在寄冬衣与丈夫。一为虚幻的梦中情景，一为实际的行为（寄寒衣），各有特色。但在描写征战的残酷情景方面是非常深刻而沉痛的，令人不忍卒读。另一首《入塞》：

年少辞乡事冠军，戍楼闲上望星文。

生希沙漠擒骄虏，死夺河源答圣君。

鸢觑败兵眠血草，马惊冤鬼哭愁云。

功多地远无人纪，汉阁笙歌日又曛。

此诗将战场上的惨烈场景描写入微，令人惊心动魄！

他的一些诗深刻地反映了唐末、五代群雄逐鹿、军阀混战给社会造成的

沈彬诗《阳朔碧莲峰》石刻（邓霆　摄）

巨大破坏和给人民带来的无尽伤害和痛苦。如《纪事》："九衢冠盖暗争路，四海干戈多异心。"《再过金陵》："玉树歌歇王气收，雁行高送石城秋。江山不管兴亡事，一任斜阳伴客愁。"面对生灵涂炭、水火倒悬之苦，沈彬深表同情，他认为抱负难展，而又无力回天，多采取避世自保的消极态度。

除了上述的一些关注现实及反映社会动乱的作品外，沈彬另一类描写风光风物的诗篇也是清新如画的。如："数家渔网疏云外，一岸残阳细雨中。"（《湘江行》）"压低吴楚遥涵水，约破云霞独倚天。"（《望庐山》）"幽鸟唤人穿竹去，野客寻果出云来。"人们比较熟悉宋代著名诗人王安石曾有一首《书湖阴先生壁》："茅檐长扫净无苔，花木成畦手自栽。一水护田将绿绕，两山排闼送青来。"此诗最为脍炙人口的是后两句，将沟水护田、两山推门作拟人化描写，非常生动。殊不知王安石此诗其实是脱胎于沈彬的诗句。沈彬句是："地隈一水巡城转，天约群山附郭来。"一湾流水依偎城边团团流转，群山好像应上天之约将城市环抱起来。两相比较，沈诗的气势宏大开阔，王诗具体而精巧，一为山水与田园，一为山水与城市，可谓各得其所。

然而，沈彬的诗作中现在最广为人知的是他任阳朔县令时所作的一首《阳朔碧莲峰》。沈彬这首诗之所以广为人传诵，是他把阳朔城的山水风光描写得非常到位，精致传神。阳朔城傍漓水，青山四围，县城处于群山环抱之中，周围山峰形如莲花瓣，层层拱卫山城，以至后来人们干脆将县城的主峰鉴山称为碧莲峰。一直沿用至今，可见其影响之深。

由于沈彬在当时就很有诗名，他的作品被广为传诵。许多中原和江南人士就是通过这首诗才知道偏远的桂州有一个阳朔县，是山水绝佳的地方，并对阳朔向往不已。

五代诗人孙光宪（？—968）也是沈彬的诗友之一，他作的《北梦琐言》就记有一位叫杨蘧的官员，因慕阳朔山水而举家南迁到阳朔为官的故事。南宋时的文学家胡仔（《苕溪渔隐丛话》的作者），跟随其父胡舜陟（时任广西经略）到桂林任所，在游览阳朔时，对这里的奇山秀水惊奇不已。他在游记中写道：“余旧览《倦游杂录》，言桂州左右山皆平地拔起，竹木蓊郁，石如黛染；阳朔县尤奇，四面峰峦骈立，故沈水部（即沈彬，曾任水部郎中）尝题诗云：‘陶潜彭泽五株柳，潘岳河阳一县花……’余初未之信也。比岁，两次侍亲赴官桂林，目观峰峦奇怪，方知《倦游杂录》所言不诬。”

南宋的学者周去非，在淳熙年间（1174—1178）任广西静江府（治所在桂林）通判时，著有《岭外代答》一书，其中描述桂林阳朔之山川风物颇为详实，书中写道：“乃若阳朔诸山，惟新林铺左右十里内，极可赏爱。青山绿水，团栾映带，烟霏不敛，空翠扑人，面面相属，人住其间，真住莲花心也。桂林负郭诸山，颇不及耳。”这就是“碧莲峰里住人家”的真实写照，想来周去非也是读过沈彬诗的。

沈彬不但在诗的创作上卓有建树，而且在诗的评论方面也非常精到。他与孙鲂、齐己、李建树、孙光宪等人经常评点当时诗作的优劣。有一次他与李建勋等人论诗，当时孙鲂不在场，李请沈彬评孙鲂诗，沈评孙诗：“此非有风雅制度，但得人间烟火气多尔。”恰逢孙鲂到来，听到此言，便回道：“非有风雅固然，而谓得人间烟火气，何邪？”沈彬便笑举孙鲂的两句诗道：“子《夜坐》句云：‘划多灰杂苍虬迹，坐久烟消宝鸭香。’非炉上作而何？”满座大笑，叹服沈彬之评。

致仕后的修道生活

沈彬因身处乱世，看破红尘，平时多修炼神仙之术。在致仕后，炼气烧丹更加投入，以期服食后能登仙箓。有多种书籍皆记载其“恒以朝修服饵为事”。宋《太平广记》载有沈彬修仙的故事。说是沈彬回乡后，一日游山中郁木洞道观，忽闻空中乐声，见云际中有仙女数十人，冉冉而下，径至观中，在神像前焚香礼拜。沈彬躲在室内不敢出来。及众仙女去，出见案上有遗香，便全部扫入香炉中。过后想起后悔不迭，与人言道：“吾平生好道，今见神仙不能礼谒，得仙香而不能食之，是其无分欤？"

关于沈彬的年龄和逝世之事，更是充满传奇。一说活了九十多岁，甚至近百岁，一说八十多岁。书载沈彬年老时，常常告诫其子："吾所居堂中，正是古地，即葬之。"沈彬死后，其子遵嘱，掘地得自然葬坑，四周用精美花纹砖所砌，遂葬沈于其中。另一传说更为离奇：沈彬见山中一古柏树遭雷击劈为四片，遂对儿子说：这是天上赐给我的棺材料，我死后你们将它制成棺材，葬我入内。沈彬还在所居屋附近找到一地，植树为记，告诉儿子们："我死后葬于此。"诸子于彬死后即伐树掘地，至丈余深得一石椁，制作精丽，光洁可鉴。盖上有篆文："开成二年寿椁。"遂葬沈彬于内。另书记载，当时掘地得古时精美墓穴，未葬人。内有石棺，盖上镌有篆文："佳城今已开，虽开不葬埋，漆灯犹未热，留待沈彬来。"遂将棺木放入，刚好合适。

沈彬死后，其家乡有渔人在水中投生米以喂鱼，不觉渐渐远行，忽入一石门，"焕然明朗"。行数百步，见一白髯翁，仔细一看，很像沈彬，老翁对渔人说：此处不是你久留之地，赶快出去。渔人赶紧退回登岸，见到家人时已过三日了。过后有老人对他说：你所去的地方是"西山天宝洞的南门"。此传说颇类《桃花源记》中武陵渔人故事。

沈彬好道成仙不但有诸多传说，连他的二儿子也带有几分"仙气"，被人们神化了。书载次子沈廷瑞"性孤僻，形貌秀澈，初名有邻，弃妻入道，居玉笥山，易名廷瑞"。"盛夏向火，严寒单衣，问其故，终不答。""或绝食经月，或纵酒行歌，缘峭壁，升乔木，若猿猱之状，骨肉相寻，便却走避，忘情混俗，人莫测之，往往为同道者困。"《十国春秋》载：沈彬"次子廷瑞有道术，人皆呼为沈道者。嗜酒却粒，寒暑一单褐，数十年不易。跣行日数百里，林栖露宿，多在玉笥、浮云二山。死之日，有人见乘舟江上而去。后视其坟，陷裂尺余矣"。以上描述沈廷瑞的怪诞行为，比沈彬更甚，也许是多服食丹药，或修炼过度，患上精神分裂症了。

廷瑞生前经常酒醉街头，一次醉卧县衙阶上。县令见了便戏言道：沈道者，何日道成？廷瑞起身至桌案，夺笔就几而书："何须问我道成时，紫府清都自有期。手握药苗人不识，体含仙骨俗怎知？"县令阅后惭愧而谢。

　　沈廷瑞像其父，也雅好诗文，只是多与神仙之术有关，其中一首："名山相别后，别后会难期。金鼎销红日，丹田老紫芝。访君虽有路，怀我岂无诗。休羡繁华事，百年能几时？"《全唐诗》收其诗四首。

　　沈彬的一生，既有积极入世的激情，又常作出世之举。他在长安应试，本拟获得一官半职，为社会做一番事业，以报效朝廷。但是处于风雨飘摇的晚唐王朝的统治者并没有接纳他。于是他便浪迹江湖，寻仙访道，以期回避这混乱的社会。他的人生一直处于矛盾之中。他在楚国游历时，虽拒绝了楚王马殷留其做官的好意，但还是在桂州阳朔当了短时间的县令。从湖湘回到家乡隐居几年后，他又应出镇金陵的李昪之请当了江南吴国的校书郎，还入宫辅佐吴王的世子读书。"未几乞罢，以尚书郎致仕。"公元937年，李昪取代吴王自建南唐国，此时亦俗亦道的沈彬再也不愿出仕，得以终老山林。

王安石笔下的桂州城

读《桂州新城记》

黄继树

　　唐宋八大家韩愈、柳宗元、欧阳修、苏洵、苏轼、苏辙、王安石、曾巩，其中唐代的韩愈、柳宗元，宋代的王安石均为桂林创作过诗歌和散文作品。韩愈的诗歌《送桂州严大夫》其中的名句"江作青罗带，山如碧玉簪"，柳宗元的散文《桂州訾家洲亭记》"桂州多灵山，发地峭竖，林立四野"，"是亭之胜，甲如天下"，早已流传千百年。唯独宋代王安石写桂林城的《桂州新城记》这篇散文，却似乎有点像被人们遗忘了一般。

　　王安石（1021—1086），字介甫，号半山，封荆国公，世人称王荆公，北宋临川（今江西抚州市临川区）人，北宋杰出的政治家、思想家、文学家、改革家，唐宋八大家之一。鉴于人们对王安石这篇《桂州新城记》比较陌生，而文章所记的又是一个比较重要的历史事件，且文章立论新颖，行文严谨，体现了王安石散文的特色，是唐宋八大家之一的王安石写桂林的一篇不可多得的美文，在此有必要把《桂州新城记》[1]做一较详细的介绍。

　　王安石作《桂州新城记》时，他还未任宰相推行"变法"，但是宋朝的各种弊病已暴露无遗，其中最令朝廷头痛的便是被称作"夷狄"的少数民族对宋朝四境的袭扰不断。宋皇祐四年（1052），广西壮族首领侬智高在南疆

---

[1] 据清嘉庆本《临桂县志》卷十七、凤凰出版社《王安石集》2006 年两个版本。

起事。侬智高攻破邕州（今广西南宁），在邕州建"大南国"，自称"仁惠皇帝"。随后率军沿江东下，攻占横州（今广西横县）、贵州（今广西贵港）、浔州（今广西桂平）、藤州（今广西藤县）、梧州（今广西梧州市）、封州（今广东封川县）、康州（今广东德庆市）、端州（今广东肇庆市），然后兵围广州（今广州市）。由于广州城高墙厚，一时无法攻克，侬智高撤围广州后，北上清远县。向连州（今广东连县）、贺州（今广西贺州）方向进军，接着攻陷昭州（今广西平乐县），又陷宾州（今广西宾阳县），最后回军邕州。这就是王安石在《桂州新城记》文章一开始便写到的："侬智高反南方，出入十有二州。十有二州之守吏，或死或不死，而无一人能守其州者，岂其材皆不足欤？盖夫城郭之不设，甲兵之不戒，虽有智勇，犹不能以胜一日之变也。"王安石说，侬智高在南方造反，攻陷了十二个州，这十二个州守州官吏，或者战死了，或者临阵逃走了，而没有一个人能守住他负责的州，难道是他们的才智不足吗？总的来说没有城池的设置，武器装备不足，即使这些守官有勇有谋，还是不能够胜任突发事变的处置。"唯天子亦以为任其罪者不独守吏，故特推恩褒广死节，而一切贷其失职。于是遂推选士大夫所论以为能者，付之经略，而今尚书户部侍郎余公靖当广西焉。"王安石说，皇帝对这些"或死或不死"的失去了州土的官吏，并没有追究他们的罪责，而是褒扬那些为守节义战死的人，完全宽恕了他们的失职行为。在这种情况下，只得推选士大夫中所公认的能人，交由他们来处理这样的局面，而现在担任尚书户部侍郎（户部尚书副长官）的余靖，就被任命为广南西路安抚使主政广西。

余靖（1000—1064）广东韶州曲江（今广东韶关市曲江县）人，主政广西期间与狄青、孙沔等平定了侬智高的起事。今龙隐洞尚存《平蛮三将题名》石刻和《余靖贾师熊等八人题名》石刻。

"寇平之明年，蛮越接和，乃大城桂州。其方六里，其木、甓、瓦、石之材，以枚数之，至四百万有奇。用人之力，以工数之，至一十余万。凡所

桂林宋代古城门（邓霆 摄）

以守之具，无一求而有不给者焉。以至和元年八月始作，而以二年之六月成。夫其为役亦大矣。盖公之信于民也久，而费之欲以卫其材，劳之欲以休其力，以故为是有大费与大劳，而人莫或以为勤也。"这一段主要叙述余靖在平定侬智高起事的第二年，南蛮百越交接的边境一带，已和平共处。于是，就大规模地修建桂州城（吸取侬智高起事时州官无城可守的教训），该城方围有六里。修城所用的木、砖、瓦、石等材料，以个位数来计算，达到四百多万；所使用的人力，以工时来计算，达到十余万。凡是所有守城用的器具，所求没有一样是不给的。从至和元年（1054）八月开工筑城，第二年六月完工。这工程的规模也是够大的了！王安石在文章中较为详细地记载了桂州宋城建筑的经过和规模及所费材料人工数量，开工和完工的具体时间，有较高的史料价值。据清嘉庆本《临桂县志》卷十二记载："宋皇祐平侬智高，经略使余靖筑桂州城，为六门："南曰'宁远'，西曰'平秋'、曰'利正'，北曰'迎恩'，东曰'行春'，其一即子城东江门。王安石为记。"

接着王安石赞美余靖在民众中取得威信已久，他在筑城中，爱惜人力物力，精打细算节省人工材料资源，他劳役百姓也想着给他们休养体力，因此，对这种需要付出大钱和付出大力的事（筑城），百姓都能积极参与而没有一个人认为是劳苦的。王安石所言属实。平定侬智高起事之后，余靖主张让广西民众休养生息。他说："岭南民得休息矣！""其邕人也，俾奠其居；非邕人者，振廪绩食，还其本土。"（见余靖《大宋平蛮碑》《宋故狄令公墓铭并序》）战争结束后，余靖感叹两广人民终于得休养生息的机会，他让邕州一带因战乱而流离失所的本土人和外地人都能得到妥善的安置。

接下来，王安石借平侬智高起事和桂州筑城之事，发表他的议论："古者君臣、父子、夫妇、兄弟、朋友之礼失，则夷狄横而窥中国。方是时，中国非无城郭也，卒于陵夷、毁顿、陷灭而不救。然则城郭者，先王有之，而非所以恃而为存也。及至喟然觉悟，兴起旧政，则城郭之修也，又不敢以为后。盖有其患而图之无其具，有其具而守之非其人，有其人而治之无其法，能以久存而无败者，皆未之闻也。故文王之兴也，有四夷之难，则城于朔方，而以南仲；宣王之起也，有诸侯之患，则城于东方，而以仲山甫。此二臣之德，协于其君，于为国之本末与其所先后，可谓知之矣。虑之以悄悄之劳，而发赫赫之名，承之以翼翼之勤，而续明明之功，卒所以攘戎夷而中国以全安者，盖其君臣如此，而守卫之有其具也。"

这段议论颇为深刻，是全文的中心所在。王安石认为：古时候，君臣、父子、夫妇、朋友的礼数丧失，所以四方的少数民族趁机横行而窥伺中原。那时候中原王朝并非没有城池，最终还是被夷为平地、毁灭、陷入困境，却不能救助。要说城池，先前的王朝时候就有了，但却不是可以自恃有城池而存在下来的，等到叹息觉悟过来，旧政兴起，城池的修筑又不敢落后。总是有了外患来临才感到没有装备可用，有了装备而守城又非有能力的人，有能力守城的人治理起来又无法可循，这样能长久保持不败的人，都没有听说过。王安石进一步举例：周文王和周宣王的兴起所受到少数民族和诸侯的祸患，文王有大臣南仲在北方筑城抵御少数民族的侵袭，宣王用仲山甫在东方筑城以防诸侯，最终都能排除外患的侵犯，使中原王朝能得到保全安定。说明以南仲、仲山甫这样有德行的人协助他们的国君，国家才能长治久安。

王安石最后写道："今余公亦以文武之材，当明天子承平日久，欲补弊立废之时，镇抚一方，修捍其民，其勤于今，与周之有南仲、仲山甫盖等矣，是宜有纪也。故其将吏相与谋而来取文，将刻之城隅，而以告后之人焉。"王安石把治理广西边患有功的余靖，与他推崇的南仲和仲山甫这两位有德行的周朝大臣划了一个等号，因此他认为余靖的事迹是值得一记的。确实，余靖曾先后两次主政广西，出任广西安抚使，为宋朝平定侬智高起事及安定广西边境，做出了杰出的贡献，他本人的品行也像南仲、仲山甫一样，"虑之以悄悄之劳，而发赫赫之名，承之以翼翼之勤，而续明明之功，卒所以攘戎夷而中国以全安者"。他们都在治理国家的边患中不声张自己的辛劳和勤勉，做出了举世瞩目的功名，最终排除祸乱，使国家的边境得到长久安宁。这样，余靖属下的文武官吏经过商量，来向大文豪王安石求取文章，刻在新落成的桂州城的一角，以告知后来之人。文末有"至和二年九月丙辰，群牧判官、太常博士王某记"。至和二年（1055）"群牧判官"和"太常博士"是王安石的官职。从文章的结尾可看出，王安石没有来过桂林，《桂州新城记》这篇文章，是广西安抚使余靖部下的官员向王安石求取来的，刻石后的碑可惜没有被保存下来。

《桂州新城记》是王安石创作的一篇记叙体散文，文章立意深远，卓有识度。文章不专叙事，而是以桂州新城工程告竣，新城落成，借侬智高起事所引起的守城官吏"或死或不死"的深刻教训，引出周文王、宣王的兴起得益于南仲、仲山甫筑城的典故，把建立坚固的城池，备好守城的装备，任用有能力的守城官吏说成是关乎国家安危的功德无量的大事。而余靖在镇抚广西，安边息患所取得的丰硕政绩，是值得让时人和后人记住的。文章叙述与议论相结合，所发表的议论十分精辟，有很强的说服力。王安石散文以议论说理见长，语言简练，笔力雄健。只可惜他论说的是时政，除了新建的桂州新城，桂林山水没有涉及，因此，文章的影响力上似乎不及柳宗元的《桂州訾家洲亭记》。也许，这和他没有亲自到过桂林有一定关系吧！

米芾留给桂林的诗书画

黄继树

米芾（1051—1107），北宋书画家，初名黻，字元章，号"襄阳漫士""海岳外史"等，世居太原，迁襄阳，后定居润州（今江苏镇江）。徽宗召为书画学博士，曾官礼部员外郎，因曾做过"南宫行走"，人称"米南宫"，又因举止狂放，世称"米癫"。能诗文，善书画，书法与蔡襄、苏轼、黄庭坚称"宋四家"。

米芾不仅长于书法，还擅长绘画，画山水不求工细，多用水墨点染，自谓"信笔作之""意似便已"。中国画史上有"米家山"和"米派"之称。米芾与儿子米友仁独创了一种以雨点形浓淡墨交替渲染的画法，来表现江南烟雨中的山水，被后人称为"米点"，或"米氏云山"。这种技法，极大地丰富了中国山水画的表现手法和艺术境界，对中国画艺术做出了杰出的贡献。因此米氏父子又被人称"大米"和"小米"。这"大米"和"小米"与桂林都有关系。

米芾在桂林做过官，那是北宋熙宁七年（1074）的时候，官职为临桂县尉。这个官职是武职，米芾以文人任武职，这大概是宋朝重文轻武的表现。不过，唐朝时县尉通常是进士出身者初任之官。县尉掌管训练弓手，缉奸禁暴，并负责巡禁私盐、私茶等事务。米芾当临桂县尉有过什么政绩？不知道。但是，米芾对桂林文化的贡献却传之后世。

桂林著名的风景点伏波山还珠洞的石壁上，有一处题名石刻："潘景纯米黻熙宁七年五月晦同游。"熙宁七年（1074）"五月晦"，五月的最后一天。米

伏波山还珠洞米芾、潘景纯题名石刻拓片

（桂林博物馆提供）

芾与他的朋友潘景纯一起到伏波山还珠洞游览，留下到此一游纪念题字。据说，这是迄今我们所能见到的，北宋大书画家米芾所有存世书法作品中最早的真迹实物，弥足珍贵。这应该是米芾在临桂县尉任职时的作品。

还珠洞中，还有一副米芾的自画像石刻，石刻高117厘米，宽36厘米，米芾自画像高43厘米，画像形象生动，神采飘逸，很有几分"米癫"出游的意味。米芾不但善画山水，又善画人物，这是他留给桂林的一幅精彩的人物肖像画，而且是画家画自己的肖像画，同样弥足珍贵。这幅米芾自画像，是怎么留刻在还珠洞中的呢？

这幅米芾自画像是由南宋广西转运判官（官名，为转运使的佐官）、广西提点刑狱方信孺于嘉定八年（1215）所刻。画像上方题有南宋高宗像赞："襄阳米芾，得名诗书。六朝翰墨，渔猎无余。骨与气劲，妙逐神俱。风姿奕然，纵览起予。"像旁还有米芾儿子米友仁题的跋书："先南宫戏作小像，真迹今归御府。友仁书。"看来，这幅米芾自画像作品的真实可靠是绝对的，因为它不但有皇帝作的像赞，而且还有米芾儿子米友仁题的跋书。宋高宗赵构与桂林有着不同寻常的关系，他还未登基时，以康王的名义来桂林任静江军节度使，当了皇帝后，又还不忘桂林是他的"龙兴之地"，把原桂州升格为静江府。他对名满天下又在桂林任过职的米芾自是推崇一番，亲自为米芾的自画像题赞，那是自然的了。米芾的儿子米友仁到过桂林没有不知道，但他在父亲的自画像上亲笔题跋，又被刻在了桂林著名的伏波山还珠洞中，这就使他与桂林也有了缘分。

米芾自画像下方，刻有方信孺所作的《画像记》。这篇画像记因石刻缺字较多，现参照《粤西文载》上的《方信孺画像记》阅读，还能看出大致内容：方信孺说，自己即将来桂林出任转运判官的时候，得知米公的曾孙米国秀在静江府（桂林）任支使（支使前缺字，疑为度支使，掌管财政预算的官员），他收藏有米公的自画像，像上面的米公穿着优游山水时最喜欢穿的衣冠……我来后，将这幅米公自画像刻于伏波岩米公熙宁七年游岩时所题名碑旁……

方信孺还在《画像记》中说到，米芾任职临桂县尉，"秩满寓居西山资庆寺，颇与绍言游"。说米芾在临桂县尉任职届满时，还没有离开，曾寓居桂林西山的资庆寺，与寺中的绍言和尚交好，两人经常结伴出游，流连于桂林山水之间。还说他曾为绍言和尚的诗集做过《僧绍言诗序》，看来这位绍言和尚也是位诗人。"其它踪迹，则缺如也。"如方信孺所说，他刻的这幅米芾自画像，米友仁题跋说"真迹今归御府"，说明米国秀所藏为复制品。但这不要紧，今人在还珠洞中既能欣赏到米芾的书法，又能看到他所作的自画像绘画作品，已经很满足了。

米芾任职临桂县尉期间，在游览阳朔时，曾作过一幅《阳朔山图》的山水画，画上有一题记："余少收画图，见奇巧皆不录，以为不应如是。及长，

伏波山还珠洞米芾画像石刻拓片
（桂林博物馆提供）

官于桂，见阳朔山，始知有笔力不能道者。向所不录，反憾不巧矣。夜坐怀所历，因作于阳朔万云亭。"米芾说：他年少的时候收藏画，看见画得奇巧的画都不收，认为不应该是这样画的。等到他年长，到桂林做官，见到阳朔的山，才开始知道有笔力不能表达的。过去不收藏那些画得奇巧的画，反而感到遗憾了。他夜坐回想自己的经历有所感思，因此作画于阳朔万云亭。

米芾道出了一个千古难题：桂林山水难画（"始知有笔力不能道者"）。这个问题困扰了历代的山水画家。为什么桂林山水让米芾这样在中国绘画史上地位举足轻重的大画家也感到"有笔力不能道者"呢？我们从古代诗人描写桂林山水的诗歌中，或许可以找到一些间接的答案。

宋代著名诗人、大书法家黄庭坚到桂林时，创作了一首《到桂州》的诗："桂岭环城如雁荡，平地苍玉忽嵯峨。李成不在郭熙死，奈此百嶂千峰何。"李成，宋初著名画家，是当时北方山水画派的代表人物；郭熙，宋代著名画家，熙宁年间（1068—1077）为御书院艺学（皇家书画院专职书画家），师承李成，工山水寒林，善做巨幅壁画。黄庭坚因"元祐党祸"被贬广西宜州，路经桂林时，见桂林山水奇绝，而宋代最有名的两位山水画家李成、郭熙都已去世了，感叹再也没人能"奈何"得了桂林山水啦！可是，这又使人产生疑问：李成、郭熙这样的大画家已不在人世了，但是米芾这样也善画山水的大画家还在呢，他为什么没想到米芾？同为"宋四家"（苏、黄、米、蔡），黄庭坚只不过比米芾早死两年，他到桂林时为崇宁三年（1104），那时米芾还健在呢！可能黄庭坚也知道米芾对桂林山水"始知有笔力不能道者"的真实感受吧。

明代状元诗人、大画家鲁铎游览过桂林山水，他深感桂林"夹岸青山映碧滩，滩青山好画应难""无从学得王维手，画取千峰万壑归"（《阳朔道中志喜》）。王维是唐代著名诗人，又是山水画大师，苏东坡称他"诗中有画，画中有诗"。鲁铎感到自己无法学到王维的本领，画不出桂林山水的美景，心中不免惆怅一番。鲁铎还有一首写阳朔白沙滩的诗，题为《白沙滩壁障奇绝殆不可画次九龙韵》。"九龙"不知何人，推想可能也是一位诗人、画家。"丹崖翠嶂映清流，天趣无穷到客舟。他日画图逢马夏，也应无足注双眸。"鲁铎在诗中叹道，面对阳朔白沙滩这段山水风光形成的自然"天趣"，便是此后见到南宋最擅长画山水的马远和夏圭这两位大画家的作品，也不愿再看了。

清代诗人顾嗣立有一首写漓江《画山》的诗："画里看山山更闲，画山好手说荆关。淋漓如画真山在，又倩何人画画山。"面对淋漓酣畅泼墨如画的画山，诗人首先想起了画山的好手荆浩和关仝。荆浩，五代河内（今河南沁阳市）人，字浩然，隐于太行山之洪谷，因号洪谷子，善画，其山水之作可称唐宋之冠；关仝，五代长安（今西安）人，画山水初学荆浩，后有"青如蓝"之誉。诗人觉得"荆关"这样的"画山好手"画的仅仅是山水画，但是这如画的真山（画山）摆在这里，又是谁能画得下来的呢？

清代诗人、曾任两广总督的阮元，作有一首《观漓江奇峰图卷》的诗，其中两句："荆关董巨多名笔，如此奇峰彼未曾。""荆关"已前述，"董巨"则为董源与巨然，皆为五代时著名山水画家。荆浩、关仝、董源、巨然四人，被誉为"前之荆关，后之董巨"，为五代时四大山水画家。诗人阮元不仅是两广总督，更是一位大学问家，为学深通广晓，精研经籍，著述等身，可谓见多识广，但连他都未曾见过"荆关董巨"等名笔山水画家画过漓江奇峰山水画图。

清代著名诗人、书画家张维屏，与桂林画家李秉绶家为姻亲，他于道光十七年（1837）到桂林游历，成天陶醉于桂林山水之中。他在叠彩山的仙鹤峰题留下"天外飞来"草书大字石刻，为桂林摩崖石刻的珍品。他有写象鼻山的诗句："山形似象鼻，画手谁虎头？""虎头"即晋代著名大画家顾恺之，他的小名叫"虎头"，尝有"才绝、画绝、痴绝"之称，多作人物肖像及神仙、佛像、禽兽、山水等。米芾对顾恺之非常崇拜，曾说自己绘画："取顾（恺之）高古，不入吴生（道子）一笔。"身为书画家的张维屏感叹：谁来充当顾恺之，画出象鼻山的神韵来呢？明显的是自己对画象鼻山没有信心。

清代诗人张联桂作《往阳朔沿江诸山放歌》诗，有"西川王宰如再出，未知五日摹能工"之句。王宰，唐代蜀中（古称西川）人，多画蜀山，玲珑嵌空。大诗人杜甫称其丹青绝伦。"五日"谓王宰五日画一石。杜甫避乱四川时曾看过王宰绘画，作过一首《戏题王宰画山水图歌》云："十日画一水，五日画一石，能事不受相促迫，王宰始肯留真迹。"诗人张联桂怀疑：即使像王宰这五日画一石、十日画一水笔力独到的严谨大画家，如果再生复出，也不知道能否把桂林山水描摹得下来？这个诗人张联桂可不是平常人，他在清朝咸丰年间做过太常博士，那是掌通古今、备顾问、教授诸生、制定礼仪的职位。他任过广西巡抚，又很能带兵打仗，是个文武双全的人物。在中法战争中，他亲自率军把被法国侵略者侵占的我国领土龙州（今广西龙州）夺了回来。

话说到这里，我们已经大致明白，为什么米芾认为"见阳朔山，始知有笔力不能道者"的原因了。那就是，桂林山水你画得越像，就越不像，你画得越美，就越不美，因为现实中桂林山水，就作为一个旷世绝伦的美景参照对象摆在那里，看你"奈此百嶂千峰何"。此外，就是古人对大自然的神秘敬畏，认为桂林山水乃天工所造，不能轻易动笔描摹。宋代诗人邹浩，也曾做过太常博士、兵部侍郎，被蔡京"伪书陷之"，被贬昭州（今桂林市平乐县），他认为桂林山水"应是天公醉时笔，重重粉墨尚纵横"（邹浩《画山》）。清代有位诗人、画家李守仁也认为，桂林山水是出自"天工"的淋漓大笔，它把"万古丹心一洗空"（李守仁《舟过画山》），纵有才高八斗的丹青妙手，也望而生畏，不敢轻动画笔。

米芾留给桂林的一首诗，被刻在龙隐岩螺蛳洞口西侧，那是一首他与时任桂州知州、广南西路经略安抚使程节的赠答诗。这首诗是米芾为好朋友李彦弼到桂州（治所在今桂林）任职送行而作的。米芾在诗中赞颂桂林山水如仙境般美好；赞誉桂州知州、广南西路经略安抚使程节是位光明磊落、气度不凡有如仙长一般的人物；鼓励朋友李彦弼到桂州发挥自己的才干，像乘轻捷的轺车一般，腾云驾雾登上无限风光的人生顶峰。

米芾作这首诗时，他已离开桂林27年了，但仍对桂林一往情深，念念不忘，可想而知，他对桂林爱得是何等之深厚！

"古榕犹记识涪翁"

黄庭坚桂林系舟处

王松

　　桂林榕湖边的古南门外，一棵冠盖如云的古榕树，正在迎接着熙熙攘攘的游人。

　　古榕树已有一千余岁的高龄了，看上去依然十分健硕，没有多少苍老的痕迹，枝叶浓密厚实，为古南门撑开一块数十丈方圆的绿荫。站在树下仰望，可以看到阳光在枝叶间熠熠跳跃的光斑，仿佛是在告诉人们，那里藏着这座城市自有建制以来将近一半的历史。每天，那些成群结队、来自世界各地的游客，在古榕树下轮番拍照之后，常常会对这个活到极致的生命发出啧啧的惊叹。20世纪初，桂林兴建两江四湖旅游景区，在古榕树旁的湖畔，打造了一艘石舫，使南门古榕这处传统景观的人文内涵变得更加丰富起来。但相较于古榕树下的热闹场面，这座石舫就要稍显冷清一点。尽管导游依然不厌其烦地讲解着它所蕴含的人文故事，游客们大多只是一知半解地投上几缕迷茫的目光。这当然怪不得那些年轻的导游，他们的讲解已经十分卖力。只是那座石舫所承载的故事，实在被岁月沉淀得太久，被历史珍藏得太深，就像千年古榕那繁枝密叶间忽隐忽现的记忆一样，又岂是匆匆的一次擦肩就能品读出来！

　　石舫的前身，本是一叶凄惶孤独的小舟，乘舟而来的，是九百年前被判"羁管宜州"，途经桂林的北宋著名文学家、书法家黄庭坚。

北宋熙宁间发动的王安石变法，引发了长达半个世纪的党争。党争愈演愈烈，到了后来，竟演变成朝廷官员间一场残酷的政治内斗。在此期间，司马光、吕公著、苏轼、苏辙、黄庭坚、秦观等一干文化精英，无不像浮萍一般在政治的漩涡中沉浮，经历着一场文化的劫难。黄庭坚（1045—1105）生于宋仁宗庆历五年（1045），宋英宗治平四年（1067）考中进士，从此进入北宋官场。他宦游的一生，几乎贯串了北宋党争的全过程，因此，那场惨烈的党祸，他是无论如何都无法幸免的。只是他两次获罪的理由，实在令人听之恻然。第一次是在绍圣元年（1094），由于他参与编修的《神宗实录》中，写有"铁龙爪治河，有如儿戏"，被指诽谤先帝而贬谪涪州，先后安置在黔州和戎州。第二次是在崇宁二年（1103），他又是因为一场笔墨官司再次获罪，但

黄庭坚系舟处（邓霆 摄）

这第二次所受的处罚，却比第一次更为凄惨。建中靖国元年（1101），宋徽宗即位之初，朋党矛盾有过极其短暂的缓和。黄庭坚蒙诏东归，知任太平州，本以为这会是一次命运的转折，可现实却又与他开了一个残酷的玩笑。崇宁二年（1103），宋徽宗用蔡京为相，赵挺之为副相。蔡京和赵挺之都是心胸狭隘之人，权柄在握，便大搞政治迫害，不择手段排斥异己。赵挺之早年在德州为官时，与黄庭坚有政见上的不和，已对黄庭坚心怀忌恨。此时赵挺之权势熏天，就暗中指使荆南转运使陈举搜罗黄庭坚的政治把柄。陈举将黄庭坚在荆南写的《承天禅院塔记》抄录以奉，并揭发其中"观天下财力屈竭"等句有"幸灾"之意。而与此同时，蔡京又将元祐、元符年间的司马光、文彦博、苏轼、黄庭坚、秦观等309人列为奸党，称他们是"元祐害政之臣"，并亲自书写元祐党籍，将其姓名刻石颁布天下，还下令销毁三苏、黄庭坚和秦观等人的文集。一时间，对黄庭坚的诽谤之声就如暴风骤雨而至，于是，黄庭坚又被加上"幸灾谤国"的罪名，而这一次的处分，竟至遭到除名，流放到宜州羁管。

黄庭坚在永州安顿了家眷，孤身一人前往宜州，途经桂林时，已是五月初的时节。此时的桂林群峰耸翠，江水丰盈，正是漓江两岸风光绮丽的大好季节。而黄庭坚又是一代文章泰斗、书法名家，他的到来，本该成为轰动桂林的一件大事。我们可以想象一下，假若黄庭坚能与一干文人墨客，租一条漓江的画舫，一边观赏那"江作青罗带，山如碧玉簪"的绝世美景，一边举酒抒怀，吟诗唱和，那么桂林的文化史上，将会重重地增加一笔浓墨重彩的风流佳话，而桂林的山岩石壁，又会平添多少脍炙人口的诗篇？但当时知政桂林的王祖道，正在筹划以"开边"之事巴结蔡京，为了不受连累，他对黄庭坚的到来采取了不闻不问的低调姿态，不仅不予接待，甚至连住宿都不予安排。黄庭坚的一乘小舟，就像一片飘零的秋叶，沿护城河孑然南来，在南门外的码头系舟登岸。迎接他的，只有几株默默无言的老榕。黄庭坚毕竟是一个心胸豁达之人，多年的磨难，已使他习惯了这种世俗的冷遇，他很惬意地接受了那些榕树给他馈赠的一块绿荫，如一个老友般在树下坐了下来，借湖边的微风，解除旅途的疲倦。他看到几个在湖中挖掘淤泥的乡人，还饶有兴趣地和他们攀谈起来。

尽管官府对黄庭坚的到来采取了不管不问的态度，但黄庭坚来到桂林的消息还是不胫而走，传到了几个朋友的耳中。从黄庭坚到宜州之后的一些往来书信看，他在桂林逗留的几天时间里，还是得到了冯才叔、陆海等一些朋友的真情款待。桂林的绮丽风光，也让他暂时忘却了流贬的怨愤。就在这短暂的几天流连当中，他留给了桂林一份珍贵的礼物——《到桂州》：

> 桂岭环城如雁荡，平地苍玉忽嵯峨。
> 李成不在郭熙死，奈此百嶂千峰何！

我们应该感谢那些善良重义的朋友们，是他们的真情所系，使桂林的山川秀色，与一代文宗进行了一次重要的对话。这次对话虽然短暂，却成就了数百年后桂林的一处人文景观，也让黄庭坚走进了一座山水名城深深的历史记忆。否则，一叶孤独小舟不经意的一次停泊，凭什么会在一座城市刻下千年的烙印。

两宋之交的频繁战争，结束了北宋王朝，也结束了北宋晚年长达半个世纪的党祸。南宋初，文人们终于有了安静下来认真反思党争的机会。先前的那块《元祐党籍碑》，本来是蔡京用来摧毁元祐党人精神和名誉的工具，他想通过这块碑刻，把政敌永远钉在历史的耻辱柱上，让碑上的这些名字遗臭万年。但现实的结局却恰恰相反，这些名字竟越来越受到社会的广泛尊重，那些"元祐党人"的后代，不但不以先人列名《元祐党籍碑》为耻，反而觉得是一种荣耀，而蔡京自己却背上了千古骂名。就在黄庭坚离开桂林70年后，著名理学家张栻知任静江府，他在桂林为官的数年间，做了不少拨乱反正、振兴文化的好事。桂林不仅是一座山水名城，也还有着丰富的文化积淀。历朝历代的文化名人，在这里雁过留声，丰富的诗词吟诵和摩崖勒石，汇成了桂林庞大的文化宝库。而第一个把黄庭坚纳入这座文化宝库的，就是南宋著名理学家张栻。张栻通过深入的考察，访知了黄庭坚在桂林系舟登岸的确切地点，就在其泊舟的古榕边上，修建了一座榕溪阁，并把黄庭坚的诗《到桂州》刻于其中，以纪念这位前辈学者的桂林之旅。从此，黄庭坚的系舟处与古南门的榕树，便获得了彼此生命的依托。古榕有了黄庭坚系舟的往事，便增加了文化的精神内含；黄庭坚的系舟处，也因为有了古榕的承载，而成为一处人文景观。在以后的岁月里，黄庭坚的人格和际遇，深深引起了历代文人诗家的追念，如杨万里、吴儆、蔡戡等，他们在榕溪阁抚物追昔，以诗抒怀，留下了不少传世诗作。譬如南宋著名诗人刘克庄的《榕溪阁》：

> 榕声竹影一溪风，迁客曾来系短篷。
> 我与竹君俱晚出，两榕犹及识涪翁。

　　刘克庄比黄庭坚晚生一百多年，他在榕溪阁追慕前贤，托两榕表达对黄庭坚的深深仰慕之情。当年的是非纷争，在这里早已一扫而空，而越来越强烈的，是文化和人格的感召。

　　到了清朝道光年间，桂林又迎来了另外一件与黄庭坚有关的文化珍宝——《黄庭坚书颜延之〈五君咏〉》。这件旷世珍品，是由时任广西巡抚兼署学政的梁章钜带来的。颜延之是南朝刘宋时期著名文学家，与谢灵运并称"颜谢"，因性格孤直，言辞激烈，得罪权要而数遭贬谪。他以"竹林七贤"中的阮籍、嵇康、刘伶、阮咸、向秀五人为题，创作了《五君咏》组诗。大意是这五人都是世之君子，却为世所不容，并以之自况。颜延之被贬桂林时，常在独秀峰下读书，还为独秀峰命名，被后世视为桂林山水最早的开发者。后人为了纪念他，把他读书的岩洞命名为"宋颜公读书岩"，又在山下修建了"五咏堂"，刻其《五君咏》于堂中。黄庭坚是在什么时候书写《五君咏》的，因为

刻于桂林龙隐岩的黄庭坚《五君咏》(局部)(邓霆 摄)

作品中没有年款，我们不得而知。但《五君咏》诗中所塑造的人格魅力，必定与他淡泊逍遥的文化情怀产生了强烈的共鸣，所以书法潇洒飘逸，气势恢宏，是黄庭坚书法中的妙品。梁章钜来桂林为官，到独秀峰下瞻仰前贤遗址。看到"五咏堂"已遭到毁坏，心中无比惋惜。于是他决定重建五咏堂，恢复遗址，并把自己一直珍藏的黄庭坚《五君咏》书法摹刻于石，立于堂中。这件作品的书法和诗作，出自两位不同时代的文化名人之手，又由清代学者梁章钜勒石立碑，三人又都与桂林有缘，这真是一次穿越历史时空的奇妙对话，我们仿佛看到三位不同时代的著名学者，在桂林这座城市倾心交流，碰撞出人格的火花，共同谱写了一曲文化的交响。梁章钜将《五君咏》刻成之后，举行了一场隆重的揭彩仪式，远近文人都闻讯而来，可以想见，那定是一场文化的盛宴，而梁章钜也因此在桂林文化历史中得到了崇高的赞誉。后来，《五君咏》书法碑刻，被作为珍贵的文化遗产，在桂林龙隐岩的桂海碑林保存下来。再后来，这件书法珍品又被复制到黄庭坚系舟的榕树旁，成为榕溪阁黄庭坚诗碑之后的又一人文胜景。

　　南宋理学家张栻所建的榕溪阁是一座什么样的建筑？它又在什么时候消失的？这些，都暂时未能找到确切的记载。清代广西诗坛"杉湖十子"之一的李宗瀛，曾写过一首《榕溪阁登眺》的诗作："系船不见清风客，老树婆娑七百年。全约湖光归鸟底，平分榕影到樽前。岚霏片片将成雨，水气蒙蒙欲化烟。遥指西庄云树里，春风亭榭几啼鹃。"那么，直到清朝道光年间，这座阁楼依然还在陪伴着黄庭坚曾经系舟的那棵古榕。如果是这样，那座古阁竟经历了七百多年的岁月，就算在李宗瀛的时代，也是难得的一座古老建筑，而它竟于百年之前消失，实在是一件憾事！

　　中华人民共和国成立后，桂林市政府对杉湖、榕湖一带文化景观进行了一次全面整修，在榕溪阁的旧址上修建了榕荫亭，并立"黄庭坚系舟处"石碑于亭侧。2001年，桂林市政府建设两江四湖旅游工程，又将榕荫亭改建为系舟亭，凿石舫以代表黄庭坚当年的小舟，置于亭下湖边，再用玻璃钢镌刻黄庭坚所书颜延之《五君咏》，制作成流水诗碑，立于古榕树下，以纪念北宋这位著名学者给予桂林的文化馈赠。

　　文章写到这里，我仿佛意识到，黄庭坚与桂林的文化结缘，绝不仅仅是系舟处那一个单薄的点，而是一条河流，一个体系。从榕溪阁到系舟亭，就是这个体系的形成过程。张栻和他的榕溪阁，历代文人的追怀诗，直到《五君咏》碑刻落户桂林，不断汇成了这个文化体系的涓涓小溪，而黄庭坚的古榕系舟，便是这条小溪的源头活水。小溪水缓缓流淌，最终融汇到桂林深厚的历史记忆之中，成为桂林城市生命不可或缺的一部分。

　　就地理位置而言，古代桂林属于岭南的蛮荒之地，宋元以前，主要被视为官员贬谪流放之所，系统性接受中原文化的影响是没有优势的。但桂林人善于积累，懂得珍惜，积尘土以为泰山，终于成为岭南的一颗文化明珠。

　　南门的古榕树何其有幸，它既是黄庭坚与桂林结缘的第一个朋友，又是这一缘分持续发展升华的见证者。

忘却漂泊的歌者

范成大在桂林

黄德辉

人生可以有无数种假设，但最终只会有一个结果。

假设南宋大文豪范成大在乾道六年（1170）十月完成宋孝宗派遣出使金国的任务返回后，他从此认真揣摩顺从皇帝的旨意，在朝廷各派政治势力之间灵活周旋，明哲保身，他的仕途下一步将会怎样？出使金国期间，由于他能在金国皇帝面前不亢不卑，维护了宋朝廷的威信，回国后深得宋孝宗的器重和信任，很快即被起用为中书舍人，成为皇帝身边的大红人，真可谓前程似锦。据史籍介绍，唐宋时期担任过此职的官员，有大约三分之一后来都当了宰相。要是这样，也许他与桂林将不会有交集。然而，结果正好同我们的假设相反。次年三月，宋孝宗欲重用佞臣外戚张说，吩咐范成大起草制书（即任职文件），他竟扣留该命令七天没有下达，并上疏极力反对任用张说，令孝宗闻之色变。接着他还弹劾秦桧余党宋贶，又得罪了大批朝中官僚势力。眼看在朝中难以立足，范成大只好请求安排闲职返回家乡。

范成大是苏州人，生于公元 1126 年，其父范雩为北宋宣和六年（1124）进士，曾任秘书省正字、秘书郎等官职。范成大尽管出生于官宦之家，但却生不逢时，年少时父母双亡，之后家道中落。幸得范成大从小聪明好学，且家训甚严，使他能遍读经史书籍，学问也逐年精进。绍兴二十四年（1154），29 岁的范成大擢进士第，从此开始他长达 30 多年的官宦生涯。

或许因南宋偏安一隅，正当用人之际，精明能干的宋孝宗皇帝并不准备让范成大就此过清闲养老的日子。乾道八年（1172）年底，朝廷遣范成大知静江府兼广南西路经略安抚使（治所在桂林）。

近在咫尺的荣华富贵经范成大的一番折腾顿时化为泡影，知道他将要去一个偏僻的蛮荒之地任职，一时间全家老小哭得呼天叫地，亲朋好友们也"皆以炎荒风土为戚"，无不替他担心。范成大表面上显得十分平静，实际上他的内心充满了矛盾。他后来在《桂海虞衡志》序文中描述了当时的心情："余取唐人诗考桂林之地，少陵谓之'宜人'，乐天谓之'无瘴'，退之至，以湘南江山胜于骖鸾仙去。则宦游之适，宁有逾于此者乎？"他一方面虽然以韩愈、杜甫、白居易曾对桂林多有溢美之词为据，安慰大家说桂林是一个极为理想的做官之地，心中却又对那些优美的诗句深表怀疑，因而在南下途中一直表露出浓浓的愁绪和失意，这股愁绪在到达湘东时发展到了顶点，几近绝望。他自乾道八年十一月七日从苏州出发，沿水路经富春江、长江、鄱阳湖、赣江、湘江一路南来，连除夕夜也是在寒风冷雨的路途中度过。他一边走访故友一边游览胜迹，任由一篇篇流诸笔端的诗文，宣泄着五味杂陈的感情，仿佛只要停下笔来就再也迈不动脚步。他在那首《菩萨蛮·湘东驿》中写道："客行忽到湘东驿，明朝真是潇湘客。晴碧万重云，几时逢故人？　江南如塞北，别后书难得。先自雁来稀，那堪春半时。"仰望万里碧空，白云悠悠，自己却离家乡亲人愈来愈远，眼看就要真正踏进南蛮之地了，禁不住倍感孤独悲凉。

然而，当他前后历时近四个月的奔波，终于到达桂林后，那个一直浮现在他脑海中的"蛮荒之地"，竟一下子被吹到了九霄云外！他在《桂海虞衡志》序文中表达了他的喜悦之情："既至郡，则风气清淑，果如所闻，而岩岫之奇绝，习俗之醇古，府治之雄胜，又有过所闻者。余既不鄙夷其民，而民亦矜予之拙，而信其诚，相戒毋欺侮。岁比稔，幕府少文书，居二年，余心安焉。"

范成大很快安下心来，并爱上了如诗如画的桂林山水和朴实善良的桂林

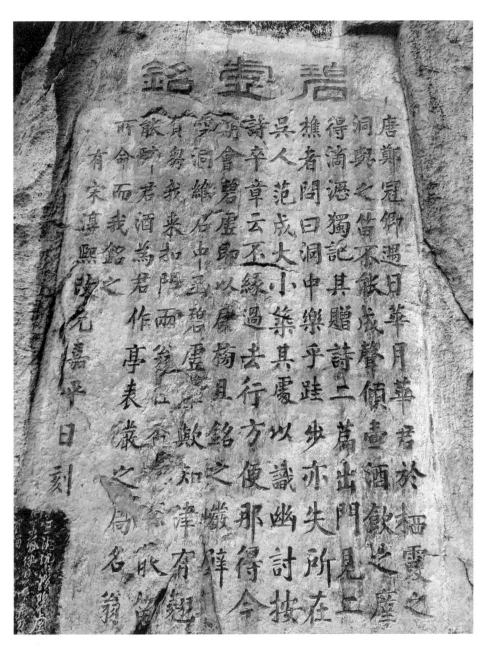

范成大《碧虚铭》石刻（邓霆 摄）

百姓，正如他的挚友周必大在《范成大神道碑》中写的那样，他"所至礼贤下士，仁民爱物，凡可兴利除害，不顾难易必为之。乐善不厌，于同僚故交，喜道其所长，不欲闻人过"。因此在两年多的时间里，他能够造福一方，颇有政声。他同时勤于笔耕，用他的诗文由衷地赞美桂林神奇的山水，他感叹道："桂山之奇，宜为天下第一。"在一次同家人一起畅游桂林西湖时，他写下一首《满江红》，面对"山倒影，云千叠。横浩荡，舟如叶。有采菱清些，桃根双楫"的美景，他不由地发出"忘却天涯漂泊地，尊前不放闲愁入"的感叹。他在《桂林中秋赋并序》中，甚至道出"月亦随予而四方兮，不择地而婵娟"的豪放情怀，几乎完全抛却人生烦恼，忘记自己是一个漂泊天涯的游子，把桂林当作自己的故乡了！

当我看完范成大在桂林期间的相关资料，禁不住对他能在这短短的两年时间里，做出那么多令人称道的政绩并为桂林留下那么多诗词歌赋、珍贵文物而惊叹不已！除了主政桂林，他还兼任广南西路经略安抚使，掌管广南西路的军政和民政。当时的广南西路包含今天的广西全境及雷州半岛、海南岛等地，广西的名称也由此得来。曾作为范成大幕僚的周去非在他写的《岭外代答》一书中，说经略安抚使："内兼西南数十州之重，外镇夷蛮几数百族，事权不得不重矣。广西诸郡，凡有边事，不申宪、漕，惟申经略司。"可以说是公务繁忙不堪！他曾多次上书朝廷并提出解决广西盐政问题的办法，抑制了一些地方官员的苛敛行为，使地方政府和百姓从中受益；他改革马政，两年内使得广西买马额倍增；同时妥善处理少数民族关系，强化边地防御；他还大力兴修水利，勤劝农桑，兴办教育，开发桂林旅游资源，以其突出的政绩博得当地官民的赞誉。

桂林属于岩溶地区，除了山青水秀洞奇石美之外，还幸运地有一个与其他城市不同的特点：一个个历史片断写在山上，一桩桩历史往事装在洞里。繁多的石刻不断增厚桂林的历史文化积淀。据统计，范成大在桂林三个年头里留下的石刻至今尚存11件，每一块石刻都镌刻着他在桂林走过的一串脚印。

范成大《复水月洞铭》石刻拓片（桂林博物馆提供）

值得一提的是，范成大的母亲是宋代大书法家蔡襄的孙女，家学渊源深厚，他的书法艺术也达到较高水平，被誉为"南宋四大家"之一，只不过后来他的书名被其诗名所掩，因而他亲书的石刻还是不可多得的书法艺术珍品。

在范成大亲书的石刻当中，我在这里要对其中的两块作重点叙述。

一块是象鼻山水月洞中的《复水月洞铭》，这块石刻记录着一桩范成大与张孝祥的有趣的"笔墨官司"。

张孝祥为南宋著名词人，由于才华出众，绍兴二十四年（1154）殿试时被高宗皇帝钦点为状元，致使大奸臣秦桧的儿子屈居第二，加之他登第后不久即愤然上书为岳飞鸣冤，因而一直遭到秦桧的压制打击。张孝祥于乾道元年（1165）出知静江府兼广南西路经略安抚使，在桂林期间，他非常喜爱象山水月洞，经常陪同文朋诗友来此游玩。有一天他喝了几杯桂林土酒之后，诗兴大发，写成一诗再配上一段序文，由于该洞洞口朝东，便把亭名、洞名、岩名统统改名为"朝阳"，并把记述此事的《朝阳亭诗并序》镌刻在水月洞北壁。范成大对象山景色喜爱有加，"水月洞"在他眼中是那么的意趣盎然："天然刂刻作大洞门，透彻山背，顶高数十丈，其形正圆，望之端如大月轮，江别派流贯洞中。踞石弄水，如坐卷篷大桥下。"当他知道此洞原叫"水月洞"，是他的前任张孝祥几年前才将其改名为"朝阳洞"时，他认为"水月洞"之名既然古已流传，又颇为生动形象，况且隐山上已经有了一个"朝阳洞"，不宜再用重名，应该恢复其"水月洞"名为好。于是他亲自书写《复水月洞铭》并镌刻在水月洞南壁，与张孝祥镌刻的《朝阳亭诗并序》两相映照。他还在序言中表达了他的心声，希望"百世之后，尚无改也"。"水月洞"之名果然如他所愿地一直沿用至今。我们没有必要非得去讨论这两个洞名孰优孰劣，更没有必要判定这两位大文豪、静江府前后任知府之间的"笔墨官司"谁胜谁负，重要的是，他们留在水月洞中的诗文和这一段故事，既为"象山水月"增添了几分亮色，也丰富了桂林山水的人文历史内涵。当我们今天品读着象山烟雨，欣赏着"水流月不去，月去水还流"的"象山水月"时，两位大文豪800多年前吟诗的声音仿佛还隐隐约约地从水月洞中悠悠传来。

此外，他还在桂林重要的风景名胜主持修建了一批亭台楼阁：伏波山的癸水亭、正夏堂和进德堂，月牙山的骖鸾亭，七星岩前的碧虚亭，屏风山的壶天观和所思亭，等等。也许，他当时完全是出于对这些名胜的热爱，并没有意识到是为桂林留下一笔宝贵的物质、精神财富，这实在是桂林的幸运！

另一块要作重点叙述的石刻，是伏波山环珠洞内状元石旁的《鹿鸣宴劝驾诗并序》。

淳熙元年（1174）九月，在广西乡试放榜的第二天，范成大亲自宴请主考官和新科举人，称之为"鹿鸣宴"，相当于举行乡试庆功大会。酒至半酣，范成大即席赋诗一首，即《鹿鸣宴劝驾诗》："维南吾国最多儒，耸观招招赴

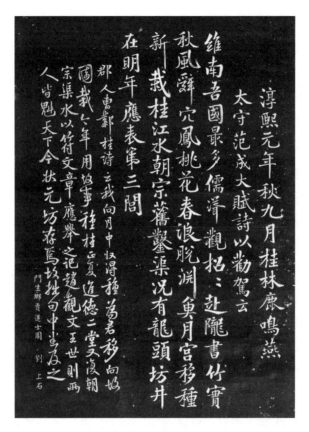

范成大《鹿鸣宴》诗石刻拓片（桂林博物馆提供）

陇书。竹实秋风辞穴凤，桃花春浪脱渊鱼。月宫移种新栽桂，江水朝宗旧凿渠。况有龙头坊井在，明年应表第三闾。"他在一至四句中赞美桂林人杰地灵，新科举子们才华横溢，前程似锦。在末尾两句鼓励桂林学子们继续奋发进取，希望他们能像唐代桂林的第一个状元赵观文、北宋状元永福人王世则一样，争当桂林的下一个状元。"月宫移种新栽桂，江水朝宗旧凿渠"句，典出唐代进士阳朔人曹邺的诗句："我到月中收得种，为君移向故园栽"，讲的则是范成大在桂林主持的两件意义深远的大事：一件是他在桂林首倡大种桂花树，从此以后桂林植桂成风，桂树成林，花开之时，满城香飘四溢，使之最终成为桂林的市树。另一件则是他主持了修浚城北朝宗渠工程。桂林城北朝宗渠始建于北宋崇宁五年（1106），北起漓江分流处，向西南流经观音阁西侧，过芦笛路，进入西清湖和宝贤湖，再分两路汇入漓江，全长近 9 千米。历经 70余年的风霜雨雪侵蚀，朝宗渠已遭到严重破坏。范成大对于漓江在桂林的地位和作用是有着深刻认识的，他后来在《桂海虞衡志》中写道："癸水，桂林有古记，父老传诵之。略曰：'癸水绕东城，永不见刀兵。'癸水，漓江也。"于是，他亲自主持修复朝宗渠工程，使其"东接漓江，西入西湖，达入阳江"，渠水绕城环流，大大改善居民用水和城区的灌溉、交通，从而奠定了今日的桂林两江四湖水系工程的雏形。假如他的在天之灵能够知道桂林今天有了成为国家 5A 级景点的两江四湖夜景，估计他会马上再写一本新版《石湖诗集》。

　　范成大既是主政一方的封疆大吏，更是一名激情四溢的歌者。

　　当年他从苏州南下桂林，一路跋涉一路放歌，到达桂林后，美丽独特的山水风景和纯朴民风又进一步点燃他的创作灵感，两年之中他为桂林写下许多感人的诗词文赋，后来被编入他的《石湖诗集》之中。而尤显弥足珍贵的是，他在离开桂林前往成都任职的途中，还为广西写了一本记载广西风土人情的著作《桂海虞衡志》。只要你翻阅这本书，你就一定会相信，他如果不是非常留恋在桂林的难忘岁月，他如果不是真正热爱桂林这片美丽神奇的土地，他绝不可能在巴山蜀水的旅途劳顿中，坐在寒夜昏暗的孤灯下，一字一句地写出这本书来！

　　《桂海虞衡志》是一部关于广西的地方博物志、民族志，取名"虞衡志"，意为岭外风土人情、生活习俗情况的记录。全书共十三篇，分别为：《志岩洞》《志金石》《志香》《志酒》《志器》《志禽》《志兽》《志虫鱼》《志花》《志果》《志草木》《杂志》《志蛮》。范成大在书中说自己曾北过黄河，西使四川，南至交广，万里所至，见过无数名山胜景，但都不及桂林山水。因此，他将《志岩洞》列为第一篇，重点介绍桂林有名可记的奇特岩洞 30 多个，不消说这些岩洞他都曾经游历过。整本书的内容，应该大多是根据他平时细致观察记录的内容整理得来。可以想象，不论是在府衙处理政务，还是巡行在乡野田园，或是闲游山水胜迹，甚至是参加一场民间酒会，对当地的民情风物，他都会饶有兴趣地观察了解、细心记录。古往今来，在他这种级别的官员中，能够做到像他这样的真是天晓得还有几个！他甚至在《杂志》篇中将桂林当地人写牒诉券约时自创的土俗"字"也收进书中，如袤音矮，不长也；閪音稳，坐于门中，稳也；奎亦音稳，大坐，亦稳也；仦音袅，小儿也；等等。并说，"余阅讼牒二年，习见之"。毕竟书中内容大都只为他个人所见所闻，其局限性显而易见，但却丝毫没影响到使它成为一本研究广西、桂林的重要史籍。

时至今日，当我们在范成大的《桂海虞衡志》序文中读到"承诏徙镇全蜀，亟上疏，固谢不能留。再阅月，辞勿获命，乃与桂民别，民艤客于途。既出郭，又留二日始得去"时，虽仅寥寥数语，却让我们从中看到了一场跌宕起伏的离任送别激情大剧！

淳熙元年（1174）冬，范成大接到朝廷的新任命，调任四川制置使，知成都府。按理说从落后的蛮荒之地调至天府之国任职，算是得到重用了。但范成大却怎么也高兴不起来，因为他不愿意离开桂林，于是他先后三次致书朝廷，请求允许他继续留任，可皇帝就是不肯批准。拖延了几个月后，他才不得不于淳熙二年（1175）动身赴川上任了。在他启程上路那天，当地官民纷纷前来送别，有的甚至直接在路旁摆置酒席，要求范成大停下脚步再同他们痛饮几杯。桂林的僚属及特意赶来送行的柳州、贺州、融州等地的行政长官一行 20 余人，一直将范成大送到广西与湖南交界之处才依依惜别。这一路走来，大家诗酒唱酬，难舍难离，在长长的驿道上吟出许多读来令人动容的诗篇。范成大在《深溪铺中二绝，追路寄呈元将、仲显二使君》中写道："贺州归去柳州还，分路千山与万山。把酒故人都别尽，今朝真个出阳关。"读着这样悲怆而离情荡漾的诗句，使人不禁泪洒衣襟，黯然神伤。

　　桂林当地官民、朋友的深情厚谊，令范成大感动万分。在途经甘棠驿（今灵川县城）时，他忽然联想起周代召伯巡行乡邑，曾经在甘棠树下断案，为百姓办事的典故，觉得自己到桂林这些年来并没为当地百姓留下什么政绩，而桂林的百姓、朋友们却对自己如此厚爱，顿时百感交集，于是提笔写下一首《甘棠驿》吐露心迹：

> 万里三年醉岭梅，东风刮地马头回。
>
> 心劳政拙无遗爱，惭向甘棠驿里来。

　　诗中的"三年"当指 1173—1175 年这三个年头，实际上他真正在桂林主政仅只两年。从上面这首短诗和人们送别范成大的感人场景，我们看到了诗人的坦荡胸襟和人格魅力，他勤政为民，又能自觉律己自省，这与我们常常说的"谦虚谨慎，戒骄戒躁"又有什么区别？但范成大毕竟只是一名封建官员，用唯物史观来看无疑具有时代局限性。然而，仅仅如此便足以让当世那些人品低俗、欺压百姓、高傲自私、贪功虚伪之徒感到无地自容！

　　告别了送行的人们，范成大离开桂林踏上通往巴山蜀水的旅程，桂林这块美丽的土地已经渐离渐远，很快就要成为他心中的远方了。然而，在桂林的两年宦游生活以及这里的一山一水、一草一木，却在他的脑海中变得越来越清晰，他的心情久久难以平静。这一次他决定提起笔来写的不再是诗词歌赋，而是开始写作《桂海虞衡志》。5 个多月后，范成大到达成都，他也终于写完了这本书的最后一个字。他在序文中说写这本书是由于"道中无事时，念昔游，因追记其登临之处，与风物土宜，凡方志所未载者，萃为一书"。实际上，他这是把对广西、对桂林的一腔深情和眷念，把自己心灵深处的人生长歌都写进书里，同这一方土地的山川风物、人文历史完全融合在一起了。

　　范成大离开桂林之后，直到绍熙四年（1193）68 岁时在苏州去世，他再也没有回来。

周去非和他的《岭外代答》

梁熙成

周去非《岭外代答》原序：

夫入国问俗，礼也，矧尝仕焉而不能举其要。广右二十五郡，俗多夷风，而疆以戎索。海北郡二十有一，其列于西南方者，蜿蜒若长蛇，实与夷中六诏安南为境。海之南郡，又内包黎僚，远接黄支之外。仆试尉桂林，分教宁越，盖长边首尾之邦。疆场之事，经国之具，荒忽诞漫之俗，瑰诡谲怪之产，耳目所治，与得诸学士、大夫之绪谈者，亦云广矣！盖尝随事笔记，得四百余条。秩满，束担东归。邂后，与他书弃遗置，勿复称也。乃亲故相劳苦，问以绝域事，骤莫知所对者，盖数数然。至触事而谈，或能举其一二。事类多而臆得者浸广。晚得范石湖《桂海虞衡志》，又于药里得所抄名数，因次序之，凡二百九十四条。应酬倦矣！有复问仆，用以代答。虽然异时，训方士其将有考于斯。淳熙戊戌冬十月五日永嘉周去非直夫记。

把这篇序言用现代语翻译出来：

《礼记·曲礼上》说：到了一个地方，首先要了解那里的风俗习惯，何况我是到那里做官呢？怎么能不知晓那里重要的风俗习惯和事物呢？广西有二十五郡，在那个偏僻的地方，风俗多与中原江淮不同。广西北部内陆，有二十一郡，互相联结，好像一条长蛇。这些地方，与夷中六诏（云南、贵州）和安南国相邻。广西南部临海，海南岛上还有土著的黎族、苗族。外面就是远离陆地的海洋了。我在广西为官，驻衙在桂林，管理广西全境大大小小的事务。包括执行和维护朝廷的法度，体察蛮荒之地奇特的民俗民风，了解这里不同的生活习俗和不同的出产。见到的、听到的，与这个地方的长老、学者、绅士、官吏们谈到的，实在多啊！我都随时记录下来，共记录了四百多条。任期到了，我把这些笔记放在行李中一起带回杭州。回来后，就把这些笔记与书籍放在一处，不再理会了。后来，亲戚、故旧、朋友经常来看望我，都问到广西那个边远地方的事情，我一时不知从何说起，因为奇异的东西太多了啊！有时问到某一样具体的事，我还能举出一二个例子。问的事情涉及面多了，我回忆起来的东西也就更多更广泛。晚上，读到范成大的《桂海虞衡志》，很有感触。于是我从那些书籍里翻找出这些笔记，按照次序分类整理出来，共整理成二百九十四条，付印成书。我的应酬太多太疲倦了，凡是来问及广西这些事的人，我就送一册给他，用它代我作回答。这样，也方便以后修史的人有一个考察、研究的资料。淳熙五年（1178）冬十月五日永嘉周去非直夫记。

据考，周去非，字直夫，南宋永嘉县（今杭州市）人，宋孝宗隆兴元年（1163）进士及第，淳熙元年（1174）任桂州通判，淳熙五年（1178）任满后回朝任职。

通判，"通判州事"的省称，宋置，其职权仅次于州府首官，与首官共同署理境内一切事务。并且还握有连府处置各州府公事和监察各级官吏的职权。正所谓"上马管军，下马管民"，是一个握有实权的大官。

周去非的《岭外代答》，所记以广西境内的事为主。宋时，桂州（即今桂林市）是岭南的首府，置有安抚经略使，是岭南的帅府和最高权力机关所在地。其辖境包括今广西全境、贵州省的荔波，广东省的韶关、高州、信宜、化州、雷州半岛，以及海南岛。

《岭外代答》全书五万余字，分为十卷，二十一门，二百九十四条。条下有的还有目，如第八卷花木门，有四十四条，其中第十八条"百子"中又列了四十二目。《岭外代答》一书的原本早已遗失，今存世之本，是清乾隆三十八年（1773）从明代修撰的《永乐大典》中辑出的。自该书问世以来，便成为历代政治家、军事家、文学家、史学家、民俗学家、植物学家、动物学家、气象学家等了解、研究广西的必读之书。

《岭外代答》卷一，记有地理门、边帅门。地理门记有：百粤故地、并边、广西省并州、五岭、湖广诸山、桂山、桂林岩洞、灵岩、罗从岩、黎母山、广西水经、牂牁江、灵渠、癸水、龙门、象山、天威遥、天分遥、三合流、象鼻砂、天涯海角、潮汐等二十二条。边帅门记有：广西经略安抚使、琼州兼广西路安抚都监、邕州兼广西路安抚都监、宜州兼广西路兵马都监、融州兼广西路兵马都监、钦廉溪峒都巡检、吉阳万安昌化军都巡检使、中书令褚遂良、中书令张九龄、桂州陈都督等十条。

卷二、卷三外国门上、下，共记有：安南、占城、真腊、蒲甘、三佛齐、阇婆、故临、洼辇、大秦、大食、木兰皮、王舍城、天竺、中印度、麻力拔、蓝里博、南尼华萝、沙华、近佛国、女人国、昆仑呈期、波斯、蜒蛮、三佛驮等二十四国。戍边门记有：沿边兵、土丁戍边、峒丁戍边、田子甲、峒丁、寨丁、土丁、堡丁、效用、土宣、五民、惰农、僧道等二十一条。

卷四风土门记有：广右风气、雪雹、瘴地、瘴疾药、屋室、巢居、踏犁、椿堂、送老、方言、俗字等二十一条。法制门记有：奏辟、定拟、试场、摄官、南海役法、常平仓等六条。

卷五财计门记有：广右漕计、广西盐法、经略司买马、宜州买马、马纲、邕州横山寨博艺场、邕州永平寨博艺场、钦州博艺场等八条。

卷六器用门记有：端砚、笔、墨、茶具、螺杯、羽扇、蛮刀、蛮甲胄、蛮鞍、蛮弓、融剑、黎弓、药箭、梧州铁器、木兰舟、藤舟、刳木舟、桄、蛮笠、皮履等二十条。服用门记有：毯、布、瑶斑布、水纴、安南绢、绦子、氍、吉贝、蚕丝、婆纱、婆裙等十一条。食用门记有：酒、茶、食槟榔、老鲊、异味、斋素、买水沽水等七条。

卷七香门记有：沈水香、蓬莱香、鹧鸪斑香、笺香、众香、零陵香、蕃栀香等七条。乐器门记有：平南乐、瑶乐、腰鼓、铜鼓、桂林傩、白巾鼓乐等六条。宝货门记有：珠池、蛇珠、辟尘犀、琥珀、砗磲、龙涎、大贝等七条。金石门记有：生金、丹砂水银、炼水银、银珠、铜、铜绿、铅粉、钟乳、滑石、石燕、石蟹、石虾、石梅、石柏等十四条。

卷八花木门记有：桂、榕、杉木、胭脂木、思攎木、槟榔、桄榔、椰子木、竹、荔枝圆眼、红盐草果、八角茴香、余甘子、石栗、杓栗、蕉子、乌榄、柚子、百子、藤花藤、胆瓶蕉、水蕉、红蕉花、南山茶花、素馨花、茉莉花、石榴花、史君子花、添色芙蓉花、豆蔻花、泡花、曼陀罗花、拘那花、水西花、裹梅花、玉修花、月禾、大蒿、都管草、蛆草、铜鼓草、石发、扁菜、胡蔓草等四十五条。

卷九禽兽门记有：象、虎、天马、蛮马、果下马、蛮犬、猨、白鹿、人熊、山猪、花羊、灭、绵羊、大狸、风狸、仰鼠、香鼠、石鼠、麝香、懒妇、山獭、山凤凰、孔雀、鹦鹉、乌凤、秦吉了、翡翠、雁、灵鹊、骨嘈、鸠、春蚕、鸽子、关鸡、长鸣鸡、潮鸡、枕鸡、翻毛鸡等三十九条。

卷十虫鱼门记有：蚺蛇、六月龟、鼋毒瑁、鳣、鲟鳇鱼、嘉鱼、河鱼、竹鱼、鰕鱼、鬼碟碟、天鰕、黑碟蝶、蝼等十三条。古籍门记有：韶石、秦城、绿珠井、古富州、铜柱、陟屺寺、交址、儋耳、冰井火山等九条。蛮俗门记有：蛮俗、僚俗、入寮、挂剑、绣面、鼻饮、飞驼、踏瑶、款塞、木契、打甏、抵鸦、十妻、捲伴、斗白马、迎矛娘等十六条。志异门记有：天神、生佛、宁谏议、武婆婆、转智大王、新胜等六条。

从全书记载的内容来看，可以说不失为广西历史的百科全书。

《岭外代答》地理门记载，秦始皇统一中国之后，即派兵修筑岭南驿道。

东道沿潇水之源而上，经桂岭下贺州，直下东粤（即今广东）。西道沿湘水之源南下，经越城岭直下西粤（即今广西）。同时派史禄修灵渠，沟通湘、漓二水。在岭南置三郡：南海郡（番禺）、桂林郡（布山）、象郡（崇左）。汉武帝时，分桂林郡为玉林、苍梧二郡；分象郡为交趾、九真、日南、合浦四郡。又自徐闻渡海，在海南岛置朱崖、儋耳二郡。汉武帝元鼎六年（公元前111）置始安县（即今桂林市）。三国时吴甘露元年（265），升始安县为始安郡。南朝梁天监六年（507）在始安郡置桂州。唐代，分岭南为广南东路、广南西路，广东、广西即由此得名。在桂州置桂管经略使，自此桂林即成为广西的政治、经济、文化中心。北宋皇祐年间，朝廷在平定侬智高起事后，置桂州安抚经略使，为岭南的都元帅府。南宋绍兴三年（1133），将始安郡改置为静江府。当时，广西境内所辖三十五州并吉阳、万安、昌化三座军州，其中少数民族聚居的有十七个州。汉族人口主要分布在桂江、融江、柳江流域的平川、河谷盆地。而静江府的永福、龙胜以西，融州以南的广大地区，山川旷远，人烟稀少，一郡的人口还不及江淮的一个县。有意思的是，周去非记载当时的昭平县所在地，只有三户人家和一座县衙。可见当时地广人稀之状况。

周去非在《岭外代答》中，用浓墨重彩记叙了桂林的山水："桂林之山，群峰拔地，森立四野，坚润而秀。"他引用黄庭坚的诗句："桂岭环城如雁荡，平地苍玉忽嶒峨。"他赞美桂林"青山绿水，团圞映带，烟霏不敛，空翠扑人"。他引用唐代诗人韩愈的千古名句："江作青罗带，山如碧玉簪。"他赞叹桂林的岩洞："桂州多灵山，林立四野……峰下多佳岩洞，神雕鬼刻。高者凭崖如化城，下者穿隧若水府；大者可建五丈旗，小者犹可容十客。或浮为洲渚，或内通舟楫。"接着还记载了三十余处洞名。

周去非笔下的漓江："漓水自癸方来，直抵静江府城东北角，遂并城而南。桂林城因有漓水，而为乐土福地尔！"他对灵渠的记载："昔始皇帝南戍五岭，史禄于湘源上流，漓水一派，凿渠逾兴安而南注入融，以便于运饷。盖北水南流，北舟逾岭，可以为难矣！史禄之凿灵渠也，于上流砂碛中垒石作铧嘴，锐其前，逆分湘水为两，依山筑堤，激十里而至平陆。遂凿渠绕山曲，凡行六十里，乃至融水。"这里不仅记载了秦始皇的雄才大略，史禄的卓越才华和丰功伟绩，还记载了我国古代劳动人民的伟大创造力。

除了桂林山水，周去非还记载了融州老君洞、韶州韶石山、桂平罗丛岩、柳州立鱼峰、海南黎姆山、象郡白象山、钦州象鼻砂、天涯亭、廉州海角亭等等。

《岭外代答》中对当时广西的边防、海防、军备也有较为详尽的记载："本朝皇祐中，侬智高平，诏狄青分广西邕、宜、融为三路，用武臣充知州，兼本路安抚都监。而置经略安抚使于桂州，选两制以上官为知州，兼领使事，于是八桂遂为西路雄府矣。"又记："邕守兼本路安抚都监，沿边守臣并带溪峒都巡检使，尽隶于经略安抚使。帅府既内兼西南数十州之重，外镇夷蛮，几数百族，事权不得不重矣。"并且还记有："广西诸郡凡有边事，不申宪漕，唯申经略司。"即是说：边防有事，可直接申报经略司处置。记载广西边防、海防和驻军情况："广西设主帅一，副帅二员。边州邕管最为重要，宜州、钦州次之，融州又次之。静江帅府驻主帅和一半将官，步兵二千五百人，水兵二千人，后勤兵五百人，帅府守兵五百人，军容颇盛。邕州屯兵五千，战将齐整。以三千人分戍横山、太平、永平、古万四寨要隘和迁龙镇，二千人留守邕州。宜州分驻一员副帅，统兵二千五百人。另五处要隘戍兵，用天河、思恩、河池三县士兵。钦州、澄海两处海防，设两处巡检司，驻兵五百。海上操战船的水兵，皆由当地征招士兵。边防要塞的军费，由广西盐钞开支，每岁四十万缗。而广西驻军的军费，每年开支一百一十万缗。各郡县征集的税赋，除去开支，尚有裕余。"

《岭外代答》记载广西的居民有五种。一是土人，在原始社会时期，他们就已经在河沿、平川上生活，居住在树巢、土坡的村落中。二是北人，是秦汉以来从中原地区迁徙而来的人。特别是五代之乱，历时半个世纪，中原、湖广一带的人大批南迁避难到岭南来。这些人比较集中居住在村落集镇。以

周去非等七人龙隐洞题记（邓霆　摄）

上两种人语言平易，而杂以南音，是广西居民的主体。三是俚人，就是史书上称为"狸獠"的人，他们有的已经从深山老林中出来到平地居住，已处在半开化状态，但语言还不通晓。多数仍住在深山老林中。四是射耕人，他们是从浙江、福建漂海而来的，居住在海边和广西南部平原盆地，以耕种为生。五是蜑人，以舟为家，居住在江河湖海上，以打鱼为生。这些人的语言难懂，似闽粤语。从以上记载中可以得知，广西的汉族和少数民族，都是广西的世居民族，很早就已经共同生活在这块土地上了。

《岭外代答》记载广西的气候，与中原地区大不相同。是"雨下便寒晴便热，不论春夏与秋冬"。桂林的气候，与江浙一带相似。但桂林以南百里之外，便大不相同了。他记载："阴雨天寒气渐渐袭人，晴天则温气勃勃蒸人。一天之中阴湿晦冥"，变化无常。冬月久晴，夏月苦雨。一天之内，早温昼热晚凉夜寒。有的地方冬天还穿单衣，有的地方盛夏还盖被子。傲雪的梅花在九月就盛开了，枫槐榆柳等落叶乔木四时常绿，草木瓜果一年四季都招虫蠹。在周去非的笔下，广西山高林密，瘴雾丛生，阴晴无时，地气常燠，故而生齿不繁，地广人稀。他记载广西的方言与中土大不相同，村野山民，语言涩杂难晓。如：吃饭叫"饱牙"、饮酒叫"哏漏"、大曰"嚜（去声）"、小曰"勉（阴平）"。年长于己者叫"老兄"，年小于己者叫"老弟"，撑船叫"划水皮"，靠岸叫"埋船头"，用竹篾编器盛饭叫"箪"，用竹节装水叫"筒"，劳作间休息叫"歇耐"，睡觉叫"乜"等。

他记载了广西人劳动、生活、婚嫁、送老、祭祀等各种习俗，其中，最值得一提的是关于"踏犁"的记载。他亲自到静江府郊外了解农人用踏犁撬田耕种的情况："踏犁形如匙，长六尺许，末端施横木一尺余，此两手所捉处也。犁柄之中于左边施一短柄，此左脚所踏处也。踏可耕三尺，则释左脚而以两手翻泥，谓之一进。拖延而后行，泥垄悉成行列，不异牛耕。予常料之，踏犁五日可当牛犁一日，且不如牛犁之深入土。问之，乃惜牛耳！"他接着记载了广西人爱惜耕牛，但又不懂得怎样饲养、护理耕牛，只是任其放牧，夏天放在水中，冬天放在岩洞内，故而耕牛容易生病死亡。于是周去非亲自到村寨里，向当地人传授江浙一带农人饲养、保护耕牛的方法。他教静江的农人搭盖栏屋，用干草垫栏，让耕牛得以抵御风雨；教农人煮食喂饲，使耕牛少生疾病。这样，耕牛既健壮又能长用，农人非常感激他。

周去非记载广西的常平仓：当时，广西的常平仓，米粮所存无几，且损耗严重，军粮亦不足。原因是当地的官员和老百姓不懂得仓储之利的道理。田家每年收得的谷米，除了自给之外，其余都卖光。商人则以低价收购，用船运下广东出售获利。遇上大凶灾祸之年，官府束手无策，百姓流离失所。

周去非记载的"桂州踏犁"
（张荣翔　摄）

这都是不懂得以新易陈，保持仓储丰盈所造成的。于是，周去非饬令各州郡县建立"常平仓"，丰年要广收粮谷充实仓储，以备军需和荒年之用。

当时，广西的财政收入全部依靠盐税。盐场都在海边，产的盐都运到廉州（今合浦县）石康仓，然后由盐商贩运到各地出售，且各地盐价不同，税课难计。有鉴如此，周去非将盐政改行官卖，并委派官员姚孝为盐运使，在玉林州的北流河畔建了一座十万斛的大盐仓，将廉州之盐运抵玉林储之，然后船运至各州府县官卖。各州府县每年官卖的盐都有定额数量。如静江府每年八千箩（每箩一百市斤），融州每年二千七百箩，宜州每年四千三百九十箩，邕州每年七千五百箩，宾州每年二千五百箩，柳州每年三千五百箩等。还有象州、横州、贵县、玉林、昭州、贺州、藤州、浔州、容州等。各地的盐商贩盐，都由官府掌控。每年共计五万八千二百箩有奇，可收得盐税六十五万五千六百缗。而广西每年需支用的各项经费七十三万二千缗，仅盐税收入一项即可支付九成。当时因广西地处边陲，边防多有军塞，山地远阔，道路每岁均要修筑。因此朝廷每年调拨给广西经费一百一十万缗。这样，广西的财政便十分裕余了。

周去非的《岭外代答》中，"器用门""服用门"的记载很有特点。"器用门"记载广西各地的手工业有三十种之多。如记载静江古县（今永福县百寿镇）的民间染织业十分发达，所织的布最佳，比其他地方的布既漂亮又耐穿耐用。其原因是这里的技术有特点："用稻穰心烧灰来煮布缕，而又以滑石粉膏之，行梭滑光而布纱紧密也。"他记载融州少数民族的蓝染布："其纹极细，以木板二片镂成细花，用以夹布，而熔蜡灌于镂中，而后乃释板取布，投诸蓝中，布既受蓝，则煮布以去其蜡，故能受成极细斑花，炳然可观。"右江流域的人用苎麻织布，一疋有四丈长，缝衣"轻凉离汗"。钦州妇女用大方巾缝起袖口，披着为上衣。记载修仁县、古县两地产的茶"质量最优，煮而饮之，其味釅而重，能治头风"。记载横县产的蚕丝"一虫可得丝长六七尺，光明如煮，成弓琴之弦，以之系弓刀纫扇，固而佳"。记载广西的雨帽更有特色：用细竹篾编织而成，手工奇巧，价钱也不贵；顶尖圆高挺，四围下垂；顶高戴得稳不会掉，四围下垂既能挡风，又不影响目视；还可以戴着骑马。记载广西各地酿造的酒，以帅府瑞露司酿造的酒最好，风味蕴藉，声震湖广。酿酒的大师傅是贺州人，酿酒的技术也是从贺州带来的。

　　周去非笔下，对广西民歌亦有非常精彩的记载："广西诸郡，人多能口乐。城廓村落，祭祀、丧葬、婚嫁，无一不用乐，虽耕田亦口乐相之，盖日闻鼓笛声也！"他还记载了广西的一种特殊的乐器："静江腰鼓，最有声腔。"他甚至还记载了这种腰鼓的制作情况：用腊泥来制成圆筒型，两头大，中间小，筒口用羊皮或蚺蛇皮鞔紧，再用铁圈箍紧。用手拍击，其声嘭嘭远传。这种绷鼓用的铁圈，出自古县，"其地产佳铁，铁工善锻，故圈劲而不褊。合乐之际，声响特远"。他对广西铜鼓的记载详实，尤加赞美：广西铜鼓，在汉朝时就有了。鼓面正圆平整，腰小，形状像烘篮，又像座凳。鼓面上有五蟾图案，有的蹲伏，有

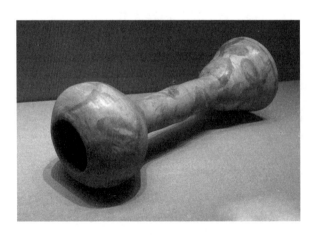

永福窑田岭遗址出土的花腔腰鼓（邓霆　摄）

的飞动。鼓的周围有许多图案，圆的是古钱，方的似织簟，有人形，有玉璧，有宝塔，有鸟兽虫鱼等等，布满鼓身，铸造十分精美。铜鼓有大有小，大者面阔七尺，小者仅有碗大。大者其声宏远，小者其声清亮。他记载当时平南教坊里演奏的道教音乐：日闻鼓笛之声，四野之人皆驻足聆听。他还记载了桂林傩戏，有"静江诸军傩""百姓傩"。少数民族的"白巾鼓乐"，以及芦沙、铳鼓、葫芦笙、竹笛、排箫等等。演奏时人们团团围在一起，一边演奏，一边舞蹈。其欢乐的场景犹在眼前。

《岭外代答》中，对广西的出产亦有广泛的记载。如在香门、宝货门、金石门中，记载的地方特产共有几十种之多。在花木门中，记载的名贵树木花卉不下百种。如他记载的斑竹："桂林属县皆有之。初生时但点点淡青，靥如苔痕，久则青退而紫斑渐明。"历史上早就有广西斑竹的神话故事。舜帝南巡时死在九嶷山，他的两个妃子娥皇、女英南下寻找。至苍梧，不见帝之踪影，泪洒竹上结而成斑。最有意思的是，《岭外代答》中还记有这样一个故事：唐代，杨玉环贵为唐明皇的妃子，总是念念不忘家乡的荔枝。每年容州（今广西容县）荔枝成熟时，都要用快马日行六百里，昼夜奔驰将荔枝送往长安，贵妃一见，笑容满面。因而容县出产的荔枝"妃子笑"从唐代起就一直名扬四方。按照这个记载，杨玉环应是广西人无疑。

周去非是南宋初期的一个进士，在广西为官五载，对广西的开发、治理是有政绩的。在当时的历史年代，可以算得上是一个好官。然而使他名垂青史的并不是他的所谓政绩，而是他的《岭外代答》。《岭外代答》是一部广西历史的百科全书。即使在今天，对当代的人们以史为鉴、认识广西、开发广西、建设广西、发展广西，都具有很大的历史意义和参考价值。因为，只有文化才是永存的、不朽的。

王正功与"桂林山水甲天下"

黄继树

　　"桂林山水甲天下",多么大气的诗句,大气得具有一种天然的霸气,自从这诗句出现之后,天下的好山好水与桂林山水比较起来,就只有当"小桂林"的资格了。天下确实有许多自称"小桂林"或者"某某桂林"的旅游景点,它们也想沾一点"桂林山水甲天下"的光。

　　"桂林山水甲天下",这句诗带给桂林的有形或无形资产是巨大的,巨大得不可估量。"甲天下",当然不但包括中国,也应该包括世界。人们,不管你是中国人或外国人,只要一提到桂林,就会自然而然地提起"桂林山水甲天下"这句话。那么,人的一生去过的地方是有限的,在这有限的时间和空间里,就不能不去一趟桂林,否则,在人的有限生命的岁月里,便会有某种遗憾。

　　可是,当我们在念念不忘"桂林山水甲天下"这句话时,又有多少人知道这句话的来历呢?起码在1983年以前,我们是不知道这句话是由谁第一个说出来的。在那之前很长一段历史,有人说"桂林山水甲天下"是由唐代大文豪柳宗元最先说出的,但柳宗元先生在他撰写的《桂州訾家洲亭记》一文中,只是说了"是亭之胜,甲于天下"。又有人说是由宋代大诗人范成大说出来的,但翻遍范老先生关于桂林的诗文,也只有他在《桂海虞衡志》这本书的《志岩洞》序言中所说的"余尝评桂山之奇,宜为天下第一"之句。又有

刻于桂林独秀峰岩壁上的王正功诗"桂林山水甲天下"（邓霆 摄）

人说是由宋代著名诗人、静江知府（治所在今桂林市）兼广南西路经略安抚使李曾伯说出来的，他在《重建湘南楼记》中说过"桂林山川甲天下，三百年间，无兵革之警"。但仍有一字之差。就这样，这句"桂林山水甲天下"的诗句，就像漓江里的水，哗哗地流传了不知多少年，而无人知道它的出处和作者姓名。直到1983年，桂林市的文物工作者在清理独秀峰读书岩石壁上的石刻时，才发现"桂林山水甲天下"诗句的真实出处。它的作者是宋代在桂林为官的王正功，他的官职是广南西路（治所在今桂林市）提点刑狱公事（掌纠察本路狱讼、讯问因徒、详复案牍、巡察盗贼以及举刺官吏等事）、权府事（代理知府）。王正功还是位诗人，他有一部《约斋荆澧集》诗集刊行于时。

"桂林山水甲天下"的出处和它的作者虽然被发现了，但是这首诗一般人无法读懂。因为宋诗与唐诗不同，宋诗喜欢大量运用典故和说理议论，似乎要字字有来历，句句有典故，不经过专业人员的注释，难以解读。因此，很多人还是不知道这诗究竟说了什么事，为什么"桂林山水甲天下"这样气势非凡的诗句，会出现在这首诗中而流传了几百年。

2001年，桂林市在大规模的城市建设中，李金早市长敏锐地感到，组织专家、学者对"桂林山水甲天下"这首诗及作者的身份进行注释解读，使其深入人心，对促进桂林历史文化研究和旅游业的发展很有帮助。他指示桂林市文联（笔者时任桂林市文联主席），组织专家、学者、教授对王正功的诗作及其"墓志铭"进行研究考证、注释和解读，让一般的市民都能读懂此诗。桂林市文联于是邀请广西区内外的专家、学者、教授以及桂林市文博界、文艺界的专家学者对王诗及其墓志铭进行考证研究，撰写论文，从不同角度解读王正功的诗作。在此基础上，2001年11月20日，由桂林市人民政府主办、桂林市文联承办的"宋人王正功'桂林山水甲天下'诗作研讨会"在榕湖饭店九岗岭会议厅召开，包括上海市社科院、华东师范大学、广西师范大学在国内古典诗词研究方面有影响的专家教授，和上海《文汇报》《新民晚报》等新闻媒体和桂林市文博界、文艺界及新闻界共60多人出席了研讨会。为了扩大王正功其人其诗的社会影响，桂林市文联与桂林市教委联合，举办了桂林市中学生翻译王正功"桂林山水甲天下"诗及王正功墓志铭的竞赛活动。桂林市在大规模的城市建设中，更没有忘记最先吟出"桂林山水甲天下"诗句的诗人王正功的旷世之功，桂林市人民政府在新开辟的中心广场竖立了一块大石碑，刻录了王正功"桂林山水甲天下"全诗及王正功的小传，又在"两江四湖"最热闹的地段，建立了一尊王正功的雕塑像，让桂林市的人民及世界上热爱桂林的人士永远记住这位"权府事"诗人王正功创作"桂林山水甲天下"的丰功伟绩。王正功如地下有知，心灵也得到了极大的慰藉。

王正功离开桂林时，是"遭论而归"（撤职处分）的。原因是他秉公执法，处罚了属下的兴安县令的儿子。这个县太爷的公子也太胆大妄为，竟敢在光天化日之下闯入县衙，"蹴小吏致死"。用桂林话来讲就是把县衙门里的一个小吏用脚"抖死了"。衙门里把这位犯了人命案的县太爷的公子拘禁了起来。兴安县令公然跑到收监之处要求把儿子放出来，并公然威胁治狱者（监狱管理者）。王正功闻知十分愤慨，怒曰："台治所在，可使死者抱冤乎？"他说：这里是执法的宪台所在地（提点刑狱司又称宪司或宪台），难道能让死者抱着冤枉而死吗？他下令把兴安县令犯法的儿子"移狱邻路"（广南西路与广南东路互为邻路），王正功很可能把兴安县令那犯人命案的儿子关到广东那边的监狱里去了，以防止兴安县令利用关系干扰司法。兴安县令的官场靠山要比代理知府王正功的官大，他上蹿下跳，公然给他活动成功了，不仅他儿子殴人致死的命案官司一笔勾销，还反告倒了公正执法的王正功，使这位主掌司法刑狱的权府事王正功遭罢官而归。嘉泰二年（1202）正月初八日，年近七十的王正功拖着衰老的身体凄凉地离开了桂林，回到四明（今浙江宁波市）他的家中，第二年就去世了。

2001年11月20日，在桂林市召开的"宋人王正功'桂林山水甲天下'诗作研讨会"及在此前后进行的宣传活动，王正功其人其诗在桂林虽没有达到"家喻户晓"的程度，但已广为人所知。十几年过去了，为了强化一下当年的宣传效果，在这里有必要把当时专家学者们注释解读王正功诗作的学术成果，再重复一下。

王诗摩崖在独秀峰下读书岩的石壁上，由桂林市文物工作者杨寅生、胡湘武两先生于 1983 年在该处清理文物时发现。诗前有一段小记文字：

> 嘉泰改元，桂林大比兴，与计偕者十有一人，九月十六日，用故事行宴享之礼。提点刑狱、权府事四明王正功作是诗，劝，为之驾。

"嘉泰改元"：即嘉泰元年（1201）。"大比兴"：也叫大比。指古时几年一次的科举考试。"与计偕者十有一人"：同时出席宴会的举人共有 11 人。"用故事行宴享之礼"：照以往的惯例，典试后行宴享之礼（即知府郡守地方官宴请已通过乡试的举人）。"四明王正功"：四明，地名，今浙江宁波市，即四明人王正功。"劝，为之驾"：语出《汉书·高帝纪下》"贤士大夫有肯从我游者，吾能尊显之。布告天下，使明之朕意。……御史中执法下郡守，其有意称明德者，必身劝，为之驾"。意为对有才德的人，（州郡长官）必须亲自劝说，勉励他们赴京，为国家效力，并备车驾，为其送行。王正功把这典故运用得很恰切，作为郡守的他，对桂林这 11 位举子，他亲自勉令至京师参考明春礼部举行的会试和皇帝主持的殿试。这一段小记文字说明王正功作此诗的意图是对人才的劝勉和期望。

王正功劝勉这些举子们上京参加考试，为国家贡献人才，和"桂林山水甲天下"又有什么关系呢？我们看看王正功诗的内容好了。

> 百嶂千峰古桂州，向来人物固难俦。
> 峨冠共应贤能诏，策足谁非道艺流。
> 经济才猷期远器，纵横礼乐对前旒。
> 三君八俊俱乡秀，稳步天津最上头。

桂林山水甲天下，玉碧罗青意可参。

士气未饶军气振，文场端似战场酣。

九关虎豹看劲敌，万里鲲鹏伫剧谈。

老眼摩挲顿增爽，诸君端是斗之南。

这是两首七言律诗，以人杰地灵为主题，既咏桂林自然之美，也咏桂林人才之盛。第一首的首句"百嶂千峰古桂州，向来人物固难俦"，作者似乎在写景，"百嶂千峰"一语概括桂林诸山丛立如屏嶂的山峰，此句已见宋人黄庭坚《到桂州》诗"奈此百嶂千峰何"。但是，作者并没有展开写景，而是开始发议论了："固难俦"，"固"：本来，《孟子·梁惠王上》："臣固知王之不忍也。""难俦"：同辈的优秀人物难得。《三国志·魏·高柔传》："萧曹之俦，并以元勋，代作心膂"，萧何、曹参均为汉代名相。"峨冠共应贤能诏，策足谁非道艺流。""峨冠"指举子们的衣着为峨冠博带，气魄非凡。峨冠，即高冠，指儒生装束。"贤能诏"：指贤良方正能直言极谏科的考试，又称"制科"，此为常选之外的又一种取士制度，见《宋史·选举志》，这里泛指入京考试。全句意为峨冠博带的举子们共同响应明春礼部举行的考试，并以反问句称誉举子们精通道艺。"经济才猷期远器，纵横礼乐对前旒"，赞誉举子们既懂经济之术，亦能制作礼乐之才，从容应考。此"经济"非今日财政金融之义，乃指经国济世的政治才能。"对前旒"指参加皇帝主持的殿试，"旒"为皇冠前后悬垂的玉串，此处指皇帝。"三君八俊俱乡秀，稳步天津最上头。""三君八俊"，指杰出人才，这里用来称誉桂州的士人（知识分子），也喻指王正功宴请的11名在乡试中取得优异成绩的举子。"稳步天津最上头"，关键词"天津"是什么意思？"天津"不是今天的天津市，而是一座桥名，旧址在今河南省洛阳市西南，始建于隋代。洛阳在隋唐时代为东都，天津桥是一座名桥，当洛阳之通衢，风光优美，桥两头市井繁华，唐人李白、白居易等大诗人都曾在天津桥流连忘返，留下著名诗篇。唐代科举考试，在长安和洛阳分别设立考场。

东都洛阳的考场和放榜地点就设在天津桥。《太平广记》卷一七九《阎济美》条，讲述唐代宗（李豫）大历九年（774）举子阎济美到东都洛阳天津桥参加科举考试的故事：十一月下旬考杂文，“十二月三日，天津桥放杂文榜”。王正功勉励桂州的举子们“稳步天津最上头”，科考独占鳌头，要考中状元夺魁的意思。第一首诗主要是称赞桂林举人的才能，并祝福他们在明年的春试中能取得好成绩。

第二首起句：“桂林山水甲天下，玉碧罗青意可参。”则为全诗的精粹。它是概括提炼历代赞誉桂林山水的名言佳句，也熔铸了作者的满腹豪情与创新意识而成。“桂林山水甲天下”因此成为众口流传、历久弥新的名句。诗人在赞美桂林山水的同时，也不忘鼓励桂州的举子们：桂林山水甲天下，难道桂林的人才不也应该“甲天下”吗？王正功这个自豪于天下的宏愿豪情和神奇的预言，直到六百多年之后的清代嘉庆二十五年（1820），才由桂林举子陈继昌“三元及第”，和道光二十一年（1841）桂林举子龙启瑞以会元和状元“两元及第”，光绪十五年至十八年（1889—1892）桂林举子张建勋、刘福姚以“三科两状元”称雄全国考场得以实现。我们要说，诗人王正功是位伟大的预言家！大文豪韩愈赞美桂林山水“江作青罗带，山如碧玉簪”，王正功认为非常经典，蕴含丰富，其意可参。参：体会，领略。王正功在书写甲天下的桂林山水之后，紧扣人才“甲天下”这一主题。“士气未饶军气振，文场端似战场酣。”他说，举子们的“士气”像军队的士兵一样振奋。“未饶”：不相让，也可理解为不亚于。应考竞争很激烈，“文场”（考场）犹如“战场”紧张酣畅。“端似”：真像，确实像。“九关虎豹看劲敌，万里鲲鹏伫剧谈。”“九关虎豹”：典出《楚辞·招魂》“虎豹九关，啄害下人些”，意思是九重天门（九关）都有虎豹把守，专咬下界闯关的人（啄害下人）。比喻科考要经过重重关卡，闯关十分艰难。前述《太平广记》里的举子阎济美：十一月下旬考杂文，“十二月三日，天津桥放杂文榜”。次日，“天津桥作铺帖经（考书字、五经）再考杂文”。阎济美的书帖写得不够好，他对考官说：“某早留心章句，不工帖书，必恐不及格。"考官根据考试规定，允许他作诗代替帖书考，并出题《天津桥望洛城残雪》。天色已晚，又很寒冷，考官催他交卷很急，阎济美只写了二十字的一首诗，对考官说："天气寒冷，写不成字，请大人决定吧！"考官看了阎济美做的诗，非常赞赏，遂荐通过。"鲲鹏"：传说中的大鹏鸟，由鲲鱼变化而成。典出《庄子·逍遥游》："北冥有鱼，其名为鲲，鲲之大，不知其几千里也。化而为鸟，其名为鹏……鹏之徙于南冥也，水击三千里，抟扶摇而上者九万里。""万里鲲鹏"，此处为祝颂之词，是说举子们的前程万里，不可估量。"伫剧谈"，"伫"：企盼，期待。"剧谈"：流畅的谈吐，即畅谈，语出《汉书·扬雄传》："口吃不能剧谈，默而好深湛之思。"这句意思是，举子们对策时论谈吐流畅，滔滔不绝，畅谈中饱含着对举子们鹏程万里的期待。

诗人在表扬举子才能，描绘文场酣战，祝福他们前程远大之后，倾吐自己的心情："老眼摩挲顿增爽，诸君端是斗之南。"说他在这群英才面前，喜不自禁，老眼双目增爽（明亮、爽朗，王正功作此诗时年近七十），称赞他们将来定是出将入相一类的拔萃人物。"斗之南"：即斗南，古以"斗南"称宰相职位。于是，"人才"与"山水"俱甲天下的双重意境和期望，在此得以圆满完成。（参考徐培钧、樊平两先生的注释）

王正功其人其诗，靠一句"桂林山水甲天下"得以传世，历八百余年而不朽，相信在桂林还没有产生更美更大气的誉美之词之前，这诗句还得流传下去，像漓江之水，奔流不息。我常常想，王正功在桂林为官，他的政绩再突出，如果没有这一句"桂林山水甲天下"的诗句，他个人恐怕早就在历史的长河中湮没无闻了。他的劝勉人才的诗作得再好，如果缺了"桂林山水甲天下"这一佳句，恐怕也不会流传如此之久。好诗必有佳句才能流传，佳句为一篇之警策，可遇不可求。作文作诗如此，做人做事又何尝不是如此呢！

创造寿文化丰碑的人

史渭与王宅

黄继树

　　广西永福县百寿镇百寿岩中的"百寿图"，是中国寿文化的一座丰碑。它以博大精深的内涵，奇巧无比的创意和极高的艺术审美价值，闻名海内外，从古至今受到人们的尊崇和喜爱，被国务院定为全国重点文物保护单位。

　　"百寿图"这件超级艺术品的作者到底是谁？

　　"百寿图"的落款为："知县史渭刻于静江古县夫子岩绍定己丑岁吉日，桂林王宅刊。""知县史渭刻于静江古县夫子岩"，说明当时的"古县"（今永福县百寿镇一带）宋时属静江府（府治今桂林），"夫子岩"即今百寿岩（又称寿字岩）。这一行字是人名和地名。其中的"刻"字，并非是说知县史渭将"百寿图"亲自刻在石壁上。这个"刻"字，应该是"摹刻"的意思，即史渭下令将已创作完成的"百寿图"原作摹刻于夫子岩岩内的石壁之上。"绍定己丑岁吉日"，"绍定己丑"是南宋理宗（赵昀）绍定二年（1229），说明史渭在这年选了个良辰吉日摹刻百寿图于夫子岩内。

　　"桂林王宅刊"这个"刊"字，是"刊石"的意思，即王宅奉知县史渭之命将"百寿图"原作刊刻在夫子岩内的石壁之上。

　　下令摹刻"百寿图"的知县史渭，《永宁州志》有极其简略的记载："史渭，绍定己丑任古县知县。"这一年，史渭在古县（县治在今永福县百寿镇）任知县。

　　刊刻"百寿图"的王黿又是何许人也？史无记载。我们只知道他是桂林一位名不见经传的石刻艺人。如果按照我们今天的艺术评审标准，根据他刊刻的"百寿图"，应该是全国鼎鼎有名的石刻艺术大师级的人物。知县史渭独具慧眼，邀请石刻高手王黿前来古县操刀摹刻"百寿图"，从而获得了极好的艺术效果，使"百寿图"成为中国书法艺术的瑰宝，中国寿文化的经典之作。

　　在封建社会里，无论石刻艺人具有多么高超的技艺，也是没有社会地位的。宋代桂林的石刻作品，在全国从数量和质量上，都是第一位的。故有"唐宋题名之渊薮，以桂林为甲"（清代著名金石学家叶昌炽语）之誉，世间更有"唐碑看西安，宋刻看桂林"的美谈。但是，在桂林现存的众多摩崖石刻作品中，够得上国家级文物的、在海内外具有很高知名度和影响力的文化珍品，笔者尚未曾见过民间石刻艺人在石刻作品上的署名。据说，清嘉庆二十五年（1820）临桂县举子陈继昌"三元及第"，时任两广总督阮元在广西贡院端礼门（今桂林王城正阳门）上，建立"三元及第"坊，他亲自书额，并选中当时正在王城修缮的石刻艺人褚德宏（临桂县茶洞乡褚村人）为他刻字。在

永福县百寿岩中的"百寿图"石刻（邓霆　摄）

史渭与王霭联署的落款
（邓霆 摄）

"开坊"大典宴上，阮元亲自为褚德宏敬酒，一时轰动桂林。作为封疆大吏的两广总督为一个石刻艺人敬酒，规格算是高了吧。但是，至今仍立在王城门楼额上的"三元及第"石匾上，又何曾有石刻艺人褚德宏的名字呢？

史渭是一位具有深厚学养、亲民、爱民，有着浓厚平民作风的知县，至今百寿镇一带还有不少他的有关故事传说。也许他知道，人是应该生而平等的。因此，他愿与一位民间的石刻匠人在"百寿图"上同时署名。也许他知道，人即使在生前不能享有平等的权利，但死后却是一样的。人可以活到一百岁，甚至一百岁以上，但终归有一死，死后便湮没无闻。无论你贵为王侯将相，还是贫无立锥之地的平民，一抔黄土，一堆白骨，难分贵贱，不辨龙蛇。唯有长寿文化的善举，才能使人的生命得以延续。君不见，古县沿自旧长安县，置于晋代武帝太康二年（281），历经南北朝、隋、唐、宋、元、明、清、民国，至今已历1700余年矣，历朝历代在此任过知县的人，不知凡几，但是，除了知县史渭，人们又还记得谁呢？

时光流逝，多少达官显宦了无烟痕，而七品史渭和民间石刻艺人王霭则与他们的"百寿图"一道流芳千古。人有善愿，心有善举，笃行善事，天必佑之，信然！

中

篇

倦飞游子的故乡情怀

张鸣凤与《桂胜·桂故》

王松

　　自从南宋王正功的一句"桂林山水甲天下"，桂林这个名字便不胫而走，天南海北的人，也不惜跋山涉水而来，都想看看这里究竟是怎样一个山青水秀洞奇石美的人间仙境。王正功不是桂林人，但他在桂林做过官，被这里美丽神奇的山水所陶醉，于是便用"甲天下"来勉励治下的学子努力学习，也像桂林山水一样秀甲天下。

　　也许是久处芝兰之室的缘故吧，当外地游客纷纷盛赞桂林之美，不远万里慕名而来的时候，桂林人才开始认真审视起自己的家乡，盘点自己庭院中的山水财富。明万历己丑（1589），弃官闲居家乡的张鸣凤，受两广总督刘继文和广西巡抚蔡汝贤所托，通过采集大量的史料，编成《桂胜·桂故》一书。这本书分为两大部分，《桂胜》十六卷，后来《四库全书》并为四卷，主要介绍各个景点，及与景点有关的诗文、摩崖、题记等；《桂故》八卷，主要介绍郡国、官名、先政、先献、游寓、方外、杂志等。用《四库全书〈桂胜序〉》中的话说：《桂胜》志桂概也，《桂故》志故实也……二书相因而作，实一书也。这本书系统介绍了桂林的山水名胜，是一本具有极佳导游功能的工具书，即使从未到过桂林的人，也可通过它对桂林山水了如指掌，按图索骥，更可事半功倍；同时，张鸣凤怀着对家乡浓烈的感情，以优美的笔触、典雅的文学语言，描写桂林的山山水水，又使该书成为一本具有极高美学欣赏价值的艺术精品。

　　明崇祯十年（1637），在该书刊行47年之后，著名旅行家徐霞客游历桂林。六月初三日下午，天空响起隆隆的雷声，夏雨将至。徐霞客一行在面馆就餐，席间打听到一家书肆有《桂胜·桂故》，这个消息使徐霞客喜出望外，他不顾大雨将至和旁人的一再劝阻，强行拉上同行的好友静闻，冒着雨立即前往书肆购买。回到寓所，他在展卷之余，心中得意万分，便将此经历写进了他的游记之中。这段前贤佳话，无意中透露了这样一个信息：《桂胜·桂故》刊行之后，很快就在社会上引起了极大反响，成为当时的一部紧俏书籍。

　　编撰这本《桂胜·桂故》的张鸣凤，字羽王，生卒年不详，活动在明嘉靖、隆庆、万历年间。他的家就住在桂林象鼻山（时名漓山）西南麓的云峰寺附近，自号漓山人。张鸣凤生长在秀甲天下的桂林山水之中，沐漓江之烟雨，秉桂岭之灵秀，从小就聪明多才。参加童子试时，广西督学谢少南对他十分看重，还送给他两本《汉书》，勉励他说："吾子不患不成名，患胸中无全书耳。"明嘉靖三十一年（1552），张鸣凤科考中举，从此离开家乡桂林，走上仕途。同时，凭着他的诗文才气，很快又走进了当时文坛的核心，与王世贞、吴国伦、沈明臣、俞安期等著名文人学者诗文唱和，结下了深厚的友谊。张鸣凤为官苏州的时候，在一次宴会上，文坛后七子的领军之人王世贞，以"桂林初见一枝来"的诗句，对张鸣凤大加赞赏，并倾心结交，觉得相见恨晚。张鸣凤为官屡遭贬谪，王世贞为他深感不平，叹惜张鸣凤"十载七徙官，青衫转成敝。徒令五彩翰，零落偏荒裔"。张鸣凤与后七子的另一位诗人吴国伦交往最厚，两人过从甚密，都已不拘小节。有一次吴国伦到张鸣凤家拜访，看到张家菜畦里的莴苣长

《桂胜·桂故》（邓霆 摄）

得葱茏可爱，勾起了馋涎，又不好常来讨要，就向张鸣凤讨了一些种子，回家自种。不久翠叶成垄，他心情十分欣喜："莴苣本常蔬，所贵君家种。分我虽不多，属意良已重。"后来遇到连日积雨，莴苣被积水泡坏。看着菜畦里凋败的莴苣，吴国伦十分心痛，还深深自责："岂惜破块劳，实怀漏天恐。"（吴国伦《莴苣叹》）吴国伦逝世，张鸣凤作《哀吴明卿》《祭吴明卿》一诗一诔，亲往吊唁，"悲响迸溢，目为之青"（明何乔远《名山藏》）。

相较于张鸣凤在文坛上的辉煌，他的仕途生涯却是十分坎坷，一生未得重用，甚至还遭受过不小的磨难。他曾经在十年内被调任七个地方为官，而且基本上都是副手或闲职。沈明臣在《张羽王书来兼寄所著浮萍集又因得其谪蜀信作》一诗的序中，记述张鸣凤的官宦经历："由雷州司理改黎平，由黎平谪六安判官，由六安转参浙帅，由浙帅檄修漕河书于淮，书成倅苏州，由苏州转京兆，未到官被劾下狱，乃今谪利州卫。"这一段文字，如果再加上利州卫之前的谪判兴国，最后遭贬的王府官，那就是一幅完整的张鸣凤宦游轨迹图了，其宦游足迹至少到过广东、贵州、安徽、江苏、湖北、四川等地，还被弹劾坐过监狱。

可惜的是，由于手头的史料太少，我们未能详细了解张鸣凤在为官期间的作为和政绩，也未能查考到他之所以遭贬以致入狱的具体原因。但从当时的现实和一些零星的资料看，张鸣凤乖舛的仕途命运，应该与严嵩父子的专权和他自己耿介清高的个性有关。明人汪道昆说他"以直道三黜"，张鸣凤也在其自况的《短歌行与仲美作》中表述："我命不犹，受辱不少。出自单门，屡遭群小。"当时，与张明凤关系密切的王世贞、吴国伦等人，都因得罪严嵩，先后招致贬谪，而张鸣凤个性耿直倔强，不肯屈膝权贵之门，极易受到严嵩父子的猜忌。张鸣凤在其《狱中杂咏·月》中说："何事庭前虫，牵系更罗织。""牵系"和"罗织"，应该就是他罹祸的原因吧。

对于一个诗人来说，遭际的不平，理想和现实的冲突，很容易表现在他的诗歌创作当中。于是我们常常看到，张鸣凤在其宦游时期的诗歌，总是有一种漂泊心态和行旅艰难的沉重感。例如："早逐清凉带晓星，暮携新月宿山亭。明朝更向宜阳路，愁听林阴唤客醒。"（《夜宿湘东》）"盘延石磴与云平，俯视千峰不辨名。蓟北海南游已倦，可能重听鹧鸪声。"（《马蹄坡》）这些诗给人的感觉，就像一个羸弱汉子推着一辆重车，在艰难地爬着一段又高又陡的长坡。孤独艰辛的宦游生涯，最容易引发强烈的思乡之情。离家多年的张鸣凤，肯定会经常想起漓江星月下忽隐忽现的渔歌渔火，想起清晨烟雨中从雉山传来的杳杳梵音，想起暮霞升起时漓山脚下的浓浓酒香。乡情愈浓，则归心愈急，于是，他决定结束这种毫无意义的宦游生涯，回老家桂林开始另一种新的生活。

回到家乡的张鸣凤，重新得到了家乡的山水滋润，悠悠漓江上面，那些久违的烟雨斜阳、微波轻棹，使他的心情一下子舒畅了起来。他会不时带上家人，找一个地方临江小饮，尽情地享受着温馨的天伦之乐：

> 延眺属兹晨，江山半露春。
>
> 烟澄初舐鸟，云壁欲亲人。
>
> 风壤开千古，文章寄一身。
>
> 落梅吾欲赋，儿指北枝新。
>
> ——《腊日儿辈置酒含晕阁》

闲暇的时间多了起来，他便常常寻访家乡的山水名胜，信步来到一个景点或者山岩之中。有时为了寻找一块古老的摩崖石刻，也会吟出一段优美的诗情：

> 节晦前朝重，春山胜事多。
>
> 岩虚浑驾水，石长半凌波。
>
> 日影惊鱼跃，泉声答鸟歌。
>
> 韦吴碑在否，不惜更摩挲。
>
> ——《晦日游隐山》

这些诗歌，从字里行间透露着一种轻松愉快的心情。

最让张鸣凤高兴的，是老友们千里来访，他十分热情地陪同他们游览桂林的山水。张鸣凤对桂林的一草一木，山水掌故，乃至于俚俗风情，无不了然于胸，再加上腹内的文章锦绣，他的导游自然也会锦上添花，让客人得到一种精致的艺术享受。

万历十五年（1587），两广总督刘继文来到桂林，对桂林的山水之奇、洞穴之幽、古迹之盛感到十分惊喜，脱口赞叹："山川之胜，而丛聚于桂林。"同时让他十分惋惜的是，如此锦绣般的江山胜景，竟没有一部著作对其进行系统的介绍，实在说不过去，于是萌生了组织编修一本桂林山水专著的念头。他想起友人张鸣凤正闲居桂林，张鸣凤博识多才，又是桂林本地人，对桂林山川名胜、历史掌故非常熟悉，是编修此书的不二人选，便专程登门拜访，委托此事，并以"有胜如此，不如无有"之语相激。张鸣凤深知，这是对家乡意义重大的一件好事，作为桂林的文化人士，理应担起弘扬桂林山水文化的重责，便将此事应承了下来。于是他们商定，由张鸣凤主笔，刘继文组织当地的官吏文人，由官府提供一应用度，协助张鸣凤采集典籍，抄拓碑文。就这样，一项由刘继文等官员组织，张鸣凤执笔，众多官吏和本地文人参与其中的浩大文化工程，便开始实施。

张鸣凤在编修《桂胜·桂故》的工作中，倾注了极大的热情和大量心血。他认真谋划文章的体裁结构，力求书作在布局上做到清晰明了。在编撰之前，他就有一个明确的目标，那就是这部书作要能使人"不出户而可以神游……未暇咨询，一展卷，而其人与事了然于目"（蔡汝贤《桂胜序》）。因此书中所写景点和故实，布局井井有条，绝不紊乱，还在每卷文章之末，以"漓山人曰"表达作者对该卷景观的想法和见解，这在地志体例上也是一个创举。后世董斯张写的《吴兴备志》、朱彝尊写的《日下旧闻》，都受到张鸣凤《桂胜·桂故》的影响。选材也是这本书另一个考究的地方。桂林山水景点虽多，尚可一一列举，而摩崖故实，却卷帙浩繁，而且鱼龙混杂，良莠不齐。选用什么样的材料，直接影响着作品的格调品位，这是张鸣凤不得不认真考虑的。于是，他给书的选材设置了门槛，其中最重要的一项就是价值取向。他不容许那些沽名钓誉的记功碑文、损民殃民的遗迹、悖逆传统的邪说，以及口碑不好、为后人所诟的人物史料等收入该书，因为在他看来，那会玷污桂林的秀丽山水，影响家乡的形象，更会降低这部美文的文章格调和艺术品位。这虽然有张鸣凤对该书刻意求全的良苦用心，同时也可以佐证其人耿介正直、爱憎分明的鲜明个性。

《桂胜·桂故》这部书，还凝结着张鸣凤对故土乡亲的深厚感情，他能深切体会桂林普通民众身上的优秀品质，在书中常常加意赞许，给予了很高的评价；而对桂林民众所遭受的偏见和歧视，张鸣凤也感同身受。由于桂林地理位置远离中原，长期以来，被视为荒蛮之地，中原人士对桂林的本土百姓也常有偏见。张鸣凤对此深感不平，并在《桂胜·桂故》中为其鸣冤正名。这在当时不仅难能可贵，而且是十分值得敬佩的。他在《桂故》卷八《杂志》的前言中，这样写道：

> 夫桂，阻山为固，土石相揉，物产不丰。田圃所出，仅足自奉。故其俗多俭，俭故鲜邪心。其民畏上，唯所指使。一遭多故，并力以敌王忾。及大事去，而阖城抗节，不忍有二志，乃隋已然。宋元尤烈，著在史录，何可诬也？昔汉高帝见鲁不下，谓为守礼之国。桂历数朝，大义暴白，亦何惭于守礼哉？嘉靖中，学使吴人袁（袠）游桂诸山，反以名世不生而蛮种是繁，为山川羞。余窃愤尔时无掌故者出，请陈土风与其遗事，使得听览，庶山川不枉受讥至今焉。

在《桂胜·桂故》中，张鸣凤还以优美典雅的文字、细腻的笔触，构筑这部献给家乡的厚礼，表现自己对桂林山水的眷恋热爱之情。书中描写桂林山水的语言，优美绝伦，极富感情色彩，使人一经捧读，便不忍释手。在此特分享两段如下：

　　阳江西来，东入漓水。魁然起自南皋之端，是为漓山。横障江口，引犇澜东注，有北招伏波，南与斗鸡雄山并力扞江之状。(《漓山》)

　　岸旁数山，或扼其冲，或遮其去，故间有乱石及沙潭处，清浅为滩，湛碧为潭；余虽深至一二丈，其下石杂五色，草兼诸种；所有游鱼，群嬉水面，间没叶底。停桡少选，种状可尽别。以此水最清，洞澈无翳，飞云过鸟，影不能遁。南中人士，自袯襫之外，良辰吉日，浮舟宴集，乃其故俗。(《漓江》)

　　张鸣凤早年耽于宦途，履迹多达数省，但仕途艰难，抱负始终未得施展，以至于他在为官期间做了什么，史料中也鲜有记载。倒是在他弃官回乡之后所编撰的《桂胜·桂故》，成就了他晚年的辉煌，使他的人生得到真正升华。由此看来，他对仕途的放弃，确是人生的大智慧，也是大勇。具备这种智慧和勇气的人，往往会敞开人生的另外一扇大门。我们假设，张鸣凤当初没有弃官回乡，而是继续他那艰难无望的宦游生涯，或许，他的名字就会像历史上绝大多数官员一样，被岁月冲刷得一干二净；而那些苍凉沉郁的宦游诗行，也会在时间的风雨中逐渐散失，湮没在茫茫的诗海之中。这样，我们也就无法读到那部"于地志之中最为典雅"的《桂胜·桂故》，而桂林也将失去一部属于自己的经典。

徐霞客游桂林

黄继树

　　自十六世纪中叶至十七世纪这一百来年，在我国科学技术史上，是个群星灿烂的时期，在生产力迅速发展的基础上，一系列科学著作，如李时珍的《本草纲目》、徐光启的《农政全书》、宋应星的《天工开物》、方以智的《物理小识》，纷纷以璀璨的异彩呈现在人们眼前。《徐霞客游记》作为世界上第一部广泛系统地探索和记载了岩溶地貌的地理学巨著，也为这一时期的科学史增添了光辉的一页。

　　《徐霞客游记》的作者徐弘祖，字振之，号霞客，江苏江阴人。生于明万历十四年农历十一月（1587），卒于崇祯十四年（1641）。徐霞客作为一位伟大的地理学家和旅行家，他一生考察的足迹遍历江苏、浙江、山东、河北、山西、陕西、河南、安徽、江西、福建、广东、湖南、湖北、广西、贵州、云南十六个省区和北京、天津、上海等地。自51岁起，徐霞客经过长期、周密的准备，开始了西南之行。这次地理考察，历时四年之久，是他一生之中外出时间最长，行程最远，也是他最后的一次旅程。在这次考察中，徐霞客关于我国西南地区石灰岩地貌的广泛、深入的考察记述，具有重大的科学价值。对于形形色色的石灰岩洞穴，徐霞客不仅生动地描述了它们瑰丽雄奇的景观，而且分析其成因，考察其方位，研究其结构。比起德国地理学家瑙曼对特异的喀斯特地貌（即岩溶地貌）的研究早了两百多年。

徐霞客西南之行，于崇祯十年（1637）四月二十八日到达桂林。他在桂林游历考察了一个多月，其中下阳朔考察八天，于六月十一日离开桂林，经永福南下柳州。

徐霞客于五月二日至五月三日，首次考察了七星岩周围诸山及曾公岩、省春岩、弹子岩诸岩洞，并留宿于朝云岩整理游记。五月九日，徐霞客由象鼻山水月洞乘舟过漓江游穿山。五月十一日，徐霞客游龙隐岩。五月十三日，徐霞客从木龙洞渡江，游历考察辰山，夜宿村民王庆宇家。十四日游尧山，夜宿寨山。十五日游黄金岩。五月二十八日，徐霞客从阳朔游历考察回到桂林，又于六月初二日再游七星山、栖霞洞诸山岩。徐霞客在桂林期间，游历考察次数最多、时间最长的是桂林漓江东岸的群山岩洞。这里的群山岩洞到底有什么东西使得这位著名的地理学家、旅行家如此着迷而流连忘返呢？

吸引徐霞客的是桂林漓江东岸以七星岩为代表的发育完整的峰林、岩溶地质地貌。漓江东岸的七星岩、龙隐岩、屏风岩等奇特神秘的岩洞，穿山、塔山、普陀山、月牙山、辰山、屏风山、尧山等秀丽挺拔的群山，使徐霞客着迷得废寝忘食，流连忘返。

五月初二日，徐霞客吃过早餐，便与友人静闻和仆人共三人，带着干粮和卧具，东出桂林浮桥门，渡浮桥，又东过花桥，进入今天的七星公园一带，首先进入七星岩考察，他是请人燃着松明火导游进入岩洞的。进入岩洞，他发现一片像活蹦乱跳悬于岩隙的鲤鱼的岩石，惊叹道："使琢石为之，不能酷肖乃尔！"

七星岩内的岩溶景观，令徐霞客目不暇接，叹为观止。这些神奇的岩溶景观千万年来，第一次展示在徐霞客的笔下："其旁盘结蟠盖，五色灿烂。"

"上穹无际，下陷成潭，颎洞峭裂，忽变夷为险。"

"内有'花瓶插竹''撒网''弈棋''八仙''馒头'诸石，两旁善财童子，中有观音诸像。"

"过红毡、白毡，委裘垂毯，纹缕若织。"

伏波山（清·罗辰　绘）

　　"忽见白光一圆，内映深壑，空濛若天之欲曙。"

　　"其中有弄球之狮，卷鼻之象，长颈盎背之骆驼，有土冢之祭，则猪鬣鹅掌罗列于前；有罗汉之燕，则金盏银台排列于下。其高处有山神，长尺许，飞坐悬崖；其深处有佛像，仅七寸，端居半壁菩萨之侧。禅榻一龛，正可趺跏而坐；观音座之前，法藏一轮，若欲圆转而行。"

　　"洞上耸石如人，蹲石如兽。"

　　"正如叠蕊阁于中天，透琼楼于云表。"

　　徐霞客描绘穿山月岩："崇岩旷然，平透山腹，径山十余丈，高阔俱五六丈，上若卷桥，下如甬道，中无悬列之石，故一望通明。"

七星山（清·罗辰 绘）

　　徐霞客描绘龙隐岩:"其石片片悬缀,侧者透峡,平者架桥,无不嵌空玲珑。"

　　"既而踞坐桥下,则上覆为龛,攀历桥上,则下悬成阁,此真龙角之宫、蟾口之窟也。"

　　"而顶石平覆,若施幔布幄,有纹二缕,蜿蜒若龙,萃而为头,则悬石下垂,水滴其端,若骊珠焉。此龙隐之所由其名也。"

　　徐霞客描绘月牙岩:"其岩上环如玦而西缺其口,内不甚深而半圆半豁,形如上弦之状,钩帘垂幌,下映清泠,亦幽境也。"

　　徐霞客描绘辰山（猫儿山）之洞穴:"靡丽盈眸,弥转弥胜。"

　　"而峡东壁上镌和、合二仙像,衣褶妙若天然,必非尘笔可就。"

徐霞客游尧山，途中所见"一小石尖立，特起如人"。

"其山骨立路北，上有竖石如观音，有伏石如虾蟆，土人呼为'蟆拐拜观音'。"

……

徐霞客用他那地理学家独到的眼光和深邃的观察力，加上他那生动传神的笔触，首次向世界揭示了桂林鬼斧神工的奇特岩溶地貌特征。他在桂林、阳朔共考察了五十多个岩洞，占他毕生考察过的岩洞一半左右；登了二十几座山。他特别对不同类型的奇形怪状的岩洞和地下水道感兴趣。在考察中凡是遇到有洞穴，他总是想尽办法深入洞穴内部探查。他对考察过的岩洞，不仅一一做了细微、生动的描述，而且还记下了它们的高度、阔度和深度的数字。他曾两次考察过七星岩，在既无助手，又无测量仪器的情况下，他打着火把，进入岩洞靠目测步量，把七星岩内十五个岩洞的分布、规模、结构和特征做了细微生动的描述和分析。1953 年 9 月，我国地理工作者在七星岩做了实地勘测，证实徐霞客当年的观察和描述是正确的。

徐霞客的这些游记，不仅是描述岩溶地貌的科学作品，而且也是生动迷人的文学作品。他为我们展示了一个神奇绚丽的童话般的世界。

徐霞客在他的游记中成功地运用了一种探奇的叙事方式，读之引人入胜，他那支笔伴随着他的目光和足迹，把读者带向一个又一个神秘莫测的境界，使读者产生一个又一个阅读的兴奋点。例如他在游辰山青珠洞时，描绘青珠洞的神奇就连用了两个"未也"。"洞门中列二柱，剖为一门二窗，延影内射，正当圆柱。余诧以为奇，而导者曰：'未也。'"徐霞客跟着导者，再往前，世界更加奇妙："过隘，洞复穹然，上崇下陷，乃俯南降，垂乳纷列，迥与外异。"徐霞客正在惊奇中，导者又说了一声："未也。"洞内景观，已经非常吸引人了，但还"未也"，说明还未进入最佳境界。直到"又西逾一梁，梁横〔南北〕若阃，下可由穴以坠，上可截梁而度。越梁西下，石乳愈奇。……靡丽盈眸，弥转弥胜……洵一山皆空，其环峙分门者虽多，无逾此二妙矣。"

这两个"未也"用得实在妙。至于游记中描绘山崖洞穴的奇妙文字，更是比比皆是。《徐霞客游记》为我们桂林旅游业的发展提供了一个广阔的思维空间，我们今天七星岩的导游词，就深受《徐霞客游记》的影响。

徐霞客的游记，不仅向我们展示了一幅幅祖国山川大地的秀美景色，而且还处处闪耀着为揭开大自然神秘面貌而坚忍不拔、孜孜不倦、求真务实的科学精神。

徐霞客不偏信。

当他进入七星岩，导者指着深不可测的獭子潭对他说，此潭直通海底，他认为"未必然也"。

当他从尧山下来，探寻到黄金岩时，见石刻上记有此岩为苏东坡居士的香火院，他认为苏东坡没有到过桂林，说此岩为苏东坡居士的香火院"可疑耳"。

徐霞客非常认真执着。

他在寻找穿岩时"出穿山南麓，北面而登。拨草寻磴，登一岩，高而倚山半，其门南向"，他认为"即穿岩矣"，但他进入岩洞时，发现"而其内乳柱中悬，琼楞层叠，殊有曲折之致。由其左深入，则渐洼而黑，水汇于中。知非穿岩，乃出"。"由其右复攀跻而上"，发现一洞"一望而通明"，又见洞北岩有镌为"空明"的石刻，才确定这是穿岩，亦即"空明洞"。

他寻找屏风岩，碰上一挑担农夫，农夫指着前面的一座山说，那就是。可是当他走到山下问一村夫，村夫却说不知道。他将信将疑地走到山东麓，进入一岩洞，只见"层楼结蜃，高境悬空"，徐霞客认为这岩洞即使不是屏风洞，也是一大"异境也"。但此岩到底是不是屏风岩呢？徐霞客一进入岩洞，就在洞口采集一大把嫩松枝，在岩洞的两崖上用嫩松枝擦拭，竟擦出"程公岩"三个石刻大字，字旁又有一通记文，说明"程公岩"的来由。原来，最早发现并开发屏风岩的人乃是宋朝崇宁初年的桂林知府程节，因此，屏风岩又叫"程公岩"，与志书上的说法吻合。他"至此乃憬然无疑"。

徐霞客从木龙洞渡江，考察辰山，他沿途一路问去："自庵至渡头东街，僧俗少及长俱无一知。"他拦住一位挑着草担的农夫问辰山，农夫说，我们这里没有辰山，只有老虎山。徐霞客仍不甘心，又到田边问一位正在耕作的农夫，农夫也说没有辰山，只有老虎山。徐霞客见前面有一山，"赭色斑烂，彪炳有异"，他便爬上山去，进入一岩洞内，发现洞的前壁上，有前人刻的诗，他"拂读诗叙，始知是山之即为辰山"。他对自己的发现非常兴奋："若此山近人皆以为非，既登莫知其是，而数百年之遗迹，独耿然示我也。"

徐霞客有顽强的毅力和忘我的探索精神。

徐霞客到桂林时，已是 51 岁，当时算是老人了，野外考察登山，入岩探险，没有任何辅助设施和安全保障，他全凭过人的毅力和忘我的探索精神，征服了一座座险峻的高山和深不可测的岩洞。

他登七星山，"石骨峻嶒，不容着足，而石隙少开处，则棘刺丛翳愈难跻"。他"披莽隙，梯悬崖，层累而上"。

他攀朝云岩，"仰面局膝攀蹬，直上者数百级"，"竭蹶而登，喘汗交迫"。

他进入辰山岩洞中考察，"又由西行四五丈，有窍南入，甚隘。悉去衣赤体，伏地蛇伸以进"。

他上山考察黄金岩，"适雨至不为阻，披箐透崖而上"。"第为积莽所翳，雨深蔓湿，不堪置足，余贾勇直前。"进入岩中，"见中洞之内，有旁窦可穿而上，第隘而层折，四体难舒。于是脱衣赤体，蛇伸蠖曲，遂出上层"。

他在屏风岩考察，抄录宋人范成大刻在石壁上的"壶山铭"，但"岩高石侧，无从缘拭，抄录甚久，有数字终不能辨"，而此时已过中午，他肚子饿得咕咕直叫，但为了准确抄录石刻文字，他强忍饥饿，出岩下山，走了半里路，到一个村子里，脱下自己的衣服作抵押，向村民借了一架梯子。他扛着梯子又进入洞中，登梯擦去石刻上的附着物，"缘拭数字，尽录无遗。时已下午，于是出洞还梯"。

他在考察七星山时，别人告诉他，时已过午，应该下山吃中午饭了，但他却说："何不了此而后中食！"他又从"庵门右草坪中上"，继续登山。他登上山顶，发现山峰"与余峰而斗列者"的北斗七星垂地的壮观景致。

徐霞客在考察中，经常风餐露宿，受到蚊虫的袭扰。

他在考察辰山时，当夜投宿于村民王庆宇家，"是夜月色甚皎，而蚊聚成雷"，面对蚊声如雷的袭扰，徐霞客无法入睡，最后还是主人王庆宇把自己使用的蚊帐让给徐霞客使用，他才得以安寝。

他在考察尧山下的寨山岩时，因只顾在岩中爬行，竟误了找村子投宿的时间，时已至晚，他便在岩洞中"解衣憩息"。但"寨山洞中多蚊，无帐，睡不能熟"。熬到天亮，他也不待洗脸梳头，又接着在洞中考察。

徐霞客西南之行，正值明朝末年，各地农民起义蜂起，官商市民皆提心吊胆地过着日子。但这并不影响他的考察计划和行动。他在桂林漓东一带考察时，有好几次因惊闻农民起义军逼近桂林，官府提早关闭城门，他差点入不了城。

他在考察完龙隐岩时，"西渡花桥，时方日落，市人纷言流贼薄永城，省城戒严，城门已闭，亟驰一里，过浮桥，而门犹半启，得返寓焉"。虽在紧张时刻，徐霞客仍从容记下了漓江上的浮桥共由 36 艘船只组成，这为我们今天研究漓江提供了宝贵的资料。

徐霞客离开桂林后，一路南下考察，从广西进入贵州、云南，直到 55 岁那年，他身患重病，才被云南丽江守派人护送，经湖北黄冈返回家乡。到家乡的第二年，他就去世了。他把自己毕生的精力都献给了地理科考事业。

从桂林走出的画佛——石涛

戴延兴

　　在中国画坛历史上，被称为画圣的仅有唐代的吴道子和清初的王石谷（王翚），这是两座长时期受画界顶礼膜拜的神塔，然而，张大千于二十世纪三十年代在研习石涛多年之后则有"画佛"之说，他将"画佛"之桂冠敬奉给了从桂林走出的明末清初画家石涛："石涛之画，不可有法，有法则失之泥；不可无法，无法则失之犷。无法之法，乃石涛法。石谷画圣，石涛乃画中之佛也。"张大千认为画圣仍属人力可为，石涛为画中之佛，是凡人不可以与其比肩的。

　　石涛，俗名朱若极，第十三位靖江王朱亨嘉长子，祖上十余代人世居桂林。在父亲招致宗室唐王朱聿键谋害之后，为躲避追杀，石涛与母亲在一位宫内宦官的帮助下逃到了北距靖江王府二百里开外的湘山寺，石涛在湘山寺剃度出家，数年后，开始北上云游，此时的石涛仅是一个十来岁的小把爷（桂林方言即小孩子），谁也未曾料到他日后会成为享誉中国乃至世界的一位文化名人。

　　石涛的远祖第一代靖江王是明太祖朱元璋的侄孙朱守谦，朱守谦就藩到桂林不久后开始在唐代子城的基础上修建府第。明代藩王地位显赫，权势极大，朱守谦驻藩桂林，坐镇西南，钳制两广，享受朝廷给予的优厚待遇。他虽生活奢侈，骄横暴虐，但在王府建设上却能理性而为，选择将唐代卫国公李靖在紫金山下构筑的子城改造为府第，从简扩建。新建的王府以高耸的紫金山为背靠，向南延伸，东距漓江仅百步之遥，一条中轴线联通城外主要街道。到了明中期后，紫金山下开凿了月牙湖，陆续建造了懋殿堂、宝善堂、尊乐堂、观音堂、玄武阁、山月亭等轩昂楼宇，水色山光，宛如仙宫。明洪武二十六年（1393），为保护王府安全，靖藩宗室开始修筑王城，历时十年，建成后的桂林王城布局严谨，规模宏大，王府四周高大厚实的城墙南北长达168丈、东西阔达108丈，方正威严，成为护卫靖江王府一道坚固屏障。经过二百余年历代靖江王的传袭和精心筹划，到石涛出生之时，靖江王城已成为岭南首屈一指气势森严的城池。

石涛出生于1642年，此时的明王朝在李自成和清军的南北夹击下，已是朝廷慌乱，风雨飘摇。地处南方边隅的靖江王府，虽已预感到大局情势的动荡，毕竟是烽火千里外，王府的小日子倒也平静清闲如常，小石涛在王府奢华生活的笼罩下、在桂林的山川自然美景中慢慢成长，王府中许多珍贵的历史文化遗迹，如南朝颜延之的读书岩、众多刻于紫金山山体上的历代诗文以及浓厚的学宫风气，让丝丝尚美好学的愿望融进了石涛幼小的心灵。可惜好景不长，1645年，朱亨嘉自称"监国"于桂林，不久被缉拿解往福建遭秘密缢杀，龆龀之年的石涛到了湘山寺落发为僧，原本过着王子生活享有承袭王位命运的小石涛，从此改变了人生轨迹。

湘山寺建于唐至德年间，庞大的庙宇群建于湘山脚下，四周

石涛自画像

峰峦峻峭，林木苍翠，溪涧如带，清流汩汩，素来享有"楚南第一名刹"的盛誉，常年佛音袅袅。年龄幼小的朱若极在湘山寺剃度后，改名石涛，法名原济。从躲避兵燹之灾到抵达远离城市喧嚣的静谧佛地，从锦衣玉食到瓦砵素餐，石涛深刻感受到人生的巨大反差。怀念王府优越的生活已毫无意义，石涛毕竟慧根清净，他很快沉入到认真学佛境界，自此为今后自己禅艺合一的艺术生涯打下深深的佛学印记。

现在我们很难找寻到有关石涛当年在湘山寺的修行记录。据说今天仅存于湘山寺前飞来

全州湘山寺石涛兰花图拓片（全州县委宣传部提供）

石上的石刻兰花图是石涛真迹，从斑驳的笔迹上，我们可以依稀感觉到石涛在寺庙里的各种生活，单调且清贫，砍柴、担水、烧饭、打扫庭院自不消说，每日还必须认真打坐、参禅、念佛，闻钟而起，闻鼓而眠，倘有不慎时候，还会遭至丛林制度的犯戒责罚。虽说其母亲在出逃时携有一些珠宝细软，会用以馈捐寺庙，换取石涛在寺庙短暂的善别对待，而十余年的清苦岁月对石涛无疑是人生的巨大磨砺。在山野之中，在青灯之下，聪颖过人的小石涛虔诚参佛，潜心习画，培养了笃学、进取、善良、谦恭的良好品性，同时感悟到生活的凄苦和山川自然之大美。

作为南方名刹的湘山寺不时会迎来一些外方高僧或名士，这些高僧或名

士的举止言谈令出身高贵的石涛对更为广阔的外部世界产生了无限遐想，石涛抱着"鲲翼覆千里，百翎难与俦"（石涛语）之志，决定离开湘山寺北上云游，这一决定导致少年石涛从此离别了桂林，以后也再无缘回到自己出生的故土。据史料记载，石涛大约在清顺治十四年丁酉（1657）初春从湘山寺出发，途径湘、鄂、皖和匡庐、吴越等地，历时九年，饱尝四时风雨，深受山林陶冶，走遍了大半个中国，行程上万里，此时的石涛，正是一生中最为精力充沛的时期。云游中石涛饱览了各地名胜风光，遍访了众多古刹名寺，他一方面继续修行禅学，另一方面寻访文人高士，尤其是寻访一些在绘画领域里享有盛名、造诣精深的名家高手。在途中石涛还画了大量的写生图稿，为日后的山水创作积累下大量的素材。石涛在即将进入不惑之年时定居南京，这时的南京随着明末清初封建经济的快速繁荣，成为长江流域重要的枢纽城市。南京聚集了一大批文化名人，石涛如鱼得水，结识了石溪、龚贤、程邃等名噪一时的画家，更为重要的是，石涛有机会接触观摩到唐宋以来董源、倪赞、沈周以及董其昌等人的作品，南京使石涛的艺术进入到至臻成熟的时期。在声名远播以后，51岁的石涛定居扬州，其后的二十余年是石涛的艺术高峰时期，其绘画艺术达到了炉火纯青的阶段。康熙五十七年（1718），石涛在扬州大涤草堂病逝。

石涛气质兀傲，具有非凡的绘画才华，他师法宋元诸家，尤善山水，兼攻人物、花卉、蔬果，并擅长诗词与金石。他用心研究"元四家"和明代后期山水画中的文人精神，同时批判画坛存在几百年之久的泥古之风。石涛一生以山水为主要创作题材，大幅山水作品如《游华阳山图卷》《松泉幽居图》《飞瀑奇峰图》等，格局宏大，笔墨凝练，元气淋漓；其人物花卉如《米芾玩石图》《松下高士》《兰竹图》等，恣肆洒脱，潇疏隽朗、清气袭人。与历史上其他重要画家比较，石涛的作品更具有鲜明的艺术个性和浓厚的时代气息。石涛是一位旷世奇才，他有点石成金的学养功力，游心太玄，俯仰自得，他是绘画实践的探索者、革新者，也是一位具有深刻思想的艺术理论家，他在晚年根据自己的长期体验与思考所著的绘画理论著作《画语录》是中国古代绘画理论的经典，全书十八章，在艺术的起源、艺术技巧的运用、艺术创作与生活的关系、继承与创新、艺术家个人修养等方面提出一系列正确的观点。石涛在《画语录》提出的"一画论"，诠释了画理画法与宇宙观的内在关联，主张"我用我法""借古以开今""笔墨当随时代"以及力主"搜尽奇峰打草稿"的治学理念。石涛理论对后世产生了极其深远的影响，历史上景仰和推崇石涛的不乏其人，清代"扬州八怪"郑板桥、李鳝、罗聘、汪士慎等有机会目睹石涛在扬州完成的许多稀世名作，理论上奉《画语录》为宝典；晚清及民国时期大力倡导石涛不拘泥古人成法、大胆革新精神，重视对自然、生活的真情表达，成就了任伯年、吴昌硕、虚谷等海派大家；石涛的"笔墨当随时代"对以后活跃在广东地区的岭南画派的形成也产生了积极影响。齐白石曾这样评价石涛"下笔谁教泣鬼神，二千余载只斯僧"，吴冠中称"我尊奉石涛为中国现代艺术之父，他的艺术创造比塞尚早两个世纪"，石涛当之无愧成为中国美术史上一代宗师。

石涛的艺术道路一方面与他坎坷的生活境遇密切相关——他从显赫的皇族后裔沦为贫民，从而浪迹天涯数十载，饱尝人世沧桑，坚定向善向美追求；另一方面，石涛幼年出家，遁入空门，经过驻寺修佛和天下云游并拜名震禅林的高僧旅庵本月为师，佛学境界大大提升，尽管后来他对道家也加以研究，但对佛学的顿悟理解更加博大深刻，佛家思想是石涛艺术的核心支撑。

张大千"石涛乃画中之佛"之说有着十分广阔的含义。石涛在追随旅庵本月大师后，便有了宗南岳下第 36 世弟子之资，他本可利用四处开堂讲学以扩大在佛教界的更大影响，然而，石涛选择了以佛学思想融入绘画作为人生目标。从石涛大量的山水作品来看，他将禅学精义与绘画法理充分结合，作品多表达出山林清净、空灵脱俗的意境。除创作大量山水和花卉作品外，石涛也为后世留下一件带有完全佛教色彩极其重要的作品《罗汉百开册页》，此画创作历时六年之久，共画有 310 位罗汉，人物造型生动，形态各异，笔墨洗练，叙事清晰，饱含抑恶扬善之佛家人文情怀。石涛的《画语录》用佛学哲理作为主导，深刻表达他对禅的理解与领悟，他将主体精神和对艺术本体规律的认识相对应，使《画语录》一书充满了禅机和玄妙，高度体现佛教哲学思想指引艺术超越现实的理想追求与智慧。

石涛成为桂林历史上一个重要的文化符号，石涛与桂林的维系也引发人们十分的关注。纵观石涛各个不同时期的作品，偶会见到刻有"靖江后人"四字的白文方形印章和刻有"赞之十世孙阿长"七字的朱文长方形印章的出现，这是石涛对自己身份的表白，也是石涛对"恭慎好学"的十世祖靖江王朱赞仪的深情追念，除此以外，在石涛大量的画面题跋中未见有用文字提及桂林的。作为石涛的出生和幼年生活的地方，石涛对桂林是留有深刻印象的，然而，宗室之乱导致家破人亡，血腥与凄苦给他幼小的心灵带来极大创伤，他也许终身不愿意提及这段伤痛往事，更何况要避免清王朝对明亡后的王室后裔加以迫害，他更多时候选择了沉默。当然，我们有理由相信石涛一生中是时刻不会忘记桂林的，靖江王府城内城外美丽的草木山川已融入他的血液灵魂当中，在石涛那苍莽深远或萧瑟灵秀的山水画中，我们总能感受到其中蕴含着他那时时牵念桂林的缕缕深情。

石涛是很不幸的，王室灾祸使他失去承袭靖江王的尊贵，历经艰辛无数；石涛却也是很幸运的，他得天地之滋养，得山川之灵气，他从桂林通向了大美之巅峰，享有了比历代靖江王更崇高的荣耀。中国历史上少了一位藩王，却凸现了一位本心明净富有大智慧的画佛。

山色如黛，漓水悠悠。

数百年来，画佛石涛的艺术犹如桂林山水一样那么澄明，那么隽永；随着时间的推移，我们深信，画佛石涛的光芒还将会照得更远，更远……

大儒陈宏谋

海英

　　陈宏谋，字汝咨，号榕门，原名陈弘谋，因为避乾隆帝（弘历）讳而改为陈宏谋。陈宏谋出生于广西桂林临桂四塘乡横山村的一个普通农家，从小家境贫寒，胸怀大志，苦读苦学，期以学问济世，通过科举考试步入仕途，实现人生理想。

　　雍正元年（1723）二月，陈宏谋在广西乡试中考中头名举人，当年秋天在全国会试中名列第108名，参加殿试中三甲第九名，成为雍正元年进士。陈宏谋历任翰林院检讨、吏部郎中、浙江道御史、扬州知府、江南驿盐道、云南布政使、直隶天津道、江苏按察使、江宁布政使等职。陈宏谋任浙江道御史，前往浙江监察科举中冒籍代考作弊的有关事宜时，其"宽已往，严将来，以免民受惊扰"的奏本引起了雍正帝的注意，初登政坛即显露头角。陈宏谋任扬州府知府时，雍正帝嘱咐他如有大事可随时上奏，在扬州这个自古以来很难治理的地方，第一次独当一面地负责地方政务就政绩卓著，从此青云直上。"三劾金铣"陈宏谋尽管"降级使用"，但从此扬名天下。

　　陈宏谋后又历任甘肃、江西、陕西、湖北、河南、福建、湖南、江苏等省的巡抚职位和陕甘、两广、两江、湖广等地的总督职位。他在江苏、陕西等地曾前后任职二至四次，并任过扬州、天津、江宁（今南京）这三个繁杂地区的府官，总计外任三十五年，历三府、十二行省，担二十一任官职。特别是陈宏谋升任两广总督，这种破例是前所未有的，朝臣们有所议论，因为按清代惯例，本省人不能做本省的封疆大吏，但乾隆帝认为之所以要让作为两广人的陈宏谋做两广最高地方行政长官，是因为不如此不能体现朝廷对陈宏谋的信任，于是特别下旨召谕天下说："宏谋籍广西，但久任封疆，朕所深信。且总督节制两省，专驻广东，不必回避。"

陈宏谋在地方任职时间之长、任职省份之多为同时代人所不及，他"莅官无论久暂，必究人心风俗之得失，及民间利弊当兴革者，分条钩考，次第举行。诸州县村庄河道，绘图悬壁，环复审视，寝馈以之，每有兴作，人多以为难成，卒就理。"他每到一地，都显露出卓越的治理才能和创造力，被后人奉为经世致用的楷模，他的政治措施多以倡行教化、发展生产、解除民瘼、整饬吏治、除弊兴利为根本。

乾隆二十八年（1763），陈宏谋奉调入京，历任吏部尚书、工部尚书、协办大学士、东阁大学士等职，深得乾隆帝信任。乾隆三十六年（1771），陈宏谋因病上疏请求回乡，得乾隆帝允准，加封太子太傅，恩赐御用冠服，离任回籍后按原品官衔领受俸禄，颐养天年，令他的孙子刑部主事陈兰森跟随侍候他回原籍，诏令回归原籍所经过的地方，地方官员在 20 里内要照料护行，还专门赠送了陈宏谋一首御诗为陈宏谋送行："中外勤宣历久频，遂教黄阁预丝纶。老成允翼恒赞政，疾病不期近迫身。岂弗惜离留未可，最怜言去恋犹真。粤西天末相望远，祝尔平安归里人。"乾隆三十六年（1771）六月，陈宏谋船行至兖州韩庄时逝于舟中，终年七十六岁。乾隆帝诏令沿途各处官员为其挂孝举哀，迎来送往，礼极隆重，皇朝赐祭葬，入祀贤良祠。灵船所经之处，又正是陈宏谋数十年来任过职的地方，各地商绅市民，也纷纷拈香遮道，以诚挚的心灵为这位造福于民的清官送行，这在中国历史上是罕见的。陈宏谋死后，乾隆帝对他的一生作了这样的肯定：陈宏谋砥行端方，持躬恪谨，朴实忠诚，矢志不渝，清慎奉公，有为有守，克慎克勤，纯诚体国，清白持躬，嘉彼旧劳，怜其晚景，文并茂表其端，谥号"文恭"。

　　陈宏谋的一生算得上是完美的一生，他为官政绩显赫，清正廉洁，既得到君主的肯定，也受到同僚和百姓的赞誉。但是，这些政绩和他在文化上的贡献相比，则文化上的贡献更为突出，他一生重教兴文，为我们留下了一笔宝贵且影响深远的文化遗产。

　　陈宏谋不仅是清代的理学贤臣，而且是令人宗仰的岭表名儒，他有感于世上多有弊端，遂于公务之余，采录前人关于养性、修身、治家、为官、处世、教育等方面的著述事迹，分门别类辑为遗规五种：《养正遗规》《教女遗规》《训俗遗规》《从政遗规》和《在官法戒录》，总称《五种遗规》。"盖冀天下之人，无男女少长、贵贱贤愚，均有所观感兴起。"该书既有正统文章，也有俗语俚谣，大至居官执法之戒，小至应对洒扫之礼，内容非常丰富。

　　五种《遗规》的成书时间不同，《养正遗规》成书于乾隆四年（1739），《从政遗规》《教女遗规》《训俗遗规》分别成书于乾隆七年（1742）七月、九月、十月，《在官法戒录》则成书于乾隆八年（1743）四月。合刻本《五种遗规》始行于乾隆八年（1743），为南昌府学教授李安民集校本。各《遗规》单行本甚多，以单本形式收入各类丛书亦甚多，而合刻本则不多，除李安民集校本外，尚有同治七年（1868）的金陵书局本、楚北崇文书局本，光绪二十一年（1895）的浙江书局本等，并收入民国二十五年（1936）上海中华书局辑《四部备要·子部·儒家》，共计十六卷，其中《养正遗规》二卷，《补编》一卷，《教女遗规》三卷，《训俗遗规》四卷，《从政遗规》二卷，《在官法戒录》四卷。除通行本外，另有一种刊本，去《在官法戒录》，改列陈宏谋晚年于乾隆三十四年（1769）所辑的《学仕遗规》（四卷，《补编》四卷），主要有光绪十九年（1893）上海洋布公所振华堂刊本和宣统二年（1910）学部图书局本。

　　《五种遗规》汇集了自汉迄清80位名人学儒的有关著述，其中以宋、明、清三代居多，还有自撰的《序》及按语、评语等，阐述了为人处世方方面面的要求、问题、楷模和借鉴等。

　　《五种遗规》中的《养正遗规》是以蒙学少年作为读者对象的，是教他们如何读书、立志，主要是关于养性、修身、儿童及青少年的启蒙教育、读书和学习方法等方面的论述，共四卷，辑录了朱熹的《白鹿洞书院揭示》《沧州精舍谕学者》《童蒙须知》，程端蒙、董铢的《朱子论定程董学则》，方孝孺的《幼仪杂箴》，程端礼的《朱子读书法》，吕得胜的《小儿语》，吕坤的《续小儿语》《社学要略》，陆世仪的《论小学》《论读书》，唐彪的《父师善诱法》，朱用纯的《治家格言》等，各篇或记小学，或谈读书，或究居家处世，或议社会教育，构成了社会蒙学教育的骨干。

　　《养正遗规》每篇的篇首均有陈宏谋所加的按语，说明了选辑的指导思想和该篇的具体作用，《序》则集中表达了陈宏谋的"养正"思想。《序》开篇就说："天下有真教术，斯有真人材。教术之端，自闾巷始；人材之成，自儿童始。大《易》以山下出泉，其象为蒙，而君子之所以果行育德者，于是乎在。故'蒙以养正，是为圣功'，义至深矣。"这就是所谓的"养正"之义，也是陈宏谋编辑《养正遗规》的指导思想。陈宏谋认为"凡所以笃伦理、砥躬行、兴道艺者，悉已引其端，由是以之于大学之途，庶几源洁流清，于世教不无少助乎！"儿童时代的良好教育是人才成长的基础，儿童时代受到良好的教育，就会培养起正确的思想和良好的行为习惯，并随着年龄的增长和知识的增多日益成熟，反之，就会养成骄惰的习惯，陈宏谋还提出在教育内容上要考虑学生的实际，必须适合儿童的特点，要把思想品德教育放在首位。

　　《从政遗规》是为为官从政者而写的，共二卷，采录了宋代至清代的一些政治家和学者有关从政的言论和事迹，辑录内容主要有吕祖谦的《官箴》，何坦的《常言》，王应麟的《困学纪闻》，许衡的《语录》，薛瑄的《要语》，王守仁的《告谕》，李廷机的《宋贤事汇》，高攀龙的《责成州县约》，吕坤的《明职》《刑戒》，颜茂猷的《官鉴》，顾炎武的《日知录》，于成龙的《亲民自省六戒》，熊宏备的《宝善堂居官格言》《官长绅士不费钱功德例》，等等，主要是为做官的人选辑一些可以当作座右铭的箴规和应仿效的表率人物的言行，

《五种遗规》（桂林博物馆提供）

涉及的问题主要有怎样分辨好恶官吏，怎样居官勤廉公正，怎样审理公务无误，怎样动用刑罚适当，怎样自省自戒等。

　　陈宏谋本人为官清廉，体恤民情，政声卓著，素有佳名，他对当时官场的腐败深有痛感，"若仅以因循陋习，了官场之故套，何以上副圣训，何以下符民望？"所以，他对于"凡切于近时之利弊，可为居官箴规者，心慕手追，不忍舍置"。编著此书的目的在于"惟奉兹古训，随时考镜，转相传布，以此自勉，即以此勉人"。希望从政者"推心、理之相同，以尽治人之责，而又参之前言往行，以善其措施，则宜民善俗，或有取焉"。自己则更是本着"即化即学之意"，深入钻研。

　　《从政遗规》中的"厚禄养廉"观点后来还被新加坡的李光耀引入治国之道。陈宏谋在陕西曾由于受董三锡贪污案件的牵连被处分，开缺回籍，这件事让陈宏谋意识到官吏贪污除了本人应负的责任和上级对下属官吏定期的考核不够之外，政府也还有一个"厚禄养廉"的问题，他在《评倪文节公经锄堂杂志》中提出："所合月计、岁计、子孙计，非沾沾惟利是记也。量入为出，理自如此。人之物力，止有此数，妄用则不继，饥寒交迫，急不择音，妄取妄求，势所必至，欲固其节，其可得乎？！夫谨身节用，士庶宜然，而俭以成廉，尤士宦之所急。许鲁斋言学者以治生为急，司马温公每问士大夫生计是否，皆此意也。"

《教女遗规》是以女子为读者对象，强调了女德、女智教育，并阐发了"男女均不可无教"之意，采集了历代女子教育书籍中有关"女德"的内容，共上、中、下三卷，辑录了班昭的《女诫》，宋若莘的《女论语》，吕坤的《闺范》《女小儿语》，温以介的《温氏母训》，唐彪的《人生必读书》，等等，或言母训，或论读书，或谈嘉言懿行，或议女子功德，从不同方面反映了社会对妇女的要求。

陈宏谋认为："天下无不可教之人，亦无可以不教之人，而岂独遗于女子也？"坚决反对忽视女子教育的做法，认为妇女有受教育的权利，于是"采古今教女之书及凡有关女德者，裒集成编。事取其平易而近人，理取其显浅而易晓。"其目的是："欲世人之有以教其子，而更有以教其女也。"但他论证女子教育重要性的出发点依然是传统的"相夫教子"观。陈宏谋认为："在家为女，出嫁为妇，生子为母。有贤女，然后有贤妇；有贤妇，然后有贤母；有贤母，然后有贤子孙。"进而指出："王化始于闺门，家人利在女贞。女教之所系，盖綦重矣！"《教女遗规》所辑的内容，大多是宣扬闺范、母训、贞妇、烈女，无多新意，即便如此，陈宏谋重视女子教育的思想在当时仍然具有进步意义。

《训俗遗规》是陈宏谋任职江苏按察使时，有感于狱讼繁多、伤民累众而特地撰辑的，是以士、农、商贾等为读者对象，教他们如何处世做人，主要是论述乡里宗族之间的致讼之因和消除矛盾的途径，汇集了古今一些乡约、宗约、会规等，也有如何训子、如何驭下的办法，劝人行孝、忍让和睦的说教，还有治家格言、名人遗嘱等内容，共四卷，辑录了朱熹的《增损吕氏乡约》、陆九韶的《居家正本制用篇》、袁采的《袁氏世范》、王演畴的《讲宗约会规》、王士晋的《宗规》、顾炎武的《日知录》、张履祥的《训子语》、王之鈇的《言行汇纂》、史典江的《愿体集》、杨继盛的《椒山遗训》、王守仁的《王阳明文钞》、陈抟的《心相编》、司马光的《居家杂仪》、吕坤的《好人歌》、魏象枢的《庸言》、李应升的《诫子书》、陆世仪的《思辨录》、魏禧的《日录》、朱用纯的《劝言》等。

陈宏谋撰辑《训俗遗规》实际上是继承了明代的乡约、村社等社会教育的遗风，"古今之治化，见于风俗。天下之风俗，征于人心。人心厚，则礼让兴，而讼端息矣"。陈宏谋认为如果有贤明的官员，以此书的要求去化导民众，就会出现"父诫其子，兄勉其弟，莫不群趋于善，而为不善之归"的现象，达到"人心日厚，民俗日淳，讼日少，而刑日清"的太平盛世。他撰辑此书意在警世，也有"化导于讼之未起"的目的，表达了他成人教育的目标是要宣扬伦理道德，培养忠君敬长的顺民，也就是俗称的好人。陈宏谋引用了吕坤的《好人歌》，认为对一般人来说，"好人先忠信，好人重孝悌，好人知廉耻，好人崇礼义"；对富人来说"好人不仗富，好人不倚势"，"贵人做好事，乡党不咒骂"；对穷汉来说"好人不欠粮，好人不妒忌，好人不懒惰，好人不村野"。

《在官法戒录》分总论、法戒录、法录下、戒录四部分，共308条，读者对象为胥吏。陈宏谋认为："治乱之要，其本在吏。"清朝官员的政令主要靠胥吏贯彻执行，官员调动频繁，胥吏一般相对稳定，因而对胥吏的教化关系到政令的实施。陈宏谋辑录了历代书传中所记载的官吏的善行和种种劣迹，并逐条加以指评论断，目的是让人"见善者以效法，见不善者以自戒"，以此训诫在官府中当差的胥吏。陈宏谋认为："凡国计民生，系于官，即系于吏"，所以吏的责任非常重大，要让他们通过学习，能够"粗知义理，习典故，明利害"。

《在官法戒录》的《总论》首篇即引《太公阴符经》，指出"吏有十罪"，即苛刻、不平、贪污、以威力胁民、与吏合奸、与人无惜、作盗贼、使人为耳目、贱买贵卖于民，增易于民、震惧于民等十条，告诫为吏者："当知己与命官，虽有尊卑，其为民生休戚所系则一，不可不自勉也。"

《在官法戒录》运用了大量事例，并通过评说，使人明白为官为吏的基本要求和常规政务，也即是"观是录者，善恶灿陈，荣辱由己，何去何从，必有观感而兴起者矣。"如《法戒录》首篇引了《汉书》萧何的事迹，极力赞许萧何的能力、见识和人品，认为萧何作沛县吏掾时"已具宰辅器识"，任相后"训后惟在节俭，尤非富贵中人也"，认为萧何无疑是官吏的千古楷模。《法录下》首篇引了《唐书》中孙伏伽的事迹，对孙伏伽由小吏升至高位的过程中能坚持公道、宠辱不惊的行为大加赞赏，陈宏谋在评语中写道："以小吏得微积，能于上前慷慨论事，不畏逆麟，则为吏时必能主持公道，扶植善类，不肯颠倒曲直，陷人于罪者也。及骤膺宠命，喜色不形；广坐陈说往事，不以小吏为讳。"认为这是一位值得敬重的官吏。《戒录》首篇引了《汉书》张汤的事迹，认为"张汤为酷吏之首，其深刻残猛，自儿时已然"，而其父"不闻有义方之训，反使书狱，以宠异之"，终于使张汤断送了性命，作为官吏的张汤固然罪有应得，死有余辜，但张汤的父亲不可辞引导不当之咎。

《五种遗规》辑录了历代有关修身、治家、处世、居官、教育五方面的嘉言懿行，尚名教，厚风俗，以训蒙为树人之本，教女为齐家之本，端风化、张四维为正俗之本，砭奔竞、清仕途为施政之本，其遗意在于"以古人之方，医后人之病"，箴世砭俗，救敝扶衰，对后世产生了深刻的影响。

陈宏谋是一位讲求"诚正为本"的政治家，更是一位"讲实学、峙实用、办实事"的教育家。他以"教养"二字作为从政的根本，其中教育实践占了他政务工作的一半。他广设义学，整顿书院，躬亲示教，编印书籍，让边民有书读，使百姓广受教育。

　　清朝的地方学校主要有两种形式，一为义学，一为书院。陈宏谋认为两者是相辅相成，各有其用。"书院则拔一省之俊髦，造就人才，敦崇实学，其掌教宜加遴选，务得学有根底者为之；学徒则取其资质可以造就者，不必尽系老师宿儒也。义学宜城市与乡村并设，以诗书之气，化其嚣竞之风。"在陈宏谋看来，义学则主要是实施初等教育，使受教育者粗知文化；书院重在培养敦崇实学的人才，通过科举考试，成为各级官员，所以，陈宏谋在各地任职期间都十分注重义学与书院的改造和建设。

　　《全滇义学汇记》记载了陈宏谋在云南筹办义学的经过。雍正十一年（1733），陈宏谋任云南布政使，上任后到各地视察义学的兴办情况，发现有的义学名字尚在，却已停办多年；有的义学只设在城镇，而附近的乡村则没有；有的义学赖以生存的田产被侵吞；有的义学原先尚有房舍，现在却已年久失修……看到这种种景况，他感到自己"化育之仁、教养之切"职责的重大，于是"殚心筹划，檄机交驰"，一方面呈请"两台"财物支援，一方面深入实地，进行艰苦细致的调查了解，现场出谋划策，疏通关系，解决问题。义学布局不合实际的，他就把该增的增，该移的移；义学赖以生存的田产被侵吞的，他组织分管人员清查追究，把义学田产找回来；义学馆舍破烂不堪的，他发动捐资，重新修整；新建的义学，馆舍难以解决的，如果附近有寺院可依，便立刻暂借；义学原有的田租多寡不一，他说服主管人员，实行统筹安排。馆舍、资金问题解决了，他又延请师资，刊印教材，无偿发给学生。他这种至诚的工作作风和效率，深深感动了他的下属和乡民。于是上下同心共济，或筹增经费，或措置田产，士民们亦闻风而动，捐助钱财。这样一来，原来教育比较落后的云南义学建设便很快推行开来。

　　后来，陈宏谋发现有些地方仍然未办义学，又于乾隆三年（1738）发出了《查设义学第二檄》，同时拟定了《义学条规》，规定了师资、教材、奖励和经费四方面的内容，《义学条规》规定了义学在师资上要强调严格选调，条件好的义学要聘请举人、贡生中"立品端方，学有根底"的人任教，条件稍

陈宏谋故居的"乾隆御诗"碑（邓霆　摄）

差的学校，可以在本地的生员儒士中挑选"诚朴自好，不与外事者"充任；义学在教材上要严格选用，义学的教材除了《圣谕广训》《朱子治家格言》外，还应该要选用其他的儒家经典；义学在奖励上要能起到鼓励优秀学生的作用，乡间义学的学生凡"资性聪颖，勤于课文，可以学文者"均可升入经馆并享受官府发放的补助，在城镇经馆中读书的学生凡"成材生员，文笔可选而人材又复可观者，由官府发给路费，送入省城投考书院深造"；义学在经费上要有保障，义学田产的田租，要由当地官吏收取，再分发义学使用，不允许义学先生插手，防止他们中饱私囊，更不允许乡村吏役私分肥己，地方官员调动工作，义学的经费要造册移交下任。

陈宏谋除了制订义学条规并努力确保教育政令实施之外，还从自己的"养廉费"中捐资办义学，为呈贡的 11 个区 52 所义学捐出 1252 两白银，为其买田置地收租，永供义学束脩。陈宏谋还考虑到边远地区购书不易，倡议重刊了不少古今图书，分发给义学、书院，供士子阅读，其所印的书有：《小学纂注》（附《童蒙须知》）、《近思录集解》《参订古文详评注》《孝经注解》《大学衍义补辑要》《司马文正公传家书集》等十余种。此外，他还命布政使司重印《朱子治家格言》《四礼》《圣谕广训》等书籍分发各地，以减轻义学的负担。通过持之以恒的努力，仅在雍正后期、乾隆初期的陈宏谋任期内，云南就新建了 651 所义学，而且每所义学都得到捐置田产"以充馆谷"，教师配备也比较整齐，一时间，云南各府州县城乡的学馆林立，达到了清朝的极盛时期。

云南的义学大多是在陈宏谋任内建立的，他后来回顾这段政务时，高兴地说："自癸丑冬迄今，共得义学六百五十余处"，而今后"馆舍有常所，修补有常资，既稽考有法，亦劝课多方，庶几历久不废矣"。陈宏谋深知义学的创建来之不易，所以对教育的长远效果更是充满希望。他说，云南的普及教育达到此程度，"虽不敢谓化民成俗，即于是乎在，而功不期其速效，久自介以观成。嗣今以后，千百人中，岂无一二人卓然成材，可以为王朝之用乎？是则区区之心，所望于他年者也"。后来，清代云南共有 808 人考中文武进士，

9906 人考中文武举人，144 人为赐进士、举人，此数目已超过清代以前历朝云南科举数的总和，陈宏谋发展云南教育功不可没。

义学的性质是在官办的社学与民办的私塾之间，属于民间投资和官方补贴的基础性、普及性和义务性的初等教育。雍乾时期，全国各省都在兴办义学，但成效却远逊于边土的云南。比如广西，《广西通志》记载，自康熙二十年（1681）永安州创建第一所义学以后，历任布政使及各府州县行政当局也都很重视，据统计，全省在康熙年间共建义学 58 所，雍正年间建义学 25 所，乾隆年间建义学 28 所，133 年总共建义学 111 所，而陈宏谋在云南仅用 4 年的时间，义学发展的数量竟是广西三朝总和的 6 倍，这样的发展势头，即使与经济发达、人文荟萃的天津地区相比较，也是不遑多让的。乾隆三年（1738）陈宏谋补授天津分巡河道，在天津视察邻近州县的教育时，就曾以云南发展义学的事例，隐约批评了天津盐山县对待义学只图表面、不务实际的虚假作风，他说："乾隆三年春，（余）奉命来巡津河两都之地，念兹密迩华光，人文鼎盛，非远服可比。而教之不可一日不修，学之不可一日不设，其责正同。下车后，檄行所部，窃谓圣天子敦从教化，培育人材，有长民之责者，诸所为训型化道之事，宜如何锐意振兴，详加擘化，以求实效；而不仅沾沾于筹书期会，循日行之故事，忘治化之本图也。"

从视察天津盐山县义学所得到的印象，陈宏谋意识到，一个地区教育的兴废，并不完全取决于贫富和原有的教化状况，关键是当地主管教育官员的思想认识和重视程度，云南和天津就是鲜明的对比。从此，每任职一地，陈宏谋就首先实地考察教育现状，考察的内容包括：士子读书勤惰、多寡如何？府县应考童生若干？应文武乡试若干？乡会试中式多寡如何？境内有无书院、义学？现在有无馆师生徒？何项经费若干？等等。当地教育行政官员必须逐项详细汇报。其次，陈宏谋认为教育不是一二人就能办好的，必须经常做下级官吏的思想工作，要不厌其烦地宣讲教化的意义和办好义学的重要性。他曾说："化民成俗，教学为先；兴贤育材，致治所尚。古者于国学之外，又有党庠家塾，以分教之，使天下无不学之人、不学之地。所以造就人材，移风易俗，意甚盛也。地方各官，有牧民之责，专化导之司。四境之内，幅员广阔，既不可刑驱而势迫之，又不可家至而日见之。语及于教，事若有所难行；苟握其机，势尤处于易遍。莫如择其教之之人，多其教之之地，广其教之之法，使其星罗棋布，处处有向学之人，庶野市农村，在在皆率教之事。从此日就月将，俊秀者可以泽躬于尔雅，耳濡目染，椎鲁者可以渐娴于礼义，成材者可资以进取，童幼亦端其蒙养。义学之设，诚教化之枢机，而地方之要务也。"

陈宏谋对义学情有独钟、终生为任，不仅仅是热心普及教育的问题，还有改革传统基础教育的深层用意。因为义学的出现不足百年，在此之前承担基础教育的机构，主要是官办的社学，而且即使是提倡义学以后，各地的社学仍然大量存在，似乎形成了与义学并举的"双轨制"。陈宏谋对社学历来被纳入科举轨道，失去普及教育和素质教育的性质极为反感，他曾说："社学之设，最有关于教化，故历代皆重其事。自后以文辞科第为学，所谓社学，不过聚徒诵读，遂谓作养夷举，其子弟日习于浮薄，师长徒尚夫矜饰，名实不符，上下相蒙，不但不能成就子弟，淳庞之性由此而丧，良可叹也。"他十分赞赏明代教育家吕坤提出的基础教育应当以素质教育为主的观点，社学应该是"不因科第而后读书，不必作文而后为学，因人立教，即知即行"。就是说，与小学生讲书，就要贴近他们的实际，书上的话与他们相干不相干？能学不能学？句句要落到实处。再将可戒可法的故事说与两条，"令之省惕，他日违犯，即所讲之书责之，庶几有益身心"。陈宏谋就是按照这个设想办基础教育，除社学之弊，张义学之利的。

书院是地方培养中高级人才，进行学术交流及研究的重要场所，相当于现代的地方高等教育机构。清朝廷为笼络控制知识分子，比较重视对书院的建设，将所有的书院（包括私人办的）实行官学化。陈宏谋正是在这种背景下积极参与对书院的改造和建设的，他一方面整顿原有书院，从经费、招生、教学秩序及教育质量等方面着手，另一方面增设新书院，并就如何办好书院的问题，发布过一系列文告，强调指出："书院为育才之地，必使人务实学，庶望士皆真才。"

在云南时陈宏谋就要求各州县都设书院，主张不分夷汉，凡可造就之士，均可选入书院深造，这一举措为民族地区培养了大批人才。正如《清史稿·陈宏谋传》所赞扬的那样："其后边人及苗民多能读书取科第，宏谋之教也。"他还督促下属官员执行朝廷的规定，有义务关心书院建设，参与书院讲课及考评，并身体力行，从繁忙的政务中抽出时间到书院讲学、查阅学生课式文章，认真仔细地进行批阅和题解。

陈宏谋在外任十余行省的三十多个春秋里，经常利用公务之余，到书院讲学和指导学生作文，躬亲示教。早在云南时期，他就开始跻身书院的教学工作。滇南五华书院的生徒就曾聆听过他的作文指导；在江西，他"拨冗于万机之暇"，莅临豫章书院"讲论立身行己之道和文章性命的要义"，对于诸生的习作都亲自评判斧正，并以"甲、乙"标出等级；在福建，他常到鳌峰书院、试廉书院参加教学活动；在湖南，他亲自策划和创建了涟滨书院，"每与诸生相见，勉以力遵圣训，立志为己，文行交修，务除声利浮伪之习"，视察并讲学白鹿洞学院，现还留有讲义，内容为《吾与回言终日章》与《回也其庶乎章》。

陈宏谋的至交葛播书，是一个怀才不遇的知识分子，作为幕僚随其左右数十年。凡去书院讲学，葛播书必随其身边。他说："先生或阅诸生文，有不能尽得题理者，必为反复推明，作为直解，就正山长。山长皆宿学名彦，深于理窟者，亦各出意见，共相质证，以求悉当。大约以程朱为宗，间有先儒所未发，而阐明必根于理要。或有旧说同异，而条辨必析于至中，使书义虚神实理，谛当不易，旁推交通，纤毫无憾而后已。"这段话真实具体地反映了陈宏谋对书院教学专心致志、一丝不苟的敬业精神，主动征求掌教意见的谦逊态度，以及集体备课、集思广益的民主作风。

在江苏，当时著名的江苏诗人、文学家沈德潜任紫阳书院山长，陈宏谋任江苏巡抚时，常去这位挚友任职的书院视察教学，沈德潜先生总是亲自陪同并聆听。沈德潜先生后来回忆当时的情景说："潜居吴下，亲被德施，又忝主教紫阳。每当课士，辄与公接。公命题，必为讲义，剖析圣贤精蕴，毫发不爽，潜亦受公教益。"后来沈德潜有一次读到陈宏谋赴豫章书院讲课联系实际批评学生文风不正、故作古奥的讲义时，极为感慨地说："士习浮华，正学久废，读先生策问及评语，可为痛哭。"可见其教学效果影响之至深。

陈宏谋还为后人留下了一部由他的孙子、刑部主事陈兰森搜集整理成书的《课士直解》。这是他多年从事家课和书院课士的教案及讲义汇集。全书七卷，分两个部分：第一部分是对精读教材"四书"部分章句的启发诱导和精要的讲解；第二部分为策论的命题和讲评，这部分搜集了他在云南五华书院、福建鳌峰书院、闽中书院、江西豫章书院、江苏紫阳书院、广东粤秀书院总共三十多道作文题及大部分讲评讲义。

综观陈宏谋的一生，办了那么多义学，又热心倡导办书院；编写了那么多的教育著作，又提出了相当进步的教育思想，这在历史上是十分罕见的。

世界的陈宏谋

黄继树

陈宏谋是属于世界的。

2001年，美国著名历史学家、美国霍普金斯大学历史系教授罗威廉先生，出版了他集十余年研究之心血，无论从学术水平还是篇幅规模而言，均可称为巨著的《救世：陈宏谋与十八世纪中国的精英意识》一书（中文版见中国人民大学出版社 2013 年 10 月版）。罗威廉教授是美国新一代中国研究最有影响的历史学家之一，为什么陈宏谋值得他花十余年的心血进行研究并写成鸿篇巨著，从而使一个 200 多年前的清代汉族官员走进 21 世纪的世界视野？答案只能从罗威廉教授的研究成果中去寻找。

在很长一个时期，无论是西方还是中国学术界，有一个很流行的观点即中国封建社会的晚期是"停滞"的社会，就连马克思也非常形象地把这个时期比作"密闭在棺材里的木乃伊"。德国哲学家黑格尔把这个时期认定为"无历史的文明"，中国史学家则以一句"闭关自守"来进行概括。罗威廉却是这种观点最尖锐的批评者之一，他的巨著《救世：陈宏谋与十八世纪中国的精英意识》，可以说是他对"停滞论"的又一有力的回应。

罗威廉把他对陈宏谋的研究引向了一个更为广阔的视野，即把清朝中期以陈宏谋为代表的精英意识形态放到当时那个大环境中，特别是与当时的欧洲相比较。罗威廉认为，陈宏谋关于人和社会认识的基本点，与启蒙时期的许多欧洲学者十分相似，他所涉及的几乎所有主要方面，也是当时欧洲社会文化发展所面临的问题。如由印刷技术发展而导致的文化程度的提高，社会生活中男女角色变化所引发的争论，职业的复杂化，身份等级观念的淡化，以及社会流动的加快，等等。虽然陈宏谋欢迎商品市场，但他像当时的欧洲人一样，力图把市场与个人和家庭关系领域区别开来。他力主在流动社会里建立一种大家共同维护的准则。从经济方面来观察，陈宏谋与欧洲同道的相似则更为显著，如陈宏谋赞赏地方经济的货币化以及追逐利润的动机。罗威廉认为，陈宏谋将耕地所有权作为经济的基础，同

（美）罗威廉著《救世：陈宏谋与十八世纪中国的精英意识》中文版图书封面

时又明确支持"市场原则"，从而使他非常接近18世纪法国的重农学派。在政治领域，陈宏谋非常强调行政的标准化、沟通和提高效率，这正是早期近代欧洲也在逐渐形成的观念。集权的经济控制、自由主义和个人主义都是早期近代欧洲精英意识发展的重要成果。但是罗威廉指出，这种发展并非欧洲的专利，虽然清代中期的正统精英陈宏谋等人并没有把这些观念发展到欧洲那样的系统和圆满，但足以证明，清帝国对欧洲而言并非是"停滞的"和"落后的"。罗威廉指出，18世纪的亚洲和西方交往日益增多，分别都在发展，"如果这两个世界在精英意识上毫无共同之处，倒是真的值得奇怪了"。

在中国，关于陈宏谋的研究成果不多，可以说并没有引起应有的重视。但是有关学者已经敏锐地预感到，如果罗威廉关于陈宏谋研究的主要观点成立的话，那么从五四新文化运动以来，中国知识分子对中国文化问题的反思、对落后原因的文化探索、对自己思想文化"病灶"的批判等，都需要重新认识。

　　陈宏谋是广西临桂县四塘乡人，生于清康熙三十五年（1696），殁于乾隆三十六年（1771）。陈宏谋从小家境贫寒，他青少年时代苦读苦学，通过科举考试实现了人生的理想。雍正元年（1723）二月，他在广西乡试中考中头名举人，当年秋天，在参加全国会试中名列108名，参加殿试中三甲第九名，成为雍正元年进士。陈宏谋在会试和殿试中的名次，算不得是最优秀的，但是他碰上了"康乾盛世"的历史机遇，为官从知府、按察使、布政使、巡抚、总督，到户部、礼部、吏部、刑部、工部的尚书。清沿明制，不设宰相，以大学士总理国政，遂为宰辅。陈宏谋于乾隆三十二年（1767）三月升任东阁大学士，官当到位极人臣了。如果仅从仕途来看，陈宏谋也不见得有多少独到之处，因为"康乾盛世"所产生的"贤臣名宦"数以百计。《清史稿·列传》卷三百七《陈宏谋传》篇尾对陈宏谋的评论："乾隆间论疆吏之贤者，尹继善与陈宏谋其最也。尹继善宽和敏达，临事恒若有余；宏谋劳心焦思，不遑夙夜，而民感之则同。宏谋学尤醇，所至惓惓民生风俗，古所谓大儒之效也。于义督军储、策水利，皆秩秩有条理。大受刚正，属吏惮之若神明，然论政重大体，非苟为苛察者比。允随镇南疆久，泽民之尤大者，航金沙江障洱海，去后民思，与江南之怀尹继善、陈宏谋略相等。"这篇史传把陈宏谋与同时代的两江总督尹继善从众多的"贤臣名宦"中提高到最贤者了，但仍与云贵总督张允随"略相等"。后人则把陈宏谋从雍正七年（1729）二月至乾隆二十八年（1763）六月，他先后担任过浙江、云南、江苏、陕西、河南、两广等十三个行省的布政使、按察使、巡抚、总督等职，并任过扬州、天津、江宁这三个繁杂地区的府道官，总计外任三十七年，历三府、十三行省，当二十一任官职的经历，总结为其时间之长，职务之繁，为同时代人所不能及。然而，仅凭这些经历，陈宏谋也还不能成为世界的陈宏谋。后人把陈宏谋推崇为历史上的好官清官的典型，他为官廉洁自律，反腐败惩污吏，打击黑恶势力，维护民生，忠君爱民，兴修水利，大办工业等这些鉴定考评似的褒语美言，也还不能使陈宏谋成为世界的陈宏谋。

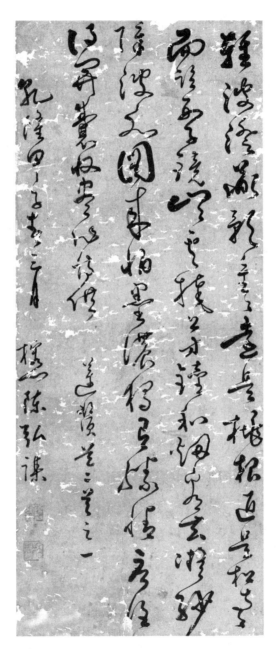

陈宏谋书法作品（桂林博物馆提供）

　　陈宏谋之所以能成为世界的陈宏谋，在于他的思想。陈宏谋是一位伟大的思想家！他的思想存在于他的著作之中。他一生在繁忙的政务之余，仍笔耕不辍，著作甚丰，有《培远堂全集》《五种遗规》等近 300 万字。尤其是他的《五种遗规》影响很大。《五种遗规》是对前人思想智慧的挖掘选粹，"或嘉言，或懿行，悉皆古人成书，故曰遗规也"。《五种遗规》中《养正遗规》以蒙学少年为读者对象，教他们如何读书、立志，共二卷；《训俗遗规》以士、农、商贾等为读者对象，教他们如何处世做人，共四卷；《从政遗规》是为官者从政而写，要求上副圣训，下符民望，共二卷；《教女遗规》以女孩为读者对象，强调了女德女智教育，共上、中、下三卷；《在官法戒录》读者对象为胥吏，提出"见善而以为法，见不善而以为戒"，共四卷 308 条。以上人称《五种遗规》。陈宏谋晚年在京辑录的《学仕遗规》，提出仕和学的关系不能矛盾的观点，共四卷，与《养正》《训俗》《从政》《教女》四者合刻成书，亦称《五种遗规》。

　　到了 19 世纪 20 年代，陈宏谋已去世 50 多年了，当时的思想家、史学家、文学家魏源在协助江苏布政使贺长龄编成《皇朝经世文编》时，收入陈宏谋的著述《五种遗规》等达 53 篇之多，仅次于清初思想家顾炎武的著述。到了清末，《五种遗规》被定为中学堂的修身读本。到了民国年间，《五种遗规》被定为官员从政的必读书。1946 年在陈宏谋诞辰 250 周年之际，各界人士在陈宏谋的故乡举行了隆重的纪念活动，而前述《清史稿·陈宏谋传》中与陈宏谋同列为当时"最贤者"的两江总督尹继善和云贵总督张允随早已鲜为人所知了。

　　1993 年，时任接力出版社社长的李元君女士在策划出版《八桂俊杰丛书》时，嘱我写一部陈宏谋的文学传记，我欣然应允，这便是 1994 年由接力出版社出版的《大清名臣陈宏谋》一书。这部传记，恐怕是继《清史稿·陈宏谋传》和清代著名诗人袁枚为陈宏谋作传之后的第三部陈宏谋传记了。

　　在 21 世纪的钟声敲响之际，美国历史学家罗威廉的《救世：陈宏谋与中国十八世纪的精英意识》一部鸿篇巨著，把陈宏谋推向了世界的视野。

　　陈宏谋是属于世界的！

陈元龙捐俸修灵渠

黄海毅

　　陈元龙是谁？可能没有多少人知道。如果说起"看山如观画，游山如读史"这两句写桂林的诗，很可能知道陈元龙的人就会多一点了。

　　陈元龙（1652—1736），字广陵，号乾斋，清代海宁（今浙江海宁）人，康熙二十四年（1685）进士。康熙五十年（1711）任广西巡抚。陈元龙在桂林任职8年，政绩卓著，有"吏畏民怀"之称。官至文渊阁大学士兼礼部尚书。陈元龙还是清代的一位著名诗人，著有《爱日堂诗集》二十七卷传世。"看山如观画，游山如读史"就是他写桂林题名为《龙隐洞》的一首流传很广的诗。陈元龙的文章写得也很好，在桂林至今还可以看到他作的两篇石刻文章《阜城书院记》和《重建灵渠石堤陡门记》，前文刻留在普陀山，后文刻留在兴安灵渠四贤祠。陈元龙还是位功力独到的书法家。据史料记述，陈元龙中进士后的第二年，担任皇帝的日讲起居注官。有一天，陈元龙在乾清宫西暖阁值班，康熙皇帝对他说："朕素知你精于楷书，可写大字一幅否？"陈元龙当即在皇帝面前作楷书一幅呈上，康熙观后大喜，以御书阙里碑文嘉奖他。我们现在能看到的《阜城书院记》和《重建灵渠石堤陡门记》两件陈元龙亲书石刻，字体端庄圆润，堪称书家精品。

　　此文不评说陈元龙的诗文书法，而专讲他重建灵渠石堤陡门之事。因为自桂林成为岭南重镇以来，到桂林任职或游览的官员文人，甚至从未到过桂林的文人，给桂林留下的文化精品实在太多，从这方面来讲，陈元龙恐怕还算不上最突出的了。而陈元龙重修灵渠的事，才是他的一部突出的文化政绩杰作。

灵渠自从秦代史禄开凿以来，一直是关系到国家安定统一的国防水利工程，因此历朝历代都有兴修疏浚的记载：汉代马援，唐代的李渤、鱼孟威，宋代的李师中等，都是重修灵渠工程的佼佼者，而马援、李渤、鱼孟威都是后人敬仰入祀灵渠四贤祠中的人物，难道后辈的陈元龙还有超越他们之处吗？

康熙五十三年（1714）三月，巡抚陈元龙偕布政使黄国材、按察使年希尧、参议官张维远等官员到全州湘山寺为康熙皇帝祝万寿，回来的途中考察了灵渠，发现天平石、飞来石多处险要工程"倾决殆尽，旧设三十六陡，存其迹者仅十四陡，余皆荡然"[1]。如果不及时进行大修，不但很快就要断绝湖南、两广的航运，而且还要淹没兴安一带老百姓的良田房屋，问题十分严重。但是，经过仔细考察，重修灵渠的费用十分浩大，省库拿不出这笔巨款。陈元龙与众官员经过商量谋划，官员们都束手无策。陈元龙只好再派参议官张维远和布政使黄国材对重修灵渠工程进行精确考量。张维远和黄国材带着经过丈量测算得出的材料回来向陈元龙报告：要根治好灵渠造成的断航和水患灾害，非得数十万金钱不可，钱从哪里出？广西穷困，百姓贫苦，拿不出钱，难道我们有点石成金的法术吗？黄国材向陈元龙说："老百姓遭遇重大的灾害，当官的不去救，难道不是渎职吗？"陈元龙听了毅然决定上奏康熙皇帝，提出"兴安悬陡水通漓江，达广东，为三楚、两广运粮要道，旧闸倾圯，率属捐俸修筑"（见《灵渠文献粹编》）。康熙下旨批准陈元龙以下广西官员捐出一年的俸银，作为修复灵渠所需的工钱。全广西的官员共捐出一年俸银二万四千两银子（包括在衙门领俸的吏员和役工）。

陈元龙领旨后，开始挑选能胜任的官员主持修筑灵渠工程，大家都推荐布政使黄国材。黄国材以自己能力不够推辞。陈元龙勉励黄国材一番后，任

---

[1] 陈元龙：《重建灵渠石堤陡门记》，唐兆民编，《灵渠文献粹编》，中华书局，1982年。

命他主持灵渠修筑工程，并对他说："你要竭尽全力以赴，择其危急险要之处加速整治，以保障工程收效，我不敢让你保证按时完成灵渠的全部治理工程。"黄国材接受任命后，咨询年高而见识广的人，采集众人建议，审察旧堤，寻找修堤用的巨形石材石料。但是原来旧堤上使用的巨石年久断折，已随波冲没，要入山开采，陆路运输，费用多得无法计算，而且时间也来不及。黄国材觉得没有好办法，再次向陈元龙请辞，陈元龙鼓励他："为民请命，事不可以，宁有移山之智乎？惟心诚志坚，当有济，毋畏难也。"（《灵渠文献粹编》）

黄国材于是虔诚斋戒立誓，祝祷于灵渠畔的四贤祠及水府三官、龙王诸庙。当天晚上，他做了一个梦，梦见自己身坠灵渠水中，被一个穿黑衣服的人救了起来。第二天早晨，他沿着灵渠岸边寻访黑衣神庙，但没有找到此庙。正在彷徨之间，忽见一平石，就坐了上去。这时奇迹出现了，几个老百姓围了上来，惊奇地说道："我们常在这里种田放牛，来来往往，都没有看见这石头，这石头怎么来的呢？"

黄国材心里一动，忙命人除去石头四周的土，得到一块像磨刀石一样平直的大石板，他又命工匠们挖掘，发现左右都是这样巨大的石块，仿佛人工磨制而成。挖了数十天，得到数以千计的巨石。黄国材又惊又喜跑回来向陈元龙报告说："这个工程有希望成功了！"陈元龙对他说："巨石既得，可以施工了，应当把力量用在根本上，切莫做成掩人耳目的面子工程，而成为商人取得利益之地！"

黄国材于是召集老成有修筑河渠经验的人，命他们各负其责。总指挥黄国材率领大家在灵渠岸边共同对天发誓：苍天在上，我们修筑灵渠要做到一筐之土、一人之力、一碗之饭，亦绝不虚报冒领聚敛搜刮！黄国材亲自督率稽查，对勤劳者奖赏，对懒惰者惩罚，对积劳成疾者给予厚恤。于是每日都有工匠士卒数千人投入工地，群众也不招自来加入施工队伍。经过风寒雨露，烈日酷暑，工地上没有损失一夫一卒。路过的人们见了无不感动喜悦。修筑灵渠的明道先生姿稟既異而充養有道醇粹如精金溫潤如良玉寬而有制和而不流忠誠貫於金石孝弟通於神明視其色其接物也如陽春之溫聽其言其入人也如時雨之潤胸懷洞然徹視無間浩乎若滄溟之無際非言語所可以形容

名臣錄一則

海寧陳元龍書

陈元龙书法作品《名臣录一则》（桂林博物馆提供）

工程从甲午（康熙五十三年）初冬开始，到乙未（康熙五十四年）中冬顺利结束！陈元龙感叹道："夫建数十万金难竣之大役，而仅费一岁之俸钱；保千百年无穷之大利，而仅阅一周之寒暑，遂使秦汉以来前贤之遗烈常存，而楚粤之运道与黎庶之田庐永保无虞……"陈元龙认为布政使黄国材之功不可没，如果真的有神助的话，则应该是圣天子的德行感应之所至，我陈元龙又有什么呢！

关于这次工程，据陈元龙所记：原来的鱼鳞石像累卵，很危险，水冲刷易破损，现在改用长石直树，其不可动摇，这样天平石就像磐石一般坚固。其次，关于各堤岸以及陡门，原来用石块丛丛垒成，不够牢固，这次掘地深七八尺，用大木排桩，上面以大石合缝砌之，灌以灰浆，使堤更加牢固。关于陡门，旧存的十四陡，都经过修整；对已废的二十二陡，酌量恢复了八陡。对于湘漓二水从全州、兴安、灵川到桂林的河段，滩河多礁石，经常损坏船只，布政使黄国材偕兴安县令任天宿带人一路巡查，尽行凿除，水之利代代受益。分水塘上祭祀龙王及伏波将军的灵济庙早已颓废，现在已把它重建，又在旁边为黑衣神立庙，以不忘默默然之中的佑助。

黄国材在梦中受黑衣人指点而发现的这些巨型石块，会不会是史禄预计到千百年后修渠筑堤会发生石材石料的困难，而预留下来的？这完全有可能。根据郑连第著《灵渠工程史述略》（水利电力出版社 1986 年 9 月版）一书的考察分析，"飞来石附近的岩埂像大屏风一样地挡住引水口门，必须打开才能通渠。这一段为石灰岩，有些部分岩石还比较坚硬，现在的飞来石应为开凿后右岸的残留部分，渠底依然可见突起的岩石……""开凿城台岭及始安岭的山脚成渠……""打开分水岭太史庙山。这是全渠开凿工程最集中的一处，起自大湾陡，至始安水口。其中大湾陡至祖湾陡以下为开山，祖湾陡下到始安水为平地掘沟，开山部分长约 400 米，开挖深度有 15 米以上，断面呈 V 字形，石质虽然不如飞来石处的坚硬，但工程量相当可观……"以上说明，史禄当年开凿灵渠时，开取的岩石量是非常巨大的，因而能给近 2000 年后修堤筑陡的陈元龙留下了数以千计的巨石材料，这就不奇怪了。

　　主持该项工程的布政使黄国材，由于精打细算，清正廉洁，不贪不沾毫厘工程款，最后工程告竣时，款项尚有结余，经过陈元龙批准，用这笔结余款给灵渠买田 20 余亩，作为负责看护灵渠的头目和长工的伙食费用；又为灵渠的祠庙买下庙田 7 亩，作为香火钱使用，使供奉祠庙香火不断；再以余下的"二百金"存入兴安盐业商行，以每年所获利息以备灵渠的小修；另外为灵渠添设管理陡门的陡夫十二名，这些人的伙食费在兴安县征募服役的壮丁项目下拨款开支。工程告竣，善后得宜，近期和长远的筹谋巨细无遗，连庙宇神灵的利益都考虑到了。巡抚陈元龙感慨万端，激扬文字，写下一篇《重建灵渠石堤陡门记》的美文传之后世。[1] 阅读灵渠史料，我发现清代官员捐俸修整灵渠不止陈元龙发起的这一次。在陈元龙任广西巡抚之前，康熙二十五年（1686）广西巡抚范承勋"乃出俸钱，倡诸司属合助，以得若干缗"修灵渠；康熙三十七年（1698）两广总督石琳和广西巡抚王起元等广西官员"率通省六十州县，捐俸重修"灵渠。陈元龙除捐俸修筑灵渠石堤和陡门外，还与布政使黄国材、按察使年希尧、广西桂林军盐分府监理督修黄之孝"捐俸银壹千贰百两"修理"自北乡河口以至灵川之脚盆滩而止，其名一十有九，所在滩石凿去殆尽"。（见《灵渠文献粹编》）

　　这里有一个问题：陈元龙和广西省全省的官员们把自己一年的工资俸银全部捐给灵渠工程使用了，他们怎么维持自己和家庭的生活？原来清朝官员们的收入"俸禄"分两部分：俸算是固定工资收入，称正俸，一般不高，总督（正二品）年俸 152.1 两银，禄，称"养廉禄"，每年 15000 至 20000 两银；巡抚（从二品）年俸 120.5 两银，"养廉禄"每年 10000 至 15000 两银；布政使（从二品）年俸 120.5 两银，"养廉禄"每年 5000 至 9000 两银；按察使（正三品）年俸 88.8 两银，"养廉禄"每年 3000 至 8000 两银；知府（从四品）

---

[1] 除唐兆民在《灵渠文献粹编》收入该文外，樊平在《古代桂林山水风情散文百篇》一书也收录该文，广东教育出版社，2011 年。

年俸 48.7 两银，"养廉禄"每年 1200 至 4000 两银；知县（正七品）年俸 27.4 两银，"养廉禄"每年 500 至 2000 两银。[1] 从以上可看出，清朝实行的是厚禄养廉制度，鼓励各级官员捐俸为公为善的行动，即使捐出一年的俸银，也不至于影响自己和家庭的生活。但若像广西巡抚陈元龙这样级别的官员，发起全省官吏捐俸修治灵渠这样大规模的集体捐俸行动，则要请示朝廷，经过皇帝批准才行。这恐怕是为了避免这些大官以势压迫下属强捐的行为。

---

[1] 见《大清五朝会典》卷五十一"户部·俸饷"。

"古今第十三人"

"三元及第"的陈继昌

黄继树　梁熙成

一

清嘉庆二十五年庚辰（1820），广西桂林学子陈继昌，继在广西乡试中夺得解元之后，又在全国科举考试中一举连夺会试会元、殿试状元！意气洋洋三元及第！

皇榜一放，朝野欢动，嘉庆皇帝亲自赋诗庆贺曰：

大清百八载，景运两三元。

旧相留遗泽，新英进正论。

嘉庆皇帝说，大清朝一百八十年来，只出了两个"三元及第"，一个是乾隆四十六年（1781）的苏州府长洲县举子钱棨，另一个就是陈继昌。

翻开中国一千三百年科举考试的历史，得中状元者共有五百余人（以唐、宋、元、明、清五个朝代计算），而其中的"三元及第"者，仅十三人，这陈继昌就是第十三个"三元及第"者。也就是说他是中国科举考试历史上最后一位"三元及第"的状元，前有古人，后无来者！

陈继昌高登科第后，也自豪地在自家祠堂中题了一副对联：

　　　　　　高祖当朝一品，玄孙及第三元。

且又作一联云：

　　　　　　高祖六部少一部，玄孙三元多一元。

这副对联是说：他的高祖陈宏谋在乾隆时期，官居宰辅，朝中的吏、户、礼、兵、刑、工六部，陈宏谋除兵部外，曾做过五个部的尚书，故言"六部少一部"；而陈继昌本人，不仅是"三元及第"，此前在临桂县考选秀才的童试中，也是第一名廪生，故说"三元多一元"。陈继昌还自刻了一个铭章，铭文为"古今第十三人"，表示他是自隋唐以来第十三个"三元及第"之人。不承想这个铭章，竟成了中国科举史上的一绝。陈继昌之后，再也无人能"三元及第"了。

二

　　陈继昌中状元后，嘉庆皇帝对他恩宠备至，一来他是大清朝极为难得的三元及第的文魁，二来他又是大清名相陈宏谋的后人，陈宏谋虽然勋业卓著，但科举考试仅中在三甲，为同进士出身。陈继昌科举考试的成绩远胜于乃高祖，因此嘉庆皇帝很是器重他，诰令他为翰林院修撰，又降旨在崇文门内赐宅第一座。然而陈继昌为官仅几个月，嘉庆皇帝便驾崩了，清宣宗即位，改元道光元年。

　　陈继昌做了三年京官，便被委放外任。道光二年（1822）被委为云南主考学正，后又典试陕西、甘肃，视学京畿、察哈尔，又南下讲学于广州。道光十年（1830）诰命为翰林侍读学士，旋又委为直隶保定知府。道光十一年（1831）改任山东兖州知府，越年又任为通永河巡察使。道光十五年（1835）升迁江西按察使，道光十七年（1837）春任山西布政使，同年五月又改任直

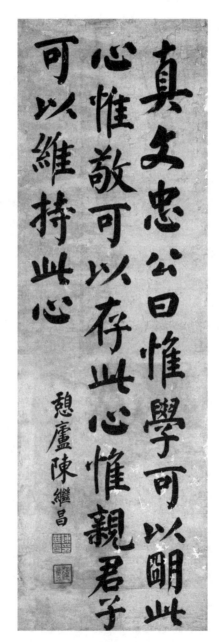

真文忠公曰惟學可以闢此心惟敬可以存此心惟親君子可以維持此心

憩廬陳繼昌

陈继昌楷书（桂林博物馆提供）

隶布政使。道光十九年（1839）任甘肃布政使，二十一年（1841）任江宁布政使，道光二十五年（1845）春正月，升任江苏巡抚，同年十二月因病告假，离任回临桂老家养病，道光二十九年（1849）在家中病逝，享年五十九岁。他死后不到两年，道光皇帝也死去了，可以说，陈继昌为官三十年，几乎贯串了整个道光王朝。

陈继昌为官所到之处，都是六十年前他的高祖陈宏谋做过官的地方。这并非历史的巧合，而是朝廷的着意安排。

大清立国之初，满汉之间的矛盾十分尖锐，"反清复明""驱除鞑虏""反满复汉"等活动，在全国一直不断。甚至陈继昌死后两年多爆发的太平天国起义，以及后来的捻军、义和团等，口号都是"扫除清妖"。康熙时，清廷费尽全力，平定三藩之乱，收复台湾，消灭了地方豪强割据势力，全国才真正实现统一。康熙皇帝为了巩固清朝贵族的统治，留下了汉臣不能为宰辅、不能掌管军国重事的"圣祖遗训"。但是到了乾隆时候，清朝经过了百年来的民族交融，已经出现了民族和睦的新气象，满、汉、蒙、回、藏等民族，都把自己看作为华夏子孙，都是中华民族的一员。为了有利于朝廷对全国的统治，乾隆皇帝开始物色、启用一些忠心为国为民的汉族大臣。陈宏谋便是在这样的背景下，被乾隆皇帝破例任命为宰辅重臣，成为清朝的第一个汉人宰相。陈宏谋在乾隆时期勋业卓著，对清王朝做出了重大贡献。他每到一地为官，都能兴利除弊，发展经济、弘扬文教、利被民生，因此都得到老百姓的信赖和拥戴，也得到皇帝的高度信任和同僚的尊重。清朝统治者从他的身上看到了利用汉臣统制全国对朝廷的巨大好处，因此从乾隆以后，清朝便有意选用一些有才华、有作为的汉族大臣。对这些大臣的后代，也是格外重视、注意任用，对他们寄予殷切的瞩望，使他们忠心耿耿效命朝廷，成为朝廷的统治工具。陈继昌这样的人，正是朝廷瞩望的最优秀的人选。因而皇帝对他优渥有加，又特意将他委派到其高祖陈宏谋曾经做过官的地方去为官，目的就是激励他要像乃高祖那样为朝廷效命。

　　陈继昌外任期间，每次回到京中，道光皇帝都要召见他，慰勉一番。这在外任官员中，也是一种罕有的殊荣。他在任通永河道巡察使时回到京中，道光皇帝一天就两次召见他，对他说："汝若能做好官，不但国事有益，汝亦可免后世訾议，汝其志之。"第二次召见时又对他说："一身清洁固佳，更须实力办事。"可见皇帝对他的重视、勉励和瞩望。这样，陈继昌每到一地为官，就得十分小心，时刻注意维护自己和高祖陈宏谋的声誉形象，办事也特别勤谨卖力。

　　陈继昌在云南为主考学政时，大大小小的事情他都要亲自过问，不敢有半点疏忽。他对一千多名参加乡试的秀才逐一查验名号、籍贯、业师，不漏一人。考试后拔取了近百名举人，这些举人来拜谢他这位座师时，他竟能一一呼出名号、道出籍贯何地、业师为何人，没有一个差错。众人无不惊叹他过目不忘、博闻强记的本领。他在广州讲学时，地点就在其高祖陈宏谋任两广总督时的衙署内。他白天讲授经义学问，晚上批阅一百多名听讲者的文章，通宵达旦，务使当日的文章批完，次日又照常讲学。如此经月劳累，竟致晕倒在讲台上。其勤勉于事的敬业精神，可见一斑。

　　陈继昌历任云、陕、甘、京、察、粤等省的主考官和视学官，他勤勉历事的治学精神，倍受人们的推崇和赞许。每到一地为官，他都秉承高祖的素志，弘扬教化，振兴实业，利被民生，关心百姓的疾苦。凡事均注重实际，讲求实用，不尚空谈。这从他在各地任上所作的大量为政诗中，完全可以看出这种情状来。道光七年（1827）他在察省视学时，曾写道："奢愿未偿些子事，空谈何补太平民。"他在任通永河道巡察使时写的诗中，便有"嗷鸿遍野鼻增酸"之句，反映出他对民生利益、民间疾苦是多么的在心和同情。

　　道光十五年（1835），陈继昌升任江西按察使，到任之后，立即深入民间调查。此时的江西，已连续三年遭受水灾、旱灾、蝗灾，民生凋敝。陈继昌所到之处，但见百姓都在挖野菜、寻野果充饥，满目都是凄惨景象。回到南昌，他立即到巡抚衙门与抚督商议，然后行文江西十郡七十六县，要各地官员立即组织民力兴修水利，疏浚河渠以应涝灾，加修塘堰以抗旱灾，因为连年灾荒，各地的仓廪都已严重亏空，无力赈济灾民。陈继昌一面与湖南、浙江两省联系借调赈灾粮米，一面将鄱阳湖区的余粮调剂到灾荒严重的地方。他自己身体力行，与民共尝甘苦，共度灾荒。立下一条家规：家中上下人等，每日只煮食一锅稀粥。他把节省下来的俸银，全部拿来救济贫苦的灾民。

一次，陈继昌到安仁、贵溪两县视察，见当地塘堰残毁，经年不修，便对地方官员严加申斥，还停发县官两个月的俸银，要他们组织民力将塘堰修好后，再恢复其俸给。

一次，陈继昌视察到抚州金溪县地方，见一些农民不分老少，每人手中拿着一件竹扒，在山坡上、河岸边扫草捉虫，他觉得非常奇怪，便下了轿亲自上前看个究竟。一问原来是在捉蝗蛹。他见这种竹扒制作十分简便，将一根两三尺长的竹块一头削成薄片，再破成香粳粗细，绑扎成扇面状的竹梳一般，拿在手里往草丛中一扫，便将蝗蛹扫落，捡起装入布袋或竹筐中。回家后，火烧锅炒食之，既可消除蝗源，又能充饥。陈继昌见了大喜，立即命从人都来跟着扫虫捉蝗蛹，一天竟捉了两大布袋。当晚到了金溪县衙，县官置酒相待，陈继昌便叫人将日间捉得的蝗蛹用锅炒煮做下酒菜，味道香软可口。次日陈继昌立即派人饬令各县：往年但见蝗灾的地方，全民无分老幼，皆悉仿此法，扫蝗捉蛹，以绝蝗灾之源，又可做充饥之食以度荒年。果然，当年蝗灾的危害便大大减少了。

陈继昌初到江西任上时，"蝗孽迹连三岁潦，鸿嗷声彻万家贫"。经治两年之后，蝗灾基本上被消除，水旱之灾也大为减轻，经济民生都得到恢复。老百姓对他称颂不已，朝廷闻知，褒奖他为"循吏"。道光十七年（1837），朝廷升任陈继昌为山西布政使，上任不到两个月，又改任直隶布政使，成为管领京畿重地的大臣。他忠于朝廷，勤于政事，在直隶任上两年，又做了不少利国利民的好事。

陈继昌认为，直隶重地，乃天子脚下，京师拱卫，不同于他省。在此为官，最要紧的是教化民风。而要做到这一点，为官之人首先得自己懂得尊师重教，方能立身处世，教化他人。陈继昌崇尚南宋理学大师朱熹的经世治学之道，他认为，朱熹主张恢复尧、舜、禹三代"天下为公"的大道来治世经邦，主张用周公之礼和孔子的儒家思想来教化万民，是正统的、正确的。他把朱熹理学看得崇高而又伟大，在他的家中专门设置了朱熹的牌位，每天早上起床后都要燃香敬拜，然后才开卷读书或者出衙视事。可见他对朱圣人的虔诚笃信到了怎样的程度。他摘取苏东坡、贾岛的诗句"苇管书柿叶，瓦瓶担石泉"，书成一副对联挂在自己的书房中，作为自励、修学、修身的座右铭，又显得何等的高雅和洁身自好。他任直隶布政使，虽是署理地方事务的官员，然而却身处京师，时常得以觐见皇帝，与朝中大臣交往过从甚为密切。

清朝立国以来，王公大臣们争权夺利的斗争便一直不断，有时相互之间的明争暗斗甚至到了你死我活的程度。陈继昌对这种结党营私、你争我夺的事深恶痛绝，最为不齿。他三元及第时，便有一个位尊权重的大臣，想笼络他为自己的门生爪牙，甚至愿意将自己的女儿许配给他为侧室，结果被陈继昌断然拒绝了，这位权贵因此对陈继昌十分恼怒。但陈继昌坚贞自持，即使结怨于权臣，也在所不顾。他被朝廷褒奖为循吏，到直隶为官，朝中权臣又有人想笼络私结于他，但他始终洁身处事，不为名利所动，不为权势所屈。

然而，陈继昌对他的老师和同僚，却是极为尊敬的。他一生对他的老师卢南石、座师黄左田都敬重有加，时作君子之交，饮酒品茶，欢会唱酬。户部尚书黄左田因为抗疏陈辞，触怒了皇帝，被贬回安徽当涂老家。陈继昌照旧敬重他的学问和他的为人，一年之中便几次写信写诗去问候老师，表达他对老师的思念和敬重之情。他称颂黄左田的勤政和勤学是"汗牛汗马何匆匆，公恋书如人恋公"。他称颂黄左田为大司农，掌管全国户籍钱粮的正直无私是"秉经当国醇乎醇，深衣大带无纤尘"，钦佩他为官清正廉洁，没有一丝一毫的贪占。他认为黄左田的人品高尚，"抗疏陈辞至性投，万人传诵齿芬留"。

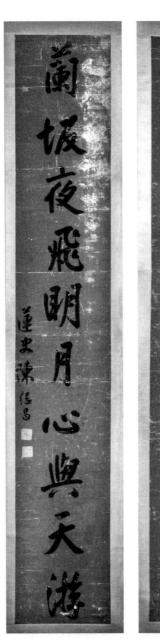

陈继昌十言联（桂林博物馆提供）

道光皇帝得知此事，便将黄左田由被朝廷贬谪改为致仕（退休），在籍食俸。对此陈继昌更感到发自内心的欢喜，把他与这位教师的关系看成是"一串牟尼成合璧，奉持心画与心声"。其敬师、尊师、爱师的心情表露无遗。

陈继昌无论在何地为官，都能够把老百姓的疾苦放在心上。每年除夕之夜，他并不像别的官员那样，守在温暖的家中，与家人共享美酒佳肴，欢乐延岁。而总是冒着风雪严寒，带着两个家人，挑着两筐蒸好的馒头、糍粑，到街巷、道路上走动。遇见饥寒冻饿之人，便叫家人送上几个馒头、糍粑。直到把筐中的食品全都送完了，才回家守岁。在封建社会里的达官显宦中，能够像他这样亲民爱民、关心民疾的人，实在是凤毛麟角，极其少见。正如他在为政诗中所写的"嗷鸿忍听万家哗"，千千万万贫苦人的饥嚎哭叫之声不忍卒听哪！我的衣食保暖无忧，那些贫苦之人又怎样过年呢？于是他"殷勤念此倦游身"，自己再劳累疲倦，每到过年的时候，也要出门去看一下，这样才觉得心中稍安。由此可见，他那"循吏"的声誉，确是当之无愧的。

三

陈继昌做人品格高尚，为官不仅政有德声，而且洁身自好、清正廉洁。这在史书的记载和民间的传说中，都是有口皆碑的。

他的老家临桂县横山村，在他的高祖陈宏谋时建了一座"培远堂"，有房屋十间。这也是陈宏谋留下的唯一家产。这对于大清朝一个当朝一品的宰相来说，也算是极其清廉的了。不幸的是，这座"培远堂"于嘉庆二十一年（1816）失火，被焚毁殆尽，只剩下一座荒凉的废墟。这也是陈继昌在广西乡试夺得解元，被耽搁了一科，未能上京赴考的原因。火灾四年后，陈继昌才得以上京参加科考，三元及第。

然而，他高中之后，历任京官外职，且都是显宦，但他为官清廉，从不贪污受贿，一直拖延了十五年，也没有钱财重修家中的房屋。他的老父亲在

家中写了许多封信给他，让他拿钱回来修复祖业房屋，他都没有办法。直到
道光十年（1830），他在广州讲学得了一些润资，他把这笔钱积蓄起来，奉旨
还京之时，才顺道回到横山村老家。这时他的父亲陈鼎勋、生父陈元焘均已
过世，老屋又已毁坏日久，他便住在同胞兄弟家中。他到老屋查看，屋前那
株古榕仍在，老屋的断壁残垣上犹见火毁的痕迹，屋地庭阶都被荒草遮没了，
满目荒凉景象，不觉心中凄惨感伤。幸好那几块御赐的诗碑还在，便叫人从
荒草乱泥中搬抬出来，用水冲洗干净。

那几块诗碑乃是乾隆皇帝赐给陈宏谋的御笔诗，由江苏著名的石匠穆大
展按照乾隆皇帝所书手稿依样刻制而成的。乾隆皇帝十分倚重陈宏谋，曾书
赐陈宏谋许多诗作。陈宏谋将其中数首诗依真迹刻成石碑，运回老家"培远
堂"中安放。其中一块石碑上刻的是乾隆二十二年，陈宏谋出任江苏巡抚时，
皇帝书赠他的一首五言诗：

> 东南繁剧地，抚治寄贤良。为我苏徐海，宜民简召王。
> 允惟力沟洫，方可课耕桑。实政斯应树，虚名尚谨防。
> 一心要于敬，五字示其纲。勖尔推行善，芳同桂岭长。

诗的后面还刻有"御笔赐江苏巡抚陈宏谋"的题款，还有"所宝惟贤""乾隆
御笔"两权方形印章。

还有一块石碑上刻的是一首七律：

> 北来恰值返南舟，邂逅因之觌面诹。
> 川楫已辞惜长往，风帆非利却难留。
> 归乡自乐桑兮梓，释病当怡林与邱。
> 雅忆岳阳楼记语，行哉宁忘退时忧。

陈继昌楷书八言联（桂林博物馆提供）

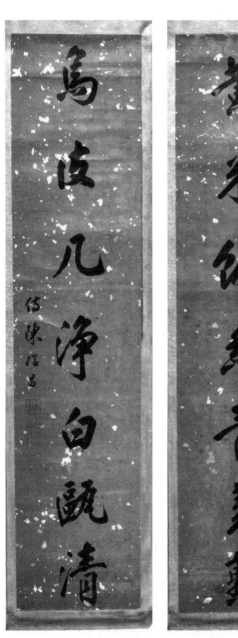

陈继昌楷书七言联（桂林博物馆提供）

诗后刻有"致仕大学士陈宏谋由水程归里，于武清水营陛辞，诗以赐之。辛卯清和御笔"的题款，款末刻有"乾""隆"二枚单字方印章。

陈继昌抚碑忆昔，感慨万端。乃高祖官居宰辅，功高盖世，只留下这座房产，却又被大火毁于一旦。自己是他的玄孙，如今也为官为宦，竟至迁延了许多年，无力将"培远堂"恢复。老父亲屡与鸿催，重修祖业，然而至死也不能了却这点心愿！现在就连高宗皇帝的御笔诗碑也无存放之所，自己有何面目去见先人？

晚上，陈继昌与兄弟们商量重修"培远堂"老屋之事，他将囊中所有全数交与哥哥。兄弟们一合计，这笔钱只够重修五间房屋之用。陈继昌对兄弟言道："这笔钱是我在广州讲学越年，辛苦积攒下来的，干干净净挣来，并无一文贪占。用这笔钱重修祖业，我等弟兄心中坦然。虽只够得五间之费，亦无愧于先祖之清德远誉。余下五间，待我日后若能积攒得来时，再予恢复罢了。"

哥哥和弟弟听了他这番话，觉得很有道理，对他说："你尽可放心，我等在家修造旧屋，亦不会贪占地方一文半毫，绝不有负祖宗明德。能复修五间房屋，也够我们居住的了。"

后来，陈继昌又当上几个省的布政使，直至巡抚，成为朝廷的封疆大吏，但一直到他病死，也无钱把另外五间房屋重修起来。

却说陈继昌留下五间房屋的修造费，便离家北上京城。当时，他作了一首五古，记述了这件事。诗的题目是：邻居老屋十间，先文恭公遗址也。丙子毁于祝融，举目荒凉。庚寅归自五羊，旋由里门北上，留五间屋资为修筑之费。临行记十六韵。诗曰：

行行别乡井，百忧乱胸次。方骑款段游，漫拟菟裘置。
亲朋笑相谓，举手胡愦愦。我闻亦无辞，俯首空涕泗。
祝融昔扫荡，失此数椽庇。老翁盼修葺，遗书尚盈笥。
绸缪非一身，先业惧失坠。蹉跎十五年，莫由副亲志。

俸钱亦何有，藉此耕砚利。来也殊分明，亮非翁所弃。

庀材经营之，聊以竢昆季。斯仍旧堂构，非等封植计。

他日余力储，或得复初制。失时营巢燕，春去始一试。

凄然望先陇，白杨渐垂地。区区亦何为，蠹了一生事。

陈继昌的这首诗，读来既令人钦敬，又让人觉得心酸感慨。

由于陈继昌为官数十年，都是清廉持重，不贪不贿，又经常将自己的俸银拿去周济贫苦之人，因此，他的一家长期过着并不富裕的生活。他回到老家时，就住在还是普通农民的哥哥家里，并不惊动地方官府为他搞什么铺张排场、治酒接风洗尘之类的应酬活动，他无论在哪里为官，都带着家乡沤制的桂林豆腐乳，在陕、甘等地方为官时，经常每餐就用一块豆腐乳送稀饭馒头，加上一壶老酒。他任江苏巡抚近一年的时间，只在上任时尝过一次江苏的名菜"盐水鸭"，以后便从未沾过，也从未进过饭馆酒楼。在他三元及第之时，皇帝曾在崇文门内赐了一座状元府第给他，他把父亲接到京城居住；而他被放外任以后，便让父亲离开京城，返回了老家。他从嘉庆二十五年入仕，到道光二十八年病逝，为官三十年，但他一奶同胞的哥哥和弟弟一直在家当农民，并没有因为他而"鸡犬升天""飞黄腾达"。这对于一个封建社会的达官贵人来说，能够做到如此清廉，也是极其难能可贵的了。

四

陈继昌三元及第，一代文魁，诗赋文章自是不同凡响，然而因为动迁频繁，平生著述虽多，得以保留下来的却很少。他的诗词遗传下来的，只有《如话斋诗存》一卷一百一十八首。而他的著作，只留下中状元时所作的一篇《殿试策》。除此之外。便只有一些一鳞半爪的章句，或散见于各类史书中，或流传于民间。

在诗词创作上，陈继昌最擅长作五古、七古。写得比较好的一篇，是《增城钟南山为写小照赋短句答之》。诗曰：

> 南山所钟钟南山，下笔能肖人姿颜。
>
> 姿颜不肖肖神气，微妙只在秋毫间。
>
> 我年四十渐衰飒，齿牙未脱鬓已斑。
>
> 南山巧饰壮时貌，天工夺转良为艰。
>
> 悬之斋壁静相对，我忙不了君何闲？
>
> 身闲恐负主恩重，身忙非为老亲用。
>
> 忙耶闲耶吾何从，起坐中宵空自讼。
>
> 南山貌尽天下才，形模入手心能该。
>
> 心如悬旌貌恐拙，与之招取明月来。

这首诗是陈继昌在广州讲学时所作。诗中记叙了他在增城钟南山请人为自己画肖像的一段故事。从整首诗看来，一开头便托物起兴，了无匠痕，看似平淡，实则高手之笔。然后随景抒情，于超脱中见潇洒，飘逸中见诙谐。由自己的肖像自然转入自身的处境，展露了自己忠孝两难全的苦瘼心态。诗的最后幻想超出这种"两难全"的形模框梏，但又惶恐无计去摆脱，只好虚求天上的月亮来帮助，体现了他所处的那个时代和伦常观念的局限。

陈继昌还有一首著名的五古长诗：《庚子仲冬信安舟寄桂林示阿齐八十韵》，这是道光二十年（1840）冬十一月，陈继昌在出京赴江宁布致使之任的途中，在天津市附近的信安镇的舟中所作，寄给他的儿子阿齐的一首训儿诗。全诗以父子叙家常的口气，用词遣句朴实浅白，流畅自然，很少雕饰匠作，却又情义殷切，寓意深长。其中的"道途不怕远，只怕不勤步；田园不怕旱，只怕不举庤"等句子，浅白得好像村谈俗谚一般，却又深寓哲理。又如"心如镜上磨，哪得翳尘雾；心如地常扫，哪得和泥污"等句子，比喻恰巧，入情入理。像"镜磨""扫地"，形象真真切切，再浅白不过，这里用作比喻，便产生了丰富的形象思维和深刻的教育意义，使人感受强烈。

　　陈继昌还有一首思想性很强的七古，值得后人赏读。诗名《题云谷图》，像是题在一幅壑深云远的画上的诗。这首诗大约作于道光二十八年，也就是他回家养病的第三年，不久他便病死了，因此，极有可能是他一生所作的最后一首诗。当时鸦片战争已经爆发，中国战败，帝国主义势力正疯狂入侵中国，大清朝国势日衰，岌岌可危，陈继昌忧心国事，却又重病在身，与皇帝已是云隔万里。他在这首诗中，把自己当作飘荡的浮云，不知何时消逝。但又渴望自己这朵即将飘逝的云，能够为国出力，抵挡一下帝国主义这颗"扫帚星"对中国的侵略。这首诗内容如下：

> 揭来我亦浮云似，南北飘扬七千里。
> 冥鸿野鹤相追飞，一卧三年吹不起。
> 重逢把袂语乡粉，恍然如对云中君。
> 哪得英英郁郁五色横天结大阵，
> 扫却欃枪见清净！

从这首诗里，可以看出陈继昌一片忠诚爱国的赤子之心，看出一个中国人不可侵辱的骨气，令人敬仰。

　　陈继昌三元及第的《殿试策》保留了下来，后代学者称赞他这《殿试策》是"洋洋洒洒，亦圆亦方，珠玑金玉，妙手天成，虽然是特定形式的策论，但其不为形式所宥，在歌功颂德之中发抒了他的政治见解"，因而"笔扫千军"，一举夺魁。这个评价很是精切。

　　明、清时代的乡试、会试，规定只能使用八股文。这八股文的清规戒律十分严格，如果不遵守它的框框条条，文章作得再好也不能取士。比如规定：试卷为八开纸，每开十二行，每行二十四字。第一句要明确题意，接着从四

陈继昌草书扇面（桂林博物馆提供）

个不同侧面提出问题，而四题又必须引用四个切题的典故，并且必须在第一开八行内表叙明白；分析、阐明题义要有十五种形式；字体必须写"馆阁体"；文章颂扬抬头要有规矩：涉及皇帝宫廷一抬、皇帝本人二抬、皇帝尊辈三抬，文字与皇帝的名号相同时必须避忌；文章的长短必须符合规定的字数、页数；句式必须要使用骈体文，不能用散体文。策论文要作七开半，若少半开，便只能取在三甲，超出或少一开即弃卷勿取。文章前后必须按规定的程式相呼应，开头的颂词和落尾的款句，都要按规矩一字不能差。

在这么多的清规戒律之下，应试者简直变成了一台机器，要想抒发自己独立的见解和抱负，是多么艰难。而陈继昌竟然出乎其类，拔乎其萃，做到了这一点。他的策论，见解超卓，论点鲜明，议论宏发而严密，落典准确而精当，文采飞扬，气势雄浑。且看陈继昌的策论：

　　臣闻建极所以绥猷，兴贤所以致治，彝宪修而鹓联式序，荣光塞而龙叙呈图。此景铄之上仪，郅隆之盛轨也。

在这一段文字中，他明确提出了"兴贤所以致治"的中心论题，很有远见。
再看他的发挥：

> 稽诸载籍，诗训辑熙敬止，易占教思无穷。克知灼见，百司慎简于
> 周书；距浍浚川，九功特详于禹绩。……道莫高于唐虞，法莫备于成周。
> 而因典谟官礼之垂，进溯宰化出治之本。臣谓帝王之治，因革损益，不
> 必尽同，而其源则一。

策论的论题提出来之后，必须引用四则典故，来证明论题有所依据。陈
继昌引证的典故：

孔子修订《诗经》来训导、教育世人，使得天下之人都崇尚文明礼仪；
伏羲氏创造了《易经》，启迪人们去认识自然规律，懂得趋吉避凶的道理，使
人们世世代代受教；战国时期慎到所著《慎子》一书，提出"治国执法要慎
刑施仁"的真知灼见，因而国家政简刑清才能天下太平；大禹治水，用疏竣
之法引洪入海，使普天之下人民得以安居乐业。这四个典故，都是"兴贤所
以致治"的例子，完全可以作为这一论题的依据。陈继昌接着进一步发挥，
强调这一论题的重要：治理天下国家，没有比唐尧、虞舜"天下为公"的大
道更高明的了，没有比周公之礼更为完备的规定和法度了。所以尧、舜之道
垂范后世，人们都遵从它；制定治国的纲纪法度都以周礼为本源。这说明一
个道理：历代帝王之治，尽管因为时代不同、策略和措施有所变化，但目的
和本源都是相同的。所以说，必须"兴贤"，方能"致治"。

那么"致治"的标准又是什么呢？陈继昌接着写道：

> 安民之准，端在知人。惟所举者当，故不劳而理也；论道之职，首
> 重三公，惟所任之宏，故不名一官也。

他说："致治"的标准是"安民"，而"安民"首先要知人善任，这便又与"兴贤"连接上了。

从陈继昌《殿试策》中这一段文字。便可以见识到他所抒发的政治抱负和远见卓识，亦可见其文章的雄浑气势，锦绣珠玑。

陈继昌的一生，宦海匆匆，他立身处世，经政为文，时时处处皆以高祖为榜样。陈宏谋一生以治国立言、齐家修范为要行，陈继昌也是亦步亦趋，按照他的样子去做。故而，他虽然才高八斗，学富五车，但所做的诗文，也大都继承先人的风格，理性倾向明显，艺术氛围、艺术形象就不那么突出了。

陈继昌一生中有两大嗜好：一是读书，他每天清晨起来之后，第一件事便是在朱熹的牌位前烧一炷香，读一卷书，然后方坐衙理事。数十年如一日，从不废弛。二是嗜酒，甚至到了嗜酒成癖的地步。他每日吃饭，菜肴皆不论精粗优劣，唯独不能无酒。他壮年时，有一条自定的酒规：每餐饮酒六盅，不多也不少。他在江西任上时，一次乘船出鄱阳湖，被大风阻隔了十余天，他在船中作了八首诗，每首诗的最后都押了一个"酒"字。他的一个朋友曾经书赠他一副对联："饮酒能称鬼，观书可谓痴。"

在临桂县，至今还流传着许多陈继昌饮酒的逸闻趣事。比如说他当官，每次出行都坐轿子不骑马。原因就是他出门都要带着一坛酒，骑马就容易把酒坛滚落打烂，把酒坛放在轿子里稳当，想喝酒解渴也方便。又说他在直隶当大官，快过年的时候，桂林府官员给皇帝上贡品桂林马蹄，也顺便给他捎去一袋。陈继昌见了家乡的特产，非常高兴，迫不及待地打开口袋抓了来尝。这桂林马蹄，颗大皮薄，清甜脆爽，入口一嚼就化，满嘴甘润清香。陈继昌吃了几颗，便叫人把酒壶拿来，站在口袋边吃一颗马蹄喝一大口酒，一下子就把一壶酒喝光了。过了几天，他特意请了几位同僚好友到家中品尝马蹄，打开口袋便闻到一股浓浓的酒味。原来是他把酒洒泼到口袋中，一袋马蹄都被沤烂了！

陈继昌嗜酒成癖，对他的身体损伤极大。道光十八年（1838），他在直隶布政使任上，因饮酒过量而致病，只得向朝廷告假回乡疗养，第二年病才痊愈。道光二十二年（1842），他在江宁布政使任上，又因嗜酒病发，向朝廷告假。他的老师、朋友和亲人都劝他戒酒以养疴，但他病好之后，又嗜酒如常。道光二十五年（1845）春正月初八日，他升任为江苏巡抚，到这一年的十二月，他又因酒而引发了重病，不能视事，又只好因病离职，回到老家调养。但他仍然戒不了嗜酒的毛病，不仅在家中要饮酒，有时还叫人扶着他到村邻的朋友家中饮酒。他这次在老家养病三年多，终于不治，于道光二十九年（1849）岁末病逝于家中，死时还不满六十岁。

阮元书刻"三元及第"坊

黄继树

桂林王城正阳门的城门上有一块"三元及第"的石坊,这是谁人所书刻?为何要书刻这一块石坊,嵌在王城的正阳门上?说起来,这其中有一段桂林辉煌的历史文化!

"三元及第"为榜书大字,每字字径一米左右,纵横排荡,气度非常。两边落款为"太子少保、兵部尚书、都察院右都御史、总督广东广西地方军务阮元,为嘉庆十八年癸酉科解元、嘉庆二十五年庚辰科会元、殿试状元桂林陈继昌书"。看了这一题落款,我们知道"三元及第"为时任两广总督的阮元为在科举考试中"三元及第"的桂林人陈继昌所书。阮元是总督两广的封疆大吏,除任两广总督要职外,他还带着"太子少保""兵部尚书""都察院右都御史"三个头衔。"太子少保"是什么官衔?清沿明制设有"三公""三孤"官衔。三公为太师、太傅、太保,三孤为少师、少傅、少保,另有太子太傅、太子太师、太子太保和太子少师、太子少傅、太子少保。这些官衔凡文武大臣功勋特著者,由皇帝特旨加衔,有的作为赠典,表示一种特殊荣誉,没有实际职权。清代的"兵部尚书",名为全国最高军事机构的长官,但实际权力有限,只管绿营兵籍武官升转的事,没有军队统御权。至于"都察院右都御史"那是总督在中央监察机构都察院的兼衔,借此对其辖境内于行政外兼行监察权,以表明其地位的特殊。因此两广总督才是阮元的实职。但这并不重要，重要的是阮元书刻了"三元及第"这块石坊和他的文人学者的身份。

阮元（1764—1849）字伯元，号芸台，清代仪征（今江苏仪征市）人，乾隆进士。为乾隆、嘉庆和道光三朝的重要大臣。历任湖广总督、两广总督和云贵总督等要职。为官以勤政务实著称于世。阮元不仅是一位政绩卓著的官员，同时还是一位著述等身的勤奋学者，治学领域涉猎经学、文字学、史学、金石学、校勘学、天文历算学等方面。曾校勘《十三经注疏》，汇刻《学海堂经解》，辑有《经籍纂诂》，著有《研经室集》《两浙金石志》《畴人传》《积古斋钟鼎彝器款识》《广陵诗事》等书。

桂林举子陈继昌于嘉庆十八年（1813）乡试、二十五年（1820）会试、殿试都得了第一名，连中三元（解元、会元、状元）。在科举考试的一千三百年间，三元及第者仅十三人。清代有两人，一为江苏的钱棨，另一位就是桂林的陈继昌。时任两广总督而又十分重视文化教育的阮元，闻知陈继昌"三元及第"的消息，更是倍感欣慰。他决定做一件有历史意义的事情，要在原靖江王城、时为广西贡院（科举时代考试的场所）的端礼门（王城正阳门）上书刻一个"三元及第"石坊。阮元的书法造诣很深，他用榜书写下了"三元及第"四个字，每个字字径一米左右。四个字看起来浑厚庄重、气势不凡。阮元自己很是满意。可是"三元及第"这四字字径每个都有一米左右，让谁来刻才能保证字迹的生动逼真？刻好之后，又怎样嵌进很高的端礼门城门上面？阮元真有点犯愁了。

一天，阮元在王城内观看正在修缮城墙城楼的石工们的劳作，看到一个石工手艺精湛，不觉眼前一亮。上去一问，此人名叫褚德宏，临桂茶洞乡褚村人，世代石匠，精工石刻，当时正带着子侄、族人、徒弟在王城做石工。据说褚德宏的工艺有三绝，一是用"小散炮"可把山岩上几平方米的薄石震松取下。二是工艺精细，石料用"石刨"刨平石面，光滑如洗，可见人影；加工后的石料棱角平整，结合处不见缝隙；所刻字迹、龙凤禽兽，生动逼真。三是搬运起重技术高超，很大的石料可用"天秤"提起运放自如。阮元听了

桂林王城城门上阮元书刻的"三元及第"坊（邓霆 摄）

大喜过望，当即邀请石工褚德宏为他选料、刻字、制作安装"三元及第"坊。褚德宏手艺非凡，果然不负总督大人的厚望，从开石选料到刻字制作安装，样样精工到位，把"三元及第"坊做成了一件精湛的艺术品，博得了众人的青睐。在"三元及第"坊工程竣工后，举行了隆重的"开坊"大典，在"开坊"大典宴上，身为两广总督封疆大吏又是名满天下的文人学者阮元，激动非常，他亲自斟满一杯酒，走到石匠褚德宏面前，向这个满手老茧的普通石工敬酒致谢。(见《临桂县志》)

阮元书刻"三元及第"坊，并非要造一个什么传世的名坊。他一生重视文化教育，希望借助题刻"三元及第"坊这件事，通过褒奖连中"三元"的陈继昌激励更多的士人，以陈继昌为榜样，勤学苦读获取科举功名。广西偏居岭南，文化教育历史上一向落后。阮元此举意在振兴广西的文化教育事业。阮元这些目的，不但都达到了，而且远远地超过了他的预期。

自从嘉庆二十五年（1820），广西临桂县举子陈继昌"三元及第"，两广总督阮元在广西贡院端礼门上书刻"三元及第"坊之后，奇迹出现了。清道光二十一年（1841）三月，27岁的临桂县举子龙启瑞在北京礼部会试中名列头甲，随后又在皇帝亲自主持的殿试中名列榜首，被钦点为状元。龙启瑞获会元、状元头衔，连中"两元"。

又过了48年，光绪十五年（1889）临桂县的张建勋会试中选后，他接着在殿试中以一篇《民以食为天》的策论，一举夺魁，高中状元。

张建勋状元及第后，仅仅过了3年，光绪十八年（1892），临桂县的刘福姚应进士科考，再次夺魁，被光绪皇帝钦点为状元。刘福姚高中状元后，在科举场中，引起强烈反响。原来，历朝历代的科举考试，一般都是三年举行一次，称为正科大比。正科之外，有时朝廷根据选拔人才的需要，遇上皇帝亲族大喜吉庆，又加考一科，称为恩科。从光绪十五年到光绪十八年，清廷举行了三科大比，即光绪十五年的正科，光绪十六年（1890）加开恩科，光绪十八年的正科。这三科中光绪十五年正科的状元为广西临桂县人张建勋夺得；光绪十六年加开的恩科状元为福建晋江人吴鲁；光绪十八年的正科状元又为广西临桂县人刘福姚所取。时隔三年，广西临桂县出了两名状元，而且刘福姚这一科，临桂县还中出了刘福姚、范家祚、陈福荫、吕森、王家骥、秦士麟、阳凯、郑揆一等八名进士，创造了中国科举历史上的奇迹。几个月后，从京城到各省乃至海外的广西省会馆都张贴一副喜气洋洋的新对联：

一县八进士；三科两状元。

广西省临桂县，把桂林科考的历史文化，推向了一个新的高峰。两广总督阮元功不可没。纵观清代科举考试的历史，可看出桂林教育文化在当时全国的地位。清朝一共举行了 112 次会试、殿试，产生了 114 名状元。因为前两科要照顾满蒙等族考生，分满、汉两榜放榜，分别录取满、汉状元各一人。因此 112 次考试产生了 114 名状元。后来朝廷认为此举不利选拔人才，便取消满汉之分，无论满族、汉族考生，一律平等参考，公平录取，不再照顾满族考生。

整个清代录取的 114 名状元之中，各省状元人数排名如下：江苏 49 名、浙江 20 名、安徽 9 名、山东 6 名、广西 4 名、广东 3 名、直隶 3 名、福建 3 名、湖北 3 名、江西 3 名、贵州 2 名、湖南 2 名、顺天 1 名、陕西 1 名、四川 1 名、河南 1 名、正白旗 1 名、正蓝旗 1 名、正黄旗 1 名，共 114 名。[1] 在清代各省状元人数中，广西省以 4 名状元人数排名第五。广西省这 4 名状元，全部出自临桂县。这有点像开全国运动会一样，广西的一个县级代表队，在和全国各省级代表队竞争中获得第五名，而且还有一名"三元及第"者。这种殊荣，只有江苏和广西才享有。如果以科举考试的成绩来衡量一个省文化教育发达程度的话，早在清代，广西省（桂林）已排在全国的前列。"三元及第"坊见证了这一段令人引以为豪的辉煌历史。

---

[1] 萧源锦：《状元史话·中国历科状元题名录》，重庆出版社，2004 年。

文萃岭西吕月沧

林庚运

　　清道光年间，桐城派领袖梅曾亮曾发出一声震撼世人的惊叹："天下之文章，其萃于岭西乎！"发出这样的惊叹，是因为桐城派古文运动在广西崛起五大家，带领古文创作新潮流，令晚清的中国文坛一扫陈腐，气象一新。岭西五大家，为首者吕璜。

　　吕璜（1777—1838），字礼北，号月沧，广西永福县锦桥里（今罗锦镇尚水村）人，清朝嘉庆辛未（1811）科进士，历任庆元、奉化、山阴、钱塘知县，后升西海防同知。他是"岭西五大家"之首，"桐城派"在广西的奠基人，当时有"广西第一才子"之誉，晚年主讲桂林秀峰书院，为广西和全国培养了不少优秀的文化人才。

　　吕璜虽然身入仕途，但家境贫寒，其父兄蒙冤受屈被充军到江西万安，他长期处于平民之间，青少年时代在科举制度的桎梏中蹉跎而过，历尽坎坷，因此很能体察民情，清廉执政。他每办一案，必躬身实地，亲自勘验，认为"不解案之，何能如是判也"。他还常说："民心即在吾心，必以民忧为己忧。吾父吾兄为贪官所害，见冤者如见父兄也！"他每任职一地，必在书房和大堂悬挂一副对联。书房联是：

　　　　　诗堪入画方称妙，官到能贫乃是清。

大堂联是：

> 我也曾为冤枉痛入心来，敢糊涂忘了当日？
> 汝不必逞机谋争个胜去，看终久害着自家！

这两副对联至今仍倍受推崇。前者表明自己洁身自好、清正廉明的为官之道。后者以自己亲身的经历，告诫法度的森严，执法的公正，我不判错案，你也别错告人，立志当官不糊涂，秉公办事，不徇私情。

吕璜才智过人。出任钱塘知县时，当地绅士文人很不服气，认为他来自边远地区，量无真才实学，不足以在人杰地灵、卧虎藏龙的江浙一带为官，表面上奈何他不得，暗地里却设法作梗。他上任伊始，适逢关帝庙落成，庆典这天，人山人海，热闹非凡。一些人想让这新来的知县出乖露丑，故意请他当众题写庙联。吕璜含笑应允，立即挥笔而就：

> 匹马斩颜良，河北英雄皆丧胆；
> 单刀会鲁肃，江南才子尽低头。

写罢，不卑不亢拱手道："请诸君指教。"众人大惊失色，见他才思敏捷，笔力遒劲，而且语意双关，既写出了关羽的英雄本色，又以此暗射众人，惊叹之余，众人无不折服，再也不敢小看他，从而留下了"一联镇江东"的佳话。

吕璜主政庆元期间，诚信办事，忠于职守，公正廉洁，明决果断，"所断千余狱，无能翻异也"，人们称他为"神宰"。当时，境内乌烟瘴气，抢禾盗谷、偷物劫货成风。他一边安排赈灾，号召民众生产自救，一边加紧查访，甄别各类案犯，被迫者取保释放，为首者带枷三月，屡犯者从重处罚，克爱克威，一时盗迹灭绝。他还经常坐在宅门内堂侧观察下属差官有无营私舞弊，一经发现，都是依法严处，从而使"猾徒敛迹，几于无讼"。人民安居乐业，经济得到迅速发展。

吕璜还十分重视培养人才。原来育英、储英二庄田租是给赴省、赴京参加乡试、会试的考生作资费的，可长期以来被人侵吞，有名无实。他到任后立即亲手清理，建章立制，使考生真正得到实惠，《庆元县志》尚载有他的《育英、储英二庄清田记》一文。此外，吕璜还捐出俸银100余两，买下6亩良田，把田租作为考生的经费，认为这是"利益宏远，子孙百世之计"。这些事情到了现在依然被老百姓传颂着。

吕璜在庆元虽然只有一年多时间，但他处处为老百姓着想，深受老百姓爱戴，他离任时，万民送别，舍不得让他离去。之后，庆元百姓在文昌祠为他设立禄位，永远纪念。

广宁、象山两县的南田，土地肥沃，大旱不枯，渔盐谷利丰厚。明朝时，为了屯兵防御倭寇，南田被封为禁地，当地百姓长期流徙无业。到清朝，海事渐平，地主大肆兼并土地，农民纷纷破产，被迫私自到南田开垦，官府则严加惩治，农民雪上加霜，怨声载道。这一"南田案"很久未能解决，曾惊动朝野。巡抚帅承瀛向来器重吕璜为官清正、博学广闻，便交他前往办理。经过周密调查和细致了解，吕璜力排封禁说，作《南田驰禁议》三篇，详述了南田可以开垦的道理：化贼为民，民皆有籍，不致重糜国币。申奏朝廷获准，数万亩南田终于驰禁，困扰了清廷180多年的难题终于破解，上下合情，皆大欢喜，对于稳定社会、发展经济、巩固边防都起到了重大作用。

为官一地，吕璜都耗以一腔心血，执事勤勤恳恳，无时不以民事为己事，无时不以民忧为己忧，一心为民，一心为公，深受下属及治内百姓拥戴，时人称之为"循吏"。然而，这时的清朝政治腐败，军备废弛，财政危机，政府靠卖官和加税来增加收入，官吏奉行的做官诀窍是"多磕头，少说话"，"吏治民风，敝坏已极"。吕璜为人刚正，为官廉明，不耻于溜须钻营，更不耻于同流合污，得罪了不少当朝权贵，尽管他政声卓著，处境却是十分艰难。1825年，终因会检清朝著名大案徐蔡氏惊天命案失察而被革职。

结束了 14 年的宦海生涯，直接为国效力、为民谋利的机会已经没有了，但吕璜并没有因此歇息，而是选择了另一条更为艰难的道路——治学。

罢官前后，吕璜花费了大量时间和精力阅读、评点了《史记》《文选》《唐宋八大家文钞》等一批古文范本，并尝试创作。岭西五大家之一的彭昱尧是这样评论吕璜钻研古文的："自先生作令浙中，一旦弃其簿书案牍之劳，研寻古今作者之趣，涵揉探索，博储约发，铿然破虫鸣而奏金石，渊然排尘坌而掏清泠也……于是三吴之英，两浙之杰，皆赫然而意先生之文。"但吕璜并不就此满足，仍常常以文就质于桐城古文大家陈用光、毛望甫、吴德旋。1829 年，吴德旋经过杭州时，吕璜留住于其寓所丛桂山房，畅谈古文义法二十多天，后来吕璜将这次学术探讨内容整理成书，成为著名的《古文绪论》。《古文绪论》基本上反映了桐城派首领姚鼐的古文理论。从此吕璜埋头精研"桐城家法"，并有意回乡发扬光大，他写信给吴德旋说："然僻处岭表，交游中或颇有志乎此。他日还山，得举所闻先生之训，广其流传，安必无知而为、为而竟焉者？"

1832 年 3 月，吕璜回到家乡，继续深钻"桐城家法"，并创办"月沧学馆"。十六岁的临桂学子龙启瑞得知大才子吕璜回乡办学，便欣然前往拜师。吕璜悉心教导，告诫他在学业上"不习八股，无以致仕；囿于八股，则无以致用。凡后学者，必超陈规，始成大器"；日后若为官，必须体察民情，"家国之事，根系于民，必以民忧为己忧"；处事断案必"先求自解，而后处之判之，方能秉正"。吕璜的教诲，对龙启瑞一生起到了巨大的影响。

1834 年，吕璜赁居桂林，先后主讲于榕湖经舍和秀峰书院，正式开始了桐城义法在广西的传播。

当时的广西，研习古文的人几乎没有，传授古文的人更没有，彭昱尧深有感触地说道："惟五岭之外，潇湘之南，数千里间，未有以古文介之者"，"粤中古文微乎微，先生崛起为人师"。

吕璜以书院为中心，力挽狂澜，宣扬桐城义法。他十分欣赏姚鼐"义理、

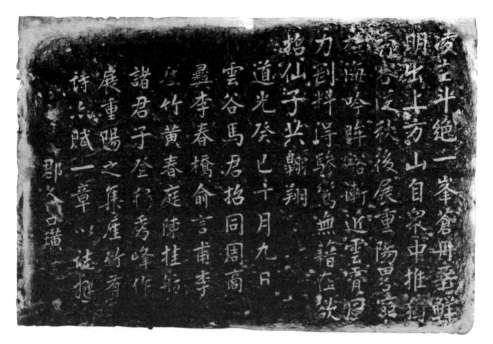

吕璜《登独秀峰》诗石刻拓片（桂林博物馆提供）

考据、辞章"三者合一的古文理论，以及以"阳刚、阴柔"论文章风格的创作主张。他用诗总结出来训导学生：

> 将为文章古，汉唐多可宗。北宋有作者，亦复称豪雄。
> 其义相六经，其语羞雷同。学诗溯汉魏，千九百年中。
> 师资转益多，毕竟将安从。取法必最上，超之自行空。
> ……

桐城理论令粤西学子耳目一新，也得到了粤西学子的广泛欢迎，秀峰书院名噪一时，广东、湖南等地的学子也纷至沓来。彭昱尧对当时的情形描写道:"先生既归,大吏聘掌秀峰讲席,研精澈莹,砻沙磨刑,辨淄与渑,既廉且贞,诸生始而骇,继而孚,终而悦……"朱琦在听了吕璜所传授的古文理论以后,也深有感慨:"文字无今昔,六经为根核。夫子抱遗篇,狂简慎所裁。讲席秀峰尊,百史能兼赅。……弟子逡逡进,白发笑口开。论道有绳尺,举酒方欢眙。指谓旧师友,徜徉不我猜。初月照高炯,乃自桐城来。义法守方姚,无异管与梅。……忆昔束发初,执卷心忽摧。每恨古人远,津逮难沿洄。岂期生并世,几席获追陪。勖以坚操履,闭门绝梯媒。庶几传朴学,一使志业恢。"说明了吕璜传授的桐城理论所带来的强烈反响。

吕璜深知,仅从理论上传授难以完全阐明桐城义法的精妙,多读古文是十分必要的。但是广西向来藏书不丰,加上古文学习少人问津,这方面的书籍更是匮乏。因此,他自愿将宦游十多年间辛苦积聚的数万卷藏书充实书院的书架,大大开阔了学生眼界。朱琦就说:"示我震川文,有若饮醴醅。元气自开阖,众妙归胚胎。废兴虽百变,真意无隔阂。"彭昱尧则这样写道:"既罢官,挟书数万卷以归……我谒先生,其书满屋。"王拯说:"仆生偏隅,罕藏书,于方氏(方苞)书幸皆见之。"

曾国藩在《欧阳生文集序》中最早详述了"岭西五大家"与"桐城派"的关系:"仲伦(吴德旋)与永福吕璜月沧交友,月沧之乡人,有临桂朱琦伯韩、龙启瑞翰臣、马平王锡振定甫,皆步趋吴氏、吕氏,而益求广其术于梅伯言(梅曾亮),由是桐城宗派,流衍于广西矣。"

吕璜在教育学生的过程中,强调"温故知新",认为"学海无津涯,一苇何以轻渡",而当"日知其所无",博学广闻,不断充实自己。他曾连续三次以"学而时习之"这个老题目让学生答卷。因他刚回桂林不久,学生对他还不甚了解,认为他本事平平,徒有虚名,仅此而已。吕璜含笑不语,提笔连作多篇让学生传阅,意在告诫他们须执着追求,勤奋进取,掌握更多更广更深的知识。学生们传阅之后,羞愧难当,深感天外有天,学无止境,因而更加发奋用功。

在书院，吕璜以身作则，注重培养学生的品德修养，正如吴德旋所说："已而主讲秀峰书院，其教人先行而后文，以身相示，故弟子皆服从，而则效之。""君于学无所不窥，诗古文皆有法，而尤严于检身。尝服膺其乡先哲陈文恭（陈宏谋）公'学问须看胜我者，境遇须看不及我者'二语以自治，即以诲人，含和履义，相悦以解。"

吕璜才华横溢，诗文高澹绝俗，被称为"循吏作家"，著有《月沧文集》《月沧诗集》《月沧年谱》《月沧文钞》《初月楼古文绪论》《清史列传》等。作为"道练淳厚"的清代古文大家，吕璜回到桂林后，呕心沥血，倾力桐城理论的传播，培养了大批学生，其中龙启瑞中了状元，朱琦等 13 人中了进士，中举人者更多，其"首开其先"的"启迪之功"永载史册。文学史上把吕璜和他的四位弟子朱琦、龙启瑞、王拯、彭昱尧合称为"岭西五大家"。以吕璜为首的"岭西五大家"以其对桐城派理论的笃诚和活跃的创作热情，丰富了广西的文学创作，提升了广西的文化地位，也使他们成了"桐城派"的中坚分子、当时中国文坛的佼佼者，"语海内能文者，屈指必及之"。

为官与治学，是吕璜人生旅途中的两座里程碑。罢官后的归居讲学，不是为了博取高人奇士的虚名，不是为了东山再起，作为谋取高官厚禄的终南捷径，而是为了维护人格的相对自我完善，实现人生价值的充分体现，在为国效忠、为民尽责之后，继续实现自己的夙愿，以文学兴邦，以教育传世，老死而不愧，尽管生活清苦，病魔缠身，甚至在晚年靠拍卖从浙江带回的字画度日，吕璜仍然执着地追求，不停地奋斗，直到 1838 年深冬辞世前十天，因肺疾辍讲家居，他还星夜披阅学生文卷，悉心点评，并抱着火炉写就《海塘问答》，对浙江沿海的捕盗、海防、水利等方面提出了颇具实际意义的见解。拳拳报国之心，殷殷为民之德，可彪炳千古、直追星月。

"涧松磊其有节，岩桂静而多香"，这是吕璜的亲笔题联，也正是他自己一生的真实写照。

晚清文坛的栋梁

桂林状元龙启瑞

黄继树　梁熙成

一

　　龙启瑞生于清嘉庆十九年（1814），字翰臣，又字辑五。他出生于广西永福县同鼓里黄洞村（今永福县罗锦镇崇山村黄洞屯）的一个书香世家。黄洞屯在相思江南岸，这条五丈多宽的相思江，是唐武则天长寿元年（692）开凿的人工运河，江的北岸便是临桂县南乡，因此龙启瑞少年时就在临桂县南乡读书。龙启瑞的祖父龙济涛，曾任柳州府儒学教授等职，其父龙光甸，举人出身，历任湖南黔阳、武陵、湘乡等县知县，后升浙江乍浦、台州同知等职。龙启瑞从小天资聪颖，勤奋好学。六岁时已能背诵四书五经等儒家经典，八岁已能读诵唐诗宋词，十岁便能为文章诗赋，十一岁便考中了秀才，十三岁即补为廪生，享受朝廷的廪膳。

　　道光十年（1830），十六岁的廪生龙启瑞，得知大才子吕璜返回故里后，在永福县锦桥里（今永福县罗锦乡）的月山脚下办了一间学堂"月沧书院"，便欣然前往拜师求学。吕璜见龙启瑞少年英敏，已然博览群书，犹自勤奋好学，甚以为是难得的可造之才，便精心指点他的学业，又教他做人之理。要他学习古人，行万里路，读万卷书，苦心磨砺，更上层楼。告诫他日后为官，必须体察民情："家国之事，根系于民，民心即在吾心，必以民忧为己忧。"

要他处事断案："必先求自解，而后处之判之，方能秉正。"在学业上，吕璜说："不习八股，无以致仕；囿于八股，则无以致用。凡后学者，必越陈规，始成大器。"吕璜的这些教诲，对龙启瑞的一生，起到了巨大的影响和作用。那月山脚下有个春柳池，乃是一处自然水湾，池畔有两块生根石。盛夏时节，这一对老少才子常依着垂柳坐在石上谈经论道。龙启瑞此时还未脱尽孩童之气，常脱了鞋袜，将双脚泡入水中消暑，静听吕璜妙语释惑。后来龙启瑞中了状元，后人便把这柳树称为"状元柳"，把那两块石头称为"状元石"。

二

道光十四年（1834），二十岁的龙启瑞参加广西乡试中了举人。这时，大才子吕璜受聘为秀峰书院主讲，广西各州、县士子闻得吕璜之名，趋之若鹜。当时的秀峰书院，乃是岭南的最高学府，所收生员，皆是廪生、举人，且有朝廷规定指限名额。只因聘了吕璜为主讲，秀峰书院员满为患，于是分置于榕湖书院。吕璜已年近六十，无奈抱病奔波于两大书院之间。他学问精深又广博，又是一位出色的教育家，他的学生参加科举考试屡试连捷，以至湘南、云贵、粤东的士子，都慕名前来拜师求学。当时，龙启瑞与桂林朱琦（字伯韩）、柳州王拯（字定甫）、平南彭昱尧（字子穆）等四位才华横溢的举人，均拜在吕璜门下精研学问。吕璜是清代最大的散文流派"桐城派"的骨干人物，他针对明清科场上死板、墨守成规的八股文风的弊端，大力倡导韩愈、柳宗元古文运动，宣扬桐城派"义理、考据、辞章"三者合一的古文理论，提倡"实学致用"。他的治学思想和卓越才识，影响了整个广西文坛，使广西的文化教育有了质的飞跃，又以他的文学成就而名震中国文坛。

这年五月，龙启瑞打点行装，北上京城，打算参加明年的春试。他先绕道往武陵去看望为官的父亲，谁知路途受阻，直挨到十二月才到武陵。这时又天降大雪，寒风凛冽，龙启瑞只得在武陵小住，雪晴之后方辞别父亲北上，却已延误了考期，于是便改道游历大江南北、江淮、两浙、中州、秦川，历时数年，方由武汉取道长沙返回桂林。道光十九年（1839），龙启瑞遵父母之命、媒妁之言，娶本县刘氏女子为妻。他这门亲事，是祖母在日就为他订下了的。那刘氏夫人是一个不识字的农家女子，勤劳本分，亲自操持家务农活，完全不似官宦家的小姐那样讲究穿戴打扮。由于常年从事体力劳动，身上衣服经常是汗渍斑斑，不像个官家太太。但龙启瑞却不嫌弃，与之和睦相处，后来养育了五个儿女。

龙启瑞新婚之后，家中一切事务均有夫人操持，自己则集中全部精力精研学问。功夫不负苦心人，道光二十一年（1841）三月，二十七岁的龙启瑞在北京礼部会试中名列头甲，随后又在皇帝亲自主持的殿试中名列榜首，被钦点为辛丑科状元，成为"两元"及第者。五月初一日，道光皇帝下诏："一甲一名进士龙启瑞为翰林院修撰"之职，并降诏要召见龙启瑞父子二人。当时龙启瑞的父亲龙光甸已迁任浙江嘉兴府乍浦县令，奉旨兼程进京。十月，龙启瑞父子晋见皇帝，道光皇帝慰勉有加，特别称赞了龙光甸教子有方，奖谕父子同朝为国效命，并下诏升任龙光甸为台州府同知。父子二人同沐皇恩，感戴不已。

道光二十四年（1844），龙启瑞被选派为广东省乡试副主考官。五月下旬，龙启瑞奉旨离京赴任，他带领从人晓行夜宿，一路南行，六月底到达德安府孝感县，恰逢长江洪水泛滥，道路阻滞难行。龙启瑞怕误了九月秋闱考期，有负皇命，大雨方住，不待洪水消退，便带领从人涉水而行。当时孝感以南，尽成泽国，道路全部淹于水中，轿马无法通行。龙启瑞便将行李包裹驮在马上，自己脱了袍服，与众人赤足牵马跋涉。

一行人历尽道途艰苦险难，总算在八月底如期抵达广州。

这一年，广东全省参加乡试的秀才共有七千五百余人，龙启瑞身为副主考，负责对所有考生的考卷进行校对批阅，阅卷任务十分艰巨。他日夜操劳，将所有的阅卷逐一过目批阅审定，如期批改出来，将数百名合格者拔为举人。

桂林王城的"状元及第"坊（邓霓 摄）

发榜之后，又风尘仆仆回京复命。从八月底至广州主持乡试，直到放榜后启程返京，将近一月时间，龙启瑞竟未到一处游玩过。其尽心职守、勤勉历事的精神，深为一省官员称道。道光皇帝闻知，嘉奖其为官吏之楷模。

三

道光二十七年（1847）春正月，又值翰林院大考。原来在清朝时，对翰林院里的学士，朝廷每四至五年便要进行一次大考，既考其学问，又考其职事政绩。能进翰林院的，都是历次科举选拔出来的进士中的佼佼者，若在大考中获得优等，往往立即得到升用。龙启瑞在这次大考中，以第七名的成绩获得优等，被升用为侍讲学士。这翰林院的侍讲学士一职，是为皇帝、皇子、皇族亲王们讲学的官员，历朝历代都是以品德优异的饱学之士充任，是皇帝很信任的官员。若以大学士充任，品秩为一品或二品；以学士充任，品秩为三品或四品。他们的学问，都属于当世一流。同年七月，龙启瑞又被任命为湖北学政，成为一省文化教育的主官。

当时的湖北，学风一度萎靡不振，华而不实之风气盛行，务实穷研者见少。龙启瑞到任之后，面对如此现状，忧心忡忡，下定决心要纠正这种不良的学风。他经过深入的调查后，有针对性地提出：以经古之学来拨正卑靡之风；以根底之学来拨正虚华之风；以专精之学来拨正浮浪之风。并且亲自撰写了《视学须知》和《经籍举要》二书，着人刊发至全省各府、州、县，作为全省治学入门的指导书。他大力提倡和宣扬"实学致用"的治学思想，认为："欲振兴文教，当先于博文上用功，有博、通、雅之才而后可得经纬卓绝之人。否则迂疏寡味，未有于世有用者。"他作为一省文化教育的最高长官，处处以身作则，要求别人做到的，自己首先做到。他对自己的学政一职提出"三要"：一曰防弊，二曰厉实学，三曰正人心风俗。他将这"三要"公之于众，让别人对他进行监督。他身体力行，一年之中两度赴沔州、汉川，三下黄州视察办学并监督州、县的考试。他在《绿意》一词的题记中写道："戊申之春，余两以试事泛舟汉沔，时则柳阴匼岸，飞花如雪，绻念韶华，感兹行迈，为填此解，用寄逭心。"这则题记，便记叙了他提督湖北学政时两度泛舟汉川、沔州视学的情况。

他第一次到黄州视学时，还留下这样一段佳话：

黄州地方乃是荆楚文化一个重要的发祥地，自古以来一直是文化发达的地区，文人才子汇集，其中不乏名流高士。然而清代以来，这一带的文士学子逐渐滋长了卑靡之风、浮华之气，不肯苦砺根底之学，浮虚夸谈者多，实学致用者寡。龙启瑞初次到黄州视学时，见文风不正，便训诫府、州、县要倡导根底之学、经古之学、精专之学，以革除学弊，以正学风。其时，黄州的一批文士名流对龙启瑞的治学主张甚是不以为然，还想在龙启瑞面前卖弄文才，夸耀黄州学子如何了得。龙启瑞听了，心中虽然忧虑，却又不便表露出来，便向州学正提出：可否测试一下州学中的秀才？那州学正满口答允，次日便将州学中的几十个秀才召集起来，请龙启瑞出题测试。龙启瑞也不多言，便出了一道题让秀才们作文。题为"学而时习之"，乃《论语》开篇的一句。秀才见他出了这样的一个题目，尽皆窃笑不止。因为这个题目，是蒙童入县学时要作的第一篇文章的题目。如此简单的题目，竟然出来给这些自命不凡的秀才们来作，实在是小菜一碟，看来这位新任的学政大人，学问亦不过如此耳！龙启瑞对这些秀才们的反应似乎视而不见，与州学正坐在那里，只是品茶，并不说话。这些秀才们见了，只得应景作文，拉扯一气。耐磨到午时，一个个才交了卷。龙启瑞叫学正收了答卷，交代一句："明日再试。"便回了歇息之处。他将秀才们的答卷展开审阅，但见尽是些文辞虚华、强拉硬扯、夸夸其谈不得要领的狗屁文章，竟无一份精义阐发之作。

第二日早上，龙启瑞到了学中，秀才们早已静候在那里。这些秀才们猜想，昨日学政大人出了一道最简单最浅显的题目，今日恐怕要出一道难题了。哪知龙启瑞所出的题目，又是"学而时习之"！并限令午时前一刻交卷。这一下秀才们都有点着慌了，总不能把昨日的文章抄一遍来交卷吧？无奈一个个只好搜肠刮肚，勉强拼凑文字。看看到了午时，只得草草交卷。龙启瑞照样说了一句："明日再听试！"

到了第三日早上，龙启瑞出的题目还是"学而时习之"！这一来，从州学正到州学里那些自以为饱学的老师和那些自命不凡的秀才们全都傻了眼。足足过了一个时辰，只有几个人在那里划了又写，写了又划，而多数秀才面前仍然是白纸一张，竟不知从何处落笔！众人甚是不服，以为龙启瑞的才学实在平庸，连文章的题目都不会出。那州学正实在忍耐不住，起身向龙启瑞抱拳一揖，言道："龙大人，这'学而时习之'的题目，原是童生习文之初题。今日出与秀才作，一篇已是足够。今大人连出三道，不知何意。学生等究学数十年，也还从未见过！学生斗胆，就请大人做一示范，以启愚智，不知大人能否应允？"说罢，满面皆露轻蔑不肖之色。龙启瑞心中对此其实早有准备，对这些华而不实，马屎皮面光，内中一包糠的人，若不让他见识些手段，还不知什么才算是真才实学！他听了州学正的言语，便微微一笑道："既是州学正大人如此说，本官只得献丑了！"

龙启瑞言罢，当即面对众人，展纸提笔，口中立诵，笔下立书，滔滔不绝。众人但闻精议妙言，尽皆惊异莫名。不到一个时辰，龙启瑞便一口气连作三篇"学而时习之"。众人看时，见这三篇文章，解题精微，立意深远，议论宏阔，叙说精妙，引经据典尽皆切当，要旨昭明而生发绵厚，读来字字珠玑，篇篇锦绣。众人这才知天外有天，万想不到一篇最浅显的题目，《论语》开篇的一句话，竟包涵着这么精深、广博的内容，引发滔滔江海一样的弘义。相形之下，尽皆汗颜。那州学正与那班学究秀才们，真恨不得有个地缝钻了进去。再看那龙启瑞时，只觉得他的学问广博如瀚海，高峻如崇山，深不可测，仰不可攀，取之不竭，用之不尽。众人皆五体投地，不得不心悦诚服。

龙启瑞在黄州视学的故事和他一口气连作三篇"学而时习之"的策论，像长了翅膀一样，很快便传遍湖北各府、州、县。就是这个最简单、也是最

名纸家藏书治谱

廞泉手汲试茶经

己先老公祖大人清鉴

治愚弟龙启瑞

龙启瑞行书七言联（桂林博物馆提供）

基本的题目，震动了一省学坛，使那些文过饰非的浮虚之人，华而不实招摇过市又自命不凡的士人学子感到汗颜，羞愧自省。从此以后，湖北一省的学风便发生了根本的变化，卑靡虚浮之风气逐渐扫除，精研苦砺、厚根博学之风逐步盛行起来。这样，龙启瑞提出的"经古之学""根底之学""精专之学"的主张被广为提倡并付诸实践。而他自己更是身体力行，所为文章力图"深植其根于经古"，而"不徒循文以饰言"。他那"实学致用"的治学思想得到了贯彻和弘扬。于是，很快便出现了"湖北人士，知礼尚文，见称于世"的新气象、新局面。

龙启瑞在湖北期间，为官清廉勤谨，为人清新脱俗，为政厉行务实，得到了湖北士人的尊重和拥戴。他撰写了大量的治学经世的著作，除了前文提到的《视学须知》《经籍举要》二书，还有《古韵通说》《尔雅经说集证》《小学高注补正》《班书识小录》《庄子学诂》《诸子精言》等。这些著作，内容包括教育学、文字学、音韵学、历史、地理等许多方面，不仅在当时的文化、教育上产生了巨大的影响和作用，还对后世产生了深远的影响。他的治学思想源于他的老师吕璜，而又更胜于吕璜。他的道德文章崇尚"桐城派"的理义文风，却又不断务实创新。

龙启瑞是晚清文坛著名的文学流派"岭西五大家"之一，"岭西五大家"即龙启瑞（字翰臣）、朱琦（字伯韩）、王拯（字定甫）、彭昱尧（字子穆）、吕璜（字月沧）。龙启瑞等"岭西五大家"的出现，改变了广西作家在晚清文坛的格局。他曾说："方是时，海宇承平既久，粤西僻在岭峤，独文章著作之士未克与中州才俊争骛驰逐，逮子穆、伯韩、少鹤、仲实先后集京师，凡诸公文酒之宴，吾党数子者必与。语海内能文者，屈指必及之。梅先生尝曰：'天下之文章，其萃于岭西乎！'"龙启瑞指出了长期以来广西作家因偏僻岭南，无法与中原一带的作家竞争，但等到广西籍的作家朱琦、彭昱尧等人涌现出来后，局面有了极大的改观，以至连桐城派的中坚人物梅曾亮不禁也发出了"天下文章，其萃于岭西乎"的感叹，活跃在京城的中原作家们，也不

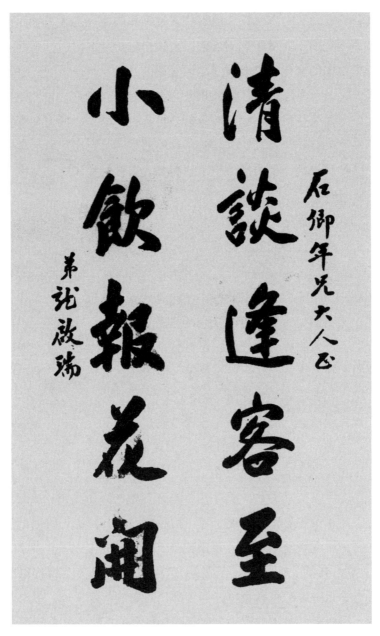

清谈逢客至
小饮报花开

石卿年先大人正

弟龙启瑞

龙启瑞书法作品

得不承认以"岭西五大家"为首的广西作家，已成为晚清文坛最具实力的作家群，"语海内能文者，屈指必及之"。

龙启瑞不仅在古文创作方面成就斐然，而且在诗词创作方面，也极有建树。清代词论家张金镛，褒评龙启瑞的词作说："诸作奇婉绵邈，兼草窗、叔夏胜处。后之读者则宜作欧、范观矣。"更有的文史学家把龙启瑞誉为晚清词坛上的"三大中兴词家"之一。龙启瑞著有《经德堂文集》八卷、《浣月山房诗钞集》五卷、《汉南春柳词钞》一卷等传世。

龙启瑞在湖北，还创作了大量的诗词作品，他的《汉南春柳词钞》，便是这一时期创作的。其中《绿意》《送春》二首词，堪称他的代表词作。

绿意

　　浓荫绕住，只泛槎不管，移棹西去。昨见长条，今忽飞花，香尘傍晓如雾。年年泽畔来相送，任遍拂画船箫鼓。想暗中，绿鬓催人，再过好春休误。　　试问何人手种？汉南复汉北，青翠无数。罩水笼沙，和雨迷烟，掩映风前朝暮。流波可算多情甚，又却送旧愁千缕。望暝烟，遥接襄堤，认取往年攀处。

这首词写春天的景致，却用"绿意"为主题，既新鲜别致，又富深刻含义。词中的长条绿柳，夹岸春花，满目青翠的景致，生发出一片蓬勃的生机。词中形象思维丰富，文笔委婉动人，清新雅趣，流彩溢芳。浓荫、小船、绿柳、飞花、水沙、烟雨、流波、翠堤，让人恍如置身画境，随处感受到春的气息、生命的活力。从这首词中，可以看出龙启瑞当时仕途上春风得意的情态，事业成功的喜悦。龙启瑞词作的小令，也是别开生面，极有特色。他的《江南好》八首和《卜算子》，都可称得上是清新雅致之作。

卜算子

　　山向眼前横，水向天涯去。行到山穷水尽头，总有人行处。　朝
色送人来，暮色留人驻。暮暮朝朝马上看，磨尽英雄路。

这首词看似信手拾来，平平淡淡，实则蕴藉深邃，包含哲理，暗透玄机，耐
人寻味。

四

　　道光二十九年（1849）十二月，龙启瑞的父亲入京城晋见皇上后，在离
京途中，病死于河南许州。龙启瑞得悉噩耗，连忙自汉口北上许州料理父亲
的丧事。道光三十年（1850）二月，龙启瑞将父亲的灵柩运回桂林，并上表
朝廷为父丁忧。是年十月，将其父葬于桂林城北李园，龙启瑞获准在家为父
守灵。谁知不久清宣宗驾崩，清文宗即位，改元咸丰（1851）。这时，中国历
史上发生了惊天动地的太平天国起义。

　　咸丰二年（1852）二月，太平军击破北路清军重围，直指广西首府桂林，
将桂林合围。

　　广西巡抚邹鸣鹤，见桂林被围，一面向朝廷修呈告急本章，一面募乡勇
民壮与清军向荣部坚守城池。他知龙启瑞在家守父丧，便急忙请其入城谋划
坚守拒敌之事。此时龙启瑞的夫人刘氏染病新丧不久，龙启瑞见军情紧急，
也顾不得在家守孝守服，遂入城与邹鸣鹤总理守城诸事。他本是博学强记之
人，历代兵书战策之类的书典也曾读过，且又历来主张实学致用，不尚虚言，
因此不似别的文人那样张皇失措，总理坚守诸事，竟然井井有条。他见邹鸣
鹤临时招募的数千乡勇民壮不识征战之法，便请向荣派军校前来编整队伍，
日夜勤加操练，以备随时上城作战。并以古人办团练之法，结合守战的需要，
编撰《粤西团练辑略》一书，该书共四卷，从组织、制度、军纪、征战、给
养等方面，皆严遵法度，论述甚详。龙启瑞以此组训乡勇民壮，不数日便使

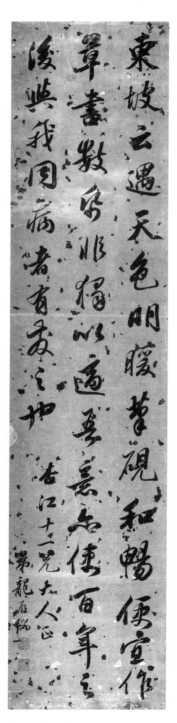

東坡云遇天色明暖筆硯和暢便宜作草書數行非惟玩心遣意無使百年空過與我同病者有幾人也

杏江十二兄大人正

弟龍啟瑞

龙启瑞行书（桂林博物馆提供）

这些乡勇民壮具有了战斗力，与清军一道登城拒敌。

太平军用主力攻打南门、文昌门，又在象鼻山上架起大炮轰击抚台衙门，衙门附近弹如雨下，人皆不敢行走。到了晚上，那些换防下来的清军兵勇又汹涌滋事，不时出现抢掠民财、奸淫民女之事。龙启瑞见状心急如焚，急找向荣、邹鸣鹤力陈利害，若不整饬军纪，一旦激起城中民变，则不可守矣！向荣亦深知坚守桂林责任重大，便将城内治安秩序全权交与龙启瑞处理，又调三百名军士在城中巡视，一来防备奸细，二来惩处滋事之人。龙启瑞命三百军士分作三十队，到了晚间，各以香火用带子绑在头上，巡游街市。又传令每家每户入夜后在门前点亮油灯一盏照明，使滋事歹人不敢擅为，于是城中秩序井然。

龙启瑞见太平军数万大军将桂林城围得铁桶相似，孤城随时有被攻破的危险，便与向荣、邹鸣鹤言道："敌众我寡，若要使孤城坚守不失，需得设法探知敌情虚实，得以制敌先机，早为防御。但能坚守数月，一旦朝廷救兵到来，敌军必不耐久持，其围可解，由是桂林可保无虞矣。"二人甚以龙启瑞之言为是。原来向荣军中，有一队潮勇，乃是在广东潮州招募的客家人，与太平军中的许多广东人是同乡，言语相通。向荣采纳龙启瑞之言，命潮勇扮成小贩、客商，从丽泽门秘出，与太平军做生意买卖，互相拉扯家常乡亲关系，暗中刺探军情。他们探知太平军设计在文昌门外暗挖地道，准备将地道掘至城下，再用炸药炸毁城垣。向荣探知其情，问计于龙启瑞。龙启瑞便召集城中的瞎子，教他们入夜时在城墙根下伏地听声，听准了城外掘地道的方位，便在城内掘成深壕，引水灌满壕沟。太平军的地道刚掘近城墙，壕沟里的水便浸出淹入地道中，致使功败垂成。如此数番，太平军挖掘了半月，地道始终不能掘至城下。

一连数日，不见太平军来攻城，那向荣、邹鸣鹤正觉蹊跷，忽然得报兴安城破。龙启瑞笑道："定是太平军撤围去了！"向荣犹自不信，急忙引军出城查看，见城外果然已是空营数座，营中缚羊于鼓，用药线引炮不时鸣响。

龙启瑞行书扇页（桂林博物馆提供）

远处的营寨已尽拔去，只留下大军屯兵驻过的痕迹。

向荣回至城中，向众人言及，方确信太平军已去。巡抚邹鸣鹤一边出榜安民，一边拜表上奏朝廷，备言桂林坚守战事，其中特别提及龙启瑞谋划助守之功。关于太平军围攻桂林，清军守城战事，龙启瑞以亲历者的身份创作了一首长达200余言的长篇纪事诗，极有史料和文学价值。

却说龙启瑞的夫人刘氏死后，留下五个子女，最大的年方十岁，小的年仅一岁。桂林城解围之后，龙启瑞又为家事缠绕，不得分身。巡抚邹鸣鹤十分感激龙启瑞在居父丧、妻丧之时，舍小家而全忠义，鼎力相助守城的大义之举，对龙启瑞的家事极为关心。访得湖南长沙侨居桂林的儒商何香宇之女何慧生，聪明贤淑，知书达礼，是能文能诗的才女，年方十九，待字闺中。邹鸣鹤便使人从中撮合，介绍与龙启瑞。这何慧生闺字莲因，乃富商之女，自幼喜读诗书，聪敏过人，才情不让须眉。她见龙启瑞乃国朝状元，饱学鸿儒，遂倾心相爱。咸丰三年（1853），龙启瑞娶何氏为继室，虽然夫妻二人年龄差半，却是相敬如宾，恩爱情浓。几个子女也将何氏敬若生母，孝顺如一。

咸丰四年（1854）十月，龙启瑞奉旨回京。龙启瑞一到北京，立即得到咸丰皇帝召见。咸丰皇帝对他助守桂林城的功劳大加赞赏，降旨升龙启瑞为侍讲、翰林学士，赏顶戴花翎。

这时，太平天国已经定都南京，与清王朝分庭抗礼。兵部侍郎曾国藩奉旨在湖南招募训练湘军，特来向龙启瑞索要《粤西团练辑略》一书，商讨操办团练之法。曾国藩与龙启瑞交情颇深，龙启瑞的父亲在湖南湘乡为县令时，与曾国藩的父亲曾麟书交往甚厚，曾国藩少年时期便与龙启瑞结为好友，称之为世兄，极为敬重他的才学。道光十八年，曾国藩进京科考得中进士，而龙启瑞则奉父母之命在家完姻，未能进京参加科考。曾国藩中第后写信给龙启瑞说："弟之愚拙，尝蒙皇恩，幸得中第，若世兄之大才，来科定可夺魁抢元。"果然龙启瑞在下一科高中状元，可见曾国藩有识人识才的远见。

咸丰七年（1857）二月，龙启瑞被咸丰皇帝升为江西布政使，这年三月，龙启瑞几经艰险周折，方才到达南昌任上。这时江西全境，只剩下南昌和曾国藩屯守的建昌两座孤城，内无粮草，外无救兵，偏又遇上天旱蝗灾，军心动摇，民皆疲于奔命。龙启瑞费尽心力，使出浑身解数，才使得南昌城内稍得安定。所幸南昌城池险固，易守难攻，龙启瑞又日夜检点，体恤士卒民壮，拼力死守。太平军见南昌城池险固，防范严密，索性围而不攻，将主力转战各地。这样南昌城方得坚守下来。龙启瑞终日劳累过度，忧心如焚，茶饭不思，终于忧患成疾。咸丰八年（1858）九月，龙启瑞病逝于南昌任上，年仅四十五岁。他的夫人何慧生得知凶信，痛不欲生，在龙启瑞的灵前大哭一场，亦自缢殉夫去了。龙启瑞夫人何慧生是个才女，她留下《梅神吟馆诗词集》一卷传世。

咸丰皇帝得知龙启瑞之死，哀其股肱折失，三日不朝。太平军被镇压后，同治皇帝降诏将龙启瑞入祀"江西名宦祠"以纪之，并降诏湖北、江西、广西建祠以配千秋祭祀。其实，后人纪念龙启瑞，并不在于他的政绩和他为大清王朝全忠尽瘁，而是钦佩、崇敬他的博学多才，是他在晚清文坛上所占据的显著地位。他一生著述了几十部极有价值的治学专著和文学诗词著作，给后世之人留下了一笔丰富的精神食粮。

"临桂词派"的领军人物王鹏运

黄德辉

桂林榕湖，四时如诗。

我沿着环湖步道来到榕湖南畔，只见绿荫掩映之中的"邀月台"上，竖立着一尊铜像。那铜像为一旧式文人模样，身着一袭长衫，手握一把折扇，看上去颇觉骨格清奇，气定神闲，仿佛正在遥望亭台楼榭，浅唱碧水湖山，显然"邀月台"是专门为他所建。他究竟是什么人物，能享有如此礼遇？

在铜像右侧的《王鹏运"西园"遗址简介》中，有如下文字介绍：王鹏运（1849—1904），字幼霞，号半塘老人，又号半塘僧鹜，广西桂林人。清同治举人，历任江西道监察御史，吏部给事中等职。以推崇维新变法、刚直不阿、直言敢谏蜚声朝野。为晚清"四大词人"之一，以工丽清雄的风格独树一帜，并创立了"临桂词派"，成为晚清词坛一代宗师。

原来他就是著名的临桂词派领袖王鹏运！"邀月台"即为其祖居"西园"遗址。

"邀月台"置有多处石凳，四周围以花岗岩雕花栏杆，显得格外清幽开阔，可供游人小憩观景。我驻足徘徊良久，耳畔仿佛听到王鹏运吟诵着那首《百字令》："杉湖深处，有小楼一角，面山临水。记得儿时嬉戏惯，长日敲针垂饵。万里羁游，百年老屋，目断遥天翠。寄声三径，旧时松菊存未？ 昨夜笠屐婆娑，沿绿溪路迥，柳阴门闭，林壑似闻腾笑剧，百计不如归是。茧缚

王鹏运像（桂林博物馆提供）

春蚕，巢怜越鸟，肮脏人间世。焉能郁郁，君看鬓影如此。"《百字令》镌刻在王鹏运铜像后侧的一块长条形湖石上，是他当年在京城宦游时写下的一首思乡之作。

1849 年 11 月，王鹏运出生于"西园"，因园内植有杉树，故又称作"杉湖别墅"。他曾在《百字令词序》中对其祖居作过简略描述："杉湖别墅，先世小筑也。其地面山临湖，有临水看山楼、石天阁、竹深留客处、蔬香老圃诸胜。"旧时的榕湖杉湖统称为"杉湖"，由于这里清朝时属临桂县境，故史籍中俱称王鹏运为临桂县人。据记载，他的父亲王必达，字质夫，道光二十三年（1843）举人，历任江西、甘肃等地知县、知府、按察史等职。他身历道光、咸丰、同治、光绪四朝，曾受到曾国藩的赏识并在其手下当过幕僚。他生性旷达，为官廉洁，且颇有诗才，常常忘身忧国，对王鹏运兄弟几人督教甚严。王鹏运从小就把父亲当作人生标杆，立下忠君报国、济世安民、建功立业的理想。

透过晚清那迷茫厚重的烟尘，我仿佛隐约看到当年的王鹏运吟诵着他那些"重、拙、大"的临桂派词句，走在从桂林通往北京然后又从北京返回桂林的路上，曲折漫长的古驿站道上印记着他的一个个背影，那背影或青春勃发，或勇武激昂，或落寞孤独，或彷徨委顿，或凄凉而悲怆……

同治九年（1870），22 岁的王鹏运从父亲王必达的任职地江西返回桂林，参加了当年的广西乡试，并以第 28 名中举，获得进京参加会试资格，自此迈开入仕的步伐。第二年，王鹏运同大哥王维翰（同治十三年［1874］进士）一起离开桂林，踏上进京赴考求取功名的漫长旅程。王鹏运满怀着诗和远方，在家乡桂林美丽的山水风景里留下了他豪情万丈、青春勃发的背影。

踌躇满志的王鹏运未曾料到的是，命运等待着他的竟是一连串沉重的打击：他连续参加了七次会试，次次名落孙山！初次落第，他的心情其实并未十分沮丧，在广西籍京官宴请当年落第的广西籍举人时，他情绪如常，照样喝酒吟咏作词。但是经过多次失败的打击，特别是当他第七次落第时，或许是他在潜意识之中预感到今生可能将与进士无缘了，一时间压抑多年的壮志难酬之恨、命运落魄之愁顿时迸发直出，写下一篇篇愤世嫉俗、叩问命运的词章。他在《摸鱼子·对燕台》中叹道："纵横九陌驰车骑，仰屋著书何补。空自苦，怪吾子高歌青眼还相许。"我们仿佛看到金榜题名梦碎的王鹏运，迈着沉重的脚步，落寞孤独地在京城长街上踯躅徘徊……

光绪五年（1879）举人、同为临桂籍人的况周颐，在《续眉庐丛话》中记录了光绪六年（1880）王鹏运参加会试的一段往事：同邑王半塘侍御，光绪庚辰应礼部试，诗题《静对琴书百虑清》，得"清"字，乃末联用"离、尘"二字叶韵。卷经房荐，而堂批谓此卷拟中，三日复阅，诗末出韵，摈之可惜。半塘雅擅倚声，素研宫律，四声阴阳，剖析精审，乃至作试帖而真庚混淆，讵非咄咄怪事耶！半塘尝曰："进士者，器之贵重而华美也。是有命焉，不可幸而致也。"眼看梦寐以求的功名就要到手，或许是应试过于紧张，毕生精研声律的王鹏运竟鬼使神差地犯了作诗出韵的低级错误，令况周颐甚感惋惜！王鹏运也为此懊丧不已，但只能无奈地恨自己命运不济罢了。当他经历七次应试失败之后，他忽然觉得那顶"进士"的桂冠实在是太尊贵了，尊贵得简直是遥不可及，他从此再没有踏进会试考场。事实上，对于不能荣登进士甲第他一直都没有原谅自己，并视为终身遗憾，以至于在他自编词集时竟让"甲"篇空缺，直接将"乙"篇置为首篇。直到去世的前一年，他还在《半

塘僧鹜自序》中写道："尝读书，应举子试矣，而世所尊贵如进士者，卒不可
得。"王鹏运当然不会知道，事情竟会如此凑巧，在他去世的那年即 1904 年，
慈禧太后为庆祝她的七十大寿而增开的"甲辰恩科"，成为中国历史上的最后
一场科举考试。1905 年，光绪皇帝批准张之洞等人递呈的《请废科举折》，隋
唐以来实行了 1300 余年的科举考试制度从此正式退出历史舞台。

其实，进士及第并不是王鹏运仕途进阶的唯一门径。凭借父亲王必达的
声望和朋友们的引荐，他从同治十三年（1874）开始担任内阁中书，这是一
个并无实权的小吏，但他一干就是十多年。虽然其间他仍继续刻苦用功，接

桂林榕湖畔的王鹏运雕像（邓霆 摄）

连应试，俱都无功而返，同时仕途也毫无起色。眼看将近不惑之年，自己在科举考场仍屡试屡败，前途一片渺茫，他想起当年离开故乡桂林时曾经立下的宏愿，想起自己少年丧父、中年丧母、丧妻的不幸人生际遇，而今依然一无所成，心中顿感无尽的悲凉：难道自己真的就是"半僧人"和"刻鹄类鹜"的苦命？

原来，家里人见王鹏运屡遭挫折，终日郁郁寡欢，就请来一位算命先生推算他的生辰八字，看看他的后半生是否能好转起来。谁知那算命先生经一番推算后说："心高命平，是半僧人命也。"他的命有一半就像是和尚，王鹏运从此自号"半僧人"。后来又有朋友请人为他占卦，这回得卦为"刻鹄类鹜"，意思是说本来想雕刻天鹅却被雕刻成了鸭子！王鹏运听后先是一怔，接着有些伤心地说："我愧不能变成天鹅高飞蓝天，就当只鸭子藏在水草丛中吧。"他几乎要完全相信这个卦相了，联想到自己的悲情人生和仕途，虽然胸怀天鹅的志向，但偏偏只有成不了大器的鸭子"命"，遂又把"鹜翁"作为别号之一。这样一来，除了最初的"半塘老人"，他又新增"半塘僧翁、半塘鹜翁"两个别号，到后来他干脆一起合并成为"半塘僧鹜"。至于为什么在壮年时就自号"半塘老人"，他后来在《半塘僧鹜自序》中说明："老人今老矣，其自称老人时，年实始壮。或问之，老人泫然以泣，作而曰：礼不云乎？父母在，恒言不称老。某不幸，幼而失怙，今且失恃矣。称老，所以志吾痛也。然则半塘者何？曰：是吾父吾母体魄之所藏也。吾纵不能依以终老，其敢一日忘之哉！"他认为自己是父母的体魂所依，有父亲的一半也有母亲的一半，因此称作"半塘老人"，原来是为了铭记已经逝去的父母！

正当王鹏运将要完全接受自己的悲情命运、泯灭建功立业理想的时候，他的命运却迎来了一次转机。45 岁的他在光绪十九年（1893）被提升为江西道监察御使，1899 年升任礼科给事中，不久转任礼科掌印给事中，为正五品，均属谏官职位，这应该就是王鹏运一生中最高的职级了。光绪皇帝在中国历史上是一位有名的悲情皇帝，他 1874 年即位时年仅 4 岁，到他 1908 年 38 岁

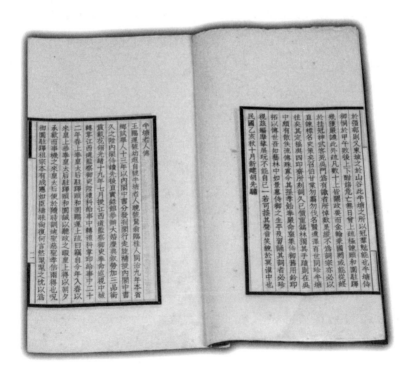

《半塘老人钤印》（桂林博物馆提供）

去世，在位 34 年中一直在慈禧太后的掌控之下，朝中大事概由慈禧决断。即位之后，光绪皇帝在他的老师、清朝名臣翁同龢的精心呵护和训导下渐渐成长起来，按照清朝惯例，16 岁的光绪帝结婚后就必须开始亲政。1886 年，慈禧不得不发布懿旨宣称还政光绪皇帝，但却又制定一个《训政细则》，规定军政大事都要由太后裁决，未肯真正交出实权。随着年岁增长，心智日趋成熟的光绪皇帝对于"虽胜亦败"的中法战争记忆犹新，对自己空有皇帝虚名心有不甘，他暗中准备培植势力，展现雄心，向慈禧太后争回皇权。王鹏运就是在这样的背景下得以提升的，成为此后"帝、后之争"中的"帝"党，他依附的是没有实权的"帝"党，从一开始就注定了失败的命运。

王鹏运本来专注词学已久，这时突然感受浩荡皇恩，不禁精神为之一振，觉得从此应当可以大展身手，成就一番事业了！他在一首《鹧鸪天》中发誓一定效犬马之劳，感戴皇恩："太液秋澄露半销，天风依约响琅璈，漫将弱质轻蒲柳，得近宫墙也后凋。移故步，认新巢，凤池回首日轮高。蔚州即墨声华在，珍重新恩赐珥貂。"欣喜之情跃然纸上。

当我仔细阅读了关于王鹏运的史料，禁不住由衷感叹：才华横溢而又胸怀大志的半塘老人，为什么会如此凑巧地生活在我们国家和民族内忧外患最严重的年代？在这些充满悲剧的岁月里，我们国家到处都是屈辱的血泪和不屈的呐喊：鸦片战争，太平天国运动，中法战争，洋务运动，甲午中日战争，戊戌变法运动，义和团运动，八国联军侵华战争……外国侵略者成功了，而我们的自救活动都宣告失败。中国封建制度这座古老而腐朽的大厦即将坍塌，没有谁能够使它幸免。王鹏运不是救世主，但他作为一名普通的封建文人士大夫，满怀忠君报国、建功立业的理想，国家的危难激发了他的忧患意识，并为此付出努力。这时的王鹏运就像一名斗士，在历史的舞台上留下了一个勇武悲壮的背影。

王鹏运仕途中的突出作为基本就体现在谏官的位置上。他的同乡好友况周颐在《王鹏运传》中做过这样的评价："鹏运直谏垣十年，疏数十上，大都

《半塘定稿》（桂林博物馆提供）

关系政要。"其实,"疏数十上"不过是虚数而已,王鹏运上疏何止"数十"?他先后劾奏过李鸿章、孙毓汶、徐用仪、翁同龢、荣禄等执政大臣,甚至还试图谏阻慈禧和光绪皇帝,他一意忠君爱国,报效朝廷,不计个人安危,勇于直言进谏,是一名称职的台谏。

1894年中日甲午战争爆发,王鹏运站在主战派一方,密切关注时局,坚决反对投降求和,仅在这场战争及和议的过程中他就先后进谏20多次。其中让所有人替他捏一把汗着急的是,他竟接连三次专折弹劾大学士、直隶总督李鸿章,指责李鸿章主和卖国、透过纵奸,要求将其免职,措辞异常严厉。李鸿章为晚清重臣,早年曾同王鹏运的父亲王必达一起做过曾国藩的幕僚,相互间颇有交情。也许是由于正值国家极度危难之际,王鹏运心急如焚,根本无暇顾及这份私情,其凛然之气实在令人心生敬畏!当然无论他付出多大努力,都不可能改变中国的这场败局。在19世纪60年代,中日两国几乎同时开始了学习西方先进技术、兴办实业的活动,中国的名为"洋务运动",日本则在兴办实业的同时,成功地完成了一场资产阶级改良运动——明治维新。简单地说,甲午中日战争其实是两个在30年前同时兴办实业的国家的一场决斗,日本用的是一艘资本主义制度的新铁船,而中国用的还是那艘眼看快要沉没的封建制度的旧木船!

甲午战争的隆隆炮声似乎未能将清朝廷权贵们惊醒。1896年,慈禧太后无视国家内忧外患严重和国库空虚,依然自顾四处搜刮财物,试图重修在第二次鸦片战争期间被英法联军焚毁的圆明园,以供其玩乐,且自从1888年颐和园建成以来,慈禧就一直要求光绪皇帝到颐和园中侍奉自己,以便随时训示和控制光绪皇帝。生性耿介的王鹏运希望光绪帝能摆脱慈禧的牵制,独立处理军国大事,遂舍命上疏谏阻光绪帝与慈禧太后驻跸颐和园,并在奏折中说,想必以皇帝之圣明,"断不致以有限之金钱"大兴土木,试图能婉转地谏阻慈禧太后重修圆明园。他的这番进谏在常人看来,同拔扯老虎的胡须无异。光绪帝明白王鹏运的用意,但迫于慈禧的淫威又不得不加罪于王鹏运,幸得翁同龢等一干朝中重臣多方斡旋，他才没被治罪。这次进谏的结果是：光绪帝被迫去颐和园侍奉慈禧的时间少了，但重修圆明园的工程却仍然继续动工。

对于甲午战争失败的屈辱，也许王鹏运同当时大多数人一样感到十分困惑：堂堂天朝上国为何会败在小小日本手下？因此，他思忖着如何才能图强救国，于是就有了他同中国近代史上一位著名人物康有为的一番交集。

康有为在桂林讲学期间就曾听说过王鹏运的名号和为人，因此在光绪二十一年（1895）进京应进士试期间他专程拜访了王鹏运，康有为反对议和、变法图强的政治主张与王鹏运一拍即合。于是，王鹏运便为康有为向朝廷代递奏折，并参加了康有为在京城成立的宣传维新变法主张的"强学会"。据考证，这里所讲的"代递奏折"并非是简单地向朝廷转交康有为的奏折，而是由康有为替监察御史王鹏运代拟奏折，再以王鹏运的名义上交，王鹏运当然是要为这些奏折担负责任的。

经过努力，变法活动终于得到光绪皇帝的支持，并于光绪二十四年（1898）颁布了《明定国是诏》，宣布变法，内容涉及国家政治生活的各个方面，重点是要学习西方先进科学技术等。然而，变法活动招致以慈禧太后为代表的守旧势力的严厉打击，本来支持变法活动的光绪帝最终被迫发布上谕："康有为包藏祸心，图谋不轨，有谋围颐和园劫持皇太后之事……实为叛逆之首，命各省督抚严拿。举人梁启超与康同党，一并拿办。其被诱附从者，概不深究。"接着慈禧纠集"后党"势力对维新派人物进行了残酷屠杀，康有为、梁启超成功出逃日本，谭嗣同等"戊戌六君子"惨遭杀害。这场历史上称为"戊戌变法"的维新活动进行 103 天后就失败了，悲情的光绪皇帝被慈禧太后囚禁在瀛台，开始他长达 10 年的"囚帝"生涯。

王鹏运虽因列为"被诱附从者"而侥幸逃过此劫，但他的政治理想随着维新运动的失败而几近彻底破灭，竭力忠君报国的他顿时完全迷失了方向！他十分痛恨淫奢无度的慈禧太后把持朝政大权，更痛恨营私弄权、卖国求荣的佞臣，痛恨光绪皇帝的懦弱无能，也痛恨自己的势孤力微。他想起前朝往

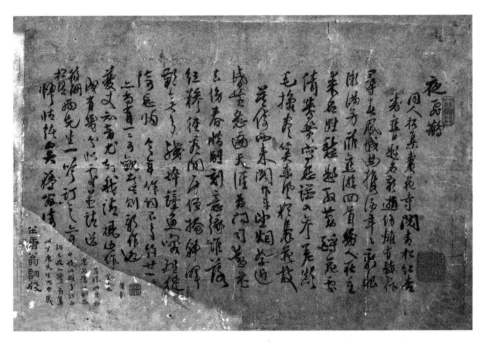

王半塘词手稿（桂林博物馆提供）

事，禁不住感慨万端，写下慷慨激昂的《念奴娇·登阳台山绝望明陵》："惟有沙草微茫，白狼终古，滚滚边墙走。野老也知人世换，尚说山灵呵守。平楚苍凉，乱云合沓，欲酹无多酒。出山回望，夕阳犹恋高岫。"透过这些凭吊明王朝覆亡的词句，我仿佛看到在大清王朝那烟云惨淡的暮色中，王鹏运在古都斑驳的皇城脚下蹀躞徘徊的背影，他心事重重、彷徨委顿，似乎欲要决然离去却又不忍离去⋯⋯

　　然而，当"庚子事变"再次给他重重一击，他那建功立业的大梦才终于彻底破碎。1900年，八国联军占领北京，慈禧太后带着光绪帝和众朝廷大臣仓皇西逃。王鹏运并未跟随朝廷大臣们出逃，而是在自己那位置比较偏僻的寓所四印斋里，同前来一起避难的朱祖谋、刘福姚（临桂籍人，光绪十八年〔1892〕状元）等人，在那些弥漫着腥风血雨的日子里，写下了许多痛斥侵略者、感伤国难的词章，事后合编成有名的《庚子秋词》。

虽然义和团开展了声势浩大的抗击外敌侵略的战斗，但最终在中外反动势力联合绞杀下失败了。1901 年 9 月，清政府同列强签订了主权丧失严重的《辛丑条约》。

王鹏运心知自己于国事已是难有作为，顿时万念俱灰，遂请假出京南归，决然离开。"宁流落而死，一瞑而不视"，言下之意是说：两眼一闭，落得个什么都看不见为干净！他的人生虽然悲情，但绝不孤独，因为古往今来，试想又有几位封建文人士大夫能够真正实现他们成就宏伟大业的梦想？

他并没有直接返回故乡桂林，而是首先专程绕道河南开封前往朱仙镇拜谒了岳飞祠，写下一阕《满江红》。我们仿佛看到身心交瘁、老泪纵横的王鹏运，面对"壮怀激烈"的前辈英雄岳武穆，向苍天大地抒发着胸中悲愤郁结之情："风帽尘衫，重拜倒、朱仙祠下。尚仿佛、英灵接处，神游如乍。往事低徊风雨疾，新愁黯淡江河下。更何堪、雪涕读题诗，残碑打。　黄龙指，金牌亚。旌旆影，沧桑话。对苍烟落日，似闻悲咤。气奢蛟鼍澜欲挽，悲生筋鼓民欲社。抚长松、郁律认南枝，寒涛泻。"

接着他经上海、南京到达苏州、扬州，同况周颐、朱祖谋、郑文焯等昔日词友相聚，谈词论道，慨叹人生。直到 1904 年去世，王鹏运生前一直未来得及回到故乡桂林。

也许随着岁月的流逝，王鹏运将会像无数普通的封建文人士大夫一样，渐渐消失湮没在苍茫旷远的历史时空。然而"种豆得瓜"的奇迹却在王鹏运身上发生了，他生前根本就不会预料到，当他"刻鹄类鹜"的悲情人生、多舛仕途结束之后，他在潜心为建功立业努力拼搏之余写下的那些吐露心迹、感伤时事的长短句，虽然曾被他称作"小言无用，刍狗同嗤"，最终却成为一盏盏散射着永恒光芒的明灯，把他整个黯淡的人生照亮了！

王鹏运是晚清词坛临桂词派的开创人、首席词作家，该词派作家代表主要有况周颐、朱祖谋、郑文焯、刘福姚、龙继栋、倪鸿、邓鸿荃、韦业祥等，其中"王、况、朱、郑"四人享有"晚清四大词人"之誉。翻开中国文学史，我们发现临桂词派是广西历史上出现的第一个影响遍及全国文坛的文学流派。临桂词派因临桂籍词作家众多而得名，虽然朱祖谋、郑文焯等著名词人并非临桂籍，但因其同临桂籍词人创作交流甚密、志趣契合相投，且所推崇词体、词学理论以及词作品的意蕴风格等等基本一致，故亦被列入临桂词派。

王鹏运自小热爱诗词，在初次进京应试期间，他就开始参加以广西文人为中心的"觅句堂"文学活动。"觅句堂"设在龙启瑞（临桂人，道光二十一年［1841］状元）之子龙继栋家中，王鹏运在这里得到本家前辈、"岭西五大家"之一的王拯的提携点拨后，对词学创作研究产生了更为浓厚的兴趣，加之他屡试不第，难以施展才华抱负，遂常填词以宣泄时运不济之怨。在其后的30余年的应试、宦游生活中，他热衷于集结词社，组织开展词学唱和活动，在广泛交流学习中词艺水平大进。由于王鹏运颇具才华与人格魅力，渐渐形成了以他为中心的词人群体和词学流派。

临桂词派之所以能独树一帜，成为晚清文坛重要流派，究其原因有三：

一是有一大批由临桂籍人领衔的词作家，并创作了大量气势雄阔、语言工丽的优秀词作。作为临桂词派的领袖，王鹏运一生中词作很多，因其对自己的词作要求甚严，今人能够看到的只有经他亲自筛选后流传下来的640余首了。康有为曾对他的人品、文品有过极高赞誉："清直，能文章，填词为光绪朝第一。"

二是词作家们都认同由王鹏运提出的"重、拙、大"临桂派词学理论，况周颐将这一理论进行归纳总结并写成《蕙风词话》一书，使之成为临桂词派的词学纲领，在晚清词坛被奉为词学标准。

三是在王鹏运的主导下开创了词学校勘的先河，将校勘经史的风气推广到集部的词籍，改变前人对词籍的轻视态度，这也是以王鹏运为代表的临桂派词人对中国文学做出的一大贡献。王鹏运从光绪七年（1881）开始，用了20多年时间共校勘唐宋词籍24种，汇成《四印斋所刻词》《四印斋宋元三十家词》等。临桂词派的另两位代表人物朱祖谋、郑文焯则在此领域穷其毕生精力，终成一代词学校勘大家。

临桂词派词作家们才华横溢，胸怀济世报国大志，为什么却总是命运悲情、仕途多舛？当我反复阅读王鹏运等临桂词派作家们的作品，我才突然明白：原来他们的命运已经同晚清沉重的历史悲剧完全绞合在一起了！

我站在王鹏运铜像面前，吮吸着迎面而来的微风中的泥土芳香，"邀月台"旁的树荫间不时有小鸟快乐地翻飞啼鸣，一阵鸽哨从榕湖上空嘹亮地掠过，不远处的中山路大街上，一浪紧接一浪的车流人声，透露着桂林这座城市的蓬勃生机。榕湖湖面清波荡漾，湖畔树影婆娑，从枝叶间洒落下来的阳光，把眼前的铜像映照得格外耀眼明亮。古往今来，时光从来不曾停留，说不完道不尽那历史变迁沧海桑田，无数的风流人物达官显贵早已散作过眼云烟，历史的风霜雨雪是多么的残酷无情！一百多年前那位屡试屡败，一生都成不了进士的王鹏运，却能一直站立在美丽的桂林山水里，也许他还将永远地站立下去。我仿佛又看到王鹏运当年离开家乡桂林时的那个青春勃发的背影，他并没有进京赴考，而是走进了中国文学的神圣殿堂……

我脑海中倏地闪出一个念头：那个曾经让王鹏运深信不疑的卦相"刻鹄类鹜"，真的是多么应该改成"刻鹜类鹄"啊！

天柱石与词人况周颐

黄继树

　　桂林七星公园花桥头东侧，有一巨石挺立，近看，如一石山拔地而起，石峰挺峭，气势浑厚敦实；石巅有数枝青翠的小叶榕，生机盎然，远观，又如一造型壮美的巨大石山盆景。此巨石名天柱石。

　　晚清四大词人之一，"临桂词派"的领军人物况周颐对天柱石情有独钟，曾书刻一方"天柱峰下人家"印章，常盖在他创作的词笺上。有人便以此推断：况周颐曾住此天柱峰下。这是臆断。天柱石屹立在花桥头东侧的小东江畔，当洪水之要冲，每当洪水汹涌而来时，天柱石下皆成泽国，不宜人居，看看天柱石上所刻下的宋代崇宁五年（1106）和清光绪十一年（1885）的洪水标记就知道了。况周颐有一首《南浦·和耘翁忆壶山桃花》词："壶山山下吾家，料环溪一带，桃花放了。"况周颐称他的家在壶山山下。"壶山"，即酒壶山，就是今七星公园内的骆驼山。"料环溪一带，桃花放了。""环溪"即环绕壶山的小东江、灵剑溪一带，春天桃花竞放，景色很美。于是又有人推断，况周颐的家，在今七星公园内月牙楼昔时的绿漪塘前。这里与壶山近在咫尺，可以说真的是"壶山山下"了。其实，无论是"天柱峰下人家"还是"壶山山下吾家"，都是况周颐泛指。桂林当代学者赵平先生，访问时居上海的况周颐后人和与况家有交往的桂林老人，都说况家住在桂林水东街。水东街即今花桥西头与解放桥东头之间的自由路。况周颐故居20世纪40年代卖给了汤

桂林花桥头的天柱石（邓霆　摄）

兴泰酱油坊，今已不存。况周颐家无论离"天柱峰下"还是"壶山山下"都很近，因此他自称"天柱峰下人家"和"壶山山下吾家"。但是，况周颐书刻的那方"天柱峰下人家"的印章，为何常盖在他创作的词笺上呢？天柱石与词人况周颐的创作和词论之间还有没有更为密切的关系呢？

况周颐在他的词论著作《蕙风词话》第一卷开头就说："作词有三要，曰重、拙、大。"他以此作为评论词的重要标准，使其成为晚清最重要的词学观点之一，在当时的词坛上有很大的影响。

况周颐所提的"重""拙""大"词论，根据他的解释和后人的论述，其义大致如下：

关于"重"，况周颐说："重者，沈著之谓。"什么是"沈著"呢？他说：

"纯任自然，不假锤炼，则'沈著'二字之诠释也。"他从创作过程出发，认为"重"是词人运用自然率真之笔表现博大深厚词旨的结果。"重"就是"沈著"，就是"凝重"，他所强调的，乃是词的感情的深沉与厚重，与"轻"、与"轻倩"适好相反。

关于"拙"，况周颐的解释是"质拙"，就是不巧、不尖、不做作。他指出，词忌做作，"巧不如拙，尖不如秃"。"拙不可及"就是"顽"，而"顽"的本意就是"顽钝"，未经开化，一切出于天然，纯自然的，未经人工"追琢"的状态，是一种"天籁"。

关于"大"，况周颐认为"纤者大之反也"，他真正反对的是"纤"而不是"小"，他的词论不止一处地标举词境"小"的优势：小中可见大，小中可见厚。作品以小见大，言在此而意在彼，因此不论作品的题材大小，也不论作品境界的大小，词旨皆追求一种博大的气象。

当我们了解况周颐词论的基本原则后，就明白了他为什么非常喜爱花桥东头的那座天柱石，并将"天柱峰下人家"这句话书刻成印章盖在他的词笺上的用意了。天柱石本身，天生一副"重""拙""大"的气质，它是一尊最具"重""拙""大"意义的天然石雕艺术品。

天柱石外形厚重，有顶天立地之气概，很有况周颐所说的"沈著"凝重的气质；它外表"朴拙"，一切出自天然，未经任何人工的"追琢"，浑身给人一种无比敦厚的感觉；他生性"顽钝"，未经开化，纯属"天籁"，显出一种令人震撼的大"拙"。

天柱石高 10 米左右，在桂山众多的顽石、巧石、奇石之中，它当然属于一个庞然大物了，但作为一座独立的石山，与"千峰环野立"的桂林石山相比，它又小得玲珑可爱，几乎可置于一盆景之中供人赏玩。

天柱石小中可见大，看见天柱石，你就会想到桂林的一座座奇特俊秀的石山峰林。古希腊的哲学家亚里士多德说过一句话："美与大小及秩序相关。"即美的事物应该有一定的体积，不可过小，亦不能过大；过小难以察觉，过

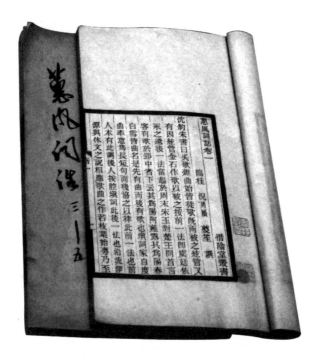

况周颐著《蕙风词话·人间词话》

大则不能一目而察其全体。同时美的事物为有组织的安排，是为"秩序"。我想，况周颐的"重""拙""大"词论，与亚里士多德的美学理论应该是相通的。你看，天柱石浑然天成一座石山，你说他小吧，他并不"纤尖"，你一目可察其全体，但它分明又是一座顶天立地的大山。它与俏丽的花桥、小家碧玉般的小东江很有"秩序"地组合在一起，构成了一幅山水艺术绝品。

读懂了天柱石，你就读懂了况周颐的词论，读懂了他的词作，读懂了这位从花桥头天柱石下走过来的晚清词坛巨擘。

三科两状元

桂林状元张建勋与刘福姚

黄德辉

19 世纪末的清王朝在一片风雨飘摇之中。

然而在 1889 年至 1892 年间，广西桂林却创造出中国科举史上的奇迹：一县八进士，三科两状元。这个奇迹无疑成为晚清黯淡天空中一束耀眼的光辉。

在科考发展过程中，从宋朝开始，实行三年一次正科大比渐成定制，但有时也根据需要由皇帝下旨加考一科，称为恩科。上述桂林奇迹中的"三科"指的是光绪十五年己丑（1889）正科，十六年庚寅（1890）恩科，十八年壬辰（1892）正科。桂林府临桂县举子张建勋、刘福姚相继摘取了己丑科、壬辰科状元桂冠。"一县八进士"指的则是在壬辰一科，除刘福姚考中状元外，还有临桂县的 7 名举子同时金榜题名，他们是：范家祚、陈福荫、吕森、王家骥、秦士麟、阳凯、郑揆一。这种情况在科考历史上极为罕见！

"走南闯北"的张建勋

张建勋是广西桂林的第 7 名状元。他生于清道光二十八年（1848），字季瑞，号愉谷。其曾祖父张其禄原是湖南省的一名拔贡，后到广西山水县任知县，颇有诗名，著有《悦云诗草》。清嘉庆年间将山水县并入永福县，张其禄便成了山水县最后一任知县，后改任桂林府学教谕，他在桂林府临桂县西乡的苏桥圩（今永福县苏桥镇）购置了房宅和上千亩良田，安顿了一家老小，又在桂林西城内义仓街购置宅院居住。张建勋的祖父张煊也具诗才，著有诗集《巢捷吟稿》。父亲张麟仅为一名邑庠生，曾入左江兵备道观察使吴宣江幕下，在崇左、南宁一带戍守长达 15 年之久，也算得上是见多识广。张建勋自小跟随父亲，体察着混乱动荡的晚清时期底层百姓的生活万象，历经人间的世态炎凉和悲欢离合，他立志刻苦钻研学问，争取在科举之途有所作为。由于他天资聪颖，加之家学渊源的滋养，光绪五年（1879）他在 31 岁时参加广西乡试并中取第 6 名举人。此后数次打算进京参加会试，皆因遭遇各种变故而未能成行，一直拖延到 41 岁。

张建勋在这次殿试中写的那篇题为《民以食为天》的策论，可以说既是他的成名作，更是他的幸运之作，这篇策论使他成了状元。殿试的题目由皇帝亲自拟定或确定，从一定程度上代表着皇帝的思想倾向。

"民以食为天"这句话最早出自《史记·郦食其列传》，说的是在刘邦和项羽争霸期间，刘邦据守荥阳、成皋，遭到项羽围攻，情势凶险万分。在打算后撤之前，刘邦征求郦食其的意见，郦食其说："王者以民为天，而民以食为天。"并说荥阳西北面的敖山上有一座关东最大的粮仓，那是万万不能将其拱手让给项羽的，因此这时不仅不能撤退，还必须加强兵力死守。刘邦依计而行，最终战胜了项羽。光绪皇帝自然通晓楚汉之争的历史，当时他虽继位十多年，表面上已经亲政，但朝政大权却仍为慈禧太后牢牢掌控，眼看国势日渐衰微，他心中却多么希望自己能像康乾大帝那样有所作为，重建强国盛世，但竟然是窝在床底抡大斧——有劲使不出。他当然没有灰心，暗中多方网罗济世经邦的人才，培植势力，等待有利时机，这也是光绪年间恩科开考次数较多的重要原因之一。当他看到张建勋这篇不同凡响的策论，顿时龙颜大悦，遂提朱笔将其钦点为己丑科状元。

张建勋具备超人的写作技巧自不必说，他这篇策论究竟是怎么写的、具体写什么内容，限于篇幅在这里恕不赘述。但要指出的是，在此前的生活中，

葵齋個儻不羈風神迢上精於
繪事晚年尤好盡水仙以敘
楊補之梅花一日刺舟嚴陵灘
見新月出水大嘆曰此所謂緣淨
不可唾乃我水仙出現也
福皆二兄大人正 壬寅六月弟張建勳

张建勋行书（桂林博物馆提供）

他曾经饱尝颠沛流离之苦、历尽亲人衰折之悲，丰富的生活经历或许更能使他在应试时如虎添翼吧。所谓"世事洞明皆学问，人情练达即文章"，即便在受文体诸多限制的情况下，他仍能文思泉涌，一气呵成，写出了这篇让阅卷官关键是光绪皇帝眼睛为之一亮的宏文。后来随着礼部的《己丑殿试闱墨》[1] 刊行面世，这篇文章即风行天下，张建勋也借此文名大噪。他使"民以食为天"这句话从《史记》中走出来，然后走进民间，成为一句孺妇皆知的口头禅。

当然，张建勋深知科举之途的成败，除了必须在才学文章上具备硬功夫，还要有上佳运气，否则就无法解释：曾经那么多的饱学之士，为什么会在科考场上屡遭败绩，甚至一辈子都未能获取科举功名？在张建勋参加的己丑科殿试，权倾一时的李鸿藻和翁同龢也参与其中，因殿试的主考官是光绪皇帝，他们虽贵为当朝一品，却也只能担任阅卷官了。为什么要专门提及上述两位人物？因为他们同本文中桂林的两位状元有直接联系，他们都是晚清重臣。李鸿藻为河北保定人，咸丰二年（1852）进士，曾是同治皇帝的老师，时任礼部尚书，一品大员；看到他的名字容易使人同代表清政府签订《马关条约》的李鸿章产生联想，实际上后者为安徽合肥人，李鸿藻同他并非兄弟关系，且政见不和，经常在朝中弹劾李鸿章。翁同龢是江苏常熟人，为咸丰六年（1856）状元，曾是同治、光绪两朝帝师，时为工部尚书、军机大臣，当朝一品，可以说，整个清朝他是在科第和仕途上都能取得显赫成就的第一人。李、翁两位帝师在政见上并无分歧，生活上亦无私怨，光绪皇帝派出这么一个豪华阅卷官阵容，说明他对这次殿试寄予了厚望。但在这次殿试阅卷结束时，李、翁两人对于已评出的 10 份答卷的排名却争得面红耳赤，久决不下，都坚持要将自己选中的那份答卷排在第一。由于呈送给皇帝钦定一甲三名的只有这 10 份答卷，按理说这些答卷哪一份被皇帝定为状元卷都属正常，但排在第一位往往被钦点状元的可能性最大。若在通常情况下自然是谁官大谁说

---

[1] "闱墨"即答卷文集，相当于现在的高考优秀作文选。

了算，但眼下这两人却分不出大小，因而老半天都出不了结果。光绪帝知情后，不便表示支持哪一位老师，干脆授意另选。张建勋这份答卷就被排在了第一，最终成为状元，而李、翁两位帝师原选定的答卷却不幸双双掉进二甲进士榜去了。

张建勋后来知道了事情原委，不禁暗暗感叹自己的幸运！因此在往后的仕途道路上，他为人低调坦诚，行事中规中矩，虽然未能成为他的座师翁同龢、李鸿藻那样的显赫权臣，却几乎从来没陷入官场惨烈的争斗倾轧而致人生大起大落，自顾专注于治学兴教，且能有所建树，或许这恰恰就是状元张建勋的大智慧。

依照惯例，状元张建勋直接任职翰林院修撰，为从六品，一入职即成为六品官员，已经很不错了！这是状元拥有的特殊待遇，其他的进士则还要通过朝考选拔进入翰林院学习，之后才能被授予实职。翰林院为皇帝的秘书机构，是国家培养高级官员的地方。张建勋担任的翰林院修撰主要职责为掌修国史、记载皇帝言行、进讲经史以及草拟有关典礼文稿等。

经过翰林院的 5 年历练后，光绪二十年（1894），张建勋被委派为云南省乡试主考官，从此开启了他一生中"走南闯北"的边地治学兴教之旅，"南"即南部边陲云南，"北"指的是东北极地黑龙江。

乡试主考官肩负着为朝廷选拔人才的重任，往往是仕途的新起点，许多朝中权臣和封疆大吏都曾经从担任主考官起步，因此这是令翰林学士们非常向往的一个热门职位。当然这个职位也暗藏着风险，弄不好甚至会人头落地。张建勋知道前朝顺治、康熙、雍正年间发生过的几起科场血案，考场发生舞弊，学政或主考被斩并株连甚众。据记载，为阻止考官舞弊，清初乡试考官入闱时，走在队伍最后的是由几个人抬着一具腰斩所用的铡刀，令人望而生畏。这一具铡刀本来是要起到个吓阻作用，未料竟当真使用过一次。雍正年间，福建学政俞鸿图的小妾与仆人勾结向参试人员泄题，其实俞鸿图对此并不知情，但雍正帝知情后勃然大怒，仍下令将俞处以腰斩极刑。俞鸿图被拦腰斩为两段后并未立即断气，竟还以手蘸血在地上一连写了 7 个"惨"字，然后才闭上了双眼。雍正听闻这一惨状后也不禁为之动容，宣布从此废除腰斩，但一直未曾放松对考官们的警示。光绪年间，清政府还对派往各地的主考官做出了以下约束规定："各省正副主考奉命派出，照限于五日内起程。自京以至入院，务令扣定日期，不许在途逗留，不因便携家，不辞客，不携带多人骚扰驿递。在途不闲游，不交际，不许擅通家报。"多方设法禁绝舞弊途径。

光绪二十三年（1897），朝廷提拔张建勋任云南省学政。学政俗称"学台"，清代学政一职与布政使、按察使属同级别，正三品，是朝廷委派到各省主持院试并督察各地学官的官员，在一定程度上具有钦差性质，位置相当重要。说来十分凑巧，张建勋两次远赴云南边地任职，无意中竟分别避开了甲午中日战争、戊戌政变这两次在中国政坛掀起轩然大波的重大历史事件。他平静地在云南的青山绿水中跋涉穿行，倾听着在山谷中悠悠回荡的少数民族的歌声，山路从来崎岖坎坷，生活虽然艰难沉重，张建勋发现，他们的歌声却总是那么激情豪迈、充满力量。他越来越喜欢这个山水风景同故乡桂林有着几分相像的地方了。在云南几年，他或步行，或骑马，有时甚至跟随着神秘的马帮队伍，翻山越岭穿村过寨，他走遍云南全省 39 座州府、65 县，看遍了所有的书院、学馆。他发现云南各地的书院、学馆所授学业良莠不齐，比起江南地区差距很大。于是在他的主持下，把四书五经疏义、集注、精解，编成一套系统教材，从童蒙入学所读的《三字经》《百家姓》《千字文》，到诸如《易经备指》《墨经注解》《七经旨要》等，重新刊刻印行，使之成为各地书院学馆的通用教材。

张建勋还发现了在云南的官绅士民心中，深藏着一个久久挥之不去的"状元情结"。原来，云南开始举行科举考试的时间较晚，但从元代至晚清的 600 多年里，尽管也考出了 8000 多名举人、900 多名进士，却还没有一个人能考中状元！以至民间流传着"山东不招驸马，云南不占状元"的说法。他多次在闲暇之时来到昆明城东南郊外的金汁河畔，站在那座跨河而建的石拱桥上，静听流水低吟，远眺田野村烟。石拱桥叫作桂林桥（初建时叫桂花桥），是明代开国将领沐英在当年进入昆明时，为方便兵、民通行，将原有的一座木桥改建而成。后来人们又在石桥上建起了一座"魁星楼"，借此表达他们希望云南多出人才的心愿。眼前的这座"魁星楼"历经风雨沧桑，已近坍塌毁坏，张建勋决定设法重修"魁星楼"。光绪二十一年（1895），他的倡议得到了云南地方士绅、普通百姓的响应，纷纷捐资出力，支持修楼，不久，一座高达3层的新楼大功告成。张建勋十分高兴，他潇洒挥毫为新楼题写了苍劲有力的"聚奎楼"三个大字，从此"聚奎楼"就成为当地人的一个新希望，矗立在金汁河上。将新楼命名为"聚奎楼"，张建勋是费了一番心思的，"奎"即主文运的奎宿，为二十八宿之一，他希望这座已有400多年历史的"聚奎楼"，能激发云南的莘莘学子发奋苦读，大魁天下，为滇争光！时任昆明五华书院山长（即院长）、云南澄江人罗瑞图（光绪三年进士）在撰写《聚奎楼碑记》时，写了一句激情洋溢的话作为文章的结尾："大魁天下，可拭目俟之矣！"说来凑巧，8年后的光绪二十九年（1903），云南石屏县人、昆明五华书院学生袁嘉谷，在北京参加当年举行的经济特科考试中一举夺魁，成为"经济特元"，消息传回云南立即引起巨大轰动，云南总算是赶在1905年科举考试制度被彻底废除前实现状元"零"的突破，圆了云南人几百年的"状元梦"！当时张建勋已返回朝廷任职，他得知这一消息时甚感欣慰。我们当然不能说这个"状元梦"的实现完全归功于重修"聚奎楼"，但却绝不能否定"聚奎楼"所释放出来的巨大精神力量。云南第一位也是最后一位状元的袁嘉谷，后来曾留洋日本，官至浙江布政使，颇有些作为，他在其所著的《卧雪堂诗集》中记载了张建勋治学兴教的功绩，这是后话。

在云南任职的岁月里，张建勋对这片被称作"彩云之南"的土地饱含着深情。作为一名朝廷命官，他恪尽职守，专注于视学治学兴教，颇有政声。他觉得云南地处边陲，要发展地方教育，依靠中原文化人士那是杯水车薪，必须更多地利用滇中学人的力量。因此他大力倡导"滇文化"，即"以滇中之文士，启滇中之文明，昌滇中之教化"，从而开创了滇中治学的新气象，深得滇中官绅、士人、百姓赞誉。当他奉旨回京离开云南的时候，云南官民特地制作了一幅"大启滇文"的题榜相赠，依依不舍地将他送达数十里之外。在日常生活中他则亦官亦民，把自己当成一名普通云南人，其间他结交了不少滇中官、民朋友，闲暇时他喜欢同朋友们一起吟诗喝茶，兴味十足，多年之后仍然同这些朋友保持着往来。1918 年夏天，在天津寓所闲居的张建勋收到了云南朋友寄来的一包茶叶，已至人生暮年的他不禁又想起那段宦游云南的难忘岁月，顿时百感交集，立即以《云南孟生自陆凉寄茶作诗谢之》一诗答谢：

> 辀轩采风日，滇海旧知名。夙守诗书业，今闻鼓鼙声。
> 沧桑廿年感，劳生万里程。养疴茶解著，坐对贤人清。

孟生是张建勋在云南陆凉（今陆良县）结识的一位友人，这些年来估计他一直记得给张建勋寄送茶叶。从这首诗看，20 多年过去了，张建勋还时时关注着云南的时局，牵挂着云南和云南的朋友们。

光绪三十二年（1906），清政府任命张建勋为新置的黑龙江省提学使兼民政使，他开始踏上人生中的"闯北"治学之旅。

当张建勋知道自己将要再次外放任职的这天早上，他无意中发现头上又增添了几缕白发，这才猛然意识到：哦，今年已经 58 岁了！十多年前他去的是南部边陲云南，而这一次则要去东北极地黑龙江，他想，莫非是朝廷有意这样安排的吗？这一年清政府将各省学政统一改称提学使，张建勋就成了新置的黑龙江省第一任提学使，兼任的民政使则相当于其他省份的布政使一职，为从二品，属于提拔使用了。

由于受洋务运动、维新思潮影响和甲午战争、庚子事变的巨大冲击，清朝统治集团推行新政，试图以此确保其统治地位。从 1905 年开始，清政府陆续派学生出国游学，同时规定新任官职者凡没有出洋游历过的，必须先行出洋游历 3 个月才允赴任，相当于现在对新提拔干部要进行一次任前培训，突

张建勋行楷八言联（桂林博物馆提供）

击提高干部素质。由于日本的风俗、文字等等与中国较为接近，故清廷主张"以先游日本为急务"，即以游历日本为主，兼游欧美诸国。

张建勋同新任的十多名未曾出洋游历的提学使一起出访日本，参观日本的高、中、初级学堂，考察学务等等，以资回国后治学借鉴。提学们都知道在中华盛唐时代，日本留学生十分景仰崇拜中国，有如过江之鲫纷纷涌入唐都长安，潜心学习大唐文化，归国后化为己用。每当在日本土地上看到唐文化留下的痕迹，张建勋和众提学使们就会想到甲午战争中国惨败之痛，想到割地赔款之耻，禁不住感慨万千！在日期间，张建勋一行除了考察政治制度、教育管理制度外，还同日本文化界进行了文化交流。日本国人对中国文学、书画艺术素有浓厚兴趣和爱好，日本文字中有汉字，其"平假名"和"片假名"也是由汉字的楷书、草书演化而成，一直沿用至今。在中国历史上，凡能考上举人或进士的读书人基本都是书法高手，否则根本就迈不进科举门槛。张建勋作为状元，其书法水平自不必说。当知道张建勋是一名状元时，加治耕莘和大隈重信等日本著名书法家立即登门拜访，切磋交流书艺，他们对张建勋的精湛书艺赞不绝口，自然还向张建勋索要了不少墨宝。此后相互间交往频繁，很快成为好友。他们经常邀请张建勋参加日本书法社的笔会活动，邀请他参观展览，鉴赏珍藏的书画作品。他们十分喜爱明末清初书法家王铎的书法，并收藏有王铎手迹，这倒使张建勋感到有些意外。

当张建勋游历结束即将回国时，加治耕莘特制两枚书印相赠。张建勋当即赋诗一首："东瀛市隐旧生涯，篆法精研铁笔夸。我有文章增润色，广搜金石访丹砂。"并手书条幅回赠。大隈重信是一位年事已高的书画家，曾经担任政界要职，张建勋在书赠这位老先生的诗中写道："谋国深长事业新，平泉结构亦精神。菊花世界饶清福，晚节如君有几人？"

从日本回国后，张建勋便离京赴黑龙江走马上任了。

黑龙江距北京约 1300 千米，张建勋沿着当年清军入关的相反方向，经过"天下第一关——山海关"踏上沃野千里的关东之地。置身其间，张建勋才完全明白了为什么关内人去关东要叫作"闯关东"。在满人眼中，关东是他们的龙兴之地，绝不轻易允许汉人涉足，为了牢牢掌控这一地区，清初分别设置奉天将军、吉林将军、黑龙江将军3个将军管理辖区，对该地区实行军事化管理，历任黑龙江将军中除最后一任程德全是汉人外，其余的均由满人担任。黑龙江将军为康熙二十二年（1683）首设，到撤将军辖区置黑龙江省时止，已经76任将军的更替。黑龙江首任将军萨布素是有名的抗俄将领，他在康熙皇帝的指挥下，在两次雅克萨之战中痛击沙俄军队，于1689年迫使沙俄首次同清政府签订条约，即《尼布楚条约》，从而明确了中国对黑龙江的统治地位。但沙俄此后却一直没有放弃吞并中国东北的野心，并在晚清时期趁中国国势衰微之机，逐步从这里割走了160余万平方千米土地。

张建勋踏进广袤无垠的辽东大平原，只见沿途土地荒芜，人烟稀疏，了无生气，日俄战争（1904—1905）给这片曾经美丽富饶的土地留下的累累伤痕随处可见。日俄两国钩心斗角，为争夺中国东北和朝鲜，在中国东北展开撕咬，最终俄国战败。其间清政府竟然为其划定一块交战区并表示中立，实是奇耻大辱！最近几十年来，堂堂大清帝国眼见衰败至此，张建勋感到无比困惑茫然和悲哀。他认为现在朝廷撤将军辖区置省，是为了强化对东北地区的行政管理，接纳关内先进文化，从而加强对极地边民的教化，积蓄力量以图东山再起，重现威仪天下的康乾盛世。想到此处，他才又重新振作起来，他一定要为国尽力。

黑龙江省府署设在原将军府所在地齐齐哈尔。清政府设东北三省总督统辖奉天（今辽宁）、吉林、黑龙江三省，首任总督为后来曾为民国政府总统的徐世昌，各省分设巡抚主政。张建勋秉持"欲振兴地方，非开通民智不可；欲开通民智，非兴学不可"的理念，因此作为提学使兼民政使、主管全省学务和民政的他，在协同巡抚处理完相关置省事宜之后，便马不停蹄着手治学兴教了。

对于提学使张建勋，黑龙江省的教育史籍资料是这样评价他的："状元出身，因被程氏推崇，勇任事。到任当年办黑龙江省第一师范学校、蒙旗中学、甲种农业和甲种工业两校。张氏在任 5 年，为黑龙江省教育打下了基础。"可以说，张建勋完全称得上是黑龙江教育的拓荒牛！上文提及的"程氏"即巡抚程德全，他是最后一任黑龙江将军，又是第一任黑龙江省巡抚，政治上颇有作为，张建勋任职期间同他配合十分默契。

黑龙江居于东北边地，这里的少数民族在白山黑水间过惯了游牧、游渔、游猎生活，200 多年来清政府对该地区实行封禁政策，同关内几无交流联系，当地人"尚骑射而轻文学，风气锢塞，输导颇难"，因此文化教育水平极为落后。1904 年以前这里尚无教育管理机构，仅象征性地设旗籍官学教员 1 名，以致当时这里为数不多的汉人读书子弟要参加科考，需要远赴吉林应试。这里完全就是一片文化教育的不毛之地！

好在张建勋有到边地云南治学的经验，他结合在日本游历时接触到的西学办学模式，迅速将省城齐齐哈尔的小学进行整合，增加农、工、商实业课，改称初等实业学堂，建成黑龙江省最早的 3 所职业学校。还建立幼女初等小学堂 1 所，创办了全省中学堂，并依照日本中学平面图式建起全省最大的校舍。光绪三十四年（1908），又创办满蒙师范学堂，是为黑龙江省最早的民族师范学校，并调西北各城及西南各蒙旗子弟入校学习，于次年培养出第一批毕业生 36 人，成为自己培养出来的第一批师资，此后分赴各旗相继兴学，黑龙江初等民族教育自此开始起步。张建勋还对各府、州、县小学、乡村小学师资进行培训，许多州县甚至基础较好的村从此也办起了学堂。宣统元年（1909）他还组织全省私塾教师进行一次统一考试，对文理不通者，将其私塾进行解散或归并，共改良归并私塾 100 多处。他在黑龙江主持学务 5 年里，办成中等学堂 165 处，各类小学堂 270 多所，在校学生近 2 万名，原来的这个文化教育荒漠之地一时学风为之大开，学教气象为之一新。

在快要结束这段"闯北"治学兴教之旅的时候，张建勋有一天忽然发现，自己已经满 63 岁了。是啊，都老了呢，该回家了！他叫上几位当地的满族学生，陪同他骑马来到齐齐哈尔城外，在茫茫山林原野间，在奔流不息的黑龙江畔，漫无目的地转悠了几天。他要再仔细看一看这片壮阔无比的白山黑水，因为他想：离开后也许就再也不会回来了……

刘福姚的苦乐人生

刘福姚生于清同治三年（1864）二月，比张建勋小 16 岁，光绪十八年（1892）他考中状元时才 28 岁，这在"30 老明经，50 少进士"的科考场上，真可谓是青春年少！

刘福姚，字伯崇，号守勤，祖居桂林临桂东乡刘家里。父亲刘济清知书识礼，与人为善，但在追求功名的路上却一直是举步不前，因此不得不把光耀门庭、振兴家声的希望寄托在儿子刘福姚身上。他早早就把刘福姚送进私塾念书，同时倾尽平生所学，对儿子严加督促教诲，还经常讲一些本县四塘乡横山村前贤陈宏谋中进士后在乾隆朝官居一品、陈宏谋玄孙陈继昌"三元及第"的故事，激励刘福姚上进。刘福姚天资聪颖，刻苦修业，学业突飞猛进，果然不负父亲刘济清所望。光绪八年（1882）刘福姚在考中秀才后，一鼓作气参加了当年秋天举行的广西乡试并考取举人，一时间在桂林引起轰动！这时他年仅 18 岁。

刘福姚参加乡试的广西贡院设在桂林王城内。每次考试之前，贡院附近的客栈虽然不少，但总是人满为患，漓江上的船家就将船当成临时小旅店，招揽家境不太好的考生上船留宿。桂林民间传说，是有一个停泊在象鼻山下的船家，他见都大半夜了而住自己船上的秀才还在看书，他想节省些灯油，就提醒说："相公，该睡觉了。"当时桂林人称这些前来应试的秀才为"考相公"。秀才看着眼前的象山水月美如梦境，哪有睡意，他说："三更灯火五更鸡，正是男儿读书时。何况还有象山水月做伴？"船家听他一说，反而触景生情，吟出一句上联："神象望穿江底月。"这时恰有一条鲤鱼跃出水面，荡起一阵涟漪，秀才立即脱口而出："鲤鱼惊破水中天。"船家听了，十分高兴：

"好啊，相公此次应考必定高中！"秀才拱手称谢。后来这位才思敏捷的秀才果然中举，人们传说这位秀才就是刘福姚。

中举之后，刘福姚本打算加快科考进度，早日成为一名进士走上仕途。但天不遂人愿，光绪十五年（1889）也就是同乡张建勋成为状元的那一年，他却只能以举人之身参加吏部遴选考试，谋得内阁中书一职，这不过是一个办事员之类的小吏，负责做些撰拟、缮写诏令和记录等杂事。不过，他总算是在京城找到了一个落脚之处。

刘福姚的另一同乡、后来成为晚清临桂词派领袖的王鹏运，从同治十三年（1874）就开始像刘福姚一样担任内阁中书，其间持续不断参加会试，次次落榜，整整过去 15 年，甚至连皇帝都已经换了，他还是一名内阁中书，害得他渐渐对仕途心灰意冷。这对刘福姚产生了极大震动。

但刘福姚却想起了另一位内阁中书、乾隆年间的毕沅。毕沅为江苏镇洋（今太仓）人，他于乾隆十八年（1753）考中举人后，接着在两次会试中落榜，同刘福姚一样，也谋得一个内阁中书职位，不久又调到军机处任章京（即秘书），负责记载档案、收发文件、查核奏议等事，还要与同事轮流值夜班。乾隆二十五年（1760），毕沅同军机处的两位同事一起参加会试并都中榜。殿试前夜，三人恰巧同时轮值夜班。当夜两位同事对毕沅说："今个夜班烦你老兄代劳了，我俩书法好，想回去加班准备一下，明天争取冲击一甲，你那手字不行，估计希望不大。"他知道乾隆皇帝素来十分看重书法，自己的字确实不够好，进一甲无望，反正参加完殿试也一样成进士，就干脆安心值班了。当夜，陕甘总督关于新疆屯田事宜的奏折恰巧转到军机处，毕沅闲着无事便拿来详加研读。谁知第二天的殿试策题目竟然就是关于屯田之法！原来当时刚刚平定新疆叛乱，乾隆满脑子都是屯田戍边事宜，于是他就出了这道殿试题。举子们虽熟读诗书，但大多数人对屯田之法却是一头雾水。那毕沅胸有成竹，挥笔成文。他文章虽好，但终究书法不够出色，阅卷后被排在第四，他的两同事则分列第一、二名。乾隆这次看得格外仔细，对前三名的卷子都不满意。

当看到毕沅的卷子时，发现此卷虽然书法一般，但是条对得当，见解独到，乾隆大喜，马上钦定其为状元。毕沅的两同事一位取榜眼，另一位则掉进二甲去了。两人知道事情原委，一直嗟叹不已！高中状元的毕沅后来官至山东巡抚、河南巡抚、湖广总督，颇有一番作为。

刘福姚从中深受启发，觉得内阁中书虽然净干些繁杂小事，却可以大量接触学习朝廷典章制度，时时感知朝廷甚至是皇帝的施政主脉，毕沅显然从中获益了。

刘福姚当然是个优秀考生。他经常琢磨着，光绪皇帝从幼年即位，至今已经十多年了，作为一代帝君，成年后一定是朝气蓬勃，思想开明，立志干大业以图名垂青史，洋务运动中的创办新式学堂和新式工业就透露出其试图改变国势衰微的雄心。因此，刘福姚的殿试策论最终能入得光绪皇帝法眼，可以说跟他对当时政治形势的判断不无关联。

也许刘福姚并未完全看清光绪帝的真实处境，却没有影响他成为桂林科考历史上的第八位状元，也是广西历史上的最后一位状元。在这个曾经的"蛮荒之地"，三年中连出两名状元！这不仅是桂林在科考场上取得的巨大荣誉，也是广西这块土地的荣誉。因此消息一经传出，全国各地的广西会馆大门上，纷纷被贴出了这样一副对联：一县八进士，三科两状元。看着这副对联的10个字，仿佛就让人听到广西人那自豪而又响亮的声音。

这副对联既记录着刘福姚获取了作为一名读书人的最高荣耀，还记录着他那段人生的快乐时光。

100多年过去了，在今天桂林王城东华门上的那座"状元及第"坊，仿佛还在反复叙述着刘福姚的科第荣光。石坊的左上款用楷书写着："道光二十一年辛丑恩科殿试第一甲第一名龙启瑞，光绪十五年己丑科殿试第一甲第一名张建勋，光绪十八年壬辰科殿试第一甲第一名刘福姚。"时至今日，或许并没有太多人知道它的前世今生，现在我们看到的已经是东华门上的第二座"状元及第"坊了。第一座"状元及第"坊建于道光二十一年（1841），是

刘福姚楷书八言联（桂林博物馆提供）

专门为当年高中状元的桂林举子龙启瑞一人所建。说起来让人感觉似乎就是天意一般，光绪二十六年（1900）这座状元坊不幸被毁，第二年人们立即重建"状元及第"坊，就把后来出现的两位状元张建勋、刘福姚一并写进这座新建的状元坊里。这座经过重建后显得更为完美的"状元及第"坊，一直就在岁月的沧桑风雨中向世人展示着桂林历史文化曾经的辉煌。

向光绪皇帝推荐刘福姚殿试策的是状元出身的两朝帝师翁同龢。作为殿试阅卷官，他发现刘福姚在殿试策中抒发了"非除弊不能开新，无革施难致强国"的政治抱负，充满着蓬勃向上的朝气，这恰是晚清朝野最缺乏的。翁同龢贵为两朝帝师，从1856年至1898年的40多年中，一直在京师担任要职，历任刑部、工部、户部尚书，两入军机处兼总理各国事务大臣，其权势地位几乎仅在皇帝一人之下，这当然不难理解，作为皇帝的老师，想不被朝廷重用还真是比较困难。早在宋太祖赵匡胤建宋之初，他在科考中将殿试确为定例，其后一直延续下去。皇帝亲自取士，宣称凡中试者皆为"天子门生"，试图以此撕裂考官、举子间的座师与门生关系，避免形成扰乱朝纲的朋党势力。但是皇帝又怎么可能同那么多"门生"建立亲密关系？因此一直以来考官和中式举子间事实上始终还是存在着座师与门生的关系。刘福姚理所当然地视翁同龢为座师，他今后的仕途将会随着座师的命运跌宕起伏。

然而不幸的是，刘福姚正赶上翁同龢的政治生命即将进入尾声的时候。

刘福姚同张建勋一样，被钦点为状元后即得授翰林院修撰，继而任翰林院侍讲，正六品，不久又出任贵州乡试主考官。翰林院侍讲的职责是给皇帝或太子讲学，讲论文史以备君王顾问，等等。如果受教的太子将来当了皇帝，刘福姚就可能成为翁同龢那样的帝师。翁同龢生于道光十年（1830），咸丰六年（1856）考中状元时26岁，比刘福姚中状元时还小两岁。人们从刘福姚身上仿佛隐约看到了翁同龢年轻时的身影，但刘福姚却再也不能复制翁同龢的仕途道路。

正当同乡张建勋默默地在云南办学兴教的时候，刘福姚却在京城的政治漩涡中沉浮飘荡。他初出茅庐，思想活跃，一心希望能在仕途中施展才干，以此报效光绪皇帝及座师翁同龢的知遇之恩。

在1894年至1895年的中日甲午战争中，面对日本的挑衅和进攻，翁同龢作为主战派代表人物积极为光绪帝出谋划策，指挥中国军队奋力一战。当中国战败后，面对丧权辱国的《马关条约》，光绪皇帝和翁同龢两人在毓庆宫中黯然对坐，良久无言，"君臣相顾挥涕"，悲伤至极，此时他们才更深刻地认识到"非变法难以图存"。不少人借此机会指责翁同龢，认为是他的主战言行影响、误导了光绪皇帝，不懂局势，不懂军事，决策失当，这才导致惨败而误国。刘福姚则认为，战败的后果要由主战者来承担是毫无道理的，要说只有妥协、逃避甚至投降才是正确的选择，才不会误国，实是滑天下之大稽。随着康有为等维新派活动步伐的加快，翁同龢的维新倾向也日益强烈，他开始大力支持维新活动，亲自登门拜访并向光绪皇帝推荐了康有为，从而促使光绪最终下决心推行变法。康有为把翁同龢称为"维新第一导师"，而顽固派势力却因此对翁同龢恨之入骨。

刘福姚感觉到维新变法是当时中国政治的主流，他作为座师翁同龢阵营中的一员，积极为推进维新活动上下奔走。他的同乡王鹏运这时已担任监察御史，同康有为接触频繁，经常为康有为代上奏折，呼吁变法。对于中国时局的看法，刘福姚同王鹏运私下曾多有交流，都认为只有推行变法才是中国当前的出路。

当真是计划没有变化快，刚刚露出一丝希望光芒的大清天空，骤然间乌云滚滚，雷雨大作。光绪二十四年（1898）四月二十七日早上，由于抵挡不住以慈禧为首的顽固势力的巨大压力，光绪皇帝突然亲手批下"朱谕"罢黜了一直为维新变法出谋划策的翁同龢，并且必须"著即开缺回籍，以示保全"，意思是不能再在京城居住，必须回到原籍江苏常熟。贵极人臣的翁同龢妻室早逝，一生中没有子女，孑然一身回到常熟，他卖掉自己的一些字画，在门生故旧的帮助下，在虞山西麓建了一所小院容身。朝中顽固势力并没有就此罢休，继续四处搜罗加害他的证据，把这所小院当成软禁他的"看管地"，要不是因为他的帝师身份，恐怕早已人头落地。几年后，74 岁的一代大儒翁同龢在他常熟的小院中孤独地黯然辞世，结局十分凄凉。

刘福姚记得四月二十七日是座师翁同龢的 69 岁生日，他头天晚上才刚刚受光绪皇帝委托起草完变法的动员令《明定国是诏》，第二天就被光绪皇帝亲手罢黜了！那道罢黜令难道就是学生光绪皇帝送给老师翁同龢的生日礼物吗？刘福姚得知这一消息，恍如五雷轰顶，面对波谲云诡的政局，他顿时感到悲愤、迷茫、绝望和无助，遽然间仿佛被深深卷入漩涡激流之中，几近窒息。罢黜翁同龢，其实已经预告了维新变法运动的结果。但心中感到万分憋屈的光绪皇帝还是决定依靠维新派力量奋起一搏，他毅然于六月十一日颁发了《明定国是诏》，宣布实行变法自强。而更令刘福姚困惑和悲伤的是，那位负责起草《明定国是诏》的座师翁同龢，这时却只能在江苏常熟的小院里孤独地仰望寒星冷月了。九月二十一日凌晨，慈禧太后突然发动政变，幽禁光绪皇帝于瀛台，接着捕杀维新派重要人物，103 天的戊戌变法活动失败了。维新派试图通过变革改变中国颓势的希望虽然破灭，但却唤醒了无数沉睡的中国人。

翁同龢的离去对于刘福姚来说是个沉重打击，他与翁同龢是师生关系，其后虽能侥幸逃脱顽固势力的清算，但他的政治生命却基本宣告终结。其间他曾经前往常熟探望过翁同龢，他发现座师虽已不再有完全的人身自由，却仍然牵挂着命运悲情的学生光绪皇帝和清廷。翁同龢请人在小院里挖了一口深井，取名"渫井"（"渫"字为除去、洗刷之意），或许他是打算在到了无路可走的时候，将用"渫井"的水来洗刷自己被诬枉的罪名。从此以后，刘福姚在政治上不断遭受冷遇、歧视和排挤，在相继出任浙江省、河南省副主考官后，最后回翰林院一直任秘书郎兼学部图书局总务总校。

走进这段仕途黯淡的日子，百无聊赖的刘福姚感到前路茫茫，壮志不再。他经常同当时活跃在京城的临桂派词人们聚在一起，喝酒填词，随性放飞那些感怀人生的长短句子。或许真的会愤怒出诗人，当刘福姚感到在仕途上已经不再有什么出路后，在接下来的岁月里，他开始大量创作诗词，以此排遣心中的苦闷闲愁，最终成为在晚清文坛处于全国领导地位的临桂词派一员。

我们从他的一首《浪淘沙》中看到了这时的状元刘福姚：

幽愤几时平，对酒愁生。短歌莫怪泪纵横，记得西窗同剪烛，听惯秋声。　身世醉兼醒，顾影伶俜，哀时谁念庾兰成？词赋江关成底事，一例飘零。

刘福姚对自己身为状元，却只能终日喝酒填词打发时光表示极为不满，才华抱负无以施展又无可奈何，只能以南北朝时期沦落北国的辞赋家庾信自况，慨叹命运的无常，只能以醉酒求得暂时缓解心中愁绪。这首词正是他当时的人生真实写照。

从刘福姚的任职履历看，他从正六品高起点起步，走到正五品的位置就惨淡结束，相比他的科第荣耀，仕途算不上成功。其实仔细想来，两朝帝师、官至相国的翁同龢最终能够怎样？即使是光绪皇帝那又如何？还不都是黯然收场？实际上那是因为晚清历史的运行轨迹使然，腐朽没落的封建制度正在渐渐走向衰亡，实际上早已经决定了刘福姚的苦乐人生走向，任何个人都无力抵挡历史的滚滚大潮。

我们绝不能用官位高低这把尺子去衡量刘福姚，去衡量他的人生作为，我们更应该记住的是那位才华横溢、充满活力、为人耿直清正、胸怀政治理想、关注国家兴亡的一代状元刘福姚。

刘福姚的文学才干并没有停留在那些感叹人生苦乐的词章里，他作为晚清临桂词派的一名重要作家还参与了《庚子秋词》的创作，这是一部享有近代"反侵略文学"之誉的词集。

光绪二十六年（1900），英美法德俄日意奥八国联军发动企图瓜分中国的侵略战争。侵略军相继攻陷大沽口、天津，并很快攻陷北京。慈禧太后拖着

刘福姚行书七言联（桂林博物馆提供）

光绪皇帝和一群王公大臣仓皇逃往西安，只留下庆亲王奕劻和李鸿章作为全权大臣向侵略军乞和。

　　侵略军进入北京城后，四处作恶，市民顿作惊弓鸟散，一片狼藉。刘福姚并没有离开京城，他同朱祖谋一起来到北京宣武门外教场头条胡同，住进同乡王鹏运家中。王鹏运给他的这个住处取名为"四印斋"，这里地处偏僻，远离喧嚣，不太引人注意，到这里抱团避乱倒很合适。桂林人王鹏运为同治九年（1870）举人，曾7次参加会试不第，是晚清临桂词派的领袖人物，时任礼科给事中、监察御史，曾以直言敢谏声振朝野。朱祖谋为浙江人，又名朱孝臧，字古微，光绪九年（1883）进士，官至礼部侍郎，为临桂词派代表人物，校勘词学成就尤为突出，那本在后世流行最广、影响最大的《宋词三百首》就是由他编辑而成，至今仍历久不衰。

　　王鹏运在他的《庚子秋词》自序中说明了这部词集的创作过程："光绪庚子七月二十一日，大驾西幸，独身陷危城中。于时，归安朱古微学士、同邑刘伯崇修撰，先后移榻余四印斋。古今之变既极，生死之路皆穷……秋夜渐长，哀蛩四泣，深巷犬声如豹，狞恶骇人。商音怒号，砭心刺骨，泪涔涔下矣！乃约夕拈一二调以为课程，选调以六十字为限，选字选韵以牌所有字为限……自八月十六日起至某月某日止，凡阅若干日，得词若干首……每日词成，古微以鸟丝兰精书之，伯崇题端曰《庚子秋词》。"在这段时间里，几位临桂派词人相当于举行了一次创作笔会，他们每天约定采用相同词牌，分头作词1或2首，由朱祖谋统一抄录结集，刘福姚为这部作品集题名为《庚子秋词》。词集共收入词作350多首，这些词作品是在侵略者的枪炮声中、在"哀蛩四泣，深巷犬声如豹，狞恶贼人"的环境里创作出来的，词句中大都充满着对侵略者的仇恨和谴责，从侧面记录了这一场侵略中国的帝国主义战争给中国造成的巨大灾难，因而成为临桂词派的一部具有"词史"性质的作品集，文学界曾对其给予了较高评价。著名作家阿英将这部词集收入《庚子事变文学集》时，称之为"反侵略文学"。面对侵略，词人们身为一介文人，虽然没有拿起刀枪上战场厮杀，但他们身处险境，以笔为刀枪，用词人的眼光和良知记录、谴责侵略者的罪恶行径，从精神上起到了醒世作用。

刘福姚作为晚清临桂词派的重要作家，一生中写了不少优秀文学篇章，下面我们仅从《庚子秋词》中选读他的几首词作。

> 倦鹊南飞知我意，水天远、危栏怕倚。醉里伤秋，愁中望晓，去住浑无计。　望渺渺、中原何处是？但目断、寒山晚翠。击筑风悲，吹笳月冷，多少英雄泪？

这首《雨中花》最能体现词人的家国情怀，切合临桂词派"重、拙、大"的创作标准。开始一句"倦鸟南飞知我意"，表达词人想念家乡桂林了，而此刻他身在遥远的北国，山长水远，只能伤秋感怀罢了。接着思绪马上从"家"转到"国"上来，而今自己的国家山河破碎，词人不禁感叹"中原何处是？"显然对国家惨遭侵略践踏的现状深表忧虑。"击筑风悲"句借用战国燕太子丹派遣荆轲刺秦王，其友高渐离到易水击筑，荆轲和而歌之"风萧萧兮易水寒，壮士一去兮不复还"之事表达激愤心情；"吹笳月冷"句借用古代伯阳避乱入戎，有怀土风而制笳吹奏之事，衬托词人身在险境慷慨悲歌的情景；最后发出"多少英雄泪？"之叹，透露出词人对八国联军侵略中国的忧虑以及对抗击侵略的期待。

> 易水悲歌燕市酒，容几辈、椎埋屠狗。揽镜自伤憔悴久，莫更说、健儿身手。　落叶惊风吹陇首，暮色起、两三亭堠。雁门李广尚在否？只今月明依旧。

这首《思归乐》重复使用燕太子丹派荆轲刺秦王的典故，因为八国联军侵占的京津地区正是燕国之地，十分贴切。"椎埋"即用椎杀人，"屠狗"指滥杀，然而让词人十分伤心失望的是，竟看不到"健儿身手"（即清军）抗击侵略军的身影。下阕的"陇"为秦地，借写秦亡时的衰象喻腐败无能的清政府。虽然词人当时在朝中深受歧视和冷遇，但他的家国情怀依旧，禁不住发出"雁门李广尚在否？"之问，"李广"为汉代抗击匈奴的将领。末句"只今月明依旧"却写得十分含蓄，极富诗意，词人觉得他的发问只有明月作无声的回应，以此表达他对清朝统治者置国家、百姓于不顾，仓皇出逃感到不满和失望。

　　　离亭树树秋声斗，月明如昼。凄凉万幕平沙，渐寒生刁斗。　悲歌还似年时旧，晚风吹酒。玉骢一夜骄嘶，斩楼兰归后！

这首《玉树后庭花》写了汉朝的一场边塞战斗，表达词人抵御外侮、打击侵略者的强烈愿望。上阕用冷色调描摹沙场凄清肃杀情境，下阕写骑着嘶鸣的战马归来的得胜之师，表达词人驱逐侵略者的愿望。"楼兰"为汉代西域国名。

　　虽然刘福姚在翁同龢被黜落、戊戌变法失败后就对清政府不再抱有希望，但由于他爱国之殷、恨敌之深，因此在《庚子秋词》这部词集中，他的词作同另外两位词人一样，都饱含着赤诚的家国情怀和强烈的消灭侵略者的激愤之情。这些词作不仅有较高的艺术水准，也具有极其珍贵的历史价值。

　　《庚子秋词》将以其独有的声音，永远在历史的悠悠岁月中纵情歌唱……

　　宣统三年（1911）八月，在辛亥革命爆发前夕，刘福姚在愤懑、失意中黯然离世，时年47岁。

　　这时候我们惊奇地发现，另外一名桂林状元、已经63岁的提学使张建勋，仍然还在黑龙江的黑山白水间忙着兴办教育！辛亥革命爆发后，张建勋返回北京。这时清帝已经退位，不再需要他前去复命了。后来他到天津购置了一处寓所，从此在那里悠闲地作诗写字，含饴弄孙，享受天伦之乐。

　　1918年底，年逾古稀的张建勋在寓所中去世，他给后世留下了一部诗集《愉谷诗稿》。

广西彩调一代宗师蒙廷章

梁熙成

　　广西彩调，是广西最具特色的地方戏曲。它起源于永福县罗锦镇的林村，大约在清朝乾隆年间形成。在广西彩调形成、传播、发展的历史上，最有影响而又能功标史册的人物，当首推彩调宗师蒙廷章。

　　蒙廷章究竟是何许人也？

　　据考，蒙廷章是广西永福县罗锦镇江月村江尾屯人，生于清道光九年（1829），卒于清光绪十三年（1887），享年五十八岁。蒙廷章小时候上过两年私塾，因家竟贫寒而回家放牛。他平时最爱到附近的林村、虎座、金鸡、枧洞、江尾等村去看人唱灯（即彩调），耳濡目染，心会神通。看牛时便经常与小伙伴们模仿做作一番，居然有形有样，兴味十足。蒙廷章十六岁时，拜虎座村韦姓师傅学调，一学便通，师傅惊为是祖师爷附魂在此子身上。

　　提起蒙廷章的师傅，也是大大的有名。他的师傅叫韦西生，是金鸡河畔虎座村的一个石匠，也是名播一方的彩调独角戏艺人。过去，彩调被统治阶级视为"花部淫调"，它一出现便遭到朝廷明令封禁，因此只是在民间演出。清道光八年（1828），永福县重修王李二公状元祠竣工，庆典之日，韦西生突发奇想，在县城西江口的坪子尾挑灯演出了一场独角戏《渔樵问答》。观者如云，把个坪子尾围得水泄不通，就连县令林光棣、县教谕苏信德等人也悄悄到场观看。当时，县令林光棣在他的庆典记文中写道："嗞嗞凤哕，宛听祥和之音；啸啸马鸣，如闻叱咤之响。此日渔樵上下，被流风以讴歌；即今士庶往来，咸式间而鼓舞。"县教谕苏信德在他的《癸巳日观风》的诗中则更加明确记有："一人立地演渔樵，俚曲邨言尽妙佻。伐木抛钩皆有样，挑灯围睹踊如潮。"韦西生把调子唱进永福县城，比调子进桂林城整整早了 65 年。

蒙廷章跟师傅学调，永福民间还流传下这样一段故事：相传蒙廷章学调不久，就随着师傅去走村串寨唱灯。一次，在枧洞村的大榕树下登台唱《盘花》。当师傅唱到"什么花开小？什么花开大？什么花儿开，花开像喇叭？"时，原来的答词是"辣椒花开小，牡丹花开大，牵牛花儿开，花开像喇叭"，但师傅有意难他一下，以看他随机应变的本领到了什么程度。于是师傅一反平日所教，唱道："什么花大结果小？什么花小结果大？什么花开不结果？什么结果不开花？"看调子的人都为蒙廷章捏了一把汗，敲板鼓、拉胡琴的都停了下来。蒙廷章急中生智，插了一句念白："师傅你问这个嘛！容徒儿想来。"他打了一个圆场，一眼瞧见榕树后的院墙头上一簇盛开的茉莉花，心中已想好了答词，随即起了一个介口："请听徒儿道来——"但听鼓板胡琴一响，唱道："葵子花大结果小，冬瓜花小结果大，茉莉花开不结果，榕树结果不开花！"全场顿时掌声雷动，师傅欢喜得将他抱了起来。

旧时的彩调，最早叫"文灯"，又称为"草鞋戏""调子"。虽然受到群众喜爱，但不能像"袍带戏"那样登堂入室。唱调子的都是些"泥腿子"，目不识丁，既无脚本，又没有固定的板式、腔口、曲牌，师傅授徒都是"肉口传"。到蒙廷章时代，彩调在永福县的农村已十分盛行，永福县的上十里、下七堡（今鹿寨县）的村村寨寨，常年都有独角戏艺人的演出活动。并且已经在永福县周边的临桂、修仁、荔浦等县的农村中广为流行开来。人们在劳作之余，或是逢年过节，或是宗族聚会，或是祭社迎神，或是祝椿庆寿等，一年四季都有调子的演出活动。这一时期，彩调还处在"独角戏"的表演阶段，当时蒙廷章是最为出色的艺人，被誉为"灯王"。远远近近的村庄，一遇上这种活动，便派人上门邀请，有的还用轿子来抬他去，好像缺了蒙廷章，演出便大

永福县博物馆蒙廷章塑像（王松　摄）

为逊色。由于演出活动的频繁，蒙廷章"一年只得三月耕"，倒有九个月"粉面登场去唱灯"，成为最早的彩调"专业户"了。

常年的演出和磨炼，使蒙廷章技艺更加精进，名声大噪，民间甚至有"无章不成调"之说。有时数村同时来请他去唱灯，蒙廷章分身无术，只得"日唱福塘夜庵山，屯坪妆罢过江湾；子时才离高紫寨，一乘又往干沟抬"。这样频繁的演出活动，久之使得蒙廷章不堪重负。当时，林村的彩调已经流传了好几代人，完全得力于林村"自家班"的传授，只是不教外姓之人。蒙廷章由此受到启发，萌生了开馆授徒的念头。

在蒙廷章以前，彩调师傅授徒都是"单带"，即只收一个徒弟，带着徒弟四乡去唱调，有时"独伙"，有时与别个师傅联手。这个徒弟出师后，再收带一个徒弟。蒙廷章在清咸丰年间，也单带收授过袁大明、林十三、刘五九、董天翔、罗老六、黄天祥、林官庆等七个徒弟。清同治初年，蒙廷章打破了单带收徒的习惯，在江尾村开馆授徒，一次便收徒十二名，开创了彩调艺人"教馆"的先河。蒙廷章的灯馆开张后，消息很快就传向四面八方，北至兴安，南到柳州，东达平乐、蒙山，都不断有人慕名前来习艺。当时流传一首歌，说蒙廷章的鞭子"北打兴安义宁（今灵川），南打雒容马平（今柳州）；中打永福临桂，东打荔浦修仁"。这说明他的弟子在当时已遍布桂北、桂中和桂东的农村地区。

蒙廷章一边唱调，一边授徒。由于打破了"单带"的习惯，原来教徒的那一套方法已不能适应。在演出时师徒十多人同台，都是单一角色，也不受欢迎。于是蒙廷章借鉴"袍带戏"分行的做法，把徒弟分成唱男角和唱女角两种角色。这样就打破了独角戏"一人百样脸，演谁就是谁"的旧规，徒弟们学艺有了相对明确的分工，演出时也更加增色，更加受到欢迎。一时间，蒙廷章的调子班压过了林村的调子世家，就连林村祭祖时，族长迫于众议，也去请蒙廷章来唱调，并且还挑选了族中两名机敏弟子随蒙廷章"习艺百日"。彩调从独角戏到形成"小旦""小丑"两种固定的行当，就是从此开始的。

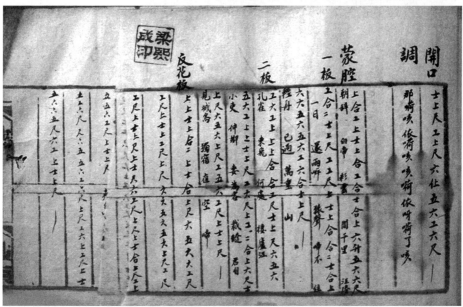

蒙廷璋灯谱（王松　摄）

在授徒实践中，蒙廷章深感到"肉口传"的弊端极多。因为唱调时都是由艺人即兴发挥，同样一出调子，今天唱来与昨日又有不同。这样学艺时往往会感到前后矛盾，无所适从。再者，"肉口传"是先辈艺人一代又一代所沿用的授徒方式，其间所传之人因籍贯不同，口音各异，加之又无文化、不识字，调词的内容含义难于理解，只知依样画葫芦。久而久之，调词便唱走了样，不知所云了。如《洞宾度曹》中吕洞宾的一句台词"我有济世仙方"，徒弟们有的唱成"我有仔细仙方"，有的又唱成"我有自识先荒"，有的还唱成"我要挤死先皇"等，就连唱调子的人也不知道自己唱的是什么了。蒙廷章本是识文断字之人，就把每月教授的调子用文字整理出来，一年一本有十二出调子，依本授徒。这样，教授起来就有了一定的内容规范。这是彩调发展史上一次重大的飞跃，是彩调从成型到成熟的重要标志。据考，蒙廷章最早的三本彩调桥本后来由他的徒弟袁大明、罗老六、刘五九带出，分别在荔浦师供、临桂会仙、蒙山古眉等地传艺，这便是后来民间流传的三十六出"江湖调"。如今，彩调艺人授徒有"年馆"和"月馆"之分。教"年馆"以一年为限，授戏十出；教"月馆"以三月为期，授戏三出，又称"百日出台"。这些规矩，即是由蒙廷章时形成的。

蒙廷章对彩调还有一项重大的贡献。清道光年间，蒙廷章所在的江尾村有一座塾馆，塾馆的莫先生与几个老秀才结了个诗文社"江月社"，青年时代的蒙廷章时常听到这些老夫子们吟诗作对、高谈阔论。一次蒙廷章做田回来，见几个老夫子愁眉紧锁，捻须呶舌，正在为改一个灯谜而苦恼。这则灯谜的谜面是"一点一撇，扭扭捏捏，翘起屁股，屙出四节"，谜底是个"為"字。老夫子们觉得后两句谜面实在不雅，一时又想不出恰当的句子来改，因而一个个愁眉苦脸。蒙廷章当时唱灯已经声名鹊起，头脑敏捷，应变力强，略加思考，便对老夫子们言道："何不改成：一个筲箕，盖着四个鳖？"老夫子们一听，高兴得不得了，便把蒙廷章也拉进"江月社"里来。在"江月社"里，蒙廷章对老夫子们言诗吟唱很感兴趣，又时常得到老夫子们的指点，不由心生感悟：唱调子也像吟诗那样有节奏、有韵脚，岂不更好更招人喜爱？他把这个想法与老夫子们一说，大家都觉得新奇有趣。道光二十八年（1848）秋社，蒙廷章在"江月社"唱起社灯来。诗文社里唱调子，这个消息一传开，四方八面村村寨寨的人都涌来观看。蒙廷章用自创的腔口唱了两首唐诗，那些目不识丁的老百姓居然听得懂、听得津津有味。有了这次成功的实践，蒙廷璋便对自己的腔口进行了一番改造。当时，蒙廷章唱灯的佳话，被四乡百姓传扬得神乎其神，林村调子世家的班主林贱妹极不服气，便约定蒙廷章在江尾坪搭台打擂。民间流传，这场擂台戏唱了三天，后来，蒙廷章唱起一套自创的腔口。此腔一出，满场肃静。但听曲调悠扬，自然流畅，并且句式分明，音韵调和，又如同与人亲切交谈一般。林贱妹闻所未闻，大惊失色！蒙廷章连唱三皮水，林贱妹均应接不上而败北。于是，民间便流传下"贱妹百腔，不如蒙腔"的佳话。林贱妹后来出走他乡，改名林锦溪去了湖南，直到蒙廷章去世后他才回来。他发誓要教出几个高徒来为自己雪耻，后来果然教出了"调子状元"秦老四和"调子美人"易方朴两位高徒。

在蒙廷章以前，彩调并没有固定的板式腔调。艺人们都是根据不同的场合现编现唱。"道门杂腔""令公调""采茶调""贺郎歌""祭乐""酒调"以及民谣、山歌等，都由唱灯之人随意采用，有时还夹杂点"袍带戏"的词皮进来，现编现唱，三五八句不论。蒙廷章所创造的"蒙腔"，又叫作"蒙板"，一出现，很快便流传到各地，成为彩调最基本的唱腔，成为学灯之人入门时启蒙的腔口。"蒙腔"的出现，使彩调唱腔音乐出现了一场大革新，完成了一次质变升华。新中国成立后，正式把这个腔口定名为"数板"。

清道光末年，"江月社"的塾师和几个老夫子相继去世后，蒙廷章便把塾馆改成了灯馆。他在馆中唱灯授徒，先后单带出七个高徒。同治初年，他一次收徒十二人，后来每年收的徒弟有增无减。同治三年（1864），他将平生所学的灯谱记成工尺谱一册，共记录了一百三十多个腔口。他写的彩调桥路本也有几十本，每本记有十二出戏。可惜在民国期间都散失了。1991年，笔者在江月峒的板碰村调查发现了一本蒙廷章工尺谱的手抄本残本，上面还记有五十三个曲牌。几经周折，花了 500 元（三个半月工资）才将这本残本买了下来。

蒙廷章穷毕生精力，致力于彩调艺术，是彩调艺术的集大成者。他为彩调的发展做出了四大贡献：开馆授徒，分角塑形，创腔定板，编定桥本。他对彩调的贡献和功绩是无与伦比的。清光绪年间的山歌王莫荫人的歌本上有这样一首歌：

> 从前有个蒙廷章，江湖人尊是灯王。
>
> 五州十县名声广，四张板凳总在行。

清光绪以后，彩调逐步在全广西广为传播流行，甚至传播到了贵州、云南的部分地方和越南北部的谅山、高平一带。广西彩调作为一种地方戏曲，作为中华民族文化大花园中的一朵鲜花，与百花交相辉映，越开越觉得艳丽动人。20 世纪 60 年代，彩调的优美旋律伴随着《刘三姐》的歌声，飞遍了全中国，飞向了全世界。可以想见，蒙廷章若泉下有知，一定会万分高兴和自豪吧！

康有为桂林讲学

黄继树

19世纪末的最后那几年，中国大地上正酝酿着一场大的变革。甲午战败，腐朽透顶的清政府割地赔款，昏庸无能的王公大臣把持朝政，中华大地，一片黑暗。觉醒或正在觉醒的一部分知识分子深感到外患日亟，非变法维新不能挽救正在衰败的国家和民族。于是，他们提倡新学，开通风气，意在唤起国人发奋图强以自救。康有为就是在这样的大背景下来到桂林的。康有为的到来，不仅是当时桂林的一件大事，而且也是广西和中国的一件大事。它标志着资产阶级改良维新派即将登上中国的政治舞台，而扮演举足轻重的角色。

康有为前后共两次到过桂林，他在桂林讲学，成立圣学会，办《广仁报》，开办广仁学堂，对他日后发起"公车上书""戊戌变法"等政治活动均起到了积极的推动作用。

康有为，字广厦，号长素，广东南海人，生于1858年，1927年逝世。康有为是中国近代史上著名的"戊戌变法"的领导者，同时他又是一位具有深厚功力的学问家和诗人。他第一次到桂林讲学是应桂林人士龙泽厚的邀请，于1894年12月底从广州乘民船来桂林，1895年1月下旬到达桂林，讲学叠彩山景风阁。康有为为什么要到桂林来讲学呢？除了龙泽厚的盛情邀请之外，还有一个重要原因是康有为这一年走背运。他入京应试科举不中，还跌伤了脚，返回广东后，又被给事中[1]余晋珊举劾，谓其"惑世诬民，非圣无法，同少正卯，圣世不容，请焚《新学伪经考》，而禁粤士从学"。原来，康有为为了宣传他的新思想，写了《新学伪经考》一书。他在该书中敢于向古文经学批判的精神影响很大。他又在广州办了一所"万木草堂"学馆，广招学子授教新学，为守旧派人士所忌恨。于是两广总督李瀚章下令焚毁《新学伪经考》，严禁粤中子弟从学康有为。遭此种种毁谤，康有为在广东一时无法宣传他的新学，在桂林人士龙泽厚的殷切邀请下，只得沿西江上桂林讲学了。这就是他后来在《桂学答问序》中所述："光绪二十年秋，吾以著书讲学被议，游于桂林，居于风洞"之事。"吾以著书讲学被议"中的"被议"两字，并非现在人们说的被议论，只是停留在口头上说一说而已，清朝的"被议"是对官员和已考中功名的举人的一种处分。处分之轻者，称交部查议，重者交部议处。康有为当时已是一位取得功名的举人，因此要被处分。但是，此时已是清末，统治阶级的管控能力已大大削弱，又幸亏朝中有人帮他，打电报给广东方面，替他解说。康有为这才被迫离开广东，到桂林讲学避祸。

康有为第一次到桂居住在叠彩山景风阁，前为讲学之处，后为居室。在龙泽厚的安排下，有学生20余人来听讲。康有为所讲内容，主要是提倡古今文学，宣传孔子改制，讲解《春秋公羊传》，以学术振奋人心，图改革，挽颓势，并撰成《桂学答问》一书，但影响有限。康在桂林讲学游览40天后，于1895年2月中旬返回广东，因为他要为即将进京的科举考试做准备。

1894年（清光绪二十年甲午），是清政府的多事之年，中日甲午战争爆发。1895年4月，清政府在中日甲午战争中失败，派李鸿章赴日本签订丧权辱国的《马关条约》，向日本割让台湾、澎湖列岛，赔款2万万两银。消息传来，引起全国人民的强烈反对。5月2日，正在北京应试的康有为和他的学生梁启超，联合各省在北京会试的举人1300多人签名上书，提出"拒签

---

[1] 官名，隶都察院，与御史同为谏官。

康有为桂林叠彩山讲学处遗址（邓霆　摄）

和约、迁都抗战、变法图强"三项主张，史称"公车上书"（汉代举孝廉公车入京，后因以公车为举人入京应试的代称）。这次"公车上书"开创了中国历史上知识分子集会上书、抗议政府的新格局，反映了自鸦片战争以来中国人民爱国、革新、奋发向上的思想追求。其意义之深远是当时上书的举人们无法料到的。因此梁启超后来著《戊戌政变记》称，这次上书是中国数千年来大梦初醒的标志。通过这次"公车上书"，康有为开始在清末的政治舞台上崭露头角，名声大震。可是，清政府却拒收康有为起草的上书，使其改良主义维新变法的救国理想不能上达朝廷。本次应试，康有为虽然考中了进士，4月10日又获得授官工部主事（六品京官），但他已志不在此，他公开辞官不做，欲在京成立强学会以宣传贯彻改革时政的主张。可是，强学会刚开张就被强行封闭了。他仍不死心，遂于 8 月 29 日出京，跑到上海想继续办强学会，不料又碰了钉子，一事无成，心情郁郁不乐。这时候，他想起桂林来了。因"公车上书"签名时，广东省的举人签名 80 余名，而广西省举人签名者却有 99 名，湖南举人签名者也很多。康有为终于有了一个大胆的想法：到桂林去继续讲学。传播改良主义思想，宣传改革，须先开学会，创刊报纸，设立学校。以桂林带动广西，以广西影响广东，以两广影响湖南，最后以南方三省影响全国。康有为精神为之一振，他立即给他在桂林的学生龙泽厚去一信，告知他将赴桂林继续讲学。

康有为于 1897 年（清光绪二十三年丁酉）2 月 11 日第二次到桂林，仍住叠彩山景风阁。康有为这次到桂林与两年前第一次到桂林情况已经有了很大的不同。他第一次到桂林时，不过一个普通举人，声名不大，且又是个"被议"之人，因此，桂林几家书院的山长（院长）拒绝见他。而康有为第二次到桂林时，他已经是清朝的进士，官授工部主事，在京"公车上书"名动一时。当他到桂林的时候，正遇着广西巡抚史念祖被参，藩台[1] 游智开告老，只有臬台[2] 蔡希邠在省主持一切。蔡是康第一次到桂林时结识的，算是旧交了，人很开明，对康很尊重，往来密切。此外，当时唐景崧和清廷派往山东任东烟台总理营务的岑春煊都因甲午战败，回到桂林赋闲，都常和康有为往来，他们都支持康有为在桂林的讲学活动，并予以资金上的赞助。这样，康有为的讲学活动便从学界范围扩展到政界，内容也已从讲学扩大到开展多项维新变法的政治运动。

1897 年 4 月 6 日，康有为在桂林发起组织圣学会，在桂林两粤广仁善堂举行成立典礼，按察使蔡希邠偕各道、府、县等官员出席。唐景崧、岑春煊

---

[1] 布政使，主管全省的民政、田赋和户籍等事项。

[2] 按察使，主管全省司法、刑狱、监察。

和学界社会名绅及入会会员均参加。仪式隆重，奏乐鸣炮，极一时之盛。蔡希邠为圣学会作序，宣布开会宗旨。康有为起草圣学会缘起，宣读会章，确定庚子拜经（庚子日拜孔子）、广购图书、出版报纸、设立义塾、翻译农工商西方书籍等五项任务。圣学会会址设在依仁坊彭公祠内（今依仁路），圣学会成了广西最早的学术政治团体。

圣学会在广西省会桂林如此高调登台，由一个民间学者发起而成为一个有官方人士主持成立的组织，使康有为倍感兴奋，他的门生弟子及追随者们也受到极大的鼓舞。就在圣学会成立不及一月，5月中旬，康有为倡导的《广仁报》在桂林正式出版，报社设在圣学会内，经费由各方捐赠，唐景崧、岑春煊捐赠最多。该报为旬刊，每期一册，板刻线装。编辑、出版、发行皆由康门弟子轮流担任。报纸设论说、时事新闻、地方要闻、中西译述、杂论、短评等栏目。内容以外患日迫、国势日弱、变法维新、挽救危亡为中心。《广仁报》是广西创刊最早的报纸，它的出现，令人耳目一新。

康有为一鼓作气，在圣学会成立和《广仁报》创刊的基础上，6月中旬，广仁学堂在桂林开学，这是广西第一所具有现代办学思想的学校。广西官方拨款1万元作为开办经费和购置图书。首期招生定额40名，课程有经学、中西历史、中西地理、宋元学案、朱子语录。学生日有课程，月有考核，年有甄别。各科教员在康门子弟中派任。

康有为在桂林创立圣学会，创刊《广仁报》，创办广仁学堂，以此提倡新学，开通风气，使地方人士多欲讲求经世致用之学，改变科举时代专重八股文的思想，意在唤起国人发愤图强走变法维新之路。康有为在北京、上海不能办成之事，竟短短数月在桂林全部办成了，除了康有为坚韧倡导之力，也与广西和桂林官绅士庶爱国爱乡之热情有力促成是分不开的。特别是圣学会在桂林创办后，先声所播，南方数省闻风而起，渐次扩大范围，影响到全国。据当时上海、澳门的报纸报道，受桂林圣学会成立的影响，一年以来组织学会团体之风渐长，长沙有湘学会，武昌有质学会，苏州有苏学会，上海有务农会、不缠足会等次第兴起。澳门《知新报》载桂林圣学会云："广西近日风气大开，皆由该省大吏士绅，踊跃提倡，广仁善堂，开设圣学会，官绅士庶齐集行礼，极一时之盛，诚中国第一美举。"后来，康有为的得意门生梁启超所作《日本横滨中国大同学校源起》一文，亦引桂林圣学会为新说之泉源。康门子弟对桂林圣学会之开创，都认为是变法维新之起点，至为重要。[1]

康有为在桂林半年余，完成创会（圣学会）、办报（《广仁报》）、设学（广仁学堂）三件大事，目的已达，于7月初离开桂林返回广东。他在桂林的弟子们则分发广西各地和省外，各据其所学，广为传播康有为维新变法的思想，他们在各地开讲世界大势，揭露西方势力东侵，中国危殆之情形，号召愤起革新，力挽危局，拯救中国。至此康有为变革维新之思想，广为人知，成为19世纪末中国新兴的政治势力影响到朝野上下。

康有为离开桂林后，继续为他的变法维新主张奔走。1898年（光绪二十四年戊戌）6月16日，光绪皇帝召见了康有为，直接听取了他关于维新变法的主张及实施办法，任命康有为总理衙门章京行走（章京：满语的音译，清代文武办事的官员多冠章京之名）。光绪皇帝还授予康有为专折奏事的特权。于是康有为多年思考的变法主张，通过一道道奏折，飞进皇宫，成为光绪帝变法的重要主张，通过帝诏成为新政。据说时任给事中的广西官员、著名词人王鹏运，利用职务之便帮助康有为"代递奏折"。著名的"百日维新"运动也正式登场。但是，短暂的"百日维新"运动被以慈禧为首的守旧顽固派扼杀了。9月21日，慈禧发动政变，囚禁光绪皇帝，捕杀维新人士，下诏停止新政，史称"戊戌政变"。

康有为获知慈禧政变的消息后，大惊失色，跟随他身边的弟子广西桂平县举人程大璋，掩护康有为秘密出逃后，在康的住所被捕下狱。据参加康有为发起"公车上书"的广西全州籍进士赵炳麟说："在京的广西籍人士，康失

---

[1] 廖中翼：《康有为第二次来桂讲学概况》，《桂林文史资料》第二辑。

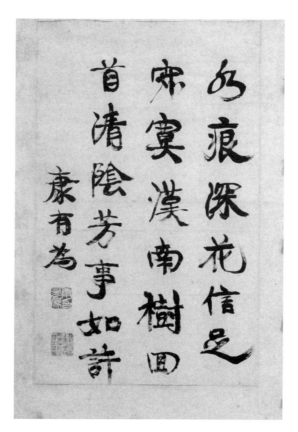

康有为行书（桂林博物馆提供）

败逃亡后入会数百人几罹党锢。"[1] 桂林是康有为发起变法维新宣传新说的大本营，在"百日维新"运动失败后，康有为在桂林创立的圣学会、《广仁报》和广仁学堂被关闭，维新人士们被迫将康有为著作和维新派报刊烧毁，只有一个康有为的学生，后来成为同盟会主要骨干的桂林人马君武，把这些书报秘密收购保存下来。

康有为在桂林各风景名胜的多处题词，都被守旧派所毁，现只有龙隐岩元祐党籍碑旁，还留有康有为题在石壁上的字和署名，虽已被凿烂，还可隐约看得出来。

历史有时惊人相似。近现代以来，广东人一直在政治上是广西人的启蒙者和领导者，如太平天国的缔造者洪秀全；"戊戌变法"的倡导者康有为；"护国讨袁"的发起者梁启超；国民革命北伐战争的领导者孙中山。他们都曾经是广西人政治上的启蒙者和领导者。有趣的是，他们的政治主张和革命行动，都在他们出生的广东遭受打压和排斥，难以推行，却在广西得到响应和追随。近代以来，广东人充当政治领袖，如洪秀全、康有为、梁启超、孙中山、胡汉民；广西人却成功地扮演军事统帅的角色，如石达开、李秀成、陈玉成、陆荣廷、李济深、李宗仁、白崇禧。两广人一经政治、军事结合，便可干出一番惊天动地的大事来。这或许是两广人都同属于一种岭南文化的原因，容易结合在一起。对此蒋介石最不放心，时时给予提防和打压，但他却不懂从文化上割裂两广人这种联系，因而民国史上便时常发生两广人联合反蒋的事件。

---

[1] 廖中翼：《康有为第二次来桂讲学概况》，《桂林文史资料》第二辑。

唐景崧与桂剧

梁熙成

一

唐景崧（1841—1903），字维卿，广西桂林市灌阳县文市乡人。

唐景崧的父亲学识渊博，母亲也是一个才女，且通晓诗文，娴娴有持。唐父是一个举人，做梦都想让自己的儿子皇榜高中，出人头地，因而家教甚严。唐景崧与弟弟景崇、景崶，从小就受到严格的管训，得到良好的教育。后来唐景崧三兄弟，都先后得中秀才、举人、进士，并且都进了翰林院。这在广西科举考试的历史上也是独一无二的壮举。一时间，唐景崧"一门三翰林"的佳话，在桂林地方成为美谈。桂林乃至整个广西的学子无不传颂称道。

唐景崧在清同治四年（1865）乙丑科进士及第，被选为翰林院庶吉士，五年后选为吏部候补主事，也只是一个正六品的小官。他在京城做了二十年既无职又无权的闲官，始终未能得到升迁重用。唐景崧对这种饱食终日、庸碌无为的境遇很是无奈，总想有朝一日能够一展雄才，报效国家，光宗耀祖，不负平生所学。

19 世纪 70 年代，占据越南南部的法国殖民者向北扩张，企图占领越南北部，进窥中国西南边境。当时，越南是中国的附属国，驻守在越南的清军屡战屡败，只有刘永福的黑旗军顽强地抗击法国侵略者。越南政府多次向清廷告急求援，然而腐朽的清朝统治者却一味妥协退让，不敢派兵援越。眼见越南即将沦为殖民地，广西危急，作为广西人的唐景崧此时激发出了强烈的民族正义感和责任感，他感到报效家国的机会到了。光绪八年（1882）七月，他上书《绥藩固圉说》，几经周折送礼，才托得中书大臣宝佩衡、李兰荪转呈朝廷。他建议派使臣出使越南，安抚刘永福，支持黑旗军抗击法国侵略者。针对当时朝廷无兵可派的衰境，他提出：应免与追究刘永福参加太平天国的罪名，安抚、接纳刘永福的黑旗军，支持黑旗军抗法卫国的主张。建言"朝廷发一乘之使，胜于设万夫之防"，并且自告奋勇出使越南。他自知官微职小，上书以"汉陈汤为郎而求使外国，傅介子以骏马监求使大宛，皆以卑官而怀大志，率立奇勋"为例，并以"臣籍隶广西，与刘永福谊属乡梓"，可说服刘永福为朝廷所用为理由，自愿担此重任。他因自己的官职微小，上书用了两个典故。

一是：西汉元帝时，山阳（今山东兖州）人陈汤，仅是西域一个统领百骑的副校尉。当匈奴郅支单于大军攻略乌孙国、大宛国，进逼威胁西域时，陈汤请为先行，至康居，斩郅支单于，大败匈奴。后封关内侯。

二是：汉昭帝时，甘肃庆阳人傅介子，是平乐府管养马厩的小吏。当时西域的龟兹、楼兰诸国欲结匈奴叛汉，杀汉官、商贾。傅介子奉命出使查察得实。他携黄金、锦缎赴楼兰国，在宴席上刺杀了楼兰王，一举平定楼兰、龟兹诸国。后封义阳侯。

唐景崧用这两个典故，表明他在国家危难之际，甘愿担当出使越南抗法之重任的决心。当时清廷正处在焦头烂额、无计可施之际，于是只好顺水推舟，不得已派唐景崧出使越南，但是又不放心，令由云贵总督岑毓英节制。

光绪八年九月二十日，唐景崧奉旨出使越南。他一扫二十年来官微屈卑而不得志的愁怀，抱定抗法卫国的雄心壮志，轻骑简从，离京南下。他路过上海时，观看《红拂记》的演出，写下一首"红拂诗"，表达了他不远万里出使越南的心情。诗云："闻有扶余在海滨，横磨匣剑秘龙身。便宜一个张红拂，附作虬髯传里人。"他在诗中不但自比戏里的奇侠张仲坚，而且表示他还要干出一番比张仲坚更加惊人的事业来。

唐景崧日夜兼程，到了越南，说服刘永福接受清朝廷的节制，并联络清军、越军与黑旗军一起抗击法军。在抗法战争中，他目睹了清军、越军惧敌畏敌、贪生怕死、与敌军一触即溃的狼狈状况，也目睹了黑旗军将士一往无前、同仇敌忾、奋勇杀敌的壮烈情景，感触良深。他在《请缨日记》中分别描述了两种不同的战争情景。他记清军战争战况："坐拥二三万人，去敌数百里之外，如北宁、谅山诸军，遭敌一击即溃者，得不为夷鄙视哉！"他记黑旗军战况："黑旗自与法人迭次交锋，皆大战，未有借助他军者。……黑旗以孤军而屡抗强敌，其负盛名固有由来也！"他为黑旗军的大义大勇深受感动。当时，清军对法作战屡战屡败，因而畏敌如虎，远避数百里而乞保命。但对刘永福的黑旗军，却又挟制胁迫，盛气凌人。唐景崧努力协调清军、越军与黑旗军的关系，协调对敌作战关系，尽量减轻对黑旗军的歧视和压制，并且积极在经费、军需装备上支援黑旗军，在兵员扩充上为黑旗军争取有利条件，逐步扭转了抗法战争的被动局面。因而，朝廷赏赐唐景崧"四品衔"，以示鼓励，并且准其自募四营军兵。这样，唐景崧就有了一支自己掌握的军队。因这支军队的兵员多数从广东招募而来，因此唐景崧将它命名为"广东景字营"。他指挥这支队伍积极配合黑旗军作战，一连打了好几个胜仗，"景字营"也迅速扩充到十个营。

光绪十一年（1872）春，冯子材奉命率军入越参加抗法战争。这时，抗法战争不断取得胜利。法军将军安邺、法军统帅李维业先后被黑旗军击毙。法军节节退败，溃不成军，失败已成定局。然而，正当抗法战争即将取得最后胜利之际，腐败无能的清朝廷却派李鸿章与法国签订了丧权辱国的《中法条约》，让中国军队全部撤回中国境内，把越南拱手让与法国。唐景崧在越三年多，历尽艰难困苦，虽然取得了抗法战争的决定性胜利，最终却劳而无功！黑旗军、景字营回国后，即被大加削减，刘永福、唐景崧都被削去了兵权。

唐景崧虽然得了个"赏戴花翎"的奖赏，却被调去协助勘定滇越边界。他既感到愤懑，却又无可奈何，作诗云："三千甲士解吴钩，百战归来愿未酬。儿女英雄都抱憾，花残月暗感春楼。"

清光绪十三年（1887），唐景崧被朝廷委任为"福建台湾道兼按察使"之职，到任后，升格为"台湾布政使"。清光绪二十年（1894），中日甲午战争爆发。台湾巡抚邵友濂惧怕日军进攻台湾，贿赂朝廷大员将其调往湖南，于是唐景崧升任台湾巡抚，成为一省的最高长官。甲午战争中国失败之后，签订丧权辱国的《马关条约》，将台湾割让给日本。唐景崧极力反对签订《马关条约》，他接连电请朝廷不能割地求和。电文中有："北辽、南台二者失一，我将无以立国！""战而失地，犹可恢复；和而失地，长此沦陷。"光绪二十一年（1895）四月，清朝廷决意把台湾交割给日本，电谕"唐景崧着即开缺，来京陛见，其省大小文武各员，并着唐景崧饬令陆续内渡。"此时台湾已乱作一团，民众对朝廷完全丧失了信心，邱逢甲等一批绅士谋议自建"台湾民主国"，企图以独立名义抗拒日本占领，并请唐景崧出任"总统"。五月，日寇从基隆登陆，日军先遣队仅80余人便直驱挺进台北占领台湾。唐景崧微服逃到淡水，搭上外轮逃回厦门。台湾沦陷，本是清廷丧权辱国，然而唐景崧却遭到国人的普遍谴责，就连上海的名妓李香苹也作诗讥讽他。唐景崧陛见慈禧太后，虽叩头泣血也无济于事。在国人的一片指责声中，唐景崧只求得个"免罪解职"，黯然回到广西。

二

唐景崧回到广西后，在桂林榕湖南面的五美塘边建造了一座宅第居住。他的宅第共有院落房屋十六间，并且还建了一座亭子，名曰"看棋亭"，暗含"世事如棋冷眼看"的意思。他为这座亭子题了一副对联："纵然局外闲身，每到关怀惊劫急；多少棋中妙着，何堪束手让人先。"这副对联，表面看来是写看别人对弈，其实是表达他对自己的处境很不甘心，但又无可奈何、无能为力。

在看棋亭左近，还背湖建了一座戏台。他亦为戏台题了一联："台前灯火笙歌，直到收场犹灿烂；背面湖光山色，偶然退步亦清凉。"这副对联表面上看，是写他看戏时的情景和感受，其实另有含意。上联是写他在官场上的才能、政绩，末了还得戴上一个"台湾民主国总统"的帽子。下联是写他被"免罪解职"后，回到原籍桂林这个山水美地闲居，倒也还自在逍遥。联中"偶然"二字，透露了他还企望东山再起的心理，故而两副对联都扣合黄道头来写，还想当官的心态昭然若揭。但事实上已经完全不可能了。

光绪二十五年（1899），唐景崧在桂林创办了一所"体用学堂"，大力提倡维新派领袖康有为的"中学为体，西学为用"的主张。民国时期，追随孙中山从事革命活动的马君武先生，早年就是这所学堂的优材生。

唐景崧退隐之后，也曾潜心于诗文，但他对后世最有影响、最有贡献意义的是他的《看棋亭杂剧》。唐景崧的《看棋亭杂剧》共有四十六个剧目（一说有六十多个剧目），但现在存世的仅十六个剧目，其余均遗失了。正因如此，使他与广西桂剧结下了不解之缘。

据考，元朝时期，桂林地方"元杂剧"的演出就已经非常活跃，昭州黄姚古戏台就是在那个时代建起的。元朝的士子因不满统治阶层，均不参加朝廷的科举考试，而是流于民间，借教坊、勾栏等场所演绎故事、渲染情操、展现才华。于是，元杂剧出现了空前的繁荣。元朝中、后期，黄河流域、长江流域相继出现了"秦腔""汉调"，这是汉族士子遵奉秦、汉为正统的产物。但那个时期尚未有地方剧种出现。明朝万历年间，长江流域开始出现高、昆、徽、弹四大戏剧流派。之后，各地方剧种才相继出现。

广西桂剧，源于湖南的祁剧。有资料表明：在清康熙年间，就有湖南祁剧艺人到桂林一带演出。祁剧艺人到桂林唱戏，收入和生活往往比在湖南唱戏要好得多。时间长了，有的艺人就在桂林、桂北一带住下来，收徒传艺。

桂林唐景崧五美堂别墅遗址戏台雕塑（邓霆　摄）

老艺人们在长期的演出实践中发现：桂林官话的语音清脆，口齿清楚，四声分明，唱祁剧优美动听。于是祁剧艺人中就形成了一个不成文的规矩：祁剧艺人必须上广西来学讲桂林话，戏才唱得好。桂林是湘水的上游源头，所以过去湖南人到桂林来，习惯上都叫"上广西"。在清康、乾年间，几乎年年都有祁剧戏班、祁剧艺人到桂北来演出，有的艺人甚至举家迁徙到桂林一带定居，收徒传艺。当时，在祁剧艺人中还流传下一首打油诗："湖南有一座离娘山，广西有座望娘山；到了桂林不想回，半是欢喜半心酸。"祁剧艺人在桂林、桂北办班传艺，一般都是由当地的富商、大佬出资。桂林人有爱面子的传统和习惯，自己出钱来办祁剧戏班，心中总觉得不爽快、不是味道。加之又是用桂林话来演来唱！于是，在乾隆年间，就出现了"桂剧"这个名称。

但是，桂剧早期演出的所有剧目，无一例外都是祁剧里的剧目。剧中的内容、场次、人物、腔口、场面、表演程式等等，都与祁剧一模一样。因此又有"祁桂同源""祁桂不分家"的说法。直到光绪二十六年（1900），唐景崧编定的《看棋亭杂剧》问世后，桂剧才有了完全属于自己的剧目。唐景崧就是广西桂剧的第一个剧作家。

关于唐景崧其人，桂剧界的老前辈们说，他自己能编、能导、能演，又能击鼓操琴，全行他都拿得起。他自己养了一个戏班，还招了一班女伶，在他的戏园子里唱戏。

对唐景崧的《看棋亭杂剧》，桂剧界的老前辈说法不一，有的说有四十六种，有的说有六十多种。但现在流传下来的只有十六种，其余的都已失传了。究其原因，大约有以下几点：

其一，唐景崧写的剧本，词藻华丽，且夹杂不少文言词语，正所谓"词雅意深，八音克谐"。八音者，本意是指金、石、土、革、丝、木、匏、竹等八类器乐，戏剧界又将工尺谱"合、士、上、尺、工、六、五、升"称为"八音谱"。但是过去的桂剧艺人大都目不识丁，正所谓"百人难找一个亮子"。艺人学戏都是由师傅"肉口传"，只知依样画葫芦，全凭心记。即使手里拿着剧本，也根本不会认字。

其二，过去的戏班，演的都是桥路戏，为了生计，演出频繁，有时还得日夜赶场，哪里还有时间去识字研读剧本？即使想学，也只能学点文辞浅白点的，而多数很难弄得明白的剧本，就只能作罢。

其三，唐景崧写的戏，其出发点是为他自己的戏班子写的。他的戏班子完全是由他包养的，衣食无忧，并且由他自己调教。看戏的都是他的家人和朋友，并无卖座好坏之虑。因此他写的戏只有他的戏班能全部上演，而别的戏班能够演上几出就很不错了。

上面几点，也许就是他的《看棋亭杂剧》只流传下一小部分的原因。

现在流传下来的《看棋亭杂剧》十六种，分别是：

《一屡发》《马嵬驿》《九华惊梦》《晴雯补裘》《芙蓉诔》《绛珠归天》《中乡魁》《游园惊梦》《独占花魁》《杜十娘》《救命香》《桃花庵》《燕子楼》《曹娥投江》《虬髯传》《高座寺》。

其中《一屡发》《马嵬驿》《九华惊梦》，是演绎唐明皇与杨贵妃的故事。《晴雯补裘》《芙蓉诔》《绛珠归天》《中乡魁》，是演绎《红楼梦》里的故事。其余皆取材于明清白话传奇里的故事。

唐景崧的《看棋亭杂剧》，从总体上看，没有什么积极的社会意义，完全是一种落泊文人的消遣之作。它宣扬的是封建伦理道德观念，描写的大多是王孙公子、深闺仕女、烟花场中人物的风流情债与糜烂生活，带有浓重的猎奇、猎艳情节。

比如他的《高座寺》一剧，写的是明朝末叶安徽桐城的一个贵族公子方密之，用重金买了一个美妙风流的妓女王六娘。山东有一个与方密之素不相识的落第书生傅以渐闻之，特地从千里之外跑来看这个漂亮的妓女。方密之见此人行事古怪离奇，竟把王六娘并两个丫鬟送给傅以渐，还送给他三千两银子。不久明朝灭亡，傅以渐在清朝考中状元，当了大官，方密之则到高座寺出家当了和尚。傅以渐叫王六娘去高座寺恳请方密之来做官，方竟离寺出走不知去向。戏的末尾借王六娘之口说出："高座寺，方公子，你真是高不可攀啊！"这个戏究竟要表达一个什么思想主题？我想，除了描绘一些封建糜烂的生活之外，恐怕是剧作者在打肿脸充胖子，自喻高洁。又如他编写的《红楼梦》故事的几个剧目，也只是停留在猎奇、猎艳上面，并且都是用神仙来作剧情的收结。这就把《红楼梦》庸俗化了，完全体现不出《红楼梦》原著那种深刻的社会意义。这些都是他这个封建文人、被解职的封建官僚的历史局限性使然。

但不管怎样说，唐景崧作为广西桂剧的第一位剧作家，在桂剧的发展史上所作出的贡献是不能否认的。从他的《看棋亭杂剧》中，可以看出：早期桂剧表演的场景和表演程式；剧中生、旦、净、末、丑等各个行当和人物的

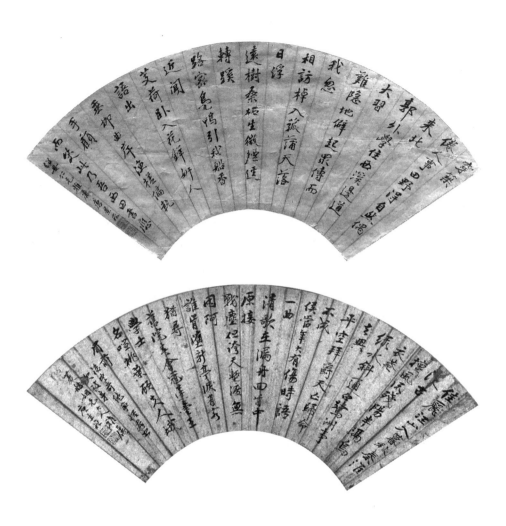

唐景崧扇面行书（桂林博物馆提供）

表演规律；剧情起、承、转、合的方法与技巧；戏剧高潮的形成与豹头凤尾的艺术运用等等。这对于研究桂剧的历史无疑是极为重要的。

在唐景崧的看棋亭上，还留下几块他写的诗屏。这些诗屏，是他与朋友看戏饮酒取乐时所题的诗，共有二十九首。诗的作者除了唐景崧，还有吴陈玉、王特达、朱永龄、宋荦、唐肇、陈于王、田雯等七人。虽然都是些文人看戏的即景、即事诗，从中却能看出剧作家唐景崧在剧情之外所要表达的意思来。

比如唐景崧的诗："一例降旗出石头，乌啼枫落秣林秋。南朝剩有伤心泪，更向胭脂井畔流。"这首诗写的是看《高座寺》这出戏，其实又何尝不是隐写清朝廷的无能卖国，以及他报国无门，只能与胭脂女流为伴的无聊与悲伤。

又如："白马青丝动地哀，教坊初赐柳圈回。春灯燕子桃花笑，笺奏新词狎客来。"明写的是看《桃花庵》一剧，其实是写他曾任巡抚的台湾已经沦丧，换了主人了！他这个旧主人已成为无可奈何、游戏人生的过客了！

再如宋荦的诗："名士倾城气味投，何来豪贵起戈矛。却食更避田家聘，仿佛徐州燕子楼。"诗中明写的是《燕子楼》一出戏中，香盼盼为在离乱中亡故了的老主人守孝十年，最后绝食而亡的故事。其实是暗写唐景崧在台湾沦陷时，为反抗日本侵略者，台湾的绅士曾推举他为台湾的"总统"，而他却潜逃回大陆的旧事。不过是旧时封建文人爱图虚名，相互吹捧，标榜自己有气节罢了。

但有一点值得注意的是，似乎每一首诗都涉及唐景崧的一个戏！只是有些戏未能流传下来，今人已无从得知罢了。

唐景崧的《看棋亭杂剧》，由于时代的局限和作者根深蒂固的封建伦理观念的束缚，内容上亦存在不少糟粕，艺术上也显得有点呆板和程式化，难以达到应有的高度。但他作为桂剧的第一个剧作家，其历史地位是不容置疑的，也是无人能够替代的。因而，他在桂林历史文化名人中，完全应当占据一席之地。

下

篇

铁血博士马君武

王布衣

马君武（1881—1940），中国近代著名学者、教育家、翻译家、诗人和政治活动家，原名道凝，又名同，改名和，字厚山，号君武，祖籍湖北，出生于广西桂林恭城县。他早年就读于桂林体用学堂，1900 年入广州法国教会学校丕崇书院学法文，1901 年入上海震旦学院，同年冬赴日本京都帝国大学读化学。1905 年 8 月，他加入同盟会，与黄兴、陈天华等人共同起草同盟会章程，并成为《民报》的主要撰稿人之一。同年底回国，任教上海中国公学，积极宣传革命。1907 年，马君武赴德国入柏林工业大学学冶金，武昌起义爆发后回国，作为广西代表参与起草《临时政府组织大纲》和《中华民国临时约法》，并任南京临时政府实业部次长，1912 年出任国会参议员。1913 年二次革命失败后，他再度赴德入柏林大学学习，获工学博士学位。1916 年回国，第二年参加孙中山发起的护法运动，任广州军政府交通部长。1921 年，孙中山就任非常大总统，马君武先后任总统府秘书长、广西省省长。

马君武精通英、日、德、法等国文字，翻译了大量的科学和文艺作品，在当时产生了较大影响。他还是南社诗人，著有旧体诗百余首。马君武后半生致力于科学教育事业，曾任上海大夏大学、国立北京工业大学、上海中国公学校长，时有"北蔡南马"（蔡即蔡元培）之称。1928 年，马君武创办广西大学并任校长。1940 年 8 月 1 日，他病逝于桂林雁山。

马君武的一生中有许多"第一"：第一个广西自费留学生，第一个获德国工学博士学位的中国人，第一个翻译达尔文《物种原始》（即《物种起源》）的中国人，第一个从法文原著翻译卢梭《民约论》的中国人，第一任广西大学校长……

1898 年戊戌变法失败，谭嗣同等人被杀，当时还是桂林体用学堂学生的马君武满腔悲愤，抨击时政、颂扬变法英雄、痛骂卖国贼，被当局开除了学籍。于是，他自费留学，东渡日本，寻找别样的世界。

在日本期间，他结识了革命先行者孙中山先生，认同推翻清朝暴政救国救民的思想，感慨："康梁者，过时之人物也；孙文者，未来之人物也！"从此与康梁分道扬镳，归于孙中山营垒，冒着杀头的危险，为建立共和奔走呼号，狂飙突进在民主革命的阵地前沿。他参与创办了革命喉舌《民报》，鼓吹自由与民主，将它们比作生活中不可或缺的水与面包。

1903 年 1 月 29 日，农历正月初一，马君武受孙中山的重托，在日本东京中国留学生新年团拜会上，面对清廷权贵，头一个站出来演讲反清革命，紧接着刘成禺、邹容等人跳上台来，声泪俱下、慷慨激昂地指斥"清政府乃是天底下最残暴、最腐败、最无能、最无耻、最专制的政府……若不推翻，天理难容！"这一番演讲，当场激起强烈共鸣，如霹雳震天，惊醒国人。

马君武考入日本京都帝国大学，攻读应用化学专业，利用化学知识教习革命党敢死队制造炸弹。

1905 年，马君武加入中国同盟会，成为第一批会员。年底，他随一批革命党人回国，后任中国公学教务长兼理化教授，中国公学成了革命党人的大本营。为逃避清政府的缉拿，马君武赴德国留学。在德国柏林工业大学，他选择了又脏又累的冶金专业，期望学成回国后，"利用所学，以图新民国工业之发展"。留德四年，马君武翻译了拜伦的诗歌《哀希腊》、雪莱的《自由颂》、席勒的《强盗》等文学作品；自然科学方面，他翻译了《矿物学》《机械学》《立体几何学》《化学原理》《有机化学》等。

1912 年，中华民国成立，马君武被任命为实业部次长，代行总长职权。任职期间，临时政府风雨飘摇，八面受敌，经费奇缺，自身难保，哪有条件办实业？所以他什么事情也没有干成。同年，南北议和，袁世凯继任临时大总统，任命孙中山为"中华民国铁路总办"，马君武为秘书长。孙、马还没有来得及修铁路，就在出国考察中惊闻宋教仁遇害消息，马君武只好追随孙中山重举义旗，讨伐袁贼，展开"二次革命"。不到两个月，革命军大败。马君武为逃避追杀，再次赴德，入柏林大学留学，并获工学博士学位。

马君武

1921 年 5 月 5 日，孙中山就任中华民国非常大总统，任命马君武为总统府秘书长，同年又任命他为广西省长兼摄军务。孙中山曾在南宁商会大礼堂对民众说："我特地让一个不贪财、不惜命，既懂工业又懂农业的马博士做你们的省长。"马君武当场表示："我这次回来，是与各位共同改造广西的，我是广西人民的公仆，主人要我怎样做，我就怎样做，决不推辞！"

马君武上任伊始，很想有一番作为，但是广西军阀拥兵自重，动乱蜂起，局面失控。马君武的省署半夜遭到军队袭击，他只好坐船离邕，准备到梧州设立广西省署。船行至贵县途中，马君武遭到一生中最惨的事变：俞作柏率部袭击了他的船队，马君武失去了留德的同学、挚友石楚，失去了多年心血凝成的书稿和论文。他一到梧州，就下广州向孙中山辞职。回到上海后，他伤心地对老友陆费逵说："政治生活，真是我所不能过的，悔不听你的话……此次，种种损失，种种危险，我都不在意，可惜数千册心爱的书籍和许多未刊的诗文译稿完全丢了，实在令人痛心，以后，我再也不从事政治生活了。"

从那以后，马君武告别政坛，专心从事教育。1924 年，马君武任上海大夏大学首任校长，他以自己的博学带动学校形成了浓厚的学术研究氛围，吸引了如郭沫若、田汉等一批著名学者前来任教。1925 年，马君武应国立北京工业大学师生的五次请求出任校长。他聘请专家学者担任教授，充实机械、电机、纺织和化工四个系的实验室和实验工厂，使理论学习和科学实验结合起来。1930 年，应蔡元培之邀，马君武出任上海中国公学校长之职。

1928 年 9 月，马君武被聘为广西大学第一任校长。广西大学首批招收农学院、理工学院及矿冶专科学生 280 人，为广西培养了第一批高层次人才。1929 年，由于战乱，校务停顿。1931 年，粤桂战争结束后，马君武应邀回广西大学重任校长之职。1936 年，由于马君武见当局军训无度，影响了正常的教学，遂与军方冲突，当局改组了广西大学，解除了他的校长之职。直到1939 年，在广西父老和莘莘学子的一片呼声中，马君武重新出任广西大学校长，不料，第二年 8 月 1 日，马君武积劳成疾病逝。

马君武毕其一生追求真理，传播民主和科学思想，与蔡元培一道为我国现代高等教育事业的建立和发展做出了杰出的贡献。

人格即精神，性格即命运。从马君武的一生，我们看到了他在险恶人文环境中的苦斗和挣扎。

李大钊先生曾指出："中国一部历史，是乡愿与大盗结合的纪录。"何谓乡愿？乡愿用现代汉语来说就是伪君子。出版家陆费逵曾劝马君武："你是文学家、工业家，我国应该做的事多得很，你的脾气，不宜作政治生活，何不做本行的事业呢？"那么，他为什么一而再、再而三地去担任那些行政职务呢？在当时社会大环境下，马君武面临着两难境地：从事科学救国、实业救国，社会环境不允许；从事改造社会环境的政治，既误了本行，又违背了本心、本意和本性，也非他之所长。

马君武的敢打敢骂在民国时期颇有民声。一次，同盟会开会讨论新国家政体和组织临时政府的方案，马君武见到宋教仁与孙中山争辩，忍不住拍着

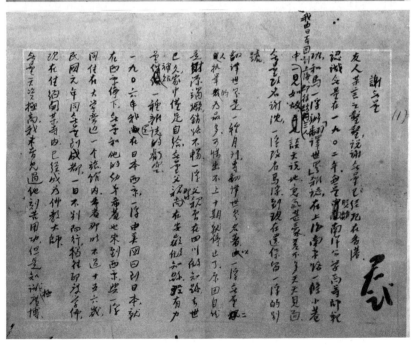

马君武《回忆录》手稿（桂林博物馆提供）

桌子骂宋："竟然敢顶撞总理，你力主内阁制，实际上是自谋总理！"宋回击了一句："皮蛋博士，一派胡言！"他抓起茶杯就要砸宋，被孙中山制止，责备道："君武，你太鲁莽了！"会议不欢而散。

1905 年马君武（右）与孙中山在日本东京（桂林博物馆提供）

又有一次，马君武在国会上与国民党议员李肇甫辩论关于中国是否参战的问题，痛骂主张中国卷入国际战争的李肇甫："陷国民于水火也！"并用手杖猛击李的头部，边打边喊："打狗！打狗！"搅得会场大乱。

在与袁世凯的斗争中，马君武不识宋教仁的政治手腕，听到一些风言风语，误以为宋作为专使在北京谈判时与袁背后有交易。他当众责备从北京回来的宋教仁出卖革命利益，一拳把宋的眼睛打出了血。

马君武曾应陆荣廷之邀回广西，在广西都督府里见陆荣廷一边打麻将一边跟他谈话，当场大发雷霆，把陆骂得狗血淋头之后，转身走人。

马君武任广西大学校长期间，发觉有位德国教授的讲义上出现了笔误，一怒之下，用德语劈头盖脸一顿臭骂，竟然将这位服务于异国他乡教育事业的德国汉子骂哭了。

马君武去世时，桂林女中校长雷震在《我所知道的马君武》一文中写道："从广西的文化界之场来说，马先生之死，广西似乎空虚了，这虚弱症不知是否能补养起来！更不知何年何月才能补养起来！……敢骂的人太少，能骂的人太少了，而社会需要"骂"来帮助他的地方又很多，所以马先生之死，更不能不令人痛哭！"

349

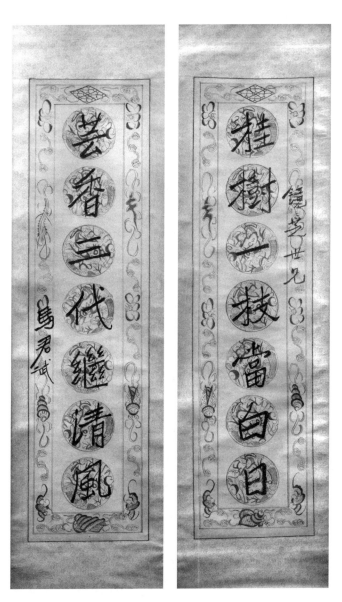

马君武七言诗（桂林博物馆提供）

回望梁漱溟

黄继树

在中国现当代思想文化领域中，能称得上大师的人物寥寥无几，梁漱溟是这个领域中当之无愧的大师。若论学历，梁漱溟不过是一个中学毕业生，一个既没上过大学，又没有出洋留过学的人，他是怎样成为闻名世界的学术大师的呢？

梁漱溟先生原籍广西桂林，于 1893 年 10 月 18 日出生于北京，活了 96 岁。他中学毕业之后，突发奇想，决定不再升学，志在归心佛法，一心要出家当一名和尚。他潜心研究佛学，到 24 岁那年，写出一篇《究元决疑论》的论文，这是一篇鼓吹人生唯一的出路在皈依佛法的出世主义哲学论文。他拿着自己的这篇哲学论文，大胆去拜访请教当时大名鼎鼎的北京大学校长蔡元培先生。不料蔡元培先生看过梁漱溟的哲学论文后，即与也是大名鼎鼎的北京大学文科学长陈独秀商量，决定聘请这个名不见经传的梁漱溟到北京大学哲学系做讲师，专门讲述印度哲学。只有中学毕业学历，既没上过大学，又没放洋留学的梁漱溟就这样走上了著名高等学府北京大学哲学系的讲台。在北大讲授印度哲学一年之后，他把自己撰写的讲义整理成《印度哲学概论》一书，由商务印书馆出版。这是梁漱溟公开出版的第一本学术专著，出版后，在学术界引起强烈反响。在讲授印度哲学的同时，他又开授了儒家哲学、孔子绎旨等课程，把注意力集中于东西方文化及其哲学的研究。1921 年暑假，梁漱溟应山东省教育厅之邀，到济南讲授东西方文化及其哲学，一连讲了 40 天。他根据这 40 天的讲课内容，整理成一部《东西方文化及其哲学》论著，由商务印书馆出版。这部哲学论著，是我国最早用比较学的方法研究东西方文化及其哲学的论著。梁漱溟在他这部论著中，通过中西文化的比较得出了"世界人类的未来，将是中国的文化的复兴"这个令人振聋发聩的结论。《东西方文化及其哲学》出版后，再版了十几次，影响很大，连当时名满天下的大学者梁启超也亲自登门来向梁漱溟请教佛学和儒学的问题。印度著名诗人泰戈尔访华时，听了梁漱溟讲解儒学与佛学之后，也十分钦佩梁漱溟的学识。

梁漱溟在北京大学哲学系当了 7 年的讲师，奠定了他在中国哲学界的地位。北大是中国的名牌大学，在北大教书地位高，待遇好，是个很受人尊敬和羡慕的职位。但梁漱溟认为，讲学、搞学问要与社会运动合而为一，不是单纯课堂上讲哲学、书斋里做研究，而是有言又有行，与社会改造融为一体，打成一片。但是，他这种认识在当时中国的任何一所高校都是无法实施的。为了实践自己对教育问题的新认识，梁漱溟于 1924 年暑期，毅然辞去了他在北大哲学系当了 7 年之久的讲师之职。同年秋，梁漱溟到山东省曹州主办山东省立第六中学高中部。第二年春天，因为要急于整理编印父亲的遗著《桂林梁先生遗书》，他将这所学校交给别人接办，自己回到了北京。他在山东曹州中学办高中部的时间虽然短，但影响很大，他一走便有十几位高中生跑到北京来追随他。梁漱溟与这些学生在什刹海租房共住共读，互相敬勉，讲求策励。这种新形式的教育持续了一年多。接着他到了广东，在李济深的支持下，开办了乡治讲习所，分十个题目讲述，听者千余人，但只办一期，梁漱溟便到各地去考察参观乡村教育。他先后考察了陶行知在南京城外办的师范，又到江苏昆山县（今昆山市）考察黄炎培主办的中华职业教育社乡村教育，再到河北定县考察晏阳初主持的平民教育会在华北的实验区。1929 年秋，梁漱溟到河南村治学院任教务长，他亲自制定《河南村治学院旨趣书》及组织大纲、学则课程等规章制度。第二年 1 月开学，梁漱溟讲授乡村自治组织

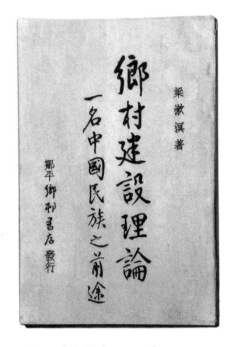

（美）艾恺著《最后一个儒家——梁
漱溟与现代中国的困境》

梁漱溟《乡村建设理论》

等课。河南村治学院只办了一年，梁漱溟又马不停蹄地到山东邹平县去办山
东省乡村建设研究院去了。梁漱溟办山东省乡村建设研究院一办就是 7 年，
直到抗日战争爆发日本军队侵入山东才不得不停下来。

　　山东省乡村建设研究院设在邹平县，开始时只有一个研究部、一个乡村
服务人员训练部、一个邹安实验县、一个农场。梁漱溟亲任研究院长和研究
部主讲。研究部招收大学、专科毕业或有同等学力的学员，学生学习乡建理
论后，再进行各种专题的研究工作。训练部招收中学程度的学生，培养乡村
服务人员担任乡村实际工作。训练部的课程繁多，如乡建理论、精神陶冶、
乡村自治、乡村礼俗、乡村教育、农村经济、农村自卫、农业常识、土壤肥

料、畜种改良、水利建设、农家副业、现行法令等等。经过两年的努力，研究院进一步扩大，增加了菏泽县（今菏泽市）为实验区，研究院的组织机构、干部、教员、学员也增加了。1935年又以菏泽为中心，增划济宁等13个县总共14个县为实验区。经过研究院各部及所属乡村师范、乡村人员服务训练处各部门培养、训练的学生累计3000多人。在各实验区，还进行了广泛的集政治、经济、文化教育为一体的乡农学校的实验，校长即乡间有威望者，教员即乡村服务人员，学生即全体乡民，课程包括识字扫盲、历史地理、音乐歌唱、精神讲话、农业科技等等，内容包括指导农、林、牧生产，组织生产合作社、改进技术、保健防疫乃至节制生育、禁赌禁毒等。经过7年之久的大规模的乡村教育，乡村建设实验效果是明显的，在实验区乡村的社会秩序、经济发展、文化教育、民情民风等方面，都发生了较为显著的变化，出现了新的气象。正当梁漱溟在山东醉心于实践他的乡村教育、乡村建设理念之时，日寇大举入侵山东，全省大部沦陷。研究院再也办不下去了，梁漱溟这才恋恋不舍地离开了山东。

在北大7年，梁漱溟成为中国著名的哲学家；在山东7年，梁漱溟成为中国著名的教育家、中国乡村建设的代表人物。

抗日战争全面爆发，梁漱溟出任国民参政会参政员。他不顾个人安危，到敌后游击区巡视，到香港办报宣传抗日。抗战胜利后，他作为民盟的代表人物，为争取国内和平，积极奔走于国共两党之间，使他成为著名的社会活动家。

中华人民共和国成立后直到"文革"结束，梁漱溟的命运，已众所周知。但在逆境中，他仍不中止学术研究。在极端困难的情况下，他于1975年7月初，完成了自己晚年的最后一部巨著——《人心与人生》。写这部著作，梁漱溟的着眼点在于补正他1921年28岁出版的《东西文化及其哲学》一书的错误与不足，阐述人类心理活动之规律。但书写出来之后，却找不到出版单位，直到1984年他91岁高龄时，才不得不"倾平日全部结余"自费出版该书。只印了2500册。不料，《人心与人生》出版后，供不应求。1985年9月，三联书店公开出版，并发行国外，掀起了一股"梁漱溟热"，引起美国、日本、新加坡等国和我国香港、台湾地区学者的关注。美国芝加哥大学历史系教授艾恺，到中国访问梁漱溟，将自己多年研究梁漱溟的成果写作而成的 *The Last Confucian: Liang Shu-ming and the Chinese Dilemma of Modernity*（中文版《最后一个儒家——梁漱溟与现代中国的困境》）这部英文版著作赠送梁漱溟。日本学者和崎博文将《人心与人生》翻译成日文在日本出版，将所得版税与日本几位学者资助的基金合在一起，建立"梁漱溟先生教育基金会"，定期奖励优秀的中国留学生，并作为在日本翻译出版《梁漱溟先生全集》的部分费用。海外学者对其如此之推崇，梁漱溟认为，主要是他重视中国思想文化传统之故。

梁漱溟晚年，对他一生的学术思想，作了精辟的回顾。他从人生态度这个角度研究西洋文化、中国文化和印度文化各自的特点，提出"人对自然""人对人"和"人对自己的生命"三个概念。

他认为"人对自然"是西洋文化的一个重要特征。近代西洋文化之所长，一方面在自然科学和社会科学的进步，它的主要特色是物质文明的崛起和注重对大自然的认识、征服和利用；而另一方面，就是重视个人自由和彼此平等的观念。

但是，近代西洋文化所推崇的物质文明之发展，就其全人类活动的一个组成部分而言，它又是受到中国传统文化的启发和影响的。中国的"四大发明"就启发了欧洲人，使得他们后来超过了中国。由此而追溯中国传统文化的渊源，它的"人对人"的特色，表现在以伦理为本位，重心在父慈子孝、社会和谐上。所谓社会和谐，是指一个人的道德规范或行为准则，首先要考虑到他的家庭及社会之上下左右，并为之尽心尽责，而不是把个人权利放在主宰一切的地位。这一特色，显然同近代西洋文化以个人权利为本位、处处以个人为出发点迥异；同时它亦不同于出现在世界新文化潮流中之以集体主义为本位者。因此，中国传统文化在"人对人"这一点上是早熟的。

说到"人对自己的生命"，梁漱溟认为这是印度文化的特色。其依据是作为印度文化之主体的佛教文化对人的生命持否定的态度，所谓出世、做和尚、不问世事，便是集中表现。如果拿这一特点与中国传统文化的主体儒家学说相比较，则恰恰相反，儒家是极力主张入世，重视家庭、伦理、社会和谐，并主张把家庭伦理扩展到全社会，使人人亲切和美，相亲相爱，以此达到社会和谐的目的。佛家看到人生是苦，苦海无边；儒家看到人生是乐，其乐无穷。但是，如果与西洋文化相比较，印度文化与中国文化的共同特点是：早熟。

面对中国改革开放发展之迅速，梁漱溟认为，我们首先要认识中国传统文化之特征，认识到它不但源远流长，上下五千年，而且直至今日仍深深地影响着中国社会的方方面面。然后拿中国文化与西洋文化、印度文化作一认真而科学的比较研究，在这个基础上，吸收融取近世以来世界上崛起的新文化，来创造我们自己的新文化。对建设中国特色的社会主义，梁漱溟认为，"这主张是很英明、很合中国文化传统的"。

哲人逝去，思想长存！大师梁漱溟的思想，必将伴随绵延不尽的中国传统文化而存活在人们的记忆中。

桂林訾洲公园里的梁漱溟塑像（邓霆　摄）

梁漱溟与桂林穿山

黄伟林

　　在桂林解放桥上向南望去，可以看见由象鼻山、塔山、穿山三山与漓江构成的一道景观，穿山月岩高悬空中，仿佛一面明镜，又像一轮皓月，既有通达的象征，又有自省的意味，成为桂林著名一景。

　　为了写这篇梁漱溟与桂林穿山的文章，2009 年 6 月 26 日下午，我专门请靖江王后裔朱袭文老先生带我去拜谒位于穿山南麓的梁漱溟先生墓。据朱袭文先生说，1988 年 6 月初，梁漱溟先生病势已沉，他曾往北京协和医院探望，获知老人有骨灰归葬桂林之愿。果然，1998 年，经朱袭文先生与桂林方面协调，选定穿山南麓这一块秀丽安静的土地，由梁漱溟先生的长子梁培宽从北京亲自捧来梁漱溟的部分骨灰入土安葬（另一部分骨灰葬于山东邹平）。墓碑由赵朴初先生题写"梁漱溟先生之墓（1893—1988）"。

　　顺着上山的石阶往上走，走到月岩，立刻能感到清凉的空气吹来。月岩入口石壁上，一块摩崖石刻八个大字——锲而不舍，精义入神。大字旁边，还有一段说明文字：

　　　　吾家自先曾祖宝书公乡举后，以会试来北京，讫愚兄弟辈均棣属于广西旅京同乡会。实先父先兄均未尝一返桂林，独不佞数次返桂并曾留居穿山讲学焉。

梁漱溟（1939 年摄，桂林博物馆提供）

据李渊庭、阎秉华编著的《梁漱溟年谱》，梁漱溟祖先是元朝宗室后裔，原籍广西桂林，其曾祖宝书公以会试到京师，之后三代未曾回过桂林。梁漱溟生在北京、长在北京，但其家人皆以桂林人自居。这块摩崖石刻为朱袭文先生 1985 年在北京多次与梁漱溟先生长谈时请他题写。之所以选择穿山月岩摩崖刻石，可能正是因为梁漱溟先生曾留居穿山讲学。

据朱袭文先生《梁漱溟先生和桂林》以及上述《梁漱溟年谱》，可知梁漱溟一生曾四次来过桂林。第一次是 1935 年初，梁漱溟应李宗仁、白崇禧的邀请回广西参观，他从梧州乘汽车到桂林，下榻独秀中学，看望了本族宗兄，游览了桂林山水。第二次是 1941 年 4 月至 5 月，住雁山园，应广西大学校长雷沛鸿邀请讲学一个多月，所讲内容为《中国文化要义》的一部分。第三次是 1942 年 2 月至 1944 年 8 月，此次桂林居留时间长达两年半。第四次是 1957 年 4 月 20 日至 5 月 2 日，衔周恩来之命到广西，在桂林下榻榕湖饭店，就协商成立广西壮族自治区的问题做了讲话，还会见了远房亲戚和地方知名人士魏继昌等人。

梁漱溟先生四次到桂林，时间最长为第三次。梁漱溟第三次到桂林，最初由陈劭先先生欢迎入住八桂厅广西建设研究会（今桂林工人文化宫），之后受雷沛鸿先生的邀请住进七星岩附近的广西教育研究所，再又受冯振校长的招待移住穿山无锡国学专修学校（今桂林穿山小学校址）。其间曾一度应邀到西华门科第塘朱荫龙家小住。从上述可以看出，梁漱溟先生第三次来桂林，主要活动区域都在现在的七星区，最主要的两个地点一是七星岩，二是穿山。

　　梁漱溟住七星岩广西教育研究所的时候，曾到东郊羊角山看望被软禁的叶挺将军。在无锡国学专修学校，梁漱溟开设了"中国文化要义"和"中西方文化及其哲学"两门课程。冯振校长知道梁漱溟好静，特意安排他住在半山腰的房子里。梁漱溟不食荤腥，冯振嘱咐其夫人每餐另设素食，每天亲自送到梁漱溟寓所。据萧德浩先生回忆，梁漱溟先生的讲课安排在每周星期天上午：

　　　　全校学生不分年级，都来听课。冯振代校长和桂林市一些社会人士也来听课，二三百人将一个木板结构的礼堂（也是饭厅）挤得满满的。

桂林穿山梁漱溟之墓（邓霆　摄）

梁老师讲课时，礼堂里鸦雀无声，大家为丰富的内容、精湛的哲理、精辟的语言、生动的事例所吸引，他似一块具有强大的磁力场，吸引着数百颗年青的求知若渴的心，给我们留下了不可磨灭的印象。

梁漱溟第三次到桂林的这两年半时间，可以说是他一生中比较重要的一个时期。在此期间，他确认了中国的文化价值（1944 年 1 月）：

> 政治上之民主主义，经济上之社会主义，我对它并不生疑问。不过我要指出：它必将转入另一种人生态度，而后乃得安立。
>
> 中国人之特长为人生目的之正当概念，a just conception of the ends of life，中国可以贡献给世界者，就是这点东西。
>
> 中国就是以其人生态度贡献给世界，而为世界和平奠立其基础。

他公开了他的人生使命（1942 年 2 月）：

> 我自有知识以来（约十四岁后），便不知不觉萦心于一个人生问题，一个社会问题（或中国问题），至今年近五十，积年所得，似将成熟一样。
>
> 孔孟之学，现在晦塞不明，或许有人能明白其旨趣，却无人能深见其系基于人类生命的认识而来，并为之先建立它的心理学而后乃阐明其伦理思想。
>
> 又必于人类生命有认识，乃有眼光可以判明中国文化在人类文化史上的位置而指证其得失。此除我外，当世亦无人能作。
>
> 前人云："为往圣继绝学，为万世开太平。"此正是我一生的使命。

他撰写了他一生中最重要的著作之一《中国文化要义》，这部著作实际上从整体上阐明了他的上述想法。

也许是因为桂林山水诗性的感发，梁漱溟第三次来桂林期间，爱上了毕业于北京女子师范大学教育系、在桂林中学任教的陈树棻女士。据艾恺《最后一个儒家》介绍，梁漱溟性格一向冷峻严肃，这次恋爱婚姻使他变得热情而轻松愉快。梁漱溟与陈树棻的相爱成为当年轰动整个广西的事件，桂林的报刊用了大量笔墨对他们的恋爱婚姻捕风捉影、推波助澜。

传说中，穿山的形成是因为伏波将军马援在伏波山一箭洞穿的结果，它通透的形体与中国禅学的觉悟、顿悟有暗合之处。梁漱溟先生居留穿山，确认了中国文化的价值，明白了自己的人生使命，实现了恋爱的欢喜，这是否因为自然山水的感应，抵达了他思想性情的顿悟呢？

胡适的桂林 "四维空间" 游

海英

　　1935 年初，胡适借接受香港大学名誉博士学位的机会，进行了一次为期将近一个月的 "南游"，其间到了香港、广州、南宁、桂林等地，旅行结束后他将这次南行的经历写成了《南游杂忆》。桂林是胡适南游的最后一站，他在这里讲演了两次，虽然停留了不到五天，但也把桂林附近的名胜大致游遍了，桂林的山水风光给他留下了深刻的印象。据我考证，胡适是从天空、地面、水上、地下游览桂林的第一位文化名人，我把他的桂林之游，称为 "四维空间" 游。

　　为便于游览，白崇禧为胡适派了一架专机。专机驾驶员赵志雄、冯星航都是具备丰富驾机经验的高手，因为桂林一带山多，既要使胡适便于从天空观览桂林山水，又要考虑安全问题，因此专机驾驶员的能力就特别重要。胡适一行是乘飞机抵达桂林的。当飞机盘旋在天空的时候，胡适透过机窗俯瞰桂林山水，他兴奋地用唐代诗人柳宗元和宋代诗人范成大描述桂林的经典名句 "桂州多灵山，发地峭竖，林立四野" "余尝评桂山之奇，宜为天下第一"，向同行的友人赞叹桂林山水的奇美；当飞机掠过靖江王府内的独秀峰的时候，他又向大家说起徐霞客当年来广西桂林，两度却未能登上独秀峰的永生之憾，感慨于独秀峰的鬼斧神工，援引了徐霞客文字中关于独秀峰 "四胜" 的说法，与同伴分享："独秀峰现在人人可以登临了。其实此峰是桂林诸峰中的最低小的，高不过一百多尺！有石级可以从山脚盘旋直上山顶，凡三百六十级，其低可想！此峰所以独享大名，也有理由。徐霞客已说过'其异于他峰者，只亭阁耳'。现时山腰与山顶尚有小亭台可供游人休憩，是一胜。此山在城中，登山可望全城和四围山水，是二胜。诸峰多是石山，无大树木，独秀峰上稍有树木，是三胜。桂林诸大山以岩洞见奇，然而岩洞都是可游而不可入画的；独秀峰无岩洞（有一个颜公读书岩——作者注），而娇小葱茏，有小亭阁，最便于绘画，故画家多喜画独秀，是四胜。有此四胜，就使此峰得大名！徐霞客两度到桂林，终以不得登独秀峰为憾事。我们在飞机上下望桂林附近的无数石山，几乎看不见那座小小的石丘，颇笑徐霞客的失望为大不值得！"

胡适在空中游览桂林山水，诗兴大发，作了一首题为《飞行小赞》的诗：

> 看尽柳州山，
> 看遍桂林山水，
> 天上不须半日，
> 地上五千里。
> 古人辛苦学神仙，
> 要守百千戒。
> 看我不修不炼，
> 也腾云无碍。

这是成千上万首写桂林山水的诗歌中，第一首在桂林天上作成的诗歌。作为诗人，胡适是第一个。

胡适的桂林地面游，是看了许多有珍贵文物价值的石刻，此时，他由一位空中诗人，变成了一位满腹经纶的文史学者。他在龙隐岩的摩崖上看到了许多他钟爱的石刻碑文。比如字迹完好的北宋名将狄青的"平蛮三将题名"碑，还有有名的《元祐党籍碑》等。尤其是见到《元祐党籍碑》时，胡适兴

胡适

奋地说"我久想见此碑，今日始偿此愿"，接着兴致勃勃地讲述了这块碑的来由："元祐党籍立于徽宗崇宁元年，最初只有九十八人，那是真正元祐反新法的领袖人物。徽宗皇帝亲写党籍，刻于端礼门；后来又令御史台抄录元祐党籍姓名'下外路州军，于监司门吏厅，立石刊记'。到崇宁三年六月，又把元符末和建中靖国年间的'奸党'和'上书诋讥'诸人一齐'通入元祐籍，更不分三等'。这个新合并的党籍，共有三百零九人，刻石朝堂。此碑到崇宁五年正月，因彗星出现，徽宗下诏毁碑，'如外处有奸党石刻，亦令除毁'。除毁之后，各地即无有此碑石刻。"之后又说出了此块石刻的珍稀之处："现今只有广西有两处摩崖刻本，一本在融县的真仙岩，刻于嘉定辛未；一本即是桂林龙隐岩附近的摩崖，刻于庆元戊午，这两本都是南宋翻刻的。桂林此本乃是用蔡京写刻拓本翻刻，故字迹秀挺可爱。"桂林龙隐岩的摩崖刻本历经千百年尚且保存完整，具有不可估量的价值。而后，胡适在舜山（也就是现在的虞山），看到了一千余年前唐建中元年韩云卿所立的摩崖《舜庙碑》，以及从栖霞洞下山，路旁崖上看到的南宋大文人范成大、张孝祥等的题记，这些珍贵的石刻文字可供历史考据，其手书石刻更可供考证字画题跋者的参考比较，但是没有引起人们的关注，缺乏应有的保护。这让胡适痛心疾首，他呼吁广西博物馆"能作系统的搜访，将各地的古石刻都拓印编纂，将来可以编成一部'广西石刻文字'，其中定有不少历史的材料"。

胡适的桂林水上游，主要是从桂林坐船沿漓江游览阳朔。他说："我们游了桂林，决定坐船去游阳朔。一路上饱看漓水（抚河）的山水。""漓水的一日半旅程，还有一件事是记。船上有桂林女子能唱柳州山歌，我用铅笔记下来，有听不明白的字句，请同行的桂林县（今桂林市）署曹文泉科长给我解释。我记了三十多首，其中有些是绝妙的民歌。"胡适记的这些广西山歌，后来和他撰写的《南游杂忆》发表在 1935 年的《独立评论》杂志第 145、第 146 号上，旋又于同年十月由上海国民出版社出版。胡适是第一位将广西山歌登上大雅之堂的文化名人。

胡适的桂林地下游，主要是游览了七星岩等地下溶洞。他最感兴趣的是七星岩，他在游记中这样描述："从曾公岩进去，从栖霞出来，共费时五十五分钟。向导的乡人手拿火把，处处演说洞里石乳滴成的种种奇异形状：'这是仙人棋盘，那是仙人种田，那是金钟对玉鼓，这是狮子对乌龟，那是摩天岭，这是观音菩萨，那是骊山老母，……'——指给我们看，说给我们听，真如数家珍。洞中有一股泉水，有些地方水声很大。洞中石乳确有许多很奇伟的形态。我们带有手电筒，又有两三盏手提汽油灯，故看得比较清楚。洞中各处皆被油灯熏黑，石壁石乳，手偶摩抚，都是煤黑。徐霞客记他来游时，向导者用松明照路。千百年中，游人用的松明烟与煤油烟，把洞壁都熏黑了。"由于光照不足，洞内又不平，胡适竟然在洞里跌了两跤，受了点轻伤。胡适于是对同去的市政处长说最好在岩内装电灯，既便于游人行走，又免得烟熏火燎，使钟乳石受损，有利于保护风光。他在游记中这样说道："其实这种岩洞大可以装设电灯，可使洞中景物都更便于赏观，行路的人可以没有颠跌的危险，也可以免除油烟熏塞的气闷。向来做向导的村人，可以稍加训练，雇作看洞和导游的人，而规定入门费与向导费。如此则游人不以游洞为苦。若如现状，则洞中幽暗，游人非多人结伴不敢进来，来者又必须雇向导，人太少又出不起这笔杂费。"

1918 年 3 月，桂林才有照明用电。是柴油发电机发的电，供军政机关、商店及市民生活照明使用。即使到胡适访问桂林的 1935 年，恐怕也还没有能力供七星岩的旅游照明用电。但是，胡适从保护七星岩的旅游环境、优化七星岩的旅游秩序、提升七星岩的旅游效果出发，建议在七星岩内"装设电灯"，是很有远见的。至于此建议是否为胡适首倡，笔者不敢妄加揣测。

胡适在桂林的游览虽然不足五天，但他的桂林"四维空间"游，为桂林的旅游文化创下了多个第一，因此值得一记。

胡适与桂林山歌

黄继树

    1935 年 1 月 22 日上午，大名鼎鼎的胡适教授，将要飞抵桂林参观访问。这下可急坏了受命负责接待陪同的桂林县公署秘书科长曹文泉。论学历，曹科长是大学毕业生，文化程度不低，但要接待陪同像胡适这样名满天下的大教授游览桂林山水，他总感到自己的能力和学识难以胜任。他知道胡适是白崇禧副总司令邀请来访的贵宾，而且白也专程从南宁到了桂林。于是曹文泉便去向白崇禧请示，如何接待胡适教授。

    白崇禧听了笑问："曹科长，你知道阳春白雪与下里巴人吗？"

    曹文泉点头答："知道。"

    白崇禧："我们没有阳春白雪与胡适先生对谈，下里巴人还是有的啊！"

    白崇禧见曹文泉还是不明白，就吩咐道："你马上到临桂东乡那一带，找两个山歌唱得好的，人又年轻机灵的女子，后天坐船游漓江下阳朔，在船上请她们唱山歌给胡适先生听。"

    曹文泉这下总算明白了白副总司令的"下里巴人"是怎么回事了，但却迟疑地说道："胡先生是文化大名人，让他听唱村俗的桂林山歌，这……恐有……"

    白崇禧把手一摆："快去办吧！你陪同胡适先生坐船游江，切记在你的公文包里要带上纸和笔。"

曹文泉不敢怠慢，马上答了声"是"，告辞出门。

曹文泉当天便到临桂东乡，物色了两名有"歌仙"之称的年轻女子，把她们带到了桂林。1 月 22 日上午，胡适与他随行的四位朋友，白崇禧派给胡适开飞机的专机驾驶员赵志雄、冯星航，以及曹文泉科长和专门请来的两名"歌仙"，一同登船游漓江。

沿途江山如画，风光秀丽，使得第一次游漓江的胡适心旷神怡。忽然，船上那两位女子，唱起了桂林山歌。胡适从没听过这么好听的山歌，便从观山水转而听山歌了，他听着听着竟拍起掌来，连连说好。桂林山歌是用桂林话唱的，胡适基本听得懂，有的地方听不懂，曹文泉科长便给解释，听到精彩的地方，胡适大呼："拿笔来！拿笔来！"同行的朋友和船家，因是坐船游山水，谁也没有带着笔。曹科长因有白崇禧的专门吩咐，便不慌不忙地从公文包拿出一叠纸和一支铅笔，递给胡适，他真佩服白副总司令料事如神。胡适忙不停地记录着两位女子唱的山歌，有听不懂的地方，曹文泉马上解释。下面，便是胡适记录下来的一些桂林山歌：

一

燕子飞高又飞低，两脚落地口衔泥。
我们二人先讲过，贫穷落难莫分离。

二

石榴开花叶子青，哥哥年大妹年轻。
妹子年轻不懂事，哥哥拿去耐烦心。

三

大海中间一枝梅，根稳不怕水来推。
我们连双先讲过，莫怕旁人说是非。

四

如今世界好不难，井水不挑不得干。

竹子搭桥哥也过，妹妹跌死也心甘。

五

高山高岭一根藤，藤上开花十九层。

你要看花尽你看，你要摘花万不能。

六

要吃笋子三月三，要吃甜藕等塘干。

要吃大鱼放长线，想吃小妹耐得烦。

七

买米要买一斩白，连双要连好脚色。

十字街头背锁链，旁人取笑也抵得。

八

妹莫愁来妹莫愁，还有好日在后头。

金盆打水妹洗脸，象牙梳子妹梳头。

九

大塘干了十八年，荷叶烂了藕也甜。

刀切藕断丝不断，同心转意在来年。

　　胡适在漓江的游船上，一共记下了三十多首桂林山歌，仍意犹未尽。他们一行从阳朔返回桂林，路上经过良丰的桂林师范专科学校，胡适应邀到校

胡适《南游杂忆》封面（邓霆 摄）

演讲一次。晚饭后，校长罗尔棻和各位教职员陪同胡适看校园内的红豆树，游览红豆树旁的一个大岩洞。胡适应教职员之请，为岩洞起名。当他得知此去不远，有条相思江，岩下又有相思红豆树，便为这个岩洞起了个很有诗意的名字：相思岩。

第二天，胡适一行飞离桂林，在飞机上他又想起了昨天听的山歌，便仿学那些桂林山歌调子，创作了一首山歌《相思岩》：

> 相思江上相思岩，相思岩下相思豆。
>
> 三年结子不嫌迟，一夜相思叫人瘦。

他念了几遍，摇摇头，不甚满意："觉得这究竟是文人作的山歌，远不如小儿

女唱的道地山歌的朴素而新鲜。"（胡适《南游杂忆》）

　　胡适走后，曹文泉科长完成了他的接待陪同任务，当他去向白崇禧汇报时，白首先问他："曹科长，你的下里巴人唱得怎么样啊？"

　　"那两个桂林妹仔唱的山歌，差点把胡适先生给唱癫了！"曹文泉的话竟也村俗起来了。

　　"是吗？"白崇禧随即很开心地哈哈一笑。

　　胡适是广西山歌的推崇者，他从广西回到北平后，撰写了一部《南游杂忆》，记述了在南方，特别是在广西的所见所闻，他不忘把他在桂林漓江游船上记录下的部分桂林山歌写入游记中，并高度评价这些山歌"是绝妙的民歌"。胡适的《南游杂忆》首次发表于 1935 年《独立评论》杂志第 145、146 号。广西山歌第一次登上了大雅之堂。1935 年 10 月，《南游杂忆》由上海国民出版社出版。1998 年，北京大学出版社将《南游杂忆》收入《胡适文集》出版。2013 年 12 月，北京大学出版社从《胡适文集》中精选部分内容，另外推出《胡适作品系列》，单独出版《南游杂忆》一书，使人们再次看到了胡适先生记录的部分桂林山歌。广西山歌名闻世界，那是靠 20 世纪 60 年代电影《刘三姐》的热播，但是早在刘三姐登上银幕 20 多年前，胡适先生就已经为广西山歌预热了。

　　胡适喜爱桂林山歌，他一直把游漓江时记录下的 30 多首山歌珍藏着，并带到了海外。1962 年，胡适先生在台湾去世，他亲手记录的这 30 多首桂林山歌的手稿，据说为台湾某著名的文化人所收藏。

大师的"漓江画派"

张大千与桂林

黄继树

　　1938 年，日本侵略者的铁蹄踏遍了大半个中国。一批文化人颠沛流离，辗转来到了山水甲天下的桂林。这年 5 月，张大千、徐悲鸿两位大师在桂林不期而遇。张大千是从沦陷的北平逃出来的，徐悲鸿则是从南京跑到桂林的。两位大师虽然来自一北一南，但命运颇为相似。徐悲鸿感叹他在南京的"危巢"（悲鸿书斋名）已经倾覆；张大千则唏嘘他在北平的"大风堂"（大千书斋名）也不知被侵略者的逆风刮到哪里去了。两位大师虽然身处逆境，但时值壮年，用画笔报国之心都非常强烈。

　　一日，张大千租了一条乌篷船，邀徐悲鸿同游漓江。绝美的桂林山水令两位大师陶醉。他们一边欣赏桂林山水，一边拿起画笔勾勒画稿，一边纵谈山水画创作。张大千说："我三上黄山，黄山气势磅礴，登临绝顶时，感到天高山高志更高，这时，才画了不少山水画。之后有人称我为'黄山画派'了。看来，立派也太容易了，我不以为言。不过，我刻了一块'三到黄山绝顶人'的印章留作纪念。今天，想不到又游漓江，漓江是那么美，峻峭的山峰、缥缈的江水、神奇的山石、梦幻的云雾，船在水中行，轻盈透澈，如浮泛在天上，真是神仙的故乡啊！如果住上几年，画它几年，画出漓江的特色，形成

张大千《兴坪山水》

一个'漓江画派'，这倒是创举呀！"徐悲鸿听到张大千提出"漓江画派"的创举，感到这是个富有远见卓识的想法，于是说："我几次到桂林，也几次游漓江，漓江的特色是在于凝静俏丽，一到漓江浮游，山爽水爽人更爽。我也了解到桂林的汉族壮族山水画家不少，但他们只是传统的山水画，表现手法也专仿古人，而缺乏突破精神和独特的风格。因此，就出现不了'漓江画派'。我作山水画不多，这次，与你这位山水画家畅游漓江，纵谈山水创作，实有新的体会。"

两位大师在漓江上畅谈后不久，张大千便因事回四川去了，之后又到了西北敦煌。徐悲鸿则在桂林住了下来，在阳朔县前街李宗仁以5万元购买赠送给他作画的那座庭院里，度过了他在桂林的难忘岁月，这座庭院坐落在漓江边上，五房一厅。院中有两棵花开满枝、清香宜人的白玉兰树，一走出庭院百余步就是有名的双月桥。从屋内天井往南望去，高高的碧莲峰给人无限遐想；而从屋后向东看去，漓江对岸的"东岭朝霞"景色迷人，这里是看日出最好的地方。徐悲鸿请桂林著名的艺术家林半觉为他刻上一方"阳朔天民"的朱文石章。徐悲鸿真的要在这里"住上几年，画它几年"了。

徐悲鸿在桂林期间是他一生中创作的又一高峰期。他所画的桂林山水，最有代表性的如《漓江烟雨》《漓江春雨》《漓江两岸》《漓江船夫》《牧童和牛》《船户》《青厄渡》等。在这些作品中，他既师西洋画之技法，又注入中华民族的艺术风格及中国画水墨渲染之韵味，独创一格，展现了漓江凝静俏丽的特色，《青厄渡》是一幅阳朔山水素描，画出了阳朔山水千峰奔腾、隐现迷离的特点，使人观后如置身仙境。《漓江春雨》则采用泼墨手法，极富神韵。就连《鸡鸣不已》中兀立在竹丛斜石上引颈啼叫的雄鸡，也是属于漓江的。这就是大师的"漓江画派"。

张大千离开桂林后再也没有机会回来，但桂林山水却无时不牵动着这位"漓江画派"首倡者的心。由于时局和人生的变幻莫测，他为没能在桂林"住上几年，画它几年，画出漓江的特色"，形成他理想中的"漓江画派"而惋惜。直到1976年他身在美国时，还念念不忘桂林山水和梦寐以求的"漓江画派"。但这位大师只能在大洋彼岸翘首遥望，赋诗抒发他那无限思念的情怀："八桂山川系梦深，七星独秀足幽寻。漓江不管人离别，翘首西南泪满襟。"这也是大师的"漓江画派"！

"阳朔天民"

徐悲鸿与桂林

李寿平

1935 年至 1943 年期间，徐悲鸿先生有相当长的一段时间旅居桂林，其中多次到过阳朔，曾在以前的县前街一号和青厄渡潘庄居住作画，有不少作品是在这些地方完成的。

徐先生四游漓江，并多次到阳朔写生作画，对漓江山水充满感情，赞誉有加，每向人提起阳朔时，皆喜形于色，并极力推荐朋友和学生到阳朔游览。

据不完全统计，在整个抗日战争时期，徐先生到桂林约二十次，其间有四次乘船到阳朔游览。徐悲鸿先生为什么对桂林山水情有独钟呢？这与他早年在上海求学的经历有关。他在《自述》中曾说道："余夙慕桂林山水，盖二十年前弱冠时，即吾友易君钦吾，桂林人也，聆其叙述，久为神往。又历来所友善之桂人，悉诚挚勇迈，故于（民国）廿四（1935）年秋，访问广西。"原来是一位叫易钦吾的朋友经常向他描述桂林漓江山水之美，加上徐先生历来所交桂籍朋友，均为诚挚勇武豪迈之人，给他留下深刻印象。

另外两位对他有重要影响的桂籍人士是李宗仁和李济深。1926 年徐先生在广州结识李宗仁，李的为人和谈吐给徐先生留下良好印象，这就是后来徐悲鸿来桂以图发展美术教育的重要原因之一。与李济深则是在南京相识的，李济深支持教育事业的理念也与徐不谋而合，后在桂林时，李也是积极支持美术事业的。

　　1935 年，广西当局因与蒋介石中央政府有矛盾，为争取民心和舆论支持起见，提出将广西建成全国的"模范省"，以为各省发展之表率。另利用蒋对日的暧昧态度，提出团结抗日主张，反对中央政府打压地方。在省内则提出"明耻教战"，并"组织民众，普及教育，奖励生产"。首创"自给、自卫、自治"与"寓兵于团、寓将于学、寓征于募"的"三自三寓"政策。由于广西当局采取一系列开明政策和措施，在全国引起很大反响，吸引了不少名流和学者到广西来。当年 8 月 15 至 18 日，全国六个学术团体的年会联合在南宁召开，与会代表 300 多人，被誉为代表当时最高学术水平的会议。徐悲鸿先生是在这样的背景下来广西的。

徐悲鸿阳朔故居（邓梦洁　摄）

1935年秋，徐乘船到香港，经广州到达南宁，后到桂林，与六学术团体与会代表一道由桂林沿江而下到达阳朔。这是徐悲鸿先生首次游漓江和阳朔。这次游览时间虽然短促，但漓江两岸宛如仙境的奇山秀水使徐悲鸿惊叹不已，久久不能平静。特别是对阳朔兴坪一带的景色，更是赞誉有加，甚至萌发了要在兴坪定居的想法。他后来在记录这次南行的《南游杂感》中写道："世间有一桃源，其甲天下山水，桂林之阳朔乎！桂林至阳朔一百二十里，舟陆可通，江水盈盈，照人如镜，萦回缭绕，平流细泻，有如吐丝，山光荡漾，明媚如画，真人间仙境也。"他把阳朔比作人间仙境的世外桃源，这是他后来多次到阳朔居住的重要原因。

1935年12月，徐先生犹记秋游漓江的美好时光，兴犹未尽，便特邀当时旅居香港的画家王少陵到桂林，极力推荐王少陵沿漓江到阳朔写生。

1936年春，徐在南京为营救被捕入狱的田汉，四处奔走，多方设法，后与中央大学教授宗白华先生共同具保，田汉得以出狱治病。由于田汉一家暂住徐处，引起蒋碧薇的厌烦，加上徐先生在中央大学的一些矛盾，夫妻经常争吵，使徐不胜其烦。当时正值蒋介石要张道藩请徐悲鸿为其画像，徐对蒋的为人处事极为反感，特别是蒋对日寇侵占东北采取不抵抗政策，更让他深恶痛绝，于是一口拒绝。蒋得知后大为恼火，表示要找徐悲鸿的麻烦，张道藩出于卑鄙的目的，更是从中陷害。徐先生陷于困境之中，忽然想到去年在广西的见闻，便决心再到广西，以图发展。1936年夏，徐将自己的全部作品和大部分收藏分装几十口大木箱，由上海运抵香港、广州。到达广州后，由学生刘汝醴、徐飞白二人将行李由水路运广西，徐先生先抵南宁。

当时正值"两广事变"，李宗仁与广东的陈济棠通电全国，宣布抗日反蒋，得到全国各界的支持。广西当局对徐悲鸿先生的到来大喜过望，允诺为徐在广西发展美术事业提供方便，并聘请徐先生为广西省政府顾问。随后将省府迁往桂林，并准备为徐办一所桂林美术学院。徐在《广西日报》上发表了一篇指责蒋介石"无礼、无义、无廉、无耻"的文章，引起轩然大波。

徐先生在桂生活时感到比南京舒畅一些，又结识了不少新朋友，感到可以在美术事业上有一番作为，便打算在此作长期居留。他在和李宗仁的交谈中多次提到阳朔之美，李宗仁便委托他的老师，居住在阳朔城的张国权（曾任中将参军）先生代为物色一住房，后来选定在县政府大门外的一座小三开间的平房，购下后留与徐到阳朔时居住。因此屋在漓江边，又离张国权先生住处不远（张宅在现今阳朔县武装部处），方便照应。徐先生得知后非常高兴。

同年8月14日，蒋碧薇因担心徐先生的安全，便从南京来到南宁，劝说徐先生不要跟蒋介石等人作对。蒋碧薇到南宁后受到广西当局的热情接待，派出专人和小车陪同徐悲鸿夫妇到柳州、桂林等地风景区游览。到达阳朔后他们还到李宗仁购置的小屋居住，一家人都玩得很高兴。这是蒋碧薇第一次也是唯一的一次游览桂林阳朔。在桂林时，众多好友从中斡旋，力促徐夫妇二人和好，但徐悲鸿先生不愿屈服于蒋介石一伙的压力，还是拒绝回南京。蒋碧薇见劝说无效，怅然离去。

蒋碧薇走后，徐先生更坚定了留在广西的信心。8月25日，他在给上海朋友、出版家舒新城先生的信中，表明了他的观点。他动员舒新城先生来桂林开设中华书局发行分所，扩大业务。并说要在桂购置房产，还劝舒先生也来桂林一游，"在仙境辟一宅"。

徐悲鸿先生第三次游漓江是在1936年12月中旬。徐在上海求学时的一位挚友盛成先生到达长沙，徐先生得知后去信邀盛成先生到桂一游。盛先生接信后很高兴，于12月12日到达桂林。老朋友相逢分外欣喜，彼此交谈一些学术上的见解和对时局的看法。盛成先生在桂两星期，在徐先生陪同下游览了桂林诸多景点，最后乘船游漓江到阳朔。这次游览使盛成先生激动不已，后来盛先生也来到漓江之畔的良丰广西大学任教。抗战胜利后出国谋职，直到1978年回国定居，任北京语言学院教授。

1937年4月初，徐在阳朔写生半月，住在李宗仁送的房子，间或住潘庄。徐先生在县城居住时，因后院太窄，以为美中不足，特嘱咐徐杰民与隔壁秦

阳朔故居徐悲鸿塑像（邓梦洁　摄）

海成家商量，要将秦的后院买下打通，以增加空间。秦海成回复道：房产系祖业，不能转让。

　　第四次游漓江是在 1938 年 10 月，也是最值得纪念的一次。这次是与张大千、李济深先生同游。张大千先生和徐先生友善，二人曾在中央大学艺术系任教授。张虽然比徐先生小四岁，但徐先生对大千的艺术成就很钦佩，曾为在上海出版的《张大千画集》作序，赞誉张为"五百年来第一人"。1938 年 5 月，张大千在北平躲过日军的监视，逃到天津，8 月辗转到达香港。9 月下旬，张大千到达梧州，电告徐先生，欲游桂林与阳朔。因交通阻滞，多日后始达桂林，一天在街上邂逅徐先生，老友重逢，喜不自胜，多日相处后谈到了奇特的阳朔风光，系桂林山水之精华。徐表示广西当局办的美术学院如能成功，将在阳朔设一分部，并与张大千先生相约日后在阳朔买房居住，描绘这甲天下的桂林山水。

一日，二人去见在桂林的李济深将军，李将军很喜欢美术，桂林的许多画展他都前去参观。这次与两位大画家相聚更是高兴，相约一同乘船到阳朔游览。10月9日，徐先生将准备出国展出的作品共装十六箱，分乘两船顺流而下。李带上随从与二位先生漫游漓江。徐先生曾言："一路凡遇属胜概之境，悉恣意流连，因遇合之不易，而世变张皇，抑不知伊于胡底也。"（据《西江飘流日记》）此次在漓江段时间较长，直到16日方抵达梧州。大千先生对此次游览印象特别深刻，后来画了不少以漓江为题材的作品。

为纪念这次漓江之行，张大千先生特作大中堂一幅，题为《阳朔山水图卷》，并题小诗一首，赠与李济深将军。诗云："阳朔佳山水，还应甲桂林。卜居曾有约，魂梦接清音。"此画后来由李济深的家人捐献给国家，现藏广西博物馆。1974年，张大千侨居国外，犹忆及此次雅集，再作《漓江山色图》，并题："此稿三十七年前（原文如此）漓江旧游时，同舟者苍南李任潮（济深字）、宜兴徐悲鸿也。"表达他的眷恋之情。

除了从水路到阳朔之外，徐先生从桂林乘车多次到阳朔居住。有一次与阳朔龙潭人徐杰民先生（上海新华艺专毕业）等带广西艺术师资培训班到阳朔写生。徐杰民问悲鸿先生何以这样喜欢阳朔，悲鸿先生说：你看过南山厄上的沈彬诗碑吗？徐杰民说知道，便背诵道："陶潜彭泽五株柳，潘岳河阳一县花。两处争如阳朔好，碧莲峰里住人家。"悲鸿先生笑道："这就是答案了。"为表达他对阳朔的深厚感情，还请桂林著名篆刻家林半觉为其刻"阳朔天民"一印，以表其志。

徐悲鸿先生在阳朔居留期间，除与张国权将军友善外，还多与陈宝书先生交往。在此之前，陈宝书先生所书刻的阳朔多处诗碑已完成，徐先生闲时

徐悲鸿水墨牛马斗方（桂林博物馆提供）

经常到南山厄散步，对陈的几处书刻很是欣赏。因为徐早年跟康有为先生学书法，多习魏碑，与陈宝书的北魏书风有共同之处。徐对陈宝书的为人和才学也多有赞赏之词，还作画赠与陈作纪念。

　　徐悲鸿先生在桂林稍得闲暇时，便到阳朔作画，一为清静，二为避开过多的应酬。除寓居县城之外，经常到青厄渡潘宜之别墅处（俗称潘庄）居住。大榕树一带的田园风光，迷住了他，激起了他强烈的创作欲望。在阳朔居留期间，他构思和创作了不少佳作，其中具有代表性的有《青厄渡》《漓江春雨》《逆风》《鸡鸣不已》《水牛》等一批传世佳作，为中国的艺术殿堂留下一笔宝贵财富。

　　徐悲鸿先生自 1942 年后再也没有回到阳朔，但是，他对阳朔山水和人民的感情是真挚和深厚的，他居住过的小屋，也由阳朔县政府于 1985 年修缮一新，其后被广西壮族自治区政府列为重点文物保护单位，供中外人士参观怀念。阳朔人民也永远怀念这位杰出的艺术大师——“阳朔天民”徐悲鸿。

郭沫若为张曙两写墓碑

蒋廷瑜

　　在桂林市七星公园北面，普陀山之北麓，隔着灵剑溪，有一座古朴典雅的陵墓，那是革命音乐家张曙安息的地方。这座陵墓，背靠普陀山的悬崖峭壁，面向桂林通往尧山的大道。墓的东侧有一株三人合抱的大樟树，枝叶婆娑，像一把张开的巨大凉伞，笼荫着这片宁静的土地。游人们在饱赏七星公园神话般的美景之后，常常踏过寻源桥，顺着灵剑溪的北岸，前来大樟树下，拜谒这位著名的革命音乐家。

　　陵墓是长方形的三层混凝土结构建筑，红色米石抹面，墓前第一层顶边和第三层顶边斜安着用白水泥浮雕的花圈，淡雅肃穆。但是，谁在拜谒时都会发现，这座陵墓与众不同，立有两块墓碑。一块立在墓顶正后方，是白色大理石制作的；一块立在墓顶右后侧，是青灰色石灰石制作的。立在墓顶正后方的那块大理石墓碑，錾刻着横书的碑文——"音乐家张曙同志之墓"。其下方有四行小字：

　　一九三八年十二月二十四日日寇轰炸桂林，张曙同志与其爱女达真（四岁）同时遇难，合葬于此。

一九六三年十月七日

郭沫若

立在墓顶后右侧的那块石灰石墓碑，正背两面都竖刻着文字。正面是：

音乐家张曙父女之墓

郭沫若题

背面是四行三十三字：

中华民国廿七年十二月廿四日敌机轰炸桂林张曙同志及其幼女同时遇难

大理石墓碑碑文全是行书，神采飞扬；石灰石墓碑碑文全是颜体，庄严凝重。

同一座墓，立两块墓碑，这两块墓碑的碑文又同出于郭沫若一人之手，耐人寻味。

张曙（1908—1938），原名恩袭，安徽歙县人，1927 年考入上海艺术大学音乐系，1930 年在国立音乐专科学校受西洋音乐教育，其间因参加革命进步活动被捕入狱。1931 年"九一八"事变后，毅然投身抗战行列，进行乐曲创作。1934—1937 年在长沙、武汉与音乐界进步人士组织筹备紫东艺社和全国歌咏协会，创作了大量的时代特色鲜明的音乐作品。1937 年参加以郭沫若为首的军委政治部第三厅音乐科工作。1938 年 12 月 16 日随三厅转移到桂林，组织反轰炸歌咏大会。当他到达桂林的第 9 天，即 12 月 24 日中午，和他的长女达真在定桂门附近的家中时，日寇轰炸桂林，不幸同时遇难。

张曙遇难是革命音乐界的巨大损失。周恩来当时给张曙很高的评价，他说："张曙先生之可贵在于和聂耳同为文化战线上的两员猛将。"军委政治部、第三厅及其所属团队和桂林音乐界人士于 12 月 26 日下午 3 时为他举行了葬仪。葬仪由第三厅厅长郭沫若主持并致悼词，常任侠报告张曙生平事迹，参加葬仪的各界人士数百人。随后将他父女葬在桂林南门外将军桥西边名为凉水井的山里。张曙遇难前创作的最后一首歌曲的歌词前四句是："十二月里吃凉水，点点滴滴记在心，日本鬼子的仇和恨，此生不报枉为人！"他遇难于 12 月，葬在凉水井，正好应了这句谶语。当时在墓前竖有一块木牌，书写"革命烈士张曙之墓"八字。后来郭沫若为其题写碑文，就是前面提到的"音乐家张曙父女之墓"那块。

也就在那个年代，上海等地的一些工厂疏散到桂林。凉水井那块地方划在某工厂之内，张曙墓受到一些破坏。1940 年，田汉再次到桂林，约了一些朋友去扫墓，寻找了很久才找到，发现墓碑已经被搬动，并将此事告诉了郭

坐落于桂林七星公园北面的张曙墓（黄海毅　摄）

沫若。1948 年，郭沫若寓居香港，为夏衍主编的《华商报》副刊"茶亭"撰写抗战回忆录，对此事还特别提了一笔。

"我们把他（按：即张曙）埋葬在桂林城外的冷水亭，是我替他写的墓碑。当时以为从此在桂林城可以留下一个胜迹了。然后隔不两年，寿昌到了桂林，前往扫墓，竟发现墓被铲平了，碑也被打断了，在一个小沟上做着桥。"

文中所说的"寿昌"就是田汉，是郭沫若的挚友。郭沫若同张曙有着深厚的情谊。在 1938 年 11 月在长沙大火中撤退的时候，他们两人走在最后，有一段分姜分粥的趣事。据郭沫若回忆，那一天，他们清早吃了一顿粥之后，炊事员就跟着撤退的人出发了，中午那餐是在街上吃的，但到晚上，长沙已成了一座空城，在哪里也买不到吃的东西。他们俩饿了，不约而同地摸进厨房，想找点残羹剩饭充饥，但除了水缸里还剩些清水之外，一颗米粒、一点菜叶都没有，最后郭沫若发现早晨盛粥的木桶还没有洗，木桶底子上还剩下一些残粥。他就叫张曙把残粥刮进锅里，自己在灶下生火。但又感到没有盐，张曙东翻西翻，在碗柜顶上一些陈年废积的东西里找出一片变了颜色的盐姜，将盐姜洗净，劈成两半，一人拿一半，和着滚热的稀粥吃起来。张曙遇难时，郭沫若也在桂林，对此极为悲痛，当时写下好些挽诗挽联。其中一首挽诗为：

> 宗邦罹浩劫，举世赋同仇。报国原初志，捐躯何所尤？
> 九歌传四海，一死足千秋。冷水亭边路，榕城胜迹留。

挽联有云：

> 壮烈歌《洪波》，洞庭湖畔，扬子江头，唤起了三楚健儿，同奔前线；
> 点滴遗冷水，八桂城中，七星岩下，痛飞尽满腔热血，誓报此仇！

为了纪念张曙，郭沫若的抗战回忆录也以张曙创作的歌曲《洪波曲》为题。

张曙墓后来迁到桂林西郊铜鼓山。新中国成立后，张曙墓重新选址。张曙遗孀周畸从北京多次来桂林寻墓，并采选合适的墓址。在人民政府的关怀下，最后选定在普陀山下、灵剑溪旁的现址，于 1957 年再次迁墓。1963 年，人民政府修整张曙陵墓，郭沫若重新题写了墓碑，就是前面提到大理石刻的那一块。

这就是音乐家张曙同时有郭沫若撰写的两块墓碑的来历。

霜叶红似二月花

茅盾在桂林

文晓云

　　初冬的桂林，一忽而冷若冰霜，一忽而又阳光灿烂，丽君路上的枫树就在这冷暖交替间静悄悄地由绿色变成了红色，它们红得那么超凡脱俗，正如茅盾先生在散文《红叶》中写的："于青翠中点缀着的一簇一簇红光。"2016年是著名文学家茅盾先生诞辰 120 周年，74 年前，在那战火纷飞的岁月，茅盾先生和一大批文化名流转移到桂林这座历史文化名城，因而使桂林成了当时的"抗战文化城"。

　　1941 年 12 月 8 日，太平洋战争爆发，25 日香港沦陷。当时寄居在香港的文化人有茅盾、柳亚子、邹韬奋等上千人，远在重庆的周恩来时刻牵挂着他们的安危。不久，作家叶以群同志带来中共中央指示，党将全力安排好茅盾等文化人安全撤回内地。1942 年正月初九，茅盾夫妇和一批文化人在东江游击队的护送下，开始长达两个月的大转移。他们昼伏夜行，跋山涉水，历尽艰险与波折，终于在 3 月 9 日那天到达桂林。抗战以前的桂林，还是一个不到十万人口的小城，抗战爆发后，各地人士纷纷来到桂林避难，桂林的人口激增到四十多万，居住条件十分困难，茅盾夫妇只好住在旅馆里。

　　茅盾一到桂林，先期到达桂林的欧阳予倩、夏衍、田汉、王鲁彦等朋友立刻到旅馆来看望茅盾夫妇，并力劝茅盾留在桂林。他们告诉茅盾，桂系当局在抗战开始后积极与共产党合作，招揽了大批文化人来桂林，创办了许多进步刊物，使桂林成为当时民主空气比较浓厚、文化生活比较活跃的城市。三月初的桂林仍旧春寒料峭，可是茅盾感到了党的温暖和朋友的情谊，看见了希望的曙光，于是茅盾决定留在桂林，开始四处找房子。后来在早期到达桂林的邵荃麟夫妇帮助下，他们把自己在市郊丽君路南一巷的一幢公寓楼下的一间厨房让给茅盾夫妇住，楼上住着邵荃麟夫妇、金仲华兄妹、宋云彬全家，还住着一个"皮包书店"老板的"抗战夫人"。茅盾夫妇住在他们楼下一间上海人称之为"灶披间"的厨房里，只有不到10平方米的面积，只能放一张床和一张桌子，那张桌子一半用来放油盐酱醋等瓶瓶罐罐，另一半茅盾用来写作。柳亚子闻讯赶来，看到如此狭小的斗室，惊讶地带着浓厚的吴江口音连连叫道："转不开身，转不开身。"茅盾笑着说："这还是邵荃麟先生让给我们的呢，否则真要去住马路了。"后来，茅盾经常去柳亚子住处和朋友们一起谈史吟诗。茅盾夫妇就在这样的环境里从阴雨绵绵的春天，到炎热的夏天，再到枫叶红的初冬，生活了九个月。

居住的窘迫可以克服，周围嘈杂的环境就令人烦恼了。楼上那位"抗战夫人"几乎每天都约人来打麻将，人声喧哗，牌声不断，时而倚栏纵谈赌经。楼下天井里几个女佣人在洗菜的同时，交换着各家的新闻，粗鄙话伴着锅桶刀砧之声。楼上楼下，交相应和，茅盾无奈地幽默着："因为楼上的是站着发议论，而楼下的是坐着骂山门，这就叫我想起了唐朝的'坐部伎'和'立部伎'，而戏称之为'两部鼓吹'。"

茅盾就这样在"两部鼓吹"声中，在摆着油盐酱醋的桌子上，在患有眼疾和神经衰弱的折磨下，开始了到桂林后的写作。

长篇报告文学《劫后拾遗》是茅盾到桂林后创作的第一部作品。《劫后拾遗》真实记录了1941年11月下旬，太平洋战争爆发之前半个月，到香港沦陷后的半个月，香港社会各界人士在战争时期的惊险经历和生活百态，揭露了日本侵略者的残暴给香港人民带来深重灾难的罪恶，以及港英当局在日本侵略者面前的软弱无能。七万多字的《劫后拾遗》仅仅花了一个多月的时间，于 5 月 1 日脱稿，6 月 15 日由桂林学艺出版社出版。著名评论家、作家矢健在《香港陷落的记录》中评价：《劫后拾遗》是一部了解香港战争全面情况的形象化的史书。

8 月是桂林最炎热的季节，茅盾在他那间极小的斗室里开始创作长篇小说《霜叶红似二月花》。书名是借用唐代诗人杜牧的名句"霜叶红于二月花"，但他把"于"字改成"似"字，是颇有嘲讽之意的。小说描写的是辛亥革命后到五四运动前夕的社会生活，作品以江南水乡一个小城镇为背景，描述了资本家王伯申和乡绅赵守义之间争权夺利的斗争，结局是双方妥协，各自获利，农民受害。大约花了两个半月，刚写完第一部，而条件变化，茅盾不能在桂林再住下去，不得不赴重庆，为了张罗盘缠，就把这已成的部分先在《文艺阵地》上连载，1943 年 5 月由桂林华华书店出版。茅盾本来是计划创作一部由五四运动前夕写至 1927 年大革命失败这一时期的政治、社会和思想的大变动，并计划分三部分写，在桂林写的只是《霜叶红似二月花》的第一部。"但是惭愧得很，荏苒数年，没有续写一字"，"然则保留此书名，在我自己，小小有点纪念彼时彼地之意"。谁知道此后人事变幻，茅盾总没有时间续写此书，《霜叶红似二月花》已然成了在桂林的绝唱。

《霜叶红似二月花》出版后，在文艺界获得了很高的评价，1943 年 10 月 20 日，桂林《自学》杂志社和《广西日报》读书俱乐部联合召开了《霜叶红似二月花》第一部座谈会，巴金、田汉、艾芜、安娥、孟超、林焕平等在桂林的文化人参加了座谈，大家公认此作品"为抗战以来文艺上巨大之收获"。会后，联名向已在重庆的茅盾发了祝贺电，充分肯定了《霜叶红似二月花》的文学成就。

在整个抗战时期，茅盾先后写了十三篇短篇小说，而其中的七篇，却是在桂林居住的九个月中写成的。小说《耶稣之死》和《参孙的复仇》实际上是两篇故事新编，是茅盾在当时的历史条件下所作的新的探索和新的尝试，也是茅盾整个创作中仅有的两篇故事新编。香港脱险途中，茅盾仅带了一本

《圣经》作为掩护，安全到达桂林后，就"借用《圣经》中的故事来一点指桑骂槐的小把戏"，"是对当时国民党法西斯统治的诅咒并预言其没落"。

茅盾在桂林的"两部鼓吹"中，还写了《雨天杂写》等十六篇颇具特色的杂文，占茅盾抗战时期所写的六十多篇杂文中的四分之一。其中的《雨中杂写之三》是这样描写当时的桂林文化城的："桂林市并不怎样大，然而'文化市场'特别大，加入书业公会的书店出版社，据闻将近七十之数。倘以每月每家至少出书四种（期刊也在内）计，每月得二百八十种，已经不能说不是一个相当好看的数目。短短一条桂西路，名副其实，可称是书店街。这许多出版社和书店传播文化之功，自然不能抹煞。"

茅盾生平写诗词很少，但都写得很好，他在桂林期间所写的诗有：《无题》《感怀》《将赴重庆，赠陈此生伉俪》《赠柳亚子》等。茅盾困居斗室，心却向往延安，日日思念留在延安的一双儿女，因此作《感怀》诗，寄托茅盾夫妇对两个孩子的想念："梦晤如生平，欢笑复呜咽。感此倍怆神，但祝健且硕。"茅盾将离开桂林时，赠诗友人陈此生："扁舟夜偷渡，间关归祖国。栖迟八桂乡，悠焉寒暑易。山水甲天下，文物媲吴越。况复友情深，讵忍话别离。"

茅盾在桂林短短的九个月里创作的作品共有五十多万字，他在桂林写作的同时还十分关心和重视桂林的各项文艺活动，经常出席桂林的社会活动。

4月26日，茅盾应邀出席了中华全国文艺界抗敌协会桂林分会在广西艺术馆召集的，以"保障作家合法权益"为中心的文艺座谈会，要求提高作家的稿酬和版税，并推举茅盾来主持这个会议。在座谈会上，茅盾报告了要求出版界保障作家合法权益，让书商提高版税和稿费。会后，茅盾、田汉、胡风、艾芜、司马文森、李文钊、秦似、胡危舟、宋云彬9人，一起被文协桂林分会推举为向出版界及书商谈判交涉的代表，积极为保障桂林作家的合法权益而斗争。

5月25日，茅盾应广西省紧急救侨会的邀请，出席了该会在乐群社举行的茶会，商讨紧急救侨事宜。同时出席茶会的还有梁漱溟、金仲华、蔡楚生、叶浅予、马思聪等一百余人。

7月14日，应田汉的邀请，茅盾前往七星岩大枫树下，参加了由田汉主持的"历史剧问题座谈会"。他在座谈会上，就历史剧的创作目的和历史剧作家的任务做了发言。茅盾认为："史家和作家的任务不同。我们不必完全依照史实，但将历史加倍发挥也是可能的。中国历史上许多问题，现在还没有得到一致的意见，因此要做史剧作家，似乎还得先做史家。这是中国剧作者的双重责任。"

10月16日晚上，茅盾应广西艺术师资训练班的邀请，向该班师生做了"文学之产生、发展及其影响"的专题报告。

茅盾客居桂林期间，积极扶植文艺界新人和杂志社、出版社。12月初，温涛、郁风、新波等青年画家在桂林举办《香港的受难》木刻展览，在展出前，茅盾看了温涛的作品，他大加赞赏，极力推荐，并写了评论文章《记温涛木刻——香港之劫》，称温涛的作品是"凤毛麟角"，"是抗战艺术战线上的一件喜事"。温涛等人的画展后来影响很大，《新华日报》发了桂林特约评论稿，英国大使馆新闻处桂林分处史密斯评论说："表现在这次展览会里的艺术才能之宏博，已足以说明新中国的未来。"茅盾还为桂林的青年杂志《青年文艺》《文艺新哨》等写了稿。集美书店《艺术新丛》、凤子编的《人世间》、周鸣钢编的《种子》文艺月刊、《山水文艺》《旅行杂志》等刊物纷纷向茅盾约稿，茅盾的作品，对这些刊物是极大的支持。茅盾还为熊佛西的《文学创作》杂志的创刊给予了极大帮助，每月至少供稿一篇，连续发表了《耶稣之死》《列那和吉地》《虚惊》等。离开桂林以后，茅盾仍为《文学创作》供稿，如《委屈》《船上》《过年》等，并从此和熊佛西结下了深厚的友谊。

茅盾要离开桂林了，他的心情似乎还在《霜叶红似二月花》的情景里，尚不能自拔。柳亚子、田汉、陈此生等七八个友人特为茅盾夫妇在月牙山上设宴饯行。他们品尝着滑嫩鲜美的豆腐，远眺着绵绵的青山，耳畔响着漓江水的喧哗，大家都为国事艰难、朋友聚散无常而感叹，酒过三巡，柳亚子即兴赋诗赠茅盾："远道驰驱入蜀京，月牙山下送君行。离情别绪浑难说，惜少当筵醉巨觥。"

1942 年 12 月初，为了完成党组织布置的新任务——去重庆编辑《文艺阵地》，茅盾夫妇离开了他们客居九个月的桂林，去更加艰难的地方继续从事抗日活动。

时光荏苒，当年的市郊丽泽门外丽君路南一巷的一幢两层楼公寓，如今已隐没在一片拥挤的寻常巷陌中，唯有那棵老桂花树和一个旧时的打米石臼依然守着岁月，那年给予茅盾灵感，才有了《霜叶红似二月花》之名的枫树林子，如今已变成了道路两旁的风景树，年复一年绿了红，红了谢，却早已物是人非。茅盾，在这个浮华喧嚣的世界里，他就像一棵枫树，坚强、笔直、高大，他不张扬，也不退缩，却有一种腹有诗书气自华的超脱，七十多年的风风雨雨，他的身影依旧那般清晰。

死亡阴影下的写作

桂林抗战文化城中的巴金

海英

　　在桂林，冬天下雨是很让人讨厌的，绵绵的细雨成天落着，走在路上永远是一脚水一脚泥，头发衣服是潮乎乎的，眼镜片上时常聚着三五滴雨点，还经常听到抱怨这种"讨厌的天气"。可是在六七十年前，"这算是好天气呢！在这种天气是不会有警报的"（巴金《桂林的微雨》）。

　　"警报"，在今天是好陌生的词了呢，可是在六七十年前的桂林，警报就意味着轰炸，警报就意味着大火，警报就意味着死亡。

　　据桂林张美美老人的亲历回忆，一次大轰炸过后，她经过独秀峰下所见："一棵桃树下挂满了人肉，有一只摩登女郎的脚还套着高跟鞋也挂到树上，低头往前一看，月牙池水边站着一名穿黑制服的警察，手足伸得开开的，大概是挨震死的……据说这次仅在独秀峰附近炸死的就有80多人。""我和家人躲在自家的岩洞里，近处的炸弹声犹如天崩地裂，山也像在摇动，人的肝胆似要裂了，似乎到了世界的末日。""从老人山大岩小岩搬出来的几百具死尸，全部摆在山下一个大坪和路边，遇难者的亲人点着煤油灯一个个死尸去找，断手断脚的，开膛破肚的，到处是血水，腥气熏天，哭喊声连天。""走到大街上一看，从凤北路到十字街，再到阳桥十几条街全是一片焦土，瓦砾断墙，人们在自家屋地上只能看到几根东倒西歪的乌黑的火烧柱子，什么也找不出来了。火烧的人家，统统露宿街头，守着些残破家什，老老少少，哭哭啼啼，下起雨来连个棚盖也没有,凄惨极了!"[1]

中国人民没有到日本列岛去杀过人、放过火,桂林人民更是虔诚地支持过唐代高僧鉴真和尚,从山水名城桂林出发东渡日本,为日本人民送去行善的佛教文化,可是日本侵略者送给善良的桂林人民的却是恐怖与死亡的炸弹。他们把美丽的桂林城变成了一个巨大的屠杀场和火葬场!

当时已经名满天下的作家巴金先生,就是在整天响彻着凄厉的警报声和巨大的爆炸声中一而再、再而三地来到死亡阴影笼罩下的桂林城,从事抗战文化活动。巴金是1938年11月到桂林的,他到桂林不

1938 年 12 月巴金摄于桂林
（桂林博物馆提供）

久,在一次大轰炸中,才华横溢的青年音乐家张曙及其年仅4岁的女儿同时被日本飞机炸死。

巴金第一次到桂林,寄住在漓东七星岩后的缪崇群家,缪家那个有着"镂花的糊纸窗户"和"生满青苔的天井"的"木板的小房间"是巴金的寄寓和写作之处。

在巴金先生的笔下,我们看见日本侵略者的轰炸机发出轰隆、轰隆的声音飞过,然后就是炸弹爆炸的巨响,土地在脚下摇动,墙壁在眼前倾塌,尘土或者黑烟就同黄烟一股股地冒上来。轰炸过后桂林城里经常是一团火海,火光笼罩着整个桂林城,一股一股的焦臭迎面扑来。大火过后,马路上堆着碎砖,躺着断木,横着电线,整条整条街都只剩下摇晃的墙壁和带着火摇摇欲坠的门楼,砖石和焦木带着千万点火星崩塌下来,没有人家,没有从窗户

[1]《抗战时期桂林城的空袭》,载《桂林晚报》,2008 年 11 月 2 日。

映出的灯光，没有和平的市声，桂林成了一个大的火葬场。[1]

　　死亡阴影下的桂林，美丽的山水不能宁静，善良的人民不能安宁，日本侵略者从老远的地方来轰炸桂林，屠杀中国人民，巴金先生愤怒了，在《桂林的受难》里，巴金正告侵略者"中国人永远不会屈服""中国的城市是炸不怕的"；在《桂林的微雨》中，巴金庄严宣告"血不能白流，痛苦应该有补偿，牺牲不会是徒然"。后来这些作品都收入《旅途通讯》，巴金在《前记》中说到，这些文章都是在死亡的阴影下写成的，全靠友情的力量才将他引领到生的彼岸，作品中有悲愤、有痛苦、有焦虑，最主要的是有一种坚忍的力量。巴金先生这个时期创作的中篇小说《还魂草》、短篇小说《某夫妇》、散文《生》《长夜》《怀念》等作品和小说集《还魂草》、散文集《废园外》，以及小说散文集《怀念》，也记录了巴金自身颠沛流离、挣扎于生与死之间的可怕经历，真切地反映了20世纪三四十年代中华民族所面临的巨大灾难。小说《还魂草》是他对几年来敌机的狂轰滥炸所发出的强烈的控诉，他用两个女孩的友谊来揭露侵略战争的罪行。《某夫妇》则控诉了战争对美好事物的摧残，表现出了不屈不挠的战斗意志，"任何困难都压不倒中华民族，任何灾难都搞不垮中华民族"的坚强信念始终在巴金的作品中闪现。巴金说："我看见炸死的人太多，太惨，血常常刺痛我的眼睛，不写，我无法使自己沸腾的血平静下来。"（《关于〈还魂草〉》）为了揭露日本侵略者的罪行，控诉日本侵略者对中国人民的大屠杀，激励人民抗战的志气，巴金除了大轰炸时，敌机临空才到七星岩和月牙山去避一避，其余时间，他都夜以继日地"坐在用木板搭成的楼房里，在用竹子编成的小书桌前埋头写作……写到灯干油尽，我那颗燃烧的心得到宁静，我才丢开笔倒在床上"。"在轰炸中度过的那无数的日子，在我作品里保留了下来，我珍惜它们，我还因为自己写过这些作品而自豪。"（《关于〈还魂草〉》）

---

[1] 见巴金《桂林的受难》。

抗战时期遭日本飞机轰炸过的桂林（桂林市城建档案馆提供）

　　巴金抗战时期在桂林的时间不算很长，前后三次一起也不过两年半左右，但他在死亡阴影下的桂林创作的作品甚多，他在桂林的所见所感，全都转化为笔下的作品。他此时的作品全都是热情地歌颂中国人民的顽强抗战，愤怒斥责日寇的侵略罪行，字里行间都沸腾着一位真正的中国人的热血。在桂林，巴金是以一个战士的姿态积极投入抗日救亡的战争之中的，他在《这样的战士》中写道："在这个时代，战士是最需要的，但是这样的战士并不一定要持枪上战场。他的武器也不一定是枪弹。他的武器还可以是知识、信仰和坚强的意志。他并不一定要流仇敌的血，却能更有把握地致敌人的死命。"这是巴金对年轻朋友的勉励，也是他的自我写照。

战士是不怕死亡的，因为他随时准备着为自己的国家和民族献出自己的生命，也正是因为如此，他才可能在死亡的威胁面前，从容镇静地战斗。抗战期间，巴金之所以一次、再次、三次地进入敌机频繁轰炸的桂林，从容不迫地在死亡的阴影下从事写作，从事抗战救亡文化工作，因为巴金是一位不屈的为国家和民族而战的战士，巴金的精神，永远活在他的作品里，活在美丽的桂林山水中。

欧阳予倩与广西省立艺术馆

黄伟林

　　坐落在解放西路西南侧的广西省立艺术馆，是如今桂林市中心尚存的屈指可数的几座民国建筑之一。由于其南侧和西侧有许多建筑的遮挡，使得这座无论造型还是色彩都很别致的建筑并不引人注目。然而，时间回溯 70 多年，这座建筑却是中国"第一个伟大戏剧建筑"。

　　中国戏剧人对这座艺术馆的热爱从当年西南剧展的亲历者张客 1982 年的回忆中可见一斑：

　　　　这是当时西南各省唯一专供话剧演出用的剧场。欧阳予倩同志为建造这座剧场，煞费了苦心；话剧工作者都把这里当成自己的家，每当走进这座剧场时，踏进家门的心情便油然而生。当时不少话剧工作者向往着抗战胜利后，能多建几座专供话剧演出用的剧场，以利于推动话剧运动。有的说等自己年迈苍苍演不动戏了，就去看守剧场，甚至再来桂林看守这座艺术馆剧场，为话剧事业再尽绵薄之力，也就于愿足矣。

　　一个艺术馆，通常包括三个方面的形式内涵。一是艺术馆作为建筑本身的物质实体，二是艺术馆作为组织机构的建制职能，三是艺术馆开展的文化活动。在中国现代文化史上，广西省立艺术馆在这三个方面均堪称卓异。一是其建筑本身，如上所述是中国第一个伟大戏剧建筑；二是其职能体制在全国尚属创举；三是因其新厦落成而举办的西南剧展为"中国戏剧史上空前盛举"。

广西省立艺术馆能够在中国现代文化史上享有如此重要的地位，与一个人有关，这个人就是戏剧大师欧阳予倩。欧阳予倩是广西省立艺术馆机构的创始人、艺术馆馆厦的创建人及西南剧展的创办人。下面我们分头述来。

一、创始广西省立艺术馆

1938 年 5 月，欧阳予倩应广西戏剧改进会会长马君武的邀请到桂林改良桂剧。到桂林后，欧阳予倩为南华戏院排桂剧《梁红玉》，为国防艺术社排话剧《曙光》《青纱帐里》和《前夜》。之后离开桂林去了香港。

1939 年 9 月，欧阳予倩再次应邀来到桂林。这时武汉和广州均已沦陷，桂林已经成为文化中心，欧阳予倩出任广西戏剧改进会会长，对原"戏改会"所属的桂剧团进行了整顿，命名为"桂剧实验剧团"，欧阳予倩兼任团长。

1940 年 3 月 3 日，广西省立艺术馆成立。据陈珂的《欧阳予倩评传》，广西省立艺术馆最初是徐悲鸿创立的美术馆，因徐悲鸿要去重庆创办美术学院，他便委托欧阳予倩承接该馆。欧阳予倩接手后，于美术部外，为该馆增设了戏剧部和音乐部。

1946 年出版的《桂政纪实》对广西省立艺术馆的成立有较详细的记录：

> 二十四年，广西即有筹设"美术院"之动议；迨二十五年，省政府迁桂后，进行设计规划，更为积极。二十六年，即于桂林中山公园内，建筑"美术学院"；虽因抗战军兴，未能按照原定计划全部完成，而鉴于抗战时期，需要艺术教育之迫切，乃利用其已成部分，对于艺术教育

广西省立艺术馆（位于今桂林市解放西路）（邓霆　摄）

工作人员，施以进修之训练。二十七年，开办"省会国民基础学校艺术师资训练班"及"中等学校艺术教师暑期讲习班"，以加强各级学校之艺术教育工作。二十八年，复筹设"音乐戏剧馆"，并继续办理"艺术师资训练班"。二十九年，以艺术教育原包括美术、音乐、戏剧三部分，不必分立，遂将音乐戏剧馆改组为"广西省立艺术馆"，其组织，分美术、音乐、戏剧三部，于是年三月成立，开始工作。

根据这段记录，可知广西省立艺术馆与徐悲鸿原拟创办的桂林美术学院有某种渊源。如今的广西省立艺术馆给人的印象似乎只有演出功能，相当于一个剧场。但根据上述文字，可知广西省立艺术馆建立的初衷为的是艺术教育。对此，《桂政纪实》还有明确说法：

二十九年三月，始设置省立艺术馆，以为艺术教育之研究、改进、辅导、推广之机关。

欧阳予倩本人当年在文章中亦写道：

广西省政府设立艺术馆本有两重意思：一来是为了适应"抗建"宣传的需要，二来是要想建立一个艺术教育的基础。所以艺术馆一方面极力注重研究与训练，同时于当前的宣传工作，也努力从事，从不曾忽略一点。大体说来，艺术馆担负的全部任务是——

（一）培养推行艺术教育的干部。

（二）从实际行动，有系统地研究各艺术部门的理论和技术，以及推行艺术教育的方法。

（三）利用各种艺术作抗战建国的宣传。有人说艺术馆不完全像个研究机关，又不是宣传队和政工队，这种情形在目下自属不能避免。

艺术教育不仅包括戏剧艺术教育，还包括美术和音乐教育。广西省立艺术馆成立之初的新闻报道，不仅明确表明了广西省立艺术馆艺术教育的功能，而且对戏剧、美术和音乐三部的情况皆有所说明。请看下面两则新闻：

广西省立艺术馆之成立，在国内尚属创举。计分戏剧、美术、音乐三部。由欧阳予倩任馆长兼戏剧部主任。美术部主任由徐悲鸿氏担任。

音乐部主任将由陈洪氏担任。戏剧部下属话剧实验剧团与桂剧实验剧团。话剧方面，曾演出《国家至上》，闻现正排演夏衍氏之新作《心防》。桂剧方面曾演出《桃花扇》《人面桃花》《搜庙反正》《胜利年》诸剧。最近又有欧阳氏所作《渔夫恨》及《忠王李秀成》《木兰从军》等剧上演。又，新建之广西剧场，不日即可落成。

　　广西为提倡艺术教育起见，特创办省立艺术馆，业经省府修正通过，并已委任省府顾问欧阳予倩氏为馆长。该馆内共设美术、音乐、戏剧三部，美术部由张安治等负责，其下设绘画、雕塑（拟缓办）、工艺图案三组，音乐部部长经聘马思聪充任，该部分声乐与器乐两组，至戏剧部部长则由欧阳自兼，其下分话剧组与歌剧组，并拟附设舞蹈班，话剧组正在组织话剧实验剧团，歌剧则已有桂剧实验剧团。此外早已开办之艺术师资训练班，亦辖于艺术馆之下。全馆经费，年约国币十万元。最近据欧阳表示，艺术馆之组织，注重在艺术的实地研究，馆内人员，分工合作，各贡所长，与一般艺术工作队不同，异日范围扩大后，将举办戏剧、美术、音乐等学校，造就大批干部，俾展开艺术工作云。

这两则当年的新闻表明，当年的广西省立艺术馆，在全国属于首创。对此，欧阳予倩的继任，党明在回忆文章中也曾谈道：

　　　　艺术馆的组织，在本省来说，还

1942 年欧阳予倩在桂林时摄
（桂林博物馆提供）

是一种创举,因为本省的首创,黔、粤两省也相继成立了。

这个全国首创的艺术馆,其功能为艺术教育,分戏剧、美术和音乐三部。艺术馆馆长为欧阳予倩,下设三部的主任,戏剧部主任由欧阳予倩兼任,美术部主任由徐悲鸿担任,音乐部主任由马思聪担任。三个部的主任均为相关领域的大师。不过,事实上徐悲鸿并未就任美术部主任之职,美术部的负责人实为张安治;马思聪亦未就任音乐部主任之职,音乐部的负责人为胡彦久。由此可见,只有欧阳予倩,他既是广西省立艺术馆的创始人,又是名副其实的首任馆长,而且还兼任戏剧部的负责人。而美术部和音乐部的实际负责人,一位姓名萧痕的作者1943年发表的一篇文章《略叙广西省立艺术馆》曾专门写道:

> 美术部名誉部主任是徐悲鸿,实际代拆代行的是代主任张安治。有十三太保担当着这一部的重任,桂林十字路口有一块观众最多最被人注目的广告牌,那上面贴的是美术部出版的"每周画刊",而今已出到八十期,从未间断。在书店则可以买到他们出版的《收获》和《克敌》木刻集,《战时素描画册》《战时美术论丛》等书。以前还可以经常在《扫荡报》上看到《美术专页》,而今因该报改组而停刊。
> 绘画研究会是为便利爱好美术人士业余进修和研究而设的,毕业生有二百人。工商美术供应社专门协助各界设计图案,受惠者有更生瓷器厂等。

音乐部前主任是胡彦久,新主任是陆华柏。

张安治是美术界知名人士,徐悲鸿的学生;陆华柏是音乐界知名人士,其到桂林与徐悲鸿有关联;胡彦久是音乐界知名人士。他们主持广西省立艺术馆美术部和音乐部,亦是一时之选。

二、创建广西省立艺术馆馆厦

严格地说，1940年3月成立的广西省立艺术馆，只是一个组织机构，但其馆厦尚未建设，其工作处于借地办公的状态。对此，当年广西省立艺术馆美术部的工作人员朱锡华有文章回忆：

> 艺术馆由欧阳予倩先生任馆长，原定下设戏剧、美术、音乐三个部。建馆初期，戏剧、美术两部最先同时成立（音乐部由于当时条件不成熟暂未设立，延至后期才成立）。戏剧部主任由欧阳馆长兼任，美术部主任由张安治先生兼任（张同时在广西艺术师资训练班任美术教师。艺术馆馆部与戏剧部办公地址设于三多路马房背，美术部租赁太平路十八号李宅为工作室（后迁至榕荫路）。住地十分接近，联系方便，每星期一照例还到馆部举行"纪念周"活动。

当年桂林新中国剧社的理事长瞿白音写于1958年的回忆文章中专门谈到广西省立艺术馆的建设：

> 广西省立艺术馆成立于1940年3月，馆址在桂林榕荫路后面一条陋巷里的一所破旧民房，经常演出时，需要以高价租用戏院，对于工作的开展，是非常不便的。因此，艺术馆本身有建筑馆址的迫切要求。广西省政府对于艺术馆所提出的要求虽然同意，但只拨了一块地而不给建筑费。于是，艺术馆只好采取了募捐建馆的办法。在欧阳予倩馆长苦心筹划之下，一方面广发捐册，向社会募集建筑基金，一方面设计兴工，进行建筑。工程是在1942年开始的，由于经费的短绌，战时物力的艰难，曾经一再受阻，进行得很不顺利，直到1943年冬，工程才算是大体上完成了，预期1944年2月全部落成的希望，可以实现。

1943年正在建设中的广西省立艺术馆
（桂林博物馆提供）

1943年欧阳予倩与夫人摄于广西省立艺术馆建筑
工地（桂林博物馆提供）

当年桂林文化城重要的本土文化人李文钊 1964 年专门有文章回忆欧阳予倩建设艺术馆：

> 艺术馆规模虽不小，但馆址是借用的，设在榕荫路转角的一小巷马房背内，房屋破旧局促，很不相称。尤其是当时演唱活动较多，自己没有剧场，每次演出需向其他剧场或电影院租用，极感不便。因此，包括一个剧场在内的馆址是十分需要的。但建筑新馆，伪省府并未拨款，欧阳是以贷款方式来筹建的。在得到当时中建公司张复初先生赞助之下，以相当快的速度在预定的期限内———一九四四年二月十五日落成。

广西省立艺术馆剧场，据李文钊的回忆文章：

> 一九四四年二月十五日，广西艺术馆的落成典礼举行了。西南剧展的开幕式举行了。这不仅是艺术馆的喜事，不仅是桂林戏剧界的喜事，同时也是全国话剧界的喜事。因为当时在全国还没有一个专供话剧的剧场，话剧的演出要向其他剧院租用，不仅不适合，而且受一定的剥削，有时还受到剧院老板的冤气，话剧演出受到的限制是很大的。广西艺术馆落成，在桂林话剧界说，有了专供话剧演出的、新型的、自己的剧场，在全国话剧界说，这也是一个很大的鼓舞。所有桂林的剧人，所有来参加西南剧展的几十个剧团的朋友，都为中国第一个话剧场的出现，感到由衷的高兴。

桂林文化城研究专家魏华龄的文章中说得更为详细：

> 艺术馆刚成立时，没有基建拨款，也没有馆址，办公暂时租用马房背小巷的一间民房，欧阳馆长则租住在榕荫路 13 号，离办公地点很近。

艺术馆不是机关，它是一个文艺活动团体，经常要演出，要举办展览等等，自己没有剧场，每次演出要租用私人剧场，不但要付出一笔很大的租金，而且剧场不适合话剧演出和音乐演奏的要求，直接影响到演出效果，怎么办？在欧阳馆长的多方筹划下，当时的广西省政府不得不拿出一笔钱，但是不够，决定自力更生。为了筹募新馆建筑基金，欧阳馆长发动戏剧界明星，在广西剧场举行联合义演，这次义演持续了9天，收获不小。艺术馆新馆址于1943年春开始筹建，由著名建筑工程师钱乃仁设计，中兴建筑公司负责承建，3月开工，1944年2月竣工。艺术馆剧场的设计是按话剧演出的要求，使舞台布局和剧场音响效果都比较理想，共有800多个座位，是当时全国仅有的一座新型的话剧剧场。

李文钊、魏华龄所说不虚，不妨看看当年的记者如何看这座剧场：

> 艺术馆剧场建筑设计都是新颖的，容有两个舞台面，舞台上预备装设轨道，使得舞台面可以灵活推动，可以节省布景时间。舞台面（口）也增高到二十五尺，布景较大的戏也可以上演了。
> 演话剧的，现在总算自己有个地方了。

无论是当时的新闻还是后来的回忆，都表明这座剧场是当时中国第一座专业的话剧剧场，而且，这还是一座建筑风格上融贯中西、美轮美奂的剧场。

田汉在回忆文章中也说：

> 予倩费了很大的气力，也听了无数的闲话，在桂林中学对面建筑了一座艺术馆，有办公厅，有宿舍，更有画廊和一个很摩登伟丽的剧场。

遗憾的是，这座栋宇辉煌、摩登伟丽的剧场，建成不到一年，即在战火中沦为废墟。据当年亲历者所见："复员归来，艺术馆经过敌寇的营掠，只剩下一片瓦砾之场。""我们从昭平回到桂林，触目是破墙败瓦，以前的巍峨艺术馆，只剩下一堆灰烬了。""作为本部工作据点的剧场，已经被毁于炮火，失去了剧场，也就像作战失去了堡垒……"田汉的文章亦写道："桂林被围，经过自己放的和敌人放的大火，艺术馆和广西剧场同样是'片瓦无存'了。"

据陈珂《欧阳予倩评传》："1945年10月20日，（欧阳予倩）率领广西艺术馆的工作人员返回桂林。昔日文化城，经过日寇的浩劫已面目全非。欧阳予倩所苦心经营筹建的艺术馆和广西剧场，也已荡然无存，只剩下一片瓦砾了。"

"欧阳予倩没有被这悲哀击倒，胜利后居然第三次又建剧场……"1946年2月15日，欧阳予倩主持广西艺术馆重建的奠基仪式。

1945年10月返回桂林，1946年2月就开始重建，前后不到4个月的时间。欧阳予倩究竟有什么样的能耐获得重建的经费？一篇题为《欧阳予倩先生离桂内幕及今后动向》的文章涉及了欧阳予倩重建广西省立艺术馆的经费来源：

那个辛辛苦苦由欧阳先生一手创造出来的"艺术馆"却给敌人毁坏得什么都没有了；要重建又得要经费，而省政府很穷，拨不出钱来。后来欧阳先生和省政府商得两全的方法，就让全馆报90个工作人员的名额而实际用35个人，空下55人的薪水虽然有限，但连同生活补助费一起留下来，数目也相当可观，重新盖造"艺术馆"的经费就可由此得来了。

魏华龄的文章也谈到艺术馆重建的一些情况："重建新馆仍由原建筑设计师钱乃仁设计，华夏建筑公司承建。……广西省立艺术馆的重建直到1946年12月底才竣工。"

这个重建的艺术馆，据俞晨文章，"可以使许多朋友要演戏有剧场，要开画展有画廊，要谈天有小屋子，要集会有会议厅，是一个多么值得保存的地方呀！"

可惜的是，正当广西省立艺术馆重建之时，1946 年 7 月，欧阳予倩到上海看望母亲兼医治足疾，在上海期间参加了文艺界悼念李公朴、闻一多的会议并慷慨陈词，1946 年 8 月，当欧阳予倩重返桂林，发现环境氛围对他很是不利，遂辞去广西省立艺术馆馆长职务，于 1946 年 9 月离开了他生活长达 7 年的桂林。壮士一去兮不复回，从此欧阳予倩似乎再也没有到过桂林，这也就意味着欧阳予倩没有亲眼见过落成后的付出了他大师心血的广西省立艺术馆。

三、创办西南剧展

西南剧展全称为西南第一届戏剧展览会。西南剧展是一个包括戏剧演出展览、戏剧资料展览和戏剧工作者大会三大内容的戏剧活动。从 1944 年 2 月 15 日开幕至 5 月 19 日结束，历时 90 多天。据 1944 年 5 月 19 日的《大公报》，西南剧展演出单位 30 个，演出节目计话剧 23 部、歌剧 1 部、京剧 29 部、桂剧 8 部，及民谣舞蹈、傀儡戏、魔术、马戏各项，总演出场数 170 场，观众数量达 10 万人以上；戏剧资料展览为期半月，展出团体 22 个，参观人数 3 万多；戏剧工作者大会达 15 天，分专题演讲、工作报告、提案讨论等项。

1944 年 2 月 13 日《力报》引用赖贻恩神父的话："这次剧展能集半个中国的戏剧团体于一地，在中国史上可以说是伟大创举。"

1944 年 5 月 17 日《大公报》转引美国权威戏剧评论家爱金生在《纽约时报》刊登的文字："如此宏大规模之戏剧盛会，有史以来，自古罗马时代曾经举行外，尚属仅见。中国处于极度艰困条件下，而戏剧工作者以百折不挠之努力，为保卫文化、拥护民主而战，迭予法西斯侵略者以打击，厥功至伟。此次聚中国西南八省戏剧工作者于一堂，检讨既往，共策将来，对当前国际反法西斯战争，实具有重大贡献。"

这个在开展之初即被当时各种媒体称之为"中国戏剧史上的空前盛举"的西南剧展，究竟是因何发起、由谁发起？自然值得一说。

《当代文艺》1944 年创刊号发表了欧阳予倩《关于西南第一届戏剧展览会》一文，欧阳予倩在文中说道：

> 这回的展览会，不是少数人号召起来的，是大多数戏剧工作者的要求。最初几个朋友谈起的时候，并没有打算大规模地举办，只想就广西省立艺术馆新建馆址落成的机会，邀请近邑几个团队连续演几个戏，恰好"新中国剧社"回到桂林，四队的同志也来了几位，大家一谈，展览会的组织就被提出，恰好九队副队长刁光覃同志也到了桂林，各方面的朋友相聚商讨，办法就大体决定了。瞿白音同志自告奋勇拟"通启"和"简则"，有的便私人写信征求各团队的意见，四队、七队、九队，首先决定参加，曲江方面也托朋友来问，充分作参加的准备。为着办事的简单便利起见，推"省艺"主办，这在省艺同人是引为荣幸的……

这篇文章专门附录了欧阳予倩致戏剧工作者的信，其中写道：

> 我们应该承认，在这些战斗的日子里，我们彼此间还没有充分的联系，缺乏相互观摩和借镜的机会，缺乏分享彼此得失忧乐的愉快。这在我们的工作上，是一个不容忽视的损失。为了迎接更艰辛的战斗，更繁重的任务，我们必须弥补这些损失。桂林的戏剧工作者有鉴于此，拟就广西省立艺术馆新址落成之机会，于民国三十三年二月十五日戏剧节，在桂林举行戏剧展览会及戏剧工作者大会，推本馆主办。诚挚地向敬爱的同志们邀请，请同志们热烈参加。为了地方辽阔，交通不便，我们想暂以粤、湘、桂、黔、滇西南五省及其邻省闽、赣、鄂等八省为基本单位，定名为西南戏剧展览会和西南戏剧工作者大会。

从欧阳予倩当年的文章，可以清楚地看到，西南剧展最初的动议是就广

西省立艺术馆新馆落成的机会而举办的一个庆祝会，主办单位是广西省立艺术馆，但由于戏剧界各路精英的思想碰撞，竟然形成了西南剧展这样一个"中国戏剧史上的空前盛举"。

田汉当年的文章与欧阳予倩的说法基本相同：

这次西南剧展的发起，一半是偶然的。广西省立艺术馆建筑新馆，包含一颇为精美的剧场。为着这剧场的开幕，主持者欧阳予倩先生想邀一些团队来热闹一番。但在筹备中意义和规模逐渐扩大，成为今日这样包含西南八省戏剧工作者一千余人集中桂林互相观摩的盛会。这在中国戏剧史上是创举，同时替将来更盛大的中华全国戏剧工作者年会奠定了一个重要的基础，实在值得注意。

两年后，田汉在《新中国剧社的苦斗和西南剧运》一文中回忆道：

《金玉满堂》的上演期，桂林的戏剧界在商量着如何迎接行将到来的新订的戏剧节——二月十五日。某日我在中正大桥的东堍遇瞿白音兄。他和我谈到西南戏剧展览的计划。他已经和予倩先生谈过，我也极赞成他的旺盛的企图心，答应尽量帮助这一理想的实现。

根据西南剧展两位重要领导人的回忆，可见，西南剧展最初的构想是为广西省立艺术馆的落成而策划一个戏剧活动，但当欧阳予倩与新中国剧社瞿白音、田汉等人商量他的想法时，方案逐渐扩大，最后形成了"中国戏剧史上的空前盛举"西南剧展。

作为广西省立艺术馆馆长，欧阳予倩是西南剧展常务委员会主任委员，当时《大公报》记者写道：

位于桂林穿山公园的田汉（左）、欧阳予倩（中）、徐悲鸿（右）塑像（邓霆 摄）

艺术馆在剧作家欧阳予倩的领导下，始终是站在西南剧展的宝座上，领导西南剧运的展开的。艺术馆不是一个纯粹为艺术而艺术的剧团，他们乃是一支文化军。事实上，桂市各校任何一次上演话剧，艺术馆的工作同志，都应邀前往导演和担任演出顾问的。这次剧展的展出，十分之八以上是欧阳予倩先生在苦心策划的，虽然报纸上筹委会的名单是那么一大片。

作为剧作家的欧阳予倩，不仅是西南剧展的策划人、组织者，而且是西南剧展几个重要戏剧作品的作者。综合《桂林文化大事记》和《旅桂作家》两书的记载：

1944 年 2 月 16 日，西南剧展首场演出为广西戏剧改进会桂剧实验剧团演出欧阳予倩编导的桂剧《木兰从军》。

1944 年 2 月 17 日，广西省立艺术馆演出欧阳予倩编导的话剧《旧家》。

1944 年 2 月 18 日，桂剧实验学校演出欧阳予倩的桂剧《人面桃花》。

1944 年 2 月 19 日，广东省立艺专实验剧团用粤语演出法国剧作家福舒瓦作的三幕名剧《油漆未干》，该剧由欧阳予倩翻译。

1944 年 3 月 11 日，柳州四维平剧社演出欧阳予倩新编平剧《梁红玉》。

1944 年 4 月 18 日，欧阳予倩早期话剧《屏风后》演出。

以上 6 个剧作有话剧、京剧、桂剧，还有外国话剧，足见欧阳予倩在西南剧展中的重要作用。

1946 年，田汉写有《欧阳予倩先生的道路》一文，文中录入了他为欧阳予倩写的一首长歌，这首长歌写的是欧阳予倩在广西奋斗的经过，谨录于下作为本文的结尾：

泛舟直向吴淞口，又聚梅龙举美酒。

当时剧坛几少年，相看半成头白叟。

抗战经年多慷慨，间关入桂竟怒吼。

戏剧展览到苗瑶，此盛前古良未有。

敌人长驱过黄沙，桂林岌岌不可守。

尽携文物入昭平，群把心防筑敌后。

女日百里妻五十，其为人民效奔走。

胜利欢呼动桂江，山城岁月已非旧。

楼阁如云林荫香，存无一二毁八九。

瓦砾成堆歌舞歇，掩涕为之吊良久。

壮哉南杰湖南牛，不畏万难掣其肘。

为引春风入芜城，再把锄头种新柳。

新柳成行春风来，桂林文化又登台。

但教春草绿天下，何惜秋风老霸才！

文学星空里的红色伉俪

田汉与安娥在桂林

文晓云

　　"望城岗上清风绕，望城岗上歌声高，哪怕荆棘满山岗，我把锄头锄野草。锄野草，长新苗，长出梧桐万丈高。要做当今栋梁材，发奋读书身体力行，莫把时光空过了。新青年，志气豪，时刻准备把国报！"拉开历史舞台的帷幕，回到抗日烽火弥漫的桂林城，听听田汉与安娥为当年在桂林市东郊望城岗新创建的桂林市立中学，现在的广西师大附中而谱写的铿锵校歌，这首高亢昂扬的乐曲让我们仿佛看到了田汉与安娥等一大批文化人在桂林"用铁一般的坚定从风雨中、浪涛中屹立起来"。

　　上世纪 30 年代到 40 年代，田汉和安娥有几首脍炙人口的歌曲几乎同时享誉文艺界，流行于大街小巷，那就是田汉的《义勇军进行曲》和《毕业歌》，安娥的《渔光曲》和《卖报歌》。田汉与安娥在烽火连天的战争年代中相互影响，相互欣赏，相互爱慕，安娥领着田汉走向革命道路，田汉领着安娥走向文学殿堂，他们共同为抗日救国演绎了一曲不同凡响的交响乐。而田汉和安娥在桂林的生活和工作则是他们跌宕起伏的人生旋律中的华彩乐章。

田母逐渐接受安娥

　　1942 年 2 月，安娥到桂林后，与先期到达的田汉住在月牙山下的东灵街花桥旁，一间鞋铺里的两间房子，安娥和田汉住楼上，田汉母亲和弟弟田洪夫妻住楼下。"安娥在桂林的日子最初过得非常委屈可怜。"因为田母不接受安娥。那时田家的生活非常困难，田汉在政治部三厅任职的薪金全留给在重庆的妻子林维中领取，而桂林的剧社和剧团也困难重重，田汉为了支持新中国剧社和中兴湘剧团，时常要母亲典当家里比较值钱的东西，买米面接济剧社的演员。安娥为了维持家庭生计，撑着病体去桂林市立中学教语文课。

1943年夏天，年届七十的田母染上霍乱，上吐下泻，田汉与弟弟田洪、大儿子田申，用一张竹床连夜将老母亲送进医院，住不起小病房，只能住大病房。大病房实际上是一个大棚子，四面透风，下雨天雨会飘进病房。安娥就在医院里照顾田母，还安慰田母说："妈妈您安心养病吧，家里不用您挂念，寿昌有我照顾呢。"她连续在医院照料了十几天，田母居然闯过了生死关，慢慢地痊愈了。田家人也接受了安娥。

田母病好了，可是安娥却累得病倒了，住进了广西省立医院，她在桂林市立中学的语文课只得由田汉代上。新学期开学前，孟超拿着桂林市立中学的聘书来找田汉谈下学期继续教课之事，而此时安娥正在宜山养病，田汉心疼安娥的身体健康，因此婉拒了学校的聘请。

一曲预言民族命运转机的话剧《秋声赋》

安娥，原名张式沅，一个豪爽的"燕赵儿女"，一个浪漫的、有诗人气质的"红色女郎"，深深地吸引着田汉，而与妻子林维中剪不断理还乱的感情又深深困扰着田汉。1939年6月19日，田汉于桂林榕湖路五美园一座小楼里写给安娥的信里充满了爱恋、关心与无奈："亲爱的沅，所以深深敬爱吾妹者，以妹女中豪杰，能卓然自立不同流俗也。重庆救死扶伤之际，桂林忧馋畏讥之时，妹宜善葆玉体以待更艰苦之工作……"

1941年皖南事变之后桂林文艺界相对萧条，新中国剧社又屡遭挫折，演出票房不好，后台老板撤资，以至于创办者李文钊忍痛辞职。田汉凭着他各种人脉关系支撑着新中国剧社的运营。正是在这种极度艰难的境遇中，田汉创作了话剧《秋声赋》。田汉以本人、林维中、安娥三人的感情纠葛为原型，在剧中分别是诗人徐子羽，徐之妻秦淑瑾，徐子羽的情人胡蓼红，也是一个诗人。田汉把生活中世俗的爱情放在抗日救国的大潮流中，最终妻子和情人冰释前嫌，放下个人恩怨，携手抵抗日寇。剧中写出了田汉渴望生活中的安娥与林维中相互谅解、和平共处的心声，可是爱情又怎能共享呢？田汉最终选择了精神与灵魂的共鸣者——安娥。

1941 年 12 月 28 日，由刚来桂林的瞿白音导演的《秋声赋》在桂林国民大戏院上演，连演八场，一直演到第二年的 1 月 3 日。演出非常成功，终于帮助新中国剧社走出了困境。田汉借剧中人物黄志强之口说了他对桂林的印象："好得很。不要说桂林的山水了，我一到市内就看见许多新的戏剧上演的美丽的广告。一到书店，新出版的书报也是美不胜收。桂林文化界的活动真是蓬蓬勃勃的，不愧是西南文化的中心。"

田汉的《秋声赋》为新中国剧社带来了转机，也预言了中华民族的命运开始了新的转机。《秋声赋》里的主题歌唱道：

> 欧阳子方夜读书，闻有声自西南来，
> 初淅沥以潇飒，忽奔腾而澎湃，
> 似山雨将至而风雨楼台，
> 不，似太平洋的洪涛触巨浪、触崖边而散开。
> 啊，此秋声也，胡为乎来哉！
> 但是我们不要伤感，更不用惊怪，
> 用铁一般的坚定从风雨中、浪涛中屹立起来，
> 这正是我们民族翻身的时代。

夫妻情系"四维儿童剧团"

四维剧团的班主是冯玉昆。20世纪三四十年代他有两个班子：桂林的高升戏院和柳州的柳曲园。后来柳州剧院被日军轰炸掉了，于是合并到桂林，并招了一批沦陷区的难童和梨园子弟，组成四维儿童训练班，就是今天的中国戏曲学院的前身"四维戏校"。这样就有了"四维平剧团"和"四维儿童训练班"。四维平剧团聘请有京剧名角金素秋、李紫贵、贾慕髯等。

1942年9月3日，田汉主持中兴湘剧团成立大会，安娥当然也出席了。晚上，剧团公演于桂林正阳路高升戏院。在这之前，剧团全靠田汉夫妇的帮助。旧社会的戏班子，如果三天不响锣，肚皮就挨饿，没有戏演，怎么办呢？只有找田汉。此时田汉与安娥已知道他们的情况，主动与剧团联系，并用他俩的稿费，甚至借贷来维持艺人们的最低生活，鼓励大家排练抗战的剧目。很快，田汉为剧团编了剧本《新会缘桥》和《旅伴》。安娥对小演员的演出喜欢得不得了，演出结束立刻与田汉上台来，手里拿着练习本和毛笔等奖品，摸着孩子的头说："好孩子，演得不错啊！往后还要好好学戏，将来定会有出息的。"

田汉夫妇还鼓励和帮助四维剧团的金素秋、贾慕髯等青年演员创作剧本。2004年5月贾慕髯接受采访时说："田老、安先生鼓励我们写剧本，我写《孔雀东南飞》请田老和安先生修改，修改的字迹是两人的，并且多次修改。"

1943年，田汉为四维儿童剧团参加"西南剧展"而创作了京剧《江汉渔歌》，此戏是为"保卫大武汉"而创作，剧中生、旦、净、末、丑行当齐全，唱腔板式丰富，武打火爆，不但在艺术上是十分出色的，而且在唤醒和号召中国军民团结起来万众一心奋起抗日，产生了极大影响，被称为典型的"抗战文学"。此戏由李紫贵导演，于1943年2月在桂林盛大的"西南剧展"上，全部由四维儿童剧团的小演员出演，大获成功，好评如潮，轰动整个西南剧展界。此后，《江汉渔歌》一直演到新中国成立后，是"四维戏校"演出场次最多、压箱底的保留剧目。安娥还为"西南剧展"中大型活报剧《怒吼吧，桂林！》写了插曲歌词《醒醒吧，大后方》《卖花歌》及主题曲《怒吼吧，桂林！》等。

1944 年时局突变，日寇为打通湖南到广西的交通线，做垂死挣扎，长沙失守，桂林危急。5 月 25 日，田汉夫妇等人发起轰轰烈烈国旗献金、支援前方抗日将士大游行活动，四维剧团的学员们都穿上戏装，举着一面十多米的国旗，跟随田汉、李济深等，沿桂林大街浩浩荡荡边走边呼口号，还唱着安娥创作的《献金歌》，一路上百姓、商人、学生、军人群情激奋，纷纷向国旗里扔钱、捐款捐物。5 月底，四维剧团的全体师生在田汉、安娥夫妇和冯玉昆班主的带领下，沿桂黔公路徒步向贵州转移，加入到十万难民逃亡的人群中。在逃难途中，田汉夫妇与剧团的全体成员还宣传抗战，慰劳抗日军民，演出最多的剧目还是《江汉渔歌》。

"亲爱的沅，吾妹病体若稍好，不如请觅便南来，既资疗养，亦符妹'于桂林相见'之约。"斯人已故，可是当年田汉深情呼唤安娥来桂林的声音还飘荡在烟雨漓江畔，桂林市立中学、国立汉民中学和中山中学校园里还有田汉与安娥的身影，田汉在讲台上激情演讲，安娥在学生中示范爱国戏剧《双忠记》……

田汉与安娥，这对闪耀在文学星空里的红色伉俪，他们历经人间冷暖，依旧浪漫如初，一任秋声来去；他们历经风霜雷雨，依然青山高耸，比翼齐飞；他们历经繁华寂寥，却始终相濡以沫，弦歌袅袅。

小布凳上出大作

桂林抗战文化城中的艾芜

海英

　　我从六合路往建干路，到金鸡路，寻找观音山脚下 26 号著名作家艾芜抗战时在桂林的故居。

　　我在桂林生活了那么多年，却不知道观音山具体的位置。记得从前读《徐霞客游记》的时候，似乎读到过徐霞客从尧山考察下来，经过一个什么地方，叫作"蚂拐拜观音"，说那山上有块大石头，像观音菩萨一样，山前也有一块大石头，像伏在地上向观音菩萨叩拜的蚂拐，这大概就是我要找的观音山了，但问路人，却找不到一个人知道这个"蚂拐拜观音"的所在。几经周折，终于问到了观音山，但山周围，已是高楼林立，山下成了某个工厂的一个生产车间，艾芜的故居，当然也就无法寻找到了。

　　但我知道艾芜，他是桂林抗战文化城时期笔耕最勤奋、创作成就最显著的作家之一。

　　艾芜，原名汤道耕，艾芜是笔名，开始写作时因受胡适"人要爱大我（社会）也要爱小我（自己）"的主张的影响，遂取名"爱吾"，后慢慢衍变为"艾芜"，从此，这一名字就伴了他一生，真名反而鲜为人知了。

　　艾芜是四川新繁人，祖父设馆教书，父亲是乡村小学教师，家庭贫苦，他小学未毕业，1921 年考入免费的四川省立第一师范学校，为逃避包办婚姻，于 1925 年夏天离家南行，这次漂泊，决定了这位"流浪文豪"此后的文学生

艾芜在桂林时曾住过的《救亡日报》旧址（全裕胜　摄）

涯。以后六年间，他徒步到昆明，做过杂役；流浪缅甸克钦山中，当过马店伙计；漂泊东南亚异国山野，与下层劳动者（赶马人、抬滑竿的、鸦片私贩以至偷马贼）朝夕相处。后来，他到缅甸仰光，当过报社校对、小学教师、报纸副刊编辑。1930 年冬天，因参加缅甸共产主义小组反对英国殖民统治的活动被捕，1931 年春，艾芜被押送回国。1932 年底，他参加中国左翼作家联盟后即终生从事文学创作活动。在上海期间，出版有短篇小说集《南国之夜》《南行记》《山中牧歌》《夜景》和中篇小说《春天》《芭蕉谷》以及散文集《漂泊杂记》等。艾芜的作品大都反映西南边疆和缅甸等地下层人民的苦难生活及其自发的反抗斗争，开拓了新文学创作的题材领域，他所描写的传奇性故事，具有特异性格的人物和边地迷人的绮丽风光，使作品充溢着抒情气息和浪漫情调。

七七事变后，艾芜从上海流亡到武汉，1939 年初，时处旧岁年关，艾芜一家辗转逃难来到了桂林，人海茫茫，何处是自己的归宿？正当艾芜踌躇于街头之际，猛抬头看见墙上贴着《救亡日报》在桂林复刊的消息。艾芜找到报社的熟人林林，就这样，他一家暂时在太平路 12 号《救亡日报》社住了下来。但是小小一幢木楼，既是报社的编辑室又兼宿舍，加之日军狂轰滥炸，得不到安宁，艾芜不得不举家数迁。1939 年端午节那天，人们正忙着过端午节，但艾芜却不得不冒着大雨，踏着泥泞滑路，奔波十几里路，前往灵川县的唐家村去找寻他的安身之处，但他还是失望而归了。无奈之中，他先搬到桂林东郊的施家园，那里也没有可供他安家的处所，他简直像一只迁徙的候鸟一般，最后落脚到漓东观音山 26 号、国际友人路易·艾黎等为办工农合作社而建造的简易竹屋里住了下来。

说起抗战文化城时期桂林漓东一带的竹屋，那可是闻名世界的建筑物啊！这种竹屋，是抗战时期漓东的一大景观，也是当年桂林建筑商们多、快、好、省的一大"杰作"，没有办法啊，抗战前只有十几万人口的桂林，突然涌入了五十多万的难民，他们要房子住啊！这种竹屋的建造十分方便，主要材料是毛竹、杉皮，桂林有的是，建造前，首先把地平整好，用几根毛竹立起框架，再用毛竹片像围篱笆一样，将四周围好，顶上盖上杉皮，四壁用黄泥浆拌合稻草糊上，便成了墙壁，这就是抗战文化人的栖身之所了。今天的六合路、建干路、金鸡路一带，当时几乎全是这种一排排的竹屋，当年的抗战文化人大多住在这一带，他们把漓东这一片地区，理直气壮地称作"东方文化区"。有人说，你在漓东这片土地上，随便碰上一个人，他很可能就是中国文化界一位重量级的人物。

艾芜栖身在观音山 26 号的竹屋里，他在这里一住就是五年，直到桂林沦陷前夕才离开。观音山周围是一片乱坟地，艾芜带着妻女，在观音山脚住处周围空地开荒种菜，以维持生计。他日夜不停地写作，除了为抗战发出他作家的正义呐喊，还得为了生计，生活的压力实在太大了。艾芜经常过着家无隔夜米的贫困生活，人们常常看到他一只手拿把雨伞，一只手拿个米口袋，得了稿费首先去买米。艾芜也曾真实地袒露过当时的窘境："在桂林，曾经短时间有过这样的事情，爱人生病，又没请人帮忙，便左手抱着小孩，右手执笔写文章。有好些作品写了，就发表，没有好好加以修改。有的长篇，一面写，就一面发表。这都是不好的。但那生活的压力，确是叫人难以忍受。"

在极端艰难的物质生活面前，艾芜没有在文学创作的道路上徘徊不前，更没有退缩。比起他自幼家贫辍学，21 岁开始离家到他乡异国漂泊，从四川到缅甸，用赤脚走那些难行的云南山路，在昆明缴不起店钱而被店主赶到街头露宿、扫马粪、当帮工杂役，病倒在缅甸仰光的街头……今天生活中的这些困难，又算得了什么呢？和前线与日寇浴血奋战的战士们相比，这又算得了什么呢？艾芜是坚强的，他在那简陋的竹屋中，发出了坚韧而充满战斗力量的宣言："那么，我就坐下来，让它拿愁惨忧郁来压杀么？我不！我还没有这么傻！我跳起来，我要把周遭的荆棘、茅草、刺藤尽量拔去。虽然茅草、荆棘、刺藤是那样的多，但我并不退缩，反而一面流汗、一面笑了起来……我不愿拿荒地的景色，去困扰同我一代的年轻人，我只想同我一样感到荒凉之苦的，希望能从这里得到一些比我更多的勇气。"艾芜用那颗历经苦难的心，那支充满深情的笔，在荒凉的观音山下，开垦出一片斗志激昂、胸怀广阔的抗战文学沃野。

除了生活上的极端艰难贫困，日寇飞机的狂轰滥炸，也直接威胁着艾芜和广大抗战文化人以及桂林民众的生命安全。著名抗战音乐家张曙和他的女儿就是在日寇的飞机空袭桂林时遇难的。每当敌机来袭，独秀峰上的警报发出凄厉的吼叫声时，正在写作的艾芜，便带着妻女，到附近的小树林中躲空袭。这时候艾芜仍不忘带着他那只折叠式的帆布小凳，腋下夹着正在写作中的文稿，脖子上挂着墨水瓶，一进入小树林中，便打开帆布小凳，以双膝为桌，铺开稿纸，继续写作。临空的敌机开始俯冲投弹，炸弹发出惊天动地的爆炸声，附近有民房冒烟着火，躲空袭的人们发出一阵阵惊叫声和惋惜声，艾芜头也不抬地继续他的写作……艾芜的短篇小说集《荒地》《秋收》《黄昏》《冬夜》《爱》《萌芽》《逃荒》，长篇小说《山野》《故乡》《落花时节》三部，以及散文集《杂草集》，就是在这样的环境下完成的。在这些作品中，艾芜选取了大量以抗日战争为背景的题材，比较深刻地揭露了日本帝国主义发动的侵略战争给我国广大人民群众带来的灾难，艾芜通过自己的作品，向一切爱好和平的人们控诉了帝国主义者的侵华暴行！他的作品中忧伤、低沉的调子不多，往往从结局上，还给人以启示，憧憬未来。短篇小说《秋收》《纺车复活的时候》，长篇小说《山野》《故乡》成为抗战文学史上的代表作。

著名作家巴金，当时也生活在桂林的"东方文化区"内，他在为艾芜编辑出版短篇小说集《逃荒》时，曾在编后写道："作者在桂林，和我谈起他的几篇稿子的事。现在我的手边恰有他的几篇发表过和未发表过的短篇创作，就替他编成这本小书付印了。连《逃荒》这书名也是我起的……这时候，我们需要读自己人写的东西，不仅因为那是用我们自己的语言写成的，而且那里闪烁着我们的灵魂，贯串着我们的爱憎……不管是一鳞一爪，不管是新是旧，读着这样的文章会使我们永远做一个中国人——一个正直的中国人。"

读着巴金的这段文字，我眼前不禁浮现出一个在竹篱棚糊上稻草黄泥浆做成的简陋竹屋中，一手抱着孩子，一手笔耕不辍的抗战文化人的身影；一个坐在帆布小凳上，在树林中冒着敌机的空袭轰炸，仍在埋头写作的抗战文化人的身影，这就是"一个正直的中国人"——作家艾芜的身影。作家艾芜与桂林美丽的山水风光永存！

后记　　　一场穿越时空的对话

黄继树

　　受桂林市社会科学界联合会委托编完了这一本《文化城之魂——历代文化名人与桂林》，掩卷沉思，忽然感到悠久的历史和令人眼花缭乱的现实，其间距离是那样的近，近到伸手可触，张目可辨。遥远的历史和眼前的现实，忽然汇合成了一个整体，我们正在与众多的历史文化名人进行着一场穿越时空的对话。我们看见了他们，听到了他们的声音，他们并没有离开我们而远去：正在独秀峰下岩洞中读书的颜延之；桂林烟雨中的李渤，在踏察隐山和南溪山；白居易挥手送别远赴桂州（今桂林）上任的友人严谟；悠游桂林山水而流连忘返的米芾；黄庭坚还在他那只短篷船上环桂林城游荡；范成大在铺满银色月光的漓江上赏月歌吟；王正功在独秀峰下与桂州的举人们饮宴，以苍劲的声音，吟唱他的"桂林山水甲天下"；就连王城南城门上那块两广总督阮元书刻的"三元及第"坊，也仿佛是昨天才由工匠们吊装上去的。忽然，凄厉的警报声响了，日本侵略者的轰炸机"轰隆""轰隆"的声音飞过，然后就是炸弹爆炸的巨响，土地在脚下动摇，墙壁在倾塌，尘土和着黑烟与黄烟一股股地冒上来。巴金正在敌机的狂轰滥炸声中奋笔疾书："我看见炸死的人太多，太惨，血常常刺痛我的眼睛，不写，我无法使自己沸腾的血平静下来……"

　　……

桂林是中国著名的历史文化名城，也是世界反法西斯的重要舞台。

桂林文化萌起于秦代灵渠的开凿和桂林郡的设置。我们在这里所指的文化，是指狭义上的文化。广义上的桂林文化，那就要追溯到万余年前的甄皮岩时期的桂林古人类的生活了。

桂林文化兴起于唐代。宋之问、杜甫、白居易、韩愈、柳宗元、张九龄、李渤、王昌龄、李商隐、许浑、杜牧等大诗人对桂林（桂州）的大量赞美诗文，使默默无闻、尚处于蛮荒之地的桂林（桂州），走进了唐诗的灿烂辉煌之中，从此闻名于世。在这些唐代大文人的影响和带动下，桂林本土的文化人也随之兴起。诗人曹唐、曹邺在灿烂的唐代诗坛上也获得了一席之地。与此同时，桂林的科举文化也跟着崛起。桂林人赵观文于唐乾宁二年（895），在长安科举大比中，荣登状元榜，成为桂林和广西历史上第一个状元。唐哀帝天祐三年（906）桂林人裴说、裴谐兄弟同榜高中状元和榜眼。裴说、裴谐的先祖原是山西闻喜县人，他们的曾祖父裴曙，是唐德宗贞元年间的进士，在唐宪宗元和元年（806）到桂州临桂县任县令，后来便定居桂州临桂县，以忠义传家，诗书继世。裴说又是一位功力深厚的诗人，《全唐诗》收其诗作51首传世。

在学术文化著作方面，莫休符的《桂林风土记》于唐光化二年（899）问世，作为广西的首部风物志，传承至今。

宋代桂林文化异军突起，满山遍野的摩崖石刻文化，代表着桂林历史文化上的一个高峰。"看山如观画，游山如读史。"（清·陈元龙《龙隐洞》）无论从数量上还是质量上，桂林石刻文化都堪称"唐宋题名之渊薮，以桂林为甲"（清代著名金石学家叶昌炽语）。宋代桂林的科举文化继续大放异彩，永福县王世则、李珙文武两状元，成为桂林科举文化史上的绝配。

清代，桂林文化已在全国处于比较先进的地位。桂林科举文化以临桂县的陈继昌为代表的"三元及第"，以张建勋、刘福姚为代表的"一县八进士，三科两状元"称雄全国科举考场。桂林人龙启瑞在清道光二十一年

（1841）三月，在全国会试、殿试中均夺第一名，成为"两元及第"的状元。龙启瑞一生博学多才，在晚清文坛上占据显著地位，他一生著述了几十部极有价值的治学专著和文学诗词专著传世。桂林人张建勋一篇殿试策论文章《民以食为天》，名动天下，成为清朝光绪十五年（1889）乙丑科状元。张建勋受命为清廷创建黑龙江省教育，抵制沙俄势力蚕食我国东北领土，立下了汗马功劳。清朝光绪十八年（1892）临桂人刘福姚成为桂林（也是广西）科举史上的最后一名状元。临桂人赵观文以桂林（也是广西）科举史上的第一名状元，成为破天荒之举。刘福姚则以"三科两状元"（上一科状元为桂林人张建勋）的辉煌完美收局。刘福姚还与"临桂词派"的词人们以一部《庚子秋词》的诗词作品，在反对八国联军的侵略中，在晚清文坛获得"反侵略文学"之名。

清代中叶以后，以桂林永福人吕璜为开端的"岭西五大家"（吕璜、龙启瑞、朱琦、王拯、彭昱尧）和以王鹏运、况周颐为代表的"临桂词派"两个文学流派，称雄全国文坛，使桂林文化人获得了"语海内能文者，屈指必及之"的美誉。

自清代乾隆年间以后，桂林人陈宏谋大学士，以其著述的《五种遗规》，影响社会至今不衰。2001 年，美国著名历史学家、美国霍普金斯大学历史系教授罗威廉先生，出版了他集十余年研究之心血，无论从学术水平还是篇幅规模而言均可称为巨著的《救世：陈宏谋与十八世纪中国的精英意识》一书（中文版见中国人民大学出版社 2013 年 10 月版），把陈宏谋推向了世界的视野。

1985 年 9 月，三联书店出版了《人心与人生》的哲学著作，并发行国外，掀起了一股"梁漱溟热"，引起美国、日本、新加坡和我国香港、台湾学者的关注。美国芝加哥大学历史系教授艾恺，到中国访问梁漱溟，将自己多年研究梁漱溟的成果写作而成的《最后一个儒家——梁漱溟与现代中国的困境》这部英文版著作赠送梁漱溟。日本学者和崎博文将《人心与人生》翻译成日文在日本出版，将所得版税与日本几位学者资助的基金合在一起，建立"梁漱溟先生教育基金会"，定期奖励优秀的中国留学生，并作为在日本翻译出版《梁漱溟先生全集》的部分费用。对陈宏谋与梁漱溟两位在国际上有一定知名度的本土桂林历史文化名人，当然也还有对桂林文化很有贡献的胡适先生，本书各以两篇文章介绍他们的事迹。

20 世纪 30 年代末至 40 年代初，在抗日战争中崛起的桂林抗战文化城，成为世界反法西斯战场的重要文化舞台而名垂青史。在桂林举办的著名的"西南戏剧展览"，影响尤其巨大。1944 年 5 月 17 日，《大公报》转引美国权威戏剧评论家爱金生在《纽约时报》刊登的文字，对这次史无前例的抗战戏剧活动给予了高度评价："如此宏大规模之戏剧盛会，有史以来，自古罗马时代曾经举行外，尚属仅见。中国处于极度艰困条件下，而戏剧工作者以百折不挠之努力，为保卫文化、拥护民主而战，迭予法西斯侵略者以打击，厥功至伟。此次聚中国西南八省戏剧工作者于一堂，检讨既往，共策将来，对当前国际反法西斯战争，实具有重大贡献。"

桂林抗战文化城的先辈们，在极其艰难困苦的环境下，用手中的笔，口中的歌，创造了中国文化史上的奇迹，为抗日战争的胜利做出了贡献。他们为中国文学史、中国戏剧史、中国美术史、中国音乐史、中国舞蹈史、中国教育史、中国出版史，书写了光辉的篇章，为桂林文化走向世界，做出了杰出的贡献，他们的业绩为子孙后代所景仰！

本书选取了桂林历史上较有代表性并且至今仍有一定影响力的文化名人和文化事件，分别从不同视角做了介绍。在确保所选人和事的历史真实性基础上，以文化散文的叙事形式来表现人物和事件，力求还原桂林历史文化的真迹，并有较强的可读性。

书名之所以冠名《文化城之魂——历代文化名人与桂林》，我们认为，历史文化为一座城市的灵魂。同时，桂林历史文化，又是中国历史文化一个重要的组成部分。

　　"名人与桂林"，是个取之不尽的题材，桂林历史悠久、文化发达、地位重要，与桂林有着密切关系的各类名人众多，本书所反映的名人事迹，仅限于历史文化名人，其余名人不在此列。当然，所谓的名人，还需经过历史长河的洗练，历经上百年甚至上千年之后，人们还记得他们，还津津乐道他们对桂林的贡献，那他们就真正成为名副其实的名人了。按照这个标准，我们这本书，因篇幅所限，还有一些文化名人没有涉及，如有机会，争取做适当的补充。

　　感谢桂林市原市长、广西壮族自治区人民政府原副主席袁凤兰女士为本书作序。袁凤兰女士无论在职或退休后，都对桂林文化建设给予关心和支持，她对桂林文化人和文化事业的热心关爱，令我们非常感动。

　　本书不是历史研究和考据论著，只是一本普通的历史文化散文集。本书的许多作者也都不是专业的历史研究者，但是，他们对历史文献研究的认真态度，却是令人感动的。例如梁熙成先生撰写的《周去非和他的〈岭外代答〉》一文，有一处不起眼的小细节，介绍宋代文人周去非写的《桂州踏犁》的使用情况为"拖延而后行"。专家审稿时，根据新的版本，指出应是"迤逦而前"。到底踏犁耕作时是"拖延而后"还是"迤逦而前"？梁熙成根据他在乡下所见，知道踏犁不同于铧犁，铧犁为牛耕，牛拖着铧犁耕作是"迤逦而前"；而踏犁是靠人工操作，每撬一土，只能"拖延而后"。现在桂林的乡下山区里，因耕地狭小，不便使用拖拉机和牛耕，仍然还使用这种古老的传统农具踏犁撬地耕作。为此，梁熙成专门请人到永福县山区里，拍摄农民用踏犁撬地耕作的照片和视频，以正视听：踏犁耕作应是"拖延而后行"并非"迤逦而前"，是今人想当然地搞错了古人的原著。从这个细节，可看出本书作者对历史文献的认真辨读。不过，尽管我们在创编过程中力求严谨，如履薄冰，但是，由于水平所限，难免出现一些差错，敬请各位读者朋友给予批评指正。

　　《文化城之魂——历代文化名人与桂林》这本书，是受桂林市社会科学界联合会委托之作，在创编过程中，得到桂林市社会科学界联合会领导班子的全力支持和帮助，桂林博物馆唐春松馆长、桂林阳光旅游集团阳云武董事长等也为本书做出了贡献。衷心感谢广西师范大学出版社潘虹呈、虞劲松两位对本书出版的重视和支持，感谢有关编辑为本书付出的辛劳。